Voice

Voice

透過探索內心的聲音：了解發出聲音的內心

Voice 25

浮華陷阱
Savage Grace

作者◆娜塔莉・羅賓斯（Natalie Robins）、
史蒂芬・M・L・艾倫森（Steven M. L. Aronson）
譯者◆丘淑芳
發行人◆王學哲
總編輯◆方鵬程
主編◆李俊男
責任編輯◆許景理、賴秉薇
特約編輯◆林羿君
美術設計◆吳郁婷

出版發行：臺灣商務印書館股份有限公司
臺北市重慶南路一段三十七號
電話：(02)2371-3712
讀者服務專線：0800056196
郵撥：0000165-1
網路書店：www.cptw.com.tw
E-mail：ecptw@cptw.com.tw
網址：www.cptw.com.tw

局版北市業字第 993 號
初版一刷： 2010 年 12 月
定價：新台幣 450 元

ISBN 978-957-05-2550-2

Voice 25

Savage Grace
浮華陷阱

Natalie Robins、
Steven M. L. Aronson • 著
丘淑芳 • 譯

臺灣商務印書館

獻給

Christopher、Rachel、Noah

我的力量、我的詩歌

娜塔莉・羅賓斯

K、J、D、C

美好友誼

史蒂芬・M・L・艾倫森

Contents

他們是那種完美幸福的美國家庭：是我們時有耳聞，並經常在《紐約客》與所有商業雜誌廣告照片裡看到，但鮮少在生活中遇見的那種家庭。當然，絕對沒有任何跡象顯示，他們可能隱藏了生命裡更深、更晦暗的問題。

美國小說家詹姆士．瓊斯（James Jones），《春花日日紅》（*The Merry Month of May*），一九七一年

有時候我認為，有一種邪惡的力量流散於宇宙之間，就像社會的癌症，是具有可塑性的，無孔不入，能夠轉移，侵入每一個毛孔。

美國作家諾曼．梅勒（Norman Mailer），《哈佛雜誌》（*Harvard Magazine*），一九八三年

第一部

倫敦

一、罪中罪

一九七二年十一月十七日星期五，天一亮就薄霧多雲，但是到了三點的時候，太陽對倫敦格外開恩，陽光普照。凱德根廣場（Cadogan Square）的樹葉已經轉黃，紛紛墜落在花園裡。芭芭拉．貝克蘭（Barbara Baekeland）一輩子都偏愛秋天的顏色——她死的時候才五十歲，就在那天下午稍晚的時候——她偏愛秋天的顏色。即便在人人都穿白色的夏天，她堅持穿得像一片秋葉。她鍾愛的鏽赭色裙子和古銅色鞋子，很能襯托她的美——一頭火紅的髮和白皙的皮膚。有個朋友曾說，她有一種知性又華麗的特質。

無論在波士頓——她出生於當地一個姓達利（Daly）的小康之家——或是在她曾獲試鏡機會的好萊塢，或者她為自己成立名流聚會的沙龍所在地——紐約和巴黎，或在長島的東漢普敦（East Hampton）、義大利阿真塔里奧山（Argentario）上的安塞多尼亞（Ansedonia）和西班牙布拉瓦海岸（Costa Brava）的卡達克斯（Cadaqués）等休閒度假勝地——她在這些地方永遠都不時地租有房子——或是最後在倫敦——她在當地的喬爾西（Chelsea）買下一棟樓中樓的高檔寓所——芭芭拉．貝克蘭都是引人注目的，這一點是錯不了的。

美國小說家亨利．詹姆士（Henry James）在他的小說《金缽》（*The Golden Bowl*）的序言裡寫道：「在倫敦，你想要的，絕對是每一樣東西，早晚都會如願。」依他的看法，這個城市是「最合宜的生活方式」。

那個十一月的星期五，芭芭拉．貝克蘭寫信給在紐約的一個朋友：「倫敦和它那有六倍的人呼吸過的骯髒空氣，就像是一場夢。昨晚，全倫敦的人齊聚在這裡，我的作品很成功——大家都喜歡我重新裝修布置的公寓。」

一進入公寓，看到的第一件東西是一幅俊美的少年拿著一隻大甲蟲的畫像。畫中人是芭芭拉．貝克蘭的兒子安東尼（Antony Baekeland），當時十一、二歲的他，在巴黎的一天下午，端坐讓時髦的肖像畫家阿雷荷．維達－瓜達拉斯（Alejo Vidal-Quadras）畫的。東尼現在二十六歲了，自己也算是個畫家。他也喜歡寫作。在巴黎，小說家詹姆士．瓊斯（James Jones）對他的作品很感興趣，現在詩人羅伯特．格雷夫斯（Robert Graves）正鼓勵他。格雷夫斯是他們在西班牙馬約卡島（Mallorca）上的鄰居，東尼九月時候隨母親從馬約卡島回到倫敦。

貝克蘭家族一向都能自由自在地隨意旅行，東尼的曾祖父里奧．韓卓克．貝克蘭（Leo Hendrik Baekeland）發明了第一個百分百成功的塑膠「貝克萊」（Bakelite）——具有「千種用途的材料」。東尼的父親布魯克斯．貝克蘭（Brooks Baekeland）喜歡說：「感謝我的祖父，我擁有作家詹姆士．克拉佛（James Clavell）稱為『他媽的錢財』的東西。因此，我不必迎合別人或刻意討好、製造驚豔、博取認同、炫惑任何人。」

布魯克斯．貝克蘭擁有電影明星的姣好相貌，還有被許多同儕所認定同輩中最好的頭腦。他是一名優異的業餘土地分析師，一九六〇年代初，他構思、策劃、並執行一項計劃：以降落傘躍入祕魯維卡邦巴山（Vilcabamba）山寨，尋找一座失落的印加城市。他一直沒找到那座城市，但他的英勇事蹟占滿了《國家地理雜誌》一期的大部分篇幅。有人曾形容他是知識界的艾洛．佛林。[1]

東尼的父親現在定居法國。大家都說，他跟東尼的女友同居。

1 Errol Flynn，三〇和四〇年代最走紅的好萊塢影星。

十一月十七日星期五的一點——芭芭拉．貝克蘭曾說：「星期五總是怪怪的，你不覺得嗎？」她向東尼大聲說了再見，彎身撫摸她的暹羅貓伍斯特（暱稱為「伍斯先生」），然後出發赴約。她在前一晚舉行的宴會裡，和來自西班牙的老友蜜西．杭登（Missie Harnden）相約共進午餐。蜜西現在也住在倫敦，住在附近教堂街（Chapel Street）上一棟租來的房子裡。

芭芭拉．貝克蘭抵達時，情緒很高昂，立刻開始談昨晚宴會的種種。蜜西．杭登有一個十七歲的兒子麥可．杭登（Michael Harnden），大家都叫他米西卡（Mishka）。他做了午餐——裹在培根肉裡的小里肌、青豆和涼拌生菜沙拉——佐以一種西班牙紅酒。他們在廚房兼餐廳的大房間裡用餐，牆上是畫家阿希爾．高爾基（Arshile Gorky）以黑色、藍色和綠色繪成的抽象畫，屋主與他曾是夫妻。

「芭芭拉那天的話題是東尼，」米西卡．杭登回憶道：「她的話題向來都是東尼——他多棒，多有才氣。凡事都永遠是絕對地美好和快樂——『東尼非常喜愛倫敦，東尼愛極了那間公寓』。」

三點半，芭芭拉．貝克蘭起身離去，她謝謝杭登家「美味的中飯」，並提到東尼那天晚上要為她做晚飯。

約莫七點的時候，教堂街屋子裡的電話響起。蜜西．杭登接了電話，是喬爾西警察局詢問芭芭拉．貝克蘭那天下午到訪和離去的時間。他們不肯透露為什麼需要這個消息，只說出了事情。但幾秒鐘後，蜜西．杭登聽到對方在問自己：「妳跟死者有多熟？」她驚愕不已，無法回答，將電話交給剛進房裡的米西卡。

電話交談結束時，警方要求他倆到局裡走一趟，再回答幾個問題。蜜西．杭登無法打起精神前往，所以米西卡一個人去。「警察局非常乾淨，纖塵不染，」他還記得，「相當整潔的英國警察局。」一到那裡，他就會知道發生了什麼事。

已退休的警察局長坎尼斯·布萊特（Kenneth Brett）

我奉召去安東尼·貝克蘭和他母親的住址，但記不得那通電話是誰打的——究竟是救護車還是其他單位？我一到現場，就有人說，據信是西班牙籍的女佣，因安東尼·貝克蘭和母親爭吵，而從屋裡跑出來。公寓裡倒不零亂，我在廚房裡看到貝克蘭太太的屍體，她穿著平常的衣服——我依稀記得是件洋裝。她仰躺著，沒什麼血跡，鄰接的流理台或瀝水板上有把刀子，是把菜刀，上面有血跡。死者衣服上心口的地方可以看到有個小傷口。我記得是因主動脈切斷而致死的。醫生確認她已身亡，法醫驗屍後即安排將屍體移往太平間。唯一的暴力痕跡——在驗屍時發現的——是右耳上方的傷痕，但這並不具有真正重大的意義，因為有可能是死者在跌到地上時造成的。

我抵達時，安東尼·貝克蘭在臥房裡，坐在床上，我相信他正打電話給一家中國餐館叫外送。我不記得跟他交談的細節，但他在暗示自己不該為這罪行負責。我依稀記得，他可能提到過外婆該負責，此事與他完全無關。

你知道，他自認是個畫家。我們的確找到一幅相當大的畫作，據稱是他畫的。那是你所能想像到最怪異的畫面——我們就是看不出個所以然來。

我依稀記得沒有立即通知他的父親，因為我們得先找到他的行蹤。次日，甚至更晚時，貝克蘭先生從法國來了。

安東尼·貝克蘭被帶到喬爾西警察局接受審問，他所說的許多內容都前後矛盾，散漫不連貫。我不記得他談話的內容，除了開頭的第一句，因為太不尋常而深印在我腦海裡。他說，事情得從他三、五歲時，自彈簧單高蹺上摔下開始談起。

潘蜜樂．透納（Pamela Turner）

我是凱德根廣場八十一號負責公寓維修管理的租客，但他把她刺死的時候，我不在公寓大樓裡。我返家時，看到救護車在外面，正在納悶是怎麼一回事。接著，救護人員從頂樓下來，問我是否認識東尼。我說，認識。我以前白天都跟他一起消磨時間——就是聊聊天——雖然他母親一向都非常保護他。他們問我是否願意在他們聯絡警方的時候，跟他講電話。我就用我的電話打給他，跟他談了很久。他告訴我，他之前跟外婆外出午餐的事，但我知道她人在紐約。他滿平靜的，神志還頗清楚的，還跟我閒聊——他一向都很客氣，人很好，我從沒把他想成是很兇暴的人——就在那時，在救護車裡打電話報警的救護人員聯絡上了警方。是東尼自己打電話叫救護車的。然後，警察來了，就這樣。

東尼告訴我，是他外婆把芭芭拉刺死的。我喜歡芭芭拉的母親達利太太，我記得她是個可愛的小老太太，挺開心地爬那六層樓梯！她以前常來這裡，打理一切事情，就像個一家之主。

每回芭芭拉從美國打電話給我時都說：「哈囉，我是米高梅電影公司的芭芭拉。」她跟我說，她在米高梅的公關部工作，可是我不知道她是否真的在那兒工作。她偶爾會打電話來，主要是告訴我她要來英國，我可否替她買牛奶等等東西。我也替她照顧植物，純粹是因為我極喜愛室內盆栽植物，事實上，我還有一盆她的垂葉榕。

她是個非常美麗炫目的女子。我特別記得她穿過一件黑色禮服，一件領口開得很低的黑禮服。她穿時配一串項鍊，上面有個碩大的鑽石十字架垂飾。她很漂亮，經常外出。我想，我記憶中最可怕的事，就是警察將那口平淡無奇的木棺抬下樓梯，我為他們打開大門，讓他們通過的畫面。我知道隔天是她的結婚紀念日。

發生刺殺事件的那天晚上，我很憂心伍斯先生——你知道吧，就是那隻貓咪。有個警員在看守公寓，我問他有沒有看到一隻貓。他告訴我：「沒有貓。」但是我知道，伍斯先生一定就在那屋裡，於是進去查看床底下，而牠就在那裡！刺殺事件發生後，貝克蘭先生來處理屋子裡的財物。我發現他非常有條不紊並無情。他把公寓裡的東西都交由蘇富比公司（Sotheby's）拍賣。我問他說：「那麼，那隻貓，我們該怎麼辦？」他說：「喔，把牠毀了。」哎，我屏息忍住驚訝地吞了口口水，接著問說，我可以留下牠嗎？我可不可以為牠找個家？伍斯先生現在還健在，我上一回聽到牠的消息時，牠活得很好。當然，芭芭拉不甩檢疫規定把牠帶進英國，是大錯特錯的事。

布魯克斯・貝克蘭

那景象讓我心緒紛亂——前一天晚上芭芭拉在床舖枕頭上留下的頭部凹陷痕跡、床邊的金色拖鞋。我對東尼滿懷著憤怒。我嚴拒了任何努力試圖要跟我說話的人。我只拿了日本大正天皇送我祖父的日本屏風——那幅屏風，還有一幅芭芭拉的畫像。

伊莉莎白・威克・方德拉斯（Elizabeth Weicker Fondaras）

可憐的芭芭拉。我最後一次看到她，是在紐約一個藝術展覽開幕典禮上——她的模樣像塊舊皮草——像加勒比海小說家珍・瑞斯（Jean Rhys）筆下的人物。

一九七〇年五月四日，芭芭拉・貝克蘭致山姆・格林（Sam Green）的信函

讀了珍・瑞斯的《早安，午夜》（*Good Morning, Midnight*），令我極為沮喪。她跟我太像了，讓我驚愕不已——好像出其不意在刺目醜陋的光線下看到自己——那千般萬種的缺失和那超乎尋常的敏感造就的沮喪——我希望我能獲得拯救。

林賽．傑克布斯醫生（Dr. W. Lindsay Jacobs）

我在一九七二年十月三十日第一次看到安東尼．貝克蘭──犯案十八天前──事後，我告訴他母親：「妳兒子會殺了妳。」她答說：「他從出生起就一直在謀殺我──至於是為他自己還是為他父親，我就不知道了。謀殺，我已對謀殺習以為常了。」「這不是暗喻，」我告訴她：「這不是分析師在玩把戲，我認為，妳身處極大的險境。」她說：「沒這回事。」

大衛．米德（David Mead）

我聽到東尼殺了他母親時，覺得好像自己就在事發現場一樣。事發前的一年，在東漢普敦，芭芭拉突然對我提高了嗓門──你知道，就是沒來由的──然後，東尼飛奔進來。他可真是氣極敗壞，我簡直無法相信他有多氣惱。然後，就在瞬間，兩人大吵起來，而我變得無關緊要。他們開始越吵越烈，惡言相向，情況越發醜陋起來，終於到了拔刀相向的地步。他拿了把刀，我使力從他手中奪下刀子，可是要知道，我說的意思是──這就是彩排。

取自一九七三年一月五日，英國法庭諭令針對安東尼．貝克蘭精神狀態所做的報告

他是個身材健美、體格結實的年輕人，偶爾有明顯的口吃。以他的處境來說，他所流露的焦慮和憂鬱尚稱正常，但他否認有憂鬱情緒或曾經想要自殺。他在陳述弒母案時，對時間和地點自然有些混淆。犯案當天，他在講電話時，聽到有關他曾墜落電梯通道的話；後來，就開始揣想是否真有此事。在與母親發生小爭執後，其母開始寫信。他無法讀信，但知道信中的意思，使他頓生以前從未有過的盛怒情緒。母親沒說什麼，也沒採取任何行動，來抵擋他的攻擊。

蘿絲瑪莉・羅德・鮑德溫（Rosemary Rodd Baldwin）

就在東尼殺了她之前，她寫信到土耳其跟我說：「蘿絲，妳對東尼有很棒的影響力，一種類似妮妮的影響力。」當然，妮妮是芭芭拉的母親，東尼的外婆。她說：「妳想來倫敦，跟他同住在公寓裡過冬嗎？」我星期三收到信，正在做決定。星期四，我的女兒曼蒂（Mandy）發了一封電報給我說：「媽咪，小心。凱德根廣場的情況非常棘手。」曼蒂前一天晚上才和他們一道吃晚餐。星期五，他就把她殺了。就這樣。

我再跟你說另外一件事。他童年時，有一隻極鍾愛的小北京狗，在義大利某地的山裡走失了。要知道，他孩提時代有很長一段時間跟我們在一起。他們因為搞丟了這隻狗而急得不得了，最後找到了。狗死後，他保存了狗狗的項圈，就像我的大女兒金娣（Jinty Money-Coutts）也珍藏了她愛犬的項圈。芭芭拉拿了那項圈，把它扔出窗戶，扔進凱德根廣場裡，這就是我所了解造成悲劇的東西。

一九七二年十二月三十日，安東尼・貝克蘭致柯妮莉亞・貝克蘭・海勒威爾（Cornelia Baekeland Hallowell）的信函

親愛的祖母：

我剛收到妳的信。我會盡我所能把發生的事解釋清楚。妳知道，我從以前到現在都愛著媽媽，並敬重她，在這世上無人能比。在這件事爆發前，發生了許多奇怪的事。我想，我的頭腦有點古怪，受到母親很大的影響。我覺得，好像是她在控制我的腦子。反正，那天下午，媽媽外出。我接到一通奇怪的電話，是一位住在威爾斯的朋友打來的。她告訴我，我曾經墜落電梯的通道裡。我認為這事很怪異，可是對我產生了很深的影響。她問我，那天晚上她是否可以過來喝杯酒？我告訴她可以，我們會很高興看到她。稍後，媽咪回來了，她跟我說，她不高興我要那位朋友這麼早來。我不記得究竟是什麼事情引發了這次爭吵，但是在她臥房

裡開始的。然後，她走進餐廳，女佣正在那裡燙衣服，她開始在一張紙上寫東西。我記不得她寫些什麼，但是令我大怒。我從她手中奪下那張紙，把它撕碎。然後，她跑進臥房，我打了她。接著，她跑進廚房。我追過去，用放在桌上的菜刀刺她。我跑去叫救護車的時候，看到女佣剛離開公寓。救護車好幾小時後才來，等救護車來的時候，母親已經死了。真是可怕——我握著她的手，她不看我，不跟我說話，然後就死了。救護人員來了，我在一種很糟糕的情況下被帶走。

有好幾天，我不知道自己身在何處。過往的回憶不斷浮現腦海，我覺得我在重演前世的種種。但是，我現在覺得比較好了，甚至感到肩頭的重擔已經卸下。奇怪的是，她告訴我好幾次，今年夏天我會殺了她。我認為這是世上最不可能發生的事。

我希望能記得她在那張紙上寫了什麼。

愛妳的東尼

海倫．羅洛（Helen Rolo）

我記得那些刀子，我確實記得那些刀子。一九七二年，我跟芭芭拉．貝克蘭租了幾個星期那棟公寓，就在她遇害前幾個月。我甚至對她還不特別熟稔。我以為，她很迷人、很有魅力，她過著那種非常快樂的日子——我的意思是，在紐約有公寓、在西班牙有房子、在倫敦也有公寓。就是從外面往裡面看，似乎很快樂的生活——因為我記得，我打電話去討論租房子細節時，她突然得掛斷電話。她說：「我會給妳回電——我跟兒子有點問題。」

那是一棟挺可怕的公寓，你得走呀、走呀、走地到上面去，就是九十度直角垂直地上去，往上、往上、往上，至少有四段樓梯。我知道那不是有電梯的公寓，但當然沒想到要往上走那麼遠。等你走了那麼多的路，終於走到樓梯的平臺，開了門——上氣不接下氣地開了公寓的門——你真的得有顆強而有力的心臟——還要有隻強壯的手來拖行李——你走進去，看到還要往上走好多階梯，就癱瘓了——原來是棟「樓中樓」的公寓！

那公寓令人毛骨悚然，因為在門廳那、你的正前方，是一幅她兒子的畫像，還打了燈。我不知道畫像裡的他多大年紀，看起來相當年輕，我判斷甚至還不滿十三歲；但他的畫像就在公寓裡面恭迎著我。門廳的左側就是通往廚房的出入口，我記得有很漂亮的雕花水晶玻璃杯——那種喝加水蘇格蘭威士忌的小玻璃杯。當然，後來，我記得那些刀子。我曾使用過那些刀子——有長的，有短的。

門廳的右側是間臥房，是我所能想到的唯一一間臥房，是唯一一間似乎還有點舒適的臥房。門廳的一端通往另一個房間，那是一個我僅僅進去過兩次的房間。有次，我一走進去就說，喔，我再也不要進去那裡。後來，我想再進去一次，看看我是否不想再進去了。我把門關上，那是所有房間裡最毛骨悚然的一間。我猜那是餐廳，因為有張餐桌。我不知道為什麼，但四周有許多細小緊密的格子圖案——讓我想起可能會在摩洛哥看到的景象，可是沒有太陽。那裡很冰冷，在旁邊有張嬰兒用搖床，也許那是她兒子睡過的地方。那是一個很冷峻的房間，這是我唯一能描述的。

喔，還有它的顏色——喔，一種很可怕、很可怕的……我現在看到一瓶蒙特克萊爾（Montclair）礦泉水，有個深藍色的瓶蓋，一種「令人不舒服的」藍色，整個房間都是一種讓人不舒服的凶厄藍色，非常沉鬱陰暗。

整個屋子的頂樓是客廳，燈一打開，看到的第一個東西是一顆被砍下的公牛頭，還有牛角。有幾張算得上是法國裝飾藝術洛可可風格（Louis Quinze）的椅子，和幾張皮製鬆軟的豆袋椅。地毯是棕色的，客廳給人的印象是用了很多棕色。然後，還有一把長條椅，十七世紀那種老式金屬或鋼製的長椅——如果坐上去會感覺座椅冷冷的。我正要開始想像一些我確信不在那裡的東西，例如一盞街燈。我不知道，那個景象就是浮現在我腦海。我想，是因為那把公園長椅可能曾經也在那裡過。

那是一間採光不佳的房間，窗戶比腰的高度稍低，我猜想是因為在公寓頂樓的關係，而且視野也不太好，無法清楚眺望底下的花園。

怪的是，那是相當迷人的房間。如今回想起來，我在那裡舉行過一次小型的雞尾酒會。我幾乎沒用過那裡——那不是一個你想要坐在裡面的房間。

可是，我特別記得那些刀子。我本來是不會特別記得的，但自從我聽說刀子曾被用在平常不該用的那些用途上後，我就想起來了。那些刀子倒沒有什麼不尋常，我記得一把麵包刀——一把長刀，有個木柄。刀子並不多。我猜想，那是一間裝備極簡的廚房，所以某些東西你會記住。

它們就是我拿過的刀子，天啊！我以前常用它們來切做馬丁尼用的檸檬。一想到我用過、還碰過那把殺了人的刀子，就讓我噁心。我連一隻小昆蟲都沒弄死過。我甚至那種事都做不來。一想到我曾碰過那凶器，真是一種恐怖又嚇人的感覺。

蜜娃・斯文卡－齊林斯基（Miwa Svinka-Zielinski）

兒子弒母是希臘悲劇，但是這個案子更糟糕——遠比希臘悲劇糟糕得多。我認為是她殺了他。

山謬爾・帕克曼・蕭（Samuel Parkman Shaw）

誰殺了誰，那真是個問題，就像小步舞一樣，是無解的。

二、拘留

一九七二年十一月十七日星期五下午五點左右，東尼．貝克蘭在未戴手銬的情況下，由兩名警官陪同，離開了凱德根廣場八十一號。除非當事人被捕時很暴力，否則在倫敦的習慣是不用手銬的。

那輛不起眼的車子穿過喬爾西狹窄的街道，他坐在車裡，滿懷心事，沉默不語。喬爾西是倫敦最時髦、最具歷史意義的地區之一，理查三世和湯馬士．摩爾爵士（Sir Thomas More）曾在那裡住過，作家湯馬士．卡萊爾（Thomas Carlyle）、喬治．艾略特（George Eliot）、奧斯卡．王爾德（Oscar Wilde）和畫家透納（Tuner）、薩金特（Sargent）、惠斯勒（Whistler）都住過這裡。喬爾西的一邊是泰晤士河，另一邊是有著時髦商店的史隆街（Sloane Street），芭芭拉．貝克蘭覺得這兒特別投契，而另外一邊則是令她兒子著迷的波希米亞風的國王路（King's Road），這邊則有精品店、餐廳和迪斯可舞廳。

東尼．貝克蘭步行穿過一處側面入口，進入具現代建築風格的喬爾西警察局。他們告訴東尼，他將被拘禁，靜候十一月二十日星期一上午在下級法院的首次出庭，接著就被帶到牢房。除了馬桶之外，牢房裡還有一張單人床，上面有普通的泡棉床墊和幾床毯子。「有鑑於他的指控，」一名倫敦警察總署（Scotland Yard）的官員回憶道：「他受到嚴密監視，以防他會傷害自己。」

第二天，倫敦的報紙用大標題報導這樁弒母案。「這名富有的美國婦人在西班牙擁有別墅，在巴黎和紐約擁有公寓，卻在白金漢宮附近的豪華公寓內遭人持刀攻擊，喪命前因刀傷不停尖叫。」這是《晚報》（*Evening News*）的報導。「這名五十歲的婦人——鄰居說，她看起來比實際年齡年輕得多——在美國電影業工作，」不實報導層出不窮，「身為電影業高級主管，她常為了工作到世界各地拍片地點，拍攝愛情片、冒險電影和謀殺片。」沒錯，芭芭拉．貝克蘭在好萊塢確有星光乍現的一刻，跟影星譚納・安德魯斯（Dana Andrews）一起試鏡，但那是很久以前的事了；倒是她的確是一輩子都在愛情與冒險世界的中心，只是從未擔任過電影業高階主管的職位。

在紐約，《每日新聞》（*Daily News*）用了橫跨滿版的大標題：「母親遭弒，美籍兒子被逮。」《紐約時報》（*New York Times*）的標題是：「英國指控二十六歲的美國人弒母」。

在芭芭拉・貝克蘭的家鄉，《波士頓週日先鋒報》（*Boston Sunday Herald*）引述她在凱德根廣場的鄰居的談話說：「他們好像很富有，到全球各地觀光旅行。兩人的談吐都詼諧機智，很有魅力。她十分迷人，看起來大約三十歲，滿衣櫃的昂貴皮草……救護人員說，公寓裡一團亂，很難辨認出是她。」

現在，有關謀殺案的報導在貝克蘭這家人住過的地方正四處流傳著。朋友們都紛紛前來安慰芭芭拉・貝克蘭在紐約的寡母妮娜・福瑞瑟・達利（Nina Fraser Daly）。

妮娜・達利

喔，我認為，芭芭拉很美。你知道，她素以美麗著稱，擁有一頭長髮。我年幼時，曾有一頭自然捲的頭髮，可是現在沒有了。再過兩天，五月二十七日，我就九十歲了。沒錯，很老了。芭芭拉的頭髮是橘紅色的，我的只是紅色，但不是那種你在紅髮的人頭上看到的觸目的紅。東尼也是一頭紅髮。

芭芭拉是天生的美人胚子。她很自然，喜歡人群。喔，是呀，她很甜、很仁厚、有愛心，是個好女兒，我好想念她。我以前每天都會見到她，有她陪伴真好，我們非常親近、非常親近。

她很崇拜兒子，他很愛她，勝過任何人。他愛媽咪，其次是我，然後，在我之後，才是他父親。他愛父親，但父子倆沒有母子倆或東尼和我那樣親。他父親不是那種一直都對兒子很狂熱的人，但對他很好，兒子想要的和需要的都會給——如腳踏車之類的東西。

我很崇拜東尼。他令人疼愛。他總是想為你做點事情。我就住在附近，以前常跟他沿街散步，他帶給我很大的快樂！我們會一起愉快地散步，穿過公園。他喜愛大自然，能告訴你每一種飛鳥的名字，也經常畫鳥。

她所到之處都帶著他，去哪裡都帶著他，從沒想過要把他擺脫掉。而我隨時都準備好要照顧他。我倆都同樣愛他。她是個好媽媽，她只有這一個孩子，我但願她有更多的孩子。

她也是個好妻子，我愛我的女婿布魯克斯，他對我非常好，就像個兄弟。他六十四歲了，卻還是這麼好看。你也知道，他的祖父發明了塑膠。

這些畫都是芭芭拉畫的，這裡公寓裡的每一幅都是她畫的。她畫得很好，也畫了不少。

上面那兒的那幅是鱈魚角（Cape Cod），我們家在孩提時代都去那裡，總是去鱈魚角。有一回就快要打雷了，我走到她作畫的地方，她說：「媽，我正在畫那個景象。」我說：「喔，是啊，我看到了，親愛的。」因此，我一直都喜愛那幅畫。那天，天空有一塊就像那樣漂亮的一大片雲。你會以為那雲會飄下來，壓在你的頭頂上。

你知道吧，她是左撇子，沒法用右手做任何事。她從一開始就習慣用左手，我沒要她改過來。我寧可她是慣用右手的，我認為這樣才自然。我沒法用左手做事。看到左撇子，似乎令人覺得彆扭。我看到芭芭拉用那左手翻報紙和寫字，就擔心東尼也是左撇子，還好他不是。我們沒想要改變他，但結果他是慣用右手的。喔，芭芭拉很迷他。

麥可．亞歷山大（Michael Alexander）

他告訴我，有些衝突，或這類的事，還有他把刀刺進她身體裡的事——就那麼一下。他刺的位置正好不對——刺進了心臟，就是那樣。然後他跟我說，他有個困擾，不知道該怎麼辦，這事令我十分震驚——他說自己考慮要把這事置之腦後！

當然，他的外婆總是鼓勵他把事情想成不是他的錯。她不相信他會做這種事，因為，你知道，他是個十分溫和的孩子，是她的藍眼睛外孫。

伊莉莎白・亞契爾・貝克蘭（Elizabeth Archer Baekeland）

妮妮簡直就是痛不欲生。芭芭拉死後，我常去看她——一直到她變得不可理喻為止。她不斷數落絲兒薇（Sylvie Baekeland Skira），說如果布魯克斯沒跟「那個賤貨，那個賤貨，那個該死的賤貨」私奔，這一切絕不會發生。她沒完沒了的講到「那個賤貨」如何先勾引了東尼，然後又勾引了布魯克斯。

布魯克斯・貝克蘭

經過多年的抗拒，還把我們的四位律師——從路易斯・耐瑟（Louis Nizer）開始——都搞得疲憊不堪後，芭芭拉終於同意還我自由。我和絲兒薇在布列塔尼（Erittany）接到電話——在那幢我蓋的房子裡，當我們從電話裡得知芭芭拉的死訊時，還以為她是自殺，因為那天是一九七二年十一月八日，是我們結婚十三週年的紀念日。「我給了你自由，還有我的生命」——那是芭芭拉典型的作風。

絲兒薇・貝克蘭・斯基拉

這事發生時，布魯克斯的表弟貝克蘭・羅爾（Baekeland Roll）和他太太正住在我們這裡。一向都是我接電話的，因為布魯克斯太愛擺架子，從不接電話；所以我就接了，是倫敦的警察，他說：「我們確信，貝克蘭太太遇害了。」我掛完電話回來，把這個消息告訴他，結果，我倆都不相信。布魯克斯說：「她又找到一個整我的方法。」然後，他們又打電話來，是真的。這一回，他們說：「我們認為，她的兒子涉嫌此事。」我放下電話，感到很恐懼。我記得很清楚，我害怕到嚇出一身汗來——我身上發出一股動物的惡臭——這種事很令人厭惡，我衝到樓上去找來訪的表弟夫婦。

對我來說，那是很恐怖的，但對布魯克斯……他的痛苦，是你無法想像的。布魯克斯走了出去，在花園裡嘶聲力竭地大喊大叫。他絕望至極。芭芭拉死了，他驚恐不已。是兒子下的手，那則是另一碼事。

我們離開布列塔尼，一起去倫敦。布魯克斯沒有心情去認屍，所以是貝克蘭．羅爾去的。布魯克斯從未看過她的屍體，但他表弟看到芭芭拉有隻眼睛被打青了。他跟布魯克斯說，她挨揍是遲早的事——，我認為，這句話對布魯克斯的傷害甚於一切——她挨揍是遲早的事。

布魯克斯．貝克蘭

他認屍回來後告訴我，有許多瘀傷——他兩眼含淚。他從來都不喜歡芭芭拉，但親眼見到這樣的暴力，深為震撼。

絲兒薇．貝克蘭．斯基拉

因為新聞媒體等等因素，我們住在一家我們認為不會太招搖的旅館——布雷克飯店（Blake's Hotel）。但結果是，在我們入住的同時，還有許多搖滾明星下榻那裡。因為審訊的關係，布魯克斯不斷跟律師和警察這些人見面。之後，他將她火葬了。她在停屍間裡陳放了三星期。

同時，警方把她公寓裡的所有東西都交給布魯克斯。他要我讀她的每一封郵件，因為他說，他會悲慟到無法讀下去。還有那些卡帶！芭芭拉為正在寫的一部小說錄了整系列的卡帶。警方說，那些卡帶是對貝克蘭家族非常具傷害性的文件，他應該拿去。你能想像寫跟自己兒子上床的事嗎！

在布列塔尼，我們家裡沒有卡式錄放音機，有電唱機，但車裡有卡式錄放音機。布魯克斯在車子裡播放，一連好幾個小時！沒錯，直到我在他面前崩潰。他取出耳機，這樣他可以聽，而我可以不必。

葛蘿麗亞·瓊斯（Gloria Jones）

詹姆士和我嚇呆了，這是我們聽過最糟糕的事。當時在巴黎的我們趕去倫敦，想要幫忙。我打電話到倫敦警察總署，我說：「我想跟你們談談。」於是，這兩位好得不得了的警察來了。我們下榻一家很棒的飯店，不是克拉瑞吉飯店（Claridge's），另一家很好的，真正很好的那一家——康諾特飯店（Connaught）。那裡有間酒吧——你知道，貨色齊全——他們說：「照規定，我們是不能喝酒的。可是，你也知道的，好吧，就喝吧。」於是，我們給了他們幾杯酒，他們興奮得很，等我們都坐定了，我說：「我想，你們應該知道，她可能激怒了東尼。我可以拿一些錢給他買香菸嗎？你知道，我想幫他。你們能為他請個律師嗎？」他們不讓我見他，那不過是事發後的第二或第三天。他們說，他們正在處理每一件事。

我問道，我是否可以埋葬她，因為我覺得布魯克斯什麼都不會去處理。他們說不行。後來，布魯克斯的確把她火葬了。我想，她母親把骨灰拿走了。

芭芭拉·寇帝斯（Barbara Curteis）

你知道吧，詹姆士·瓊斯寫了一本有關貝克蘭家族的小說——《春花日日紅》。但他是在一九七〇年寫的，在這個結局發生之前寫的。

芙蘭欣·杜·普萊西·葛瑞（Francine du Plessix Gray）

伊瑟·伍德沃德·德·克羅塞（Ethel Woodward de Croisset）打電話告訴我們，東尼殺了芭芭拉。我感到既震驚又恐怖。

伍斯先生是我們在一九六三年送給芭芭拉的禮物——我們的寶貝愛貓艾斯塔特在那年生了五隻暹邏

貓，那是其中的一隻。艾斯塔特的兒子法布瑞斯——伍斯同父同母的兄弟——足足活了二十一歲，是我去年才埋葬的。我們不都希望能這樣安享晚年嘛！

就在聽到芭芭拉的事之後的幾天，我在史戴隆家碰到彼德．麥席森（Peter Matthiessen）。他跟我說——我們幾乎同時跟對方說——「你打算用嗎？你會用嗎？」你知道我的意思吧，在書裡使用。我倆都說不會。彼德說：「我做不出來這種事，我想妳也做不出來，我會避免用上。」你知道嗎，只有一個書名適用在貝克蘭家的故事，而且已經被用過了——《美國悲劇》（*An American Tragedy*）。

五〇年代中期，我和克里夫（Cleve Gray）在紐約的一場派對裡結識他們，我們跟這個一頭紅髮、笑容燦爛、牙齒大得非常顯眼、非常豔麗的女子，立刻建立起熱烈的友誼。我永遠記得那張嘴——我母親塔緹亞娜．李伯曼（Tatiana Liberman）會說：「她非常漂亮，但牙肉太外露了。」身旁是她的丈夫，英俊的百萬富翁布魯克斯．貝克蘭，我們的第一印象是，他們是一對理想夫妻。

一九六〇年夏天，我們在義大利跟他們合住一棟房子。東尼即將滿十四歲，長得非常俊美，無懈可擊——耀眼、有如天使、中規中矩、笑容甜美。我們在紐約剛新婚想要生孩子時，我和克里夫常對彼此說：「如果我們的孩子長得像那樣，該有多好！」

蘿絲．史戴隆（Rose Styron）

一九六〇年夏天，我們在義大利的安塞多尼亞有棟房子，貝克蘭一家人是我們的鄰居。我們有共同的朋友，葛蘿麗亞和詹姆士．瓊斯夫婦，是這對夫婦告訴我們，他們也在那裡。我記得，他們前來拜訪。他們外貌出眾，非常愛交際，也相當勢利眼，我可以說，芭芭拉尤其喜愛豪氣的義大利生活。

我喜歡東尼，我真是非常喜歡他。他是個非常寂寞但很自足的孩子，我喜歡他對待動物的那份溫柔。我記得去過幾次他在樓上的房間，他有各種的蛇和動物。無論家裡發生了什麼事，他似乎都想躲開，自己一個人不受干擾，我喜歡他這種態度。在我們去過那裡兩、三回後，我就發現自己被他吸引。我猜想，我可能對他的了解勝於對布魯克斯和芭芭拉，我跟他們不常往來。

我記得葛蘿麗亞跟我講了許多芭芭拉的事，她總會告訴我貝克蘭家族的最新狀況，而那接二連三的細節真是荒誕。

葛蘿麗亞・瓊斯

芭芭拉死後，我們大家的好朋友妙麗・墨菲（Muriel Murphy）將芭芭拉的一件香奈兒洋裝寄給我。你也知道，芭芭拉真的很會穿衣服——她永遠擁有真正的香奈兒。我猜想，妙麗是從達利太太那裡得到這件洋裝的。我當時在海地，住在歐勞夫森飯店（Oloffson Hotel），妙麗請正要去那裡的威廉・史戴隆（William Styron）將這個包裹帶給我。我打開包裹，穿上洋裝，後面全是血跡斑斑的血痕，那正是被刺死時會穿的那種衣服。後來，我問妙麗：「妳為什麼把那件洋裝送來給我？」她說，她沒注意到有血跡。我嚇得魂不附體，把那洋裝埋起來了。我真的在旅館後面外頭的地上挖了個洞，那件洋裝埋在巫毒之鄉海地的歐勞夫森飯店的後面。

威廉・史戴隆

我並不知道那個該死的包裹裡究竟是什麼東西，我知道是衣服類的東西，但不曉得有血跡，葛蘿麗亞打開包裹時，我也不在場。但我確知，葛蘿麗亞說的準沒錯。

我記得，那年夏天在安塞多尼亞有很多派對，很多乘船出海的活動。布魯克斯有一輛賓士跑車，很多時候帶著東尼駕著跑車四處跑。東尼是個不折不扣的美少年——如果以那樣的年紀可以稱作美少年的話。我是說，他是個很漂亮的孩子，真是迷人。當時，我當然完全沒感覺到有任何潛在的異常之處。我確實認為，我很可能有意識到一絲「媽媽的小心肝」那樣的關係——對獨子來說，倒也不是不尋常的關係。但我認為，他好極了。聰穎，或許有點孤僻。可是，對我來說，他簡直就是虛幻不真實的，因為我從未真正了解他。我只知道他是個美男子——還有游泳健將之類的——而且是個嚴肅的年輕人。

我的感覺是，一個小家庭，一對夫妻和一個寂寞的男孩。他們原該在作家史考特．費茲傑羅（Scott Fitzgerald）的小說裡，卻置身此地。芭芭拉和布魯克斯似乎有點像黛絲與湯姆．布坎南夫婦[2]，但是在不同的年代，因而有些格格不入。

我記得很清楚，當我得知這件謀殺案時自己身在何處。此刻，我在康乃狄克州洛克斯貝利（Roxbury）這裡的房間裡。那個星期日我就在這裡，不記得日期了。當時我就像大家平常看報那樣，正在翻閱週日的《紐約時報》，有一欄是這麼寫的：「年輕男子在倫敦把母親刺死」。當然，名字就在上面，我嚇呆了。如果我對他們——他們的關係——了解得更多，我可能就不會這麼震驚。但是，我對心理層面的波動或騷動，是一無所知的。

天啊，這是個令人著迷的故事，那孩子的可怖已臻古典希臘悲劇的規模。我確實認為，整個故事可怕的程度，是以一種怪異的方式反映了我們這個時代，具有非常大的隱喻意義。

布蘭登．基爾（Brendan Gill）

我努力的回想，第一次遇到芭芭拉和她丈夫是什麼時候。那是某天晚上，蘿絲和威廉．史戴隆夫婦也在那裡。我想，是在湯姆和莎拉．杭特．凱利夫婦（Tom and Sarah Hunter Kelly）在紐約七十一街的

2 Daisy and Tom Buchanan，費茲傑羅小說《大亨小傳》（*The Great Gatsby*）裡的人物。

家裡。我記得跟布魯克斯談他跳傘進入祕魯叢林的事。他是個真正的冒險家，非常有男子氣概。我對他的描述很著迷，也是因為我對他祖父和他發明的貝克萊塑膠有興趣——那就是我的喜好：發明，在美國功成名就。布魯克斯看似高大又有英雄氣概，因為——就像世上首位飛越大西洋的飛行員林白（Charles Lindbergh）那樣。我對英雄的定義是一個不斷以一連串考驗挑戰自己的人，而且每一次的考驗都越來越難。他根本不是跟世界競賽，而是跟自己競賽。對我來說，這似乎就是布魯克斯在做的——挑戰自己。

芭芭拉是個很漂亮的女子，我也喜歡她的性情，是積極樂觀的性格。她總讓人感到愉快，所以，當然了，那種特質使她成為一個很稱職的女主人。我想，像班·桑能伯格（Ben Sonnenberg）那樣稱職的派對主人會這麼喜歡她，是因為他喜歡性情開朗的女人，她們從不會消沉，不需要人來打氣加油。他可能也欽慕她，因為他總是欽慕具有冒險精神的女人——我是說，那些成功的女人——她顯然是這樣的女子。

皮可·杭登（Pico Harnden）

當時我旅居歐洲各地，常每隔兩三天就打電話給在倫敦的母親和弟弟米西卡，探問他們的近況。一天，母親說：「終於發生了。」我說：「發生什麼事？」她說：「芭芭拉被東尼殺了。」我——我開始大笑，因為大家都知道一定會出事的，只是時間的問題。結果真的發生了，整個事件是如此荒謬，幾乎到了可笑的地步。可是，我媽是個非常嚴謹的人，我大笑，她非常生氣；但是，她也大笑起來，因為連我媽這種你所能找到最不善冷嘲熱諷的人，都知道這個故事會如何收場。這個故事沒有其他的結局。

伊瑟·伍德沃德·德·克羅塞

你知道吧，有一個很迷人的女子蜜西·杭登，是俄羅斯公主，出生在瓦西契可夫家族（Vassiltchikov）——她丈夫是建築師，為我在西班牙蓋了一棟房子——芭芭拉死後，她來看我。她去了在芭芭拉遇刺前，那天晚上在凱德根廣場的雞尾酒會。有一群人在那裡，那孩子兩眼發亮，以一種顯然有些奇怪的模樣在發呆。蜜西認為，她必須警告芭芭拉。你看，她有這種感覺。後來她並沒這麼做，所以現在覺得非常不安。她這個俄羅斯人非常——該怎麼說，可以說是嚴守道德規範嗎？——俄羅斯的人，我想你知道，真正的俄羅斯好人是什麼樣子的，他們非常正派。她是那種很正派善良的人，她覺得自己對不起芭芭拉。

伊莉莎白．威克．方德拉斯

我聽到後，就打電話給索爾．史坦柏格（Saul Steinberg）——只是要找個人談談芭芭拉。這種事情若發生在小鎮上，會輕鬆得多。人們聚在街頭，你可以衝出去，談論這些事情。在紐約，你沒法這樣。索爾談到芭芭拉的白皙，她的白皮膚、愛爾蘭的皮膚、白皙漂亮的皮膚、紅髮——光鮮亮麗的容顏。

賈斯柏．強斯（Jasper Johns）

她很美麗。

安迪．沃荷（Andy Warhol）

喔，是啊，我記得她。但是，在聽到她怎麼遇害後，我只想忘掉她。

羅伯特．比佛利．黑爾（Robert Beverly Hale）

我只是在「堅果多巧克」（Chock Full o'Nuts）咖啡店喝杯咖啡，晚間的《郵報》（*Post*）上就刊登了這則消息，真是令人吃驚。我沒法形容布魯克斯和芭芭拉有多迷人，當他倆還同心合意、夫唱婦隨的那時，是我見過最迷人的夫妻。當然，那是很久以前的時候。

威廉．塞爾（William Thayer）

事情發生時，我正在倫敦畫安能柏格（Annenberg）大使的畫像。我在報紙大標題上看到，才明白，我的天呀，那是東尼．貝克蘭。我甚至想到要過去做些什麼，然後又想，其實不關我的事——我是說，她已經遇害，沒有什麼我能做的，而且他已被送到監獄。他也是個很優秀的藝術家——非常優秀。

麥可．尼格羅彭特（Michel Negroponte）

大約一年前，我在電梯裡碰到他——我父母住在他們紐約那棟大樓裡——他邀請我到他位在頂樓的豪華公寓裡喝杯酒。我猜想，那時他剛從巴黎回來，打算就讀紐約的某一所藝術學校。我記得只跟他在房間裡談了大約半小時——他有個小房間，我記得對他的畫作感到很震撼，他的畫不可置信地怪異。我相信，有些甚至是他母親的肖像——斷了頭的，大蛇纏繞著她的脖子。那些是他的近作。我想，有兩幅，或許甚至三幅，實際上是掛在客廳裡的。幾個月後，我搭電梯上去時，在《每日新聞》還是在哪家報紙上，看到這個標題：「有錢的母親被殺……」——不知道為什麼，有個念頭閃過，我有種奇怪的感覺，覺得是貝克蘭家的人。然後，我往下看，而實際上確實是。也許只是因為置身在我遇到東尼的電梯裡，特別是因為我無法忘掉那些畫作，對我來說，似乎後來發生的全部一連串事件，彷彿在畫裡都已安排好了。

安布羅斯．戈登（Ambrose Gordon）

我在德州奧斯丁（Austin）這裡的報紙看到的，在這裡，貝克蘭這個姓氏完全被曲解了，但年齡和細節都做了仔細的查核，所以我很確定一定是他們。後來，布魯克斯寫信告訴我這件事，證實了此事。報紙的描述是說，他們看起來——她看起來異常地年輕，他們看起來更像——他們看起來不像母子，甚至到了……報紙當然不可能用「情人」這樣的字眼，但至少在我腦海裡留下那樣的暗示。

理查．赫爾（Richard Hare）

那是星期天上午，我在東漢普敦。我通常在七點或七點半起床，走到村子裡去買《紐約時報》。我回到家後，打開報紙，在吃早餐時一邊看報。我還沒翻上兩頁，就看到這則發稿地點是倫敦的報導。哎，我對太太說：「安（Anne Hare），你不會相信我剛才在報上看到的消息！」然後，電話鈴響了，是伊莉莎白．方德拉斯。她說：「理查，你看《紐約時報》了沒？」我說：「什麼看了沒？我正要撥電話給妳呢！」當然，我們彼此弔慰了一番。電話掛斷五秒鐘後，芭芭拉．黑爾（Barbara Hale）打電話來，我正要打給她。她說：「理查，你相信嗎？」我說：「我相信，妳呢？」她說：「我當然相信，那本來就隨時會發生。」總之，我們都是身歷其境過的。

威爾．戴維斯（Will Davis）

她是幾月遇害的？十一月嗎？我自己的孩子才剛出生，我記得對太太說：「我沒法忘掉貝克蘭家的那件事。」我是說，好像希臘悲劇《奧瑞斯提亞》（*Oresteia*）裡的情節。我所經驗過最接近的事是我第一次看到停屍間的活動——解剖驗屍之類的事。整個過程裡，我都還好，但一到外面，鼻孔裡的甲醛氣味揮之不去，而且有好幾個星期沒法吃紅肉。

之後，她被謀害後很久以後，布魯克斯郵寄給我她的這張照片。天啊，如果我再看到他，我會把他殺了。我絕對會在街上拿塊磚，把他打死！那是張彩色照片，他在背面寫著：「勇猛無比的芭芭拉贈」，因為我以前就是這麼稱呼她的——母獅子。女人不介意被叫做獅子或老虎。她們不喜歡被叫做狁狳或駱駝，但是獅子和老虎還好。

布魯克斯．貝克蘭

芭芭拉是一頭很優秀的動物，但相當難馴服。她的兩個主要的——我認為很棒的——特質是驕傲和勇氣，兩個都極為誇大，因此很危險。她天生是個鬥士，而且死於戰場。

佛蘭西絲卡．德瑞柏．林克（Francesca Draper Linke）

我夢見我看到芭芭拉——她在這間極棒的頂樓豪華公寓裡的某處，我們在談話，彷彿她還活著，而遇害的是東尼。很奇怪，彷彿在她被謀殺的一瞬間，她得到釋放了——她很快樂，我從來沒見過生前的她像在夢裡這樣快樂。

理查．赫爾

我想，在紐約的追思會是在聖文森．斐洛（St. Vincent Ferrer）教堂舉行的——在第六十六街與萊辛頓大道（Lexington Avenue）交叉路口。我們沒有受邀，安和我甚至沒被告知在哪裡舉行，所以我們沒去，很遺憾。報紙上沒登，都是用電話聯絡的，就這樣。

菲莉絲．海瑞曼．梅森（Phyllis Harriman Mason）

我走進去的時候，看到豎琴家黛芙妮．海爾曼（Daphne Hellman）戴著黑帽子。那場追思會真糟糕，人人都在四處張望，看誰來了，接著彼此親切交談著。我也是那樣，在倫敦也有類似的追思會。

一九七二年十一月二十四日，布魯克斯·貝克蘭致詹姆士和葛蘿麗亞·瓊斯夫婦的信函

與芭芭拉相熟的朋友將於十一月三十日下午六點半，在凱德根花園的聖瑪麗（St. Mary's）教堂舉辦彌撒，紀念她的可愛與勇氣。

她若知道你們也去了，一定會很高興。我知道的。我是為她而寫——不是為我自己。

取自芭芭拉·貝克蘭的遺囑，一九七二年四月二十一日

本人芭芭拉·達利·貝克蘭，現居紐約州紐約郡的紐約市，將我所有房地產和個人財物，無分種類與座落位置，交由以下指名之受託管理人進行投資與再投資，由此所得的淨收益，為我兒安東尼的利益計，在其生前支付給他。

芭芭拉·貝克蘭遺囑附加條款，一九七二年四月二十五日

一、我若先於我母親妮娜·福瑞瑟·達利辭世，我的烏木屏風將贈與她。

二、我若先於婆婆柯妮莉亞·貝克蘭·海勒威爾辭世，我那個十八世紀製的黃色鐘將贈與她。

三、上述二物目前存放於我在紐約市東七十五街一百三十號的公寓內。

湯姆·狄羅（Tom Dillow）

我幫妮妮清理公寓，她把芭芭拉的《烹飪大全》（*Larousse Gastronomique*）給了我，很棒的三〇年代版——你知道的，很大的那種，有當年最棒的廚房的彩色印花，就是在法國的那些很棒的大廚房。我們甚至還清理陽台，把樹木和其他所有東西都清掉。我在那裡兩、三天，幫妮妮清點所有的東西——芭

芭拉的野生動物地毯、那些豹紋抱枕、平版印刷的奧杜邦[3]畫作、十八世紀的墨西哥十字架、路易十六風格的早餐桌……然後，我打電話叫街頭的古董商維托．嘉洛（Vito Giallo）過來一趟。

絲兒薇．貝克蘭．斯基拉

那棟公寓的東西，布魯克斯連一個靠墊都沒拿，什麼都沒拿。他表明了什麼都不碰，全部都給妮妮，因為芭芭拉死後，她的第一句話就是：「把芭芭拉的珠寶從倫敦寄過來，免得讓絲兒薇拿去戴了。」可憐的小女人，她認為我很可怕，我是上帝、母親和兒子這個美好三合一關係的破壞者。這很正常——她沒有別的想法，只能這麼想。她的女兒就是她的夢想。我認為，妮妮非常受愛戴而且非常貼心。「把芭芭拉的珠寶從倫敦寄過來，免得讓絲兒薇拿去戴了。」你可以想像，我怎麼會去戴她的珠寶！

妮娜．達利

芭芭拉所有的東西都很昂貴。她所有衣服都是訂做的，她幾乎都沒有用買的。我猜想，大部分都是在巴黎訂做的，她在那裡有一位人很好、很可愛的裁縫師傅。我有些東西也在巴黎訂做。人們常問我，衣服都在哪兒買的，我都說：「我猜想，大多在巴黎訂做的。」東尼喜歡衣服，他的衣服是芭芭拉買的，但是他也訂做衣服。

芭芭拉的衣服質地都很好。那才是我關心的：質料。我所擁有的衣服，都是好的質料，可以耐久，永遠實穿，並從未真正穿壞過。

3 John J. Audubon（1785-1851），美國鳥類學家，也是野鳥畫家。

可憐的葛麗絲・凱莉，我為她感到難過。我認為，發生在她和她女兒身上的事令人非常遺憾——你知道吧，那個小女兒。[4]她好像有點失控了，但這種事，誰也料不到。你得接受、承擔、從中吸取教訓，盡己所能地學習。你不能坐著哭泣，那是於事無補的。你絕不會明白將來會怎麼樣，直到那件事成為過眼雲煙。

4 一九八二年，嫁到摩洛哥王室的影星葛麗絲・凱莉（Grace Kelly）在一場車禍中喪生，她最小的女兒史蒂芬妮（Stéphanie Marie Elizabeth Grimaldi）也在車上，謠言盛傳當時車子是由她駕駛。

三、候審

一九七二年十一月二十日星期一早上，東尼．貝克蘭出現在下級法院，他在那裡正式被控謀殺母親，還押布瑞克斯頓監獄（Brixton Prison）候審。

他乘著警方的箱型車被載到一個地區，那地區迥異於他所知道的倫敦，彷彿是另一個國度。那裡有一個多彩多姿的市場，讓布瑞克斯頓的骯髒沒那麼強烈，從具有異國風味的蔬果到倫敦東區的美食鱔魚凍，市場裡什麼都買得到。

箱型車轉入一條狹窄的兩線道公路，兩旁是煤煙燻黑的磚塊建築，車子穿過一道敞開的大門繼續前進。前面是第二道門，由布瑞克斯頓監獄裡面控制，開向一個有警犬巡邏、裝設了刺鐵絲網的庭院。

東尼．貝克蘭一輩子走過很多地方，去過令人生畏的邊遠地區，但從未到過像這樣嚴峻的地方。聳立在他前面的是一棟四層樓的維多利亞式建築，看起來像是介於工廠和低收入住宅區的綜合體。

他被分配到的牢房原是蓋給單人住的，但因人滿為患，他必須跟另外兩名囚犯同住。

安東尼．貝克蘭致詹姆士與葛蘿麗亞．瓊斯夫婦的信函，未註明日期

一一五七〇九　貝克蘭　倫敦傑布街（Jebb Ave.）

布瑞克斯頓女王監獄

親愛的詹姆士和葛蘿麗亞：

我在倫敦的布瑞克斯頓監獄裡，現在你們一定已經風聞所發生的事了。我在這裡得到休息，覺得好多

了。我在這小房間裡覺得清醒多了。很多倫敦的朋友來探望我，令我心情大振。我整個夏天經常想到你們兩個，非常想聽到你們的消息——你們可以想像，信函能令人心情振奮。過去幾年來，發生了好多事。要把事情全都釐清，對我有些困難。我腦子裡有太多事，需要有人傾吐。

東尼敬上

托比．羅斯（Toby Ross）

就在他殺了母親後幾天，我去布瑞克斯頓探望他。實際情況是，我的朋友凱瑟琳．金尼斯（Catherine Guinness）想要去，但不想一個人去。我倆都算是他住在西班牙卡達克斯那時的朋友，所以決定一塊兒去，結果滿奇怪的。我的意思是，他好像不知道他殺死了母親。他問凱瑟琳，他母親還好嗎？他說了類似這樣的話：「我媽好嗎？她身體好嗎？」我和凱瑟琳兩人立時震撼不已。我後來明白了，也許他知道他有用刀刺殺母親，但不確定是否把她刺死了。

我和凱瑟琳都不知道該跟他說什麼好，只在那裡待了十五或二十分鐘，是法律規定的限制。那裡有一間會客室供訪客進入，裡面有小小的隔間。現在已不是那樣了——我知道，因為一年後我自己也關進去了，因為使用過期的護照。你也知道，英國人有些好笑。我跟他們說：「聽清楚了，我有雙重國籍，有兩本護照。我是持美國護照進來的，還在這裡的時候，護照就到期了，但我還有英國護照。」他們說：「去跟法官理論去」，就把我扔進布瑞克斯頓關了兩天，罪名是「非法移民」。

我自己在裡面的時候，會客室跟我在那裡探望東尼時完全不一樣——你可以真的坐在一張小桌旁，跟你說話的對象有身體的接觸，可以觸摸他們，可以親吻打招呼。但是當我會見東尼時，那裡有兩個小隔間，有大片的厚玻璃窗和一具小電話機。你拿起電話，透過電話來講話——就像那部老片《天牢長恨》（*Birdman of Alcatraz*）裡的情景。

凱瑟琳．金尼斯

我去探望他，是因為為他感到遺憾——他是我的朋友，我喜歡他。我只是坐著，在小隔間裡東拉西扯的，他還是一如以往那樣親切。他說，他要一本但丁的《地獄》（*Inferno*），於是我寄給他了。你看，我認識他的時候，就覺得他是我認識的人裡面最溫和的那種。我是有一年復活節在卡達克斯跟他結識的，我記得跟他和我父親一起散步，他聊的大概是關於靈魂和他是如何想探索內心最深處的事——他覺得自己的靈魂有點像個洋蔥，你必須一層層剝開。你知道那個理論——靈魂有好多層，只要努力以赴，藉著冥想和沉思，你可以一直往深處探究。

凱倫．拉德凱（Karen Radkai）

看看他這些照片！你看他，他的模樣，我帶他一道去野餐。喔，他畫畫！他像頭綿羊那樣友善溫和。這些畫一定是一九六六年左右、我在卡達克斯畫的。

我告訴你一件事——我的第一印象一直都是正確無誤。我的意思是，我絕少失誤。我第一次看到卡達克斯時就說：「這裡使我想到《皇家大道》（*Camino Real*）。」——你知道吧，田納西．威廉斯（Tennessee Williams）的那齣戲。有一種全然頹廢的氛圍，一種奇異的頹廢，幾乎是很遙遠的。而且我告訴你，有一些怪人在那裡走來走去。他們過著近乎超現實的日子，你知道嗎？我是說，卡達克斯跟我在地中海所見過的任何事物都不相干。

那裡極美，實在是美到非比尋常。十字架海角（Cap de Creus），這座無與倫比的山，這些巨大的灰岩，閃耀的大海——我從沒見過大海那樣閃耀生輝。但那是位在北歐的海——很奇怪吧。不是地中海的那種光耀，是一汪黑海。但有巨岩和山，還有一排排美麗無比的漁民房舍不斷往上延伸，一間美麗的金色教堂，燦爛的陽光穿過其間。

我真的把我的感受在心裡拍攝下來，不是訴諸理智的——你懂我的意思嗎？我的所見所感，這就是我的感受。

米西卡·杭登

你知道約翰（John Meyer）和丹尼斯（Dannis Meyer），那對梅爾家的雙胞胎嗎？他們是東尼在卡達克斯時的朋友——算得上是嬉皮，他們以前常為達利（Salvador Dalí）畫畫時擺姿勢。他們也算得上是演員，你記得導演肯·羅素（Ken Russell）的電影《戀愛中的女人》（*Women in Love*）嗎？裡面有一對看起來非常像印第安人的雙胞兄弟——就是他們。反正，他們有個很荒唐的念頭，就是要把東尼弄出布瑞克斯頓監獄，弄到他們在威爾斯或蘇格蘭的這座農場來，讓他遠離喧囂——那類事情。

菲莉絲·海瑞曼·梅森

我寫信給在布瑞克斯頓的東尼，告訴他，他的消息令我非常悲傷——我寫得很含糊。他回信說，他現在覺得比以前好多了。

我去年暑假和他們兩人在馬約卡島度過，是在六月到九月時，儘管當時發生了一些事，我還是度過了一個愉快的夏天。羅伯特·格雷夫斯來過我們屋子幾次，有一晚我們去他家吃晚飯。之後，芭芭拉和東尼大吵一架——東尼說，格雷夫斯不是個了不起的詩人，而芭芭拉不同意。可是她也說：「我越看他，越覺得他像個老女人。」

一九七二年六月二十九日，芭芭拉·貝克蘭致伊莉莎白·威克·方德拉斯的信函

瓦爾德摩莎（Valldemosa），馬約卡島

美麗華別墅（Miramar）

艾薇若．海瑞曼（Averell Harriman）的姪女菲莉絲．梅森住在我們這裡。上個星期，羅伯特．格雷夫斯來吃午飯後，看了東尼的詩。他寫了一封很棒的信給他。我們正逐漸適應這個美麗的地方。這棟屋子是路易．薩爾瓦多大公（Luis Salvador）設計的，雖然不是非常舒適，但很獨特高雅。我希望逐步把這裡弄得更舒適，但我們住在這裡，目前是以很老式的方式過日子。如果世間有一個地方能讓人找到平和與寧靜，這裡就是了。

艾勒斯特爾．瑞德（Alastair Reid）

那年夏天，我懷著驚恐又著迷的心情觀賞，而且，那年夏天，什麼都不對勁。芭芭拉和東尼那時在馬約卡島，他們住的地方有一座龐大半圓形的群山，就像個圓形露天劇場。彷彿那種景緻在邀請到那兒度夏的人們——強迫他們——放下自我，聽從美景的召喚，遵令行事。那裡真是地中海儀式表演的完美場景。

事實上，馬約卡島的整個地景總是讓我想到希臘悲劇。我跟菲莉絲．梅森下山去游泳時，就是跟她這麼說的。游完泳後我們坐下，就在那時，她說，有件很可怕的事情真的要發生了。東尼弒母後，我寫信給她。因為那件事，她是我唯一有聯絡的人。

菲莉絲．海瑞曼．梅森

我跟你說這件事，你會笑的：她死後，我去找一位靈媒，想要與她聯繫。有一回，有個女的真的現身了——某個幽靈——她穿著一襲輕薄的透明長袍，袒胸露肩，非常性感撩人。我說：「那是芭芭拉！」

伊瑟．伍德沃德．德．克羅塞

芭芭拉的骨子裡有一種愛爾蘭人的暴力性情，她要人人都聽命行事。我是說，她是個紅髮、掌控欲強的人，喜歡使喚差遣人。我一想到這件事，對我來說，彷彿所發生的事就是這樣狂野的一生最尋常的結局。

東尼經常從布瑞克斯頓寫信給我——信裡的文字條理分明。你知道的，情緒很神經質或心智煩亂的人，可以寫出清楚明理的文章，字跡也非常清晰穩定，並說出這樣富邏輯的話。

安東尼．貝克蘭致葛蘿麗亞．瓊斯的信函，未註明日期

一一五七〇九　貝克蘭
布瑞克斯頓女王監獄

親愛的葛蘿麗亞：

謝謝妳的來信，我現在覺得好多了。妳真貼心，還寫信給我。我也收到伊瑟的信，令我非常振奮。詹姆士出了新的小說，很令人興奮。請代我向詹柏斯太太（Mrs. Chambers）致上最誠摯的心意。這裡的生活非常寧靜，我讀了很多書，努力讓腦子清醒過來。

東尼敬上

附記：知道凱特（Kate）結婚了，令我非常高興。我清楚記得她，請代我向她致意。

取自一九七三年一月五日，英國法院諭令針對安東尼．貝克蘭精神狀態所做的報告

貝克蘭自入獄以來，有一段時間極為心神不寧。我們要他寫一份犯案記錄，他連寫帶畫地完成了幾頁確

實具有精神病傾向的內容。然而，他進步地相當快。我看到他的時候，他相當合作，很鎮靜，說他覺得比過去幾個月好多了。

安東尼二十一、二歲那年，父母分居。此後，他就跟母親住在馬約卡島和英國，而父親跟一個三十五歲的女子住在布列塔尼。安東尼曾將這名女子視為自己的女友。

絲兒薇・貝克蘭・斯基拉

布魯克斯和我於一九七三年一月二十四日結婚——芭芭拉死後兩個月。那時我跟他已同居了五年，已受夠了——是的。因為當年我非常傳統，跟一個我不是他妻子的人同居，我是非常屈辱的。我以為，在那些年裡，必定可以達成離婚協議的，但卻始終未能達成——因為他們之間不知什麼錯綜複雜的因素。而我倆之間的吸引力已不再了，我打算要離開布魯克斯。也許，這就是為什麼他終於採取行動——他可以感覺到，我受夠了。

我跟他結婚，是因為芭芭拉死的時候，我滿心同情他。因為我看到他很痛苦，你不能任憑一個人處於那樣的景況而置之不理。每個人都會跟你說，我是多麼想得到貝克蘭家的錢。說也奇怪，她遇害時，是我一生中最糟糕的一刻，真的是，因為我了解，某些事件讓人日子過不下去，甚至活不下去。我跟布魯克斯結婚後，我發現，我嫁的不是一個丈夫，而是一個鰥夫。

愛蒂・赫德（Addie Herder）

有天我遇到布魯克斯——一定是一九七三年的二月初。我走進聖路易島（Île Saint-Louis）的這家小餐館，當時這裡與往常一樣擁擠，沒有可以坐下的地方。接著我看見布魯克斯，跟一名女子同桌坐著，而我不想跟他同桌。但是我帶著一位黑人畫家一起來，他叫鮑佛德・狄拉尼（Beauford Delaney），是一位非常好的畫家——是喬琪亞．歐基夫（Georgia O'Keeffe）、亨利．米勒（Henry Miller）和吉米．鮑德溫（Jimmy Baldwin）的朋友——他畫展的開幕儀式將在當天稍後舉行。鮑佛德年事已高，所以在布魯克斯的桌旁坐下，因此我也得坐下！布魯克斯熱情地與我打招呼，並介紹他太太給我認識——這真是令我火大，因為實在太快了。然後，他跟我說：「那個孽子——他殺了那個好女人。」他緊接著就告訴他的新婚妻子，他多麼欽佩我的作品，我的拼貼作品。還有，他有兩件我的作品，是芭芭拉在多年前買的。後來，他寫信邀請我去拜訪他們住的地方，在布列塔尼那兒。他形容那屋子有多好，列出要去那兒的人。這就是他妻子死後沒多久的事！

葛蘿麗亞．瓊斯

我和詹姆士正準備要去鮑佛德．狄拉尼畫展的開幕儀式時，門鈴響了。布魯克斯走進來，我們對他非常冷淡。他說，東尼殺了他心愛的女人。他絕對有那樣說，我是引述他的話。我們嚇了一跳，我說：「請不要跟我說話。」他就離開了。

絲兒薇．貝克蘭．斯基拉

我就在現場。當時的情況是，我和布魯克斯與瓊斯一家住在巴黎的同一區——聖路易島。我們在河堤上散步，在奧爾良河堤上，而葛蘿麗亞正站在她家窗口。她瞪著布魯克斯，布魯克斯也回瞪她，她就把窗子關起來。沒人去按門鈴，布魯克斯還沒笨到去按她家門鈴。要知道，大家其實都很想用中指問候對方，只是沒真的那麼做而已。

蘿絲瑪莉・羅德・鮑德溫

芭芭拉死後，我到處借錢籌款回英國。我當時住在土耳其，儘快趕回來。我女兒曼蒂載我去監獄，我從沒去過那一間監獄。不過，畢竟，我嫁的人就在土耳其坐監，所以，我對監獄有些了解，但那是另一碼事。於是，我去看東尼，他出來了。突然間，他抬眼一看，就在那一剎那，有一抹往日在安塞多尼亞的那個東尼的神情閃現——那段快樂的歲月。

我跟你說，你一定沒見過像他那樣正常的孩子。有一回，我們跟我女兒金娣——他極喜歡的人——和我女婿雨果・蒙尼－庫次（Hugo Money-Coutts）乘船航行，乘一艘名叫「橫笛吹手」（Fifer）的小船，從聖史戴法諾港（Porto Santo Stefano）出航。在小船上，你真的可以看清楚每個人。東尼帶著他的吉他，我們在大海中間停下——在鄰近塔蘭托灣（Taranto）的地中海中央——他彈了一整夜，大家都非常開心。東尼的行為舉止就像個不折不扣的天使，一個絕對正常不折不扣的天使。

布瑞克斯頓是我去過第一個必須隔著玻璃跟人說話的監獄，我們有十五分鐘的時間。我發現要說十五分鐘極為困難，開始覺得不知所措，我突如其來說道：「東尼，你父親來這裡看過你嗎？」他說：「來過，他來過。」事實不然。他從口袋拿出一把梳子，在折梳子的梳齒。我明白自己犯了個錯，問他那個問題，於是哭了起來。他望著我，我說：「沒關係，東尼，很快就會過去的。你到時候就會知道——你會出來，你會來土耳其，跟我們住。」

理查・赫爾

妮妮說，請寫信給那可憐的孩子，他父親不願去看他……。我想，這是他父親終於去看他之前的事。反正，安為他感到難過，寫了一封信給他，一封非常小心翼翼的信。畢竟，我們曾在芭芭拉家裡度過快樂的時光。你知道，她常在美歐兩地的公開場合露臉，認識每一個迷人又有趣的人。達利常帶著他的美洲小獅子來，或是小老虎寵物，或是小豹子，或隨便叫什麼都行——他顯然是芭芭拉在卡達克斯認識的朋友。我記得在那裡遇見過一位名叫科鐸領主（The Thane of Cawdor）的人，那名字挺有意思的。他真的是科鐸領主——正如《馬克白》那齣戲裡的科鐸領主。

安．赫爾致安東尼．貝克蘭的信函，未註明日期

紐約

親愛的東尼：

這是一封非常難寫的信，如果我表達得不夠有技巧，還希望你能諒解。我非常愛你母親，我的愛並不因她離開人世而終止，我的愛當然也包括了你。我相信，你正經歷悔恨之痛，所以我不多談那件事，只談比較正面的事情。

我和理查要跟你保持聯繫，那是寫此信的主要目的。即使所發生的有多麼醜陋，我們記得的你，是一位很出色、有才氣、敏感和善體人意的朋友！

理查二月會在倫敦，希望我也會。如果你不介意見到我們的話，我們想要看看你。親愛的東尼，你有很多朋友，可能的話，他們都願意幫忙。我們可以列入你的律師開列的「關心的友人」名單上嗎？好讓我們知道你的行蹤。

我們想再要一幅東尼．貝克蘭的畫，掛在去年聖誕節你送我們的那幅美麗的畫旁邊！

安敬啟

一九七三年一月十七日，安東尼．貝克蘭致理查與安．赫爾夫婦的信函

布瑞克斯頓

親愛的安和理查：

多麼令人感到安慰的一封信。有一陣子，我不知道該何去何從，但現在覺得好多了，得到很好的照顧，覺得有比較像真正的自己。我有很多書要讀，所以我讓自己專心讀書和寫信。我很樂意跟你們保持聯繫，非常希望在二月見你們二位，我將永遠不會忘記去年冬天你們對我們的諸多幫忙。我有許多朋友來探視，令我非常高興。

東尼敬啟

伊莉莎白．亞契爾．貝克蘭

他殺死芭芭拉時，我正在公海上，乘「法國號」（France）從紐約航向法國瑟堡（Cherbourg）。等我到了巴黎，人人都在報上看到了，然後把這個好消息告訴我——你知道人就是這樣。幾天後，我就飛到倫敦，見到東尼。我下榻卡爾登大飯店（Carlton Towers），我記得自己下樓到旅館大廳，告訴看門的服務生為我叫一輛計程車。他說：「夫人，您要去哪兒？」——你知道吧，他們在那裡都穿制服——我說，布瑞克斯頓監獄。他睫毛眨都沒眨一下，對計程車司機說：「布瑞克斯頓監獄。」

於是，我就去了，和大家一起等候探視囚犯。然後，他們叫我的名字，說七號會客間或什麼之類的話。我想，我有十年沒見東尼了。他立刻說：「喔，謝謝妳來，伊莉莎白阿姨。」他真是百分百的迷人，我有些害怕會提到發生的事。我想，我們沒提那件事，都是閒話家常——比如說：「你這陣子還好嗎？都在做什麼？有寫詩嗎？有畫畫嗎？」他也有說話，我跟他會面了十五分鐘。然後，就在那之後，

他寫了一封信給我說：「謝謝妳來看我，我愛妳，伊莉莎白阿姨。妳讓我想起媽咪。」我想，哇！我是名單上的下一位！我的律師山姆．蕭（Sam Shaw）說：「別再去看他了，什麼都別做，別回信。」

蜜娃．斯文卡－齊林斯基

那年一月，我在布瑞克斯頓見到他。他知道自己殺了母親。我跟他談到那件事，他說：「我常夢到她，她在夢裡來到我跟前說，她一點也不生氣。」

一九七〇年，我在東漢普敦遇見東尼和芭芭拉，我遇見他時，不知道他是芭芭拉的兒子。他看起來非常多愁善感，我問他是否寫詩，因為我說他看起來就像個詩人。他有某種特殊的氣質，有些抒情的氣質。因此，他非常高興，這就是他開始對我非常友善的原因。他告訴我，他也是個畫家。然後，他給我一幅魚的畫，是他的畫作。我不記得把畫放在什麼地方了。我非常喜歡這幅魚的畫作——顏色很漂亮。

山姆．格林

芭芭拉老是告訴我——一而再，再而三地——東尼多有藝術天份。沒錯，坦白說，他的外表的確是給人一種高深莫測的感覺。一九六九年，我在漫遊希臘群島時結識她的——我們共同的朋友愛蜜莉．史丁夫利（Emily Staempfli）租了這艘大遊艇——芭芭拉和我，應該說是一夜之間就成了最好的朋友。旅程結束後，我就去了她在馬約卡島的住處——就是那時認識東尼的。那之後，我又去了在英國的友人西瑟．畢敦（Cecil Beaton）的鄉間別墅。西瑟極想認識芭芭拉，因為我講了很多她的精彩故事。他們倒是沒見過面，但是，他根據從我口中聽到的一些關於芭芭拉和東尼的事，寫了一篇中篇小說，將他們未來的結局先寫出來了——他在故事結尾，讓兒子殺了母親。

一九七三年四月六日，山姆・格林致安東尼・貝克蘭的信函

火島（Fire Island），紐約

親愛的東尼：

寫信給像你這樣有大把時間的人是件不容易的事，因為若對信中的隻字片語做太多的思忖，可能會產生許多不同的詮釋。你若只是草草讀過（這是我寫此信的初衷），然後將信扔掉，事情就會簡單一些。

目前你在監獄裡候審，對你又是一種冒險——但這一次要曠日費時了，你一定覺得無聊透頂。既然你有那麼多閒工夫，何不寫封信描述一下坐監的滋味？你在獄裡交到朋友了嗎？他們允許把書寄給你嗎？訪客呢——朋友可以去探視你嗎（不只是律師）？若是可以，我到倫敦時，會試著順道探訪。應該很快就會過去。

相對於你的身限囹圄，我一直是行程繁忙，且更加地身不由己。我在印度和錫蘭度過十二月和一月，現在迫不及待想回印度。

我在此地的海邊有一棟小屋，這裡人煙罕至。今天是灰冷又刮風下雨的日子，我望著外面的海水，真高興身在此地，而不是在紐約享用近來風行的週日早午餐。

好了，打起精神來，努力寫信給我——別寫太多你的計劃——因為我們不知道你會受什麼審判——只要寫現況，這樣我就覺得有趣了。希望有人照顧伍斯先生。

山姆敬上

一九七三年四月十五日，安東尼・貝克蘭致山姆・格林的信函

布瑞克斯頓

親愛的山姆：

你的信剛到，我非常高興終於收到你的音訊——高興得難以言喻。我將試著回答你的問題。是的，我可以見客，也可以寄書給我。伍斯先生現在在鄉下，在透納那家人或他們友人那裡，照料凱德根廣場那棟公寓的就是透納那家人。我收到透納太太捎來的親切短箋，說牠受到妥善照顧。由於我沒法帶牠來這裡，所以希望你能收留牠。你的遠東之行聽來非常精采，我也有類似的看法。是啊，這裡非常無聊，但我盡力守規矩，不要煩躁。我十分幸運——昨天才有兩名英國密友來訪，妙麗．墨菲最近來過。愛蜜莉．史丁夫利寄了三次書給我，她真貼心，還想到我在這裡。雖然我寫過許多次信給父親，但是已很久都沒收到他的音訊。你在海邊的房子聽起來非常浪漫和美麗。你問我坐監的滋味如何——正如一般人所想像的那樣，如出一轍。現在對我已如例行公事了，但剛開始時要費好一段時間才能適應被囚禁的滋味。山姆——我要跟你說一件非常重要的事，你記得我們在馬約卡島諸事不順的事嗎？我想，都是因我而起的。我想，我霉運當頭。對我來說，在那樣美的地方，跟照顧媽咪和我那樣和善的一家人在一起——瑪麗亞（Maria）和塞巴斯欽（Sebastian）——但既不能享受那裡的美，又不能與他們有所接觸，那是一種揪心的折磨。我真的希望，我們大家能再相聚。我大部分的時間都耗在與我內心裡的惡魔爭戰——山姆，我有嗜血的意念，我不知道該怎麼辦，但會竭盡所有去對抗。山姆，還有一件事是，我有滿腹的心事，一次傾吐殆盡會要我的命。在凱德根廣場最後的那些日子很可怕，我無法告訴你究竟發生了什麼事，但當時我已完全倉皇失措。我非常想念媽咪，希望我的審判很快就會來到，我非常想回到馬約卡島。如果我去那裡，也許你會來看我。我希望不會被判重刑。

東尼敬上

四、審判

一九七三年六月六日早上，東尼．貝克蘭從布瑞克斯頓監獄乘車到中央刑事法庭，也就是眾所周知的「老貝利」（Old Bailey）——他終於在那裡為謀殺母親接受審訊。

老貝利建造在惡名昭彰的新門監獄（Newgate Prison）所在地，死囚步道（Deadman's Walk）環繞東側，被判刑的人過去都沿著這條露天通道，踏著最後的步伐，去赴與絞刑吏的約會。老貝利其實就是英國司法史與英國戲劇的同義詞，就是在這裡，那位聲名狼藉的克瑞本醫生（Dr. Crippen）因謀殺妻子被判死刑；就是在這裡，作家王爾德坐在被告席裡聆聽法官判他服兩年苦役，法官宣讀著：「王爾德，你是年輕人裡敗壞得最厲害的那幫人的核心人物，這是……毋庸置疑的。」就在這裡，在這個六月的早上，東尼．貝克蘭變成一個統計數字：一九七三年在老貝利受審的四千五百零九名囚犯之一。

當高等法院法官由穿著絨袍的市府參事與倫敦市郡長護送入法庭的那一刻，女王對安東尼．貝克蘭訴訟案的審訊就正式開始。在過去，高等法院法官依據〈官方機密法〉（Official Secrets Act）只審理謀殺與犯罪等最嚴重案子。法官的袍子是紅色的，有石板色的絲質裝飾——沒錯，他就是眾所熟知的紅法官。袍子上還披了一條用寬黑帶子紮起的黑色長披肩；披肩上，右肩斜掛了一條絳紅色的飾帶。頸項上有漿過的燕子領和兩條素白的帶子，懸垂在前面。他頭上戴了英國法官的頭飾——一頂假髮，已從查理二世統治期間的樣式，簡化為只有後方一綹垂直髮卷和兩排拖在後面的短髮。他的手裡拿著白手套和一方摺起名為「黑帽」的黑絲巾——這是當年法官通過死刑判決時，將它放在假髮上所流傳下來的遺風。

由於東尼．貝克蘭的審訊是在夏季月份召開，根據古老的習俗，英國庭園裡芳香可聞的花兒已撒在長凳和被告席的檯架上。

法官高臺的門上響起三聲尖銳的敲擊聲，示意著黑袍的法警宣布開庭：「凡與中央刑事法庭女王轄下法官閣下審判事務有關之各造，請到前面出席。天祐女王。」

代表女王的檢察官穿著一襲絲質長禮服、長袖口的黑色燕尾服和口袋上有蓋子的背心。代表被告的是律師作家約翰．莫提摩（John Mortimer），身著傳統的都鐸長禮服，他在日後創造了電視影集「法庭的朗波爾」（Rumpole of the Bailey）裡肥胖開明的辯護律師角色。

律師的左邊坐著戴了假髮、穿著長禮服的法庭執事，他們職司陪審團宣誓、拿取囚犯的抗辯書和記錄判決的工作。

審訊一邊進行著，東尼．貝克蘭一直面無表情地坐在法庭中央圍起來的被告席裡。他並未針對特定對象地宣稱道：「我寧可雞姦一名檢察官，也不願殺一隻天堂裡的孔雀。」

尼爾．哈特利（Neil Hartley）

我一直在外地拍攝一部電影，等我回到倫敦後，在一次晚宴上，約翰．莫提摩說：「我正在受理有趣的案子——有個男孩殺了母親。」突然間，有人告訴我，報上充斥著這個新聞。約翰．莫提摩是我和我的合夥人東尼．理查森（Tony Richardson）的一位朋友，總是會接到這些奇奇怪怪的案子。

芭芭拉．貝克蘭從我和我朋友吉姆．勞伯森（Jim Robertsen）這裡買了在凱德根廣場的公寓，那是我跟她真正唯一的關聯。我回去過兩三次，是去參加在那裡舉行的幾場派對。她待人非常親切。就在她遇害前，我們談過話——我想是在她死前一天——她說，那天晚上她要開個派對，她要我去。

我必須說，我不喜歡她把那屋子重新裝修後的樣子。我的意思是，我比較喜歡房子還是我在時的那樣子。我是向國王路上的一名義大利古董商買來的——他是為自己裝修的，在那裡住了好多年，裝潢得非常漂亮，可是她……我是說，屋子裡有個非常深的梯井，從底下的地面往上直到一間像工作室的客廳，樓梯的扶手很漂亮，在那兒很久了，卻都被她拆掉了。我不知道人家在上上下下那些樓梯時，怎能不摔死！那樣的事，我覺得很奇怪。但是，你知道的，女人有她們自己的品味。

她死後，她丈夫跟我聯絡，探問我是否有興趣把公寓買回去。我認為，那真是一個令人毛骨悚然的想法。他的兒子羈押在監獄時，他來過倫敦。

布魯克斯・貝克蘭

芭芭拉被自己的兒子謀殺，是件怪誕、很不藝術的意外事故。她不該那樣死的，那不是她的死法，倒像是他的……她有一種了不起的心腸——不，應該是真正了不起的心腸。她被謀殺，說明了她兒子是個罪犯。說她得為兒子成為罪犯負部分責任，這倒是沒錯。兩人都是天生精神不健全的人，但他也是我的兒子。終其一生，我都和他那與生俱來的特質力搏，卻失敗了。我願窮盡所有去幫助他，但卻始終無法如願。

即便還是孩提時代，他就很反常。後來進入青春期，就變得很明顯——最後，他不僅有同性戀傾向，還真的成為同性戀者。他母親極為震驚，跟他爭吵，極力反對。她甚至很可能是在為這事而起的諸多爭執中遇害的。雖然在他們共處的最後那些混亂的歲月裡，她也努力過——殷切地、急切地、絕望地——但就是無法接受。

山姆・格林

芭芭拉認定東尼是彌賽亞，古往今來最了不起的孩子，沒有人配得上他。她會在義大利或西班牙或任何地方租下城堡，邀請權貴顯要——應該是說，主要目的是權貴顯要的千金。後來，她會邀請年紀較長的女孩，希望那不可避免的事會發生。我的意思是，她會設局讓東尼落入圈套。她一再地嘗試，就是不見效。最後，她變得更急切而且有些具攻擊性了。這時，東尼終於自己邀了一個女孩到卡達克斯度假——巴黎來的，比他大幾歲——芭芭拉幾乎是授意她引誘他，就是這部分令西瑟·畢敦大感興趣的。他在他那篇中篇小說裡，將芭芭拉的名字改為「艾蜜莉」，東尼改為「強納森」，而「桃樂芮絲」，我猜想，就是絲兒薇。謝謝老天，那篇小說從未出版！西瑟基本上是個攝影師，但是在寫作時，總是以最膚淺的觀點下筆。他的散文流露出不可置信的低俗。但有句話我不得不為他辯駁：他從未在其他地方流露出這種低俗！

取自據稱由西瑟·畢敦所著，但從未出版的無標題中篇小說

艾蜜莉繼續把年輕女孩介紹給她兒子。一天，她找來一個稱得上是蕩婦的女子。我想，她當然不是街上找來的妓女，但卻是巴黎一帶有名的放蕩年輕女子，名叫桃樂芮絲。艾蜜莉邀請這位桃樂芮絲到她和先生在義大利波多菲諾（Portofino）租來的家裡，以為她會讓強納森好辦事些。去扮演一個大多數母親不會去扮演的角色——我的意思是，為了要讓兒子在性愛成年禮這件事上得到啟蒙，她去找了一個蕩婦，這是非常奇怪的事——艾蜜莉將一個活該自找的災難攬上了身。結果是，艾蜜莉落得跟兒子一起被遺棄了，兒子也是孤身一人。

這一切都是在波多菲諾發生的，你要曉得，那是一個相當封閉的小圈子，那小蕩婦一來，所有長舌婦都議論紛紛。你可以想見，當受命設陷阱要為強納森提供歡愉和滿足的桃樂芮絲，竟然勾引了他的父親時，那沸沸揚揚的情景。

芭芭拉·寇帝斯

東尼二十一、二歲時曾對我說：「你知道嗎，我還是個處男。」幾個月後，他結識了絲兒薇，她是卡達克斯那些瘋迷搖滾樂的追星族之一，也就是法國籍的嬉皮。東尼跟我說——從後來發生的事看來，

真叫人難過和感動——他說：「兩性之間的性愛——人們談論不休，大驚小怪，又說這事很複雜等等；但一旦碰對了人，一切就塵埃落定了。」你看，絲兒薇是他的第一個女朋友。他帶她去見在巴黎的芭芭拉和布魯克斯——帶她回家，就像一頭小貓帶回牠捕殺的第一隻老鼠，帶到父母的腳前。

那年聖誕節，他們租了愛蜜莉．史丁夫利在卡達克斯的房子——芭芭拉、布魯克斯、芭芭拉的母親達利太太，還有東尼和絲兒薇，一個大體上快樂的聖誕節：媽咪、爸比、外婆、獨生子和獨生子的女友。

可是，絲兒薇再看了一眼布魯克斯，心想，你知道的：「如果我跟了這位父親，可比跟兒子要來得有錢途。」

絲兒薇．貝克蘭．斯基拉

我認為，那是個不錯的故事。人人都說，我釣上了貝克蘭家的人。貝克蘭家的人是自己動手擭捕獵物的，非常容易的——相信我。

你也知道，我一點也不扭捏作態。如果我先跟兒子談戀愛，然後又跟他父親談戀愛，我會實話實說的。這麼說，一點都不會讓我感到為難。

我先結識兒子——在卡達克斯，是在一九六七年的夏天。他比我小六歲，他有母親那漂亮的膚色，當時還沒有後來的那種瘋狂的面貌，那模樣我只在照片裡看過。他聲音輕柔好聽，頭腦聰明，個性溫和。他很深情，我不是說對我，而是對他的狗——他叫那隻狗「迪格比」（Digby），他跟小狗的關係是最迷人的了。「迪格比先生，你要乖乖喔！」非常親切。

我當時正經歷第一次離婚，東尼和我變成好朋友，不是別人說的那樣——有戀情的那種。真是荒謬——因為，我認為，東尼從生下來的第一天起就是同性戀。可是，許多同性戀的男人喜歡女性——做同伴，說說話之類的，我們有些像兄弟姐妹那樣。當然，後來，我跟他父親私奔後，他極為討厭我。

取自一九七三年一月五日，英國法院諭令針對安東尼．貝克蘭精神狀態所做的報告

他對某些情感與事件賦予特別的重要性，特別強調他對雙親都情感深摯，他們彼此仍是情深意切的，雙親離異令他心神不寧。他在敘述時哭了。

伊莉莎白．亞契爾．貝克蘭

芭芭拉在和布魯克斯離異前告訴他：「你知道，如果我把東尼弄上床，可以幫他克服同性戀傾向。」布魯克斯說：「千萬不可以，芭芭拉！」我前夫福萊德（Frederick Baekeland）是布魯克斯的弟弟，他告訴我，是布魯克斯跟他說的——這才叫做兄弟嘛！

愛莉娜．華德（Eleanor Ward）

我現在想起來了——非常清楚、清晰、明確的語氣——她確實跟我說過，她跟他上床。因為我住在隔一條街，我記得我離開她在七十五街的公寓，沿著萊辛頓街大道走著，驚愕萬分地走回七十四街——居然有人會對兒子做這種事。她……她讓他把那髒東西放進她身體裡。

威利．毛瑞斯（Willie Morris）

我老是聽到母子上床的事，那是大家都跟我這麼說的。我無從知曉是否是真的，但肯定是東漢普敦那些人所談的話題。

湯姆．狄羅

芭芭拉告訴我，是在馬約卡島的大公豪宅裡發生的；但是，當時，那屋子裡還發生很多事。我的意思是，那真是個陰森可怖的地方——碩大的屋子，沒電，這類事情。她沒說細節。喔，不。不會是芭芭拉，她是個淑女。

絲兒薇．貝克蘭．斯基拉

我可以相信，她什麼都做得出來——包括那種事。我不相信他會做那種事，就是這樣。女人的內心裡可能有一種想要救孩子的強烈欲望，強烈到不可置信的地步，可是那孩子仍然是個同性戀。我無法想像他發現這種事情在生理上居然行得通。

艾倫．海林登（Alan Harrington）

《新聞週刊》（*Newsweek*）引述了一些我說過的話，究竟是那些言詞，我記不得了，大概關於治療技巧方面的吧，我想如此。芭芭拉打電話給我，說她迫切需要與我談一談。她告訴我，她和東尼上過床。我回答她，我認為做愛並不是壞事——我當時想解除她心中的罪惡感——不過現在回想起來，她說話的語氣中，並沒有絲毫罪惡感。

芭芭拉．黑爾

兒子與情人——再也沒人知道其間的分野了。

爾文·賽柏（Irving Sabo）

七〇年代初，我在紐約新學院大學（The New School）選修文學評論家安納托·卜若雅（Anatole Broyard）的寫作課，芭芭拉·貝克蘭與我同班。我只能說，她是個幽靈學生。我在那兒的時候，她只來過幾次。下課後，我曾跟她一起吃過幾次晚餐。第一次，我們去位在大學廣場（University Place）的布萊德利餐廳（Bradley's）——我們約有十人——她只是認為一切都十分美好。我們每次一起吃飯都是各付各的，她覺得這樣很棒。一、兩個星期後，她在課堂上讀她寫的東西，是她正在寫的小說。我回想起來，是寫母子亂倫。喔，寫得很生動鮮活。我認為，她是個好作家。那堂課後，我們有些人要搭我的車一起去上東城的住宅區，她邀請我們順道往訪，到她住處小酌一番。

那次造訪可令人難忘呢。她有收集古董，不是從一般古董商那兒買來的。她有一個日本的漆面高腳衣櫥，是件非比尋常的東西——令我印象深刻，因為我在閒暇時也設計傢俱。那是博物館收藏的那種一流作品，她公寓裡的每一樣東西都是那種等級的，就是散發出家財萬貫的氣息。她拿出一些波旁威士忌，我喜歡那種好酒。我跟她要些冰塊，她說：「喔，喝這個不需要加冰塊。這是為我特製的，是專門為私人釀製的。」確實是有釀酒廠為特殊的顧客特別釀酒的，就像今天擁有專屬火車客車一樣。不管怎樣，那可是異於尋常的波旁威士忌，是真正的好酒，不需要加冰塊。

客廳到處是一位非常俊美的年輕男孩的照片，我判斷大約二十出頭。我相信，她拍了許多照片。令我印象深刻的是，拍攝的手法是相機的焦點只著眼於這名青年的俊美。如今看來，這可能是後見之明，但那些照片不是一個母親拍攝兒子時通常會拍的那種。我看過那些照片後，覺得她的小說自傳性很濃。

伊瑟·伍德沃德·德·克羅塞

我認為，跟東尼上床的故事極為動人，因為我想那是她的夢想——有人能讓他成為一個正常的人。

我認為，她下意識裡覺得，她失去布魯克斯，是因為她兒子是同性戀，你明白吧。

布魯克斯．貝克蘭

亂倫的事，我不曉得。如果他們沒有嗑藥，我敢說，毫不遲疑地，沒那回事。我可以說那是一時興起的，肇因於芭芭拉喜歡做驚世駭俗的事。*Pour épater les bourgeois*，「使墨守成規之人驚異」[5]——你聽過嗎？可是，我不懂嗑藥後會進入什麼狀態。所以，誰曉得呢？我知道他是愛母親的。

他愛母親勝於愛我，但他也愛我。他尊敬我，從某方面來說，我是他的一面鏡子。他黏我，就像一個精疲力竭的人緊抓著一塊岩石一樣——雖然我這塊岩石既嚴峻又滿佈著海底的甲殼動物。但我真的愛過他母親，你要曉得，我絕對無法原諒他弒母這件事。

取自一九七三年一月五日，英國法院諭令針對安東尼．貝克蘭精神狀態所做的報告

他在監獄裡有大幅進步，可能是因為他和母親緊繃的關係得到抒解。他需要進一步的治療，但他在醫療監督下可以過一種並無甚成效但社會可以接受的生活，這種預後狀況可能比過去那段時間要來得好。美國方面可以提供這樣的治療。

看來有兩種可能性——要求法院下驅逐令，或是判短期監禁徒刑。他並非真的在醫療上不適合監禁。但我認為，下達第六十五款入院令給布洛德摩爾特別醫院（Broadmcor Special Hospital）較好。他將很快就可以準備出院，可以很容易就安排他轉到美國接受醫療照護。無論是哪一種情況，他可能要在英國待上大約一年，

5 十九世紀末期，沉溺於大麻和鴉片的法國頹廢派詩人以此為口號。

而且在布洛德摩爾比在監獄來得好。

約翰・莫提摩

我在審訊時竭力要做的是，讓法官將他直接遣返美國。那孩子很好，我的意思是，我發現，他非常溫和、冷靜和和善。但是他失控了。

一九七三年六月八日，安東尼・貝克蘭致山姆・格林的信函

親愛的山姆：

我終於在兩天前受審了，被判減輕刑責的殺人罪，將被送往布洛德摩爾醫院，直到康復為止。你有任何出遠門的計劃嗎？印度之行聽起來很誘人。等我出獄，我希望在馬約卡島有棟房子。

東尼敬上

一九七三年六月十九日，伍德溫醫生（Dr. E. L. Udwin）致柯妮莉亞・貝克蘭・海勒威爾的信函

克羅松村（Crowthorne），柏克郡（Berkshire）

布洛德摩爾特別醫院

令孫安東尼・貝克蘭勢必需要長期治療——這是可以預期的。他會得到治療所需的藥物。當然，他沒有服用會上癮的藥物。他不用跟比他自己還糟的人來往。

取自一九三一年十月二十三日，里奧・韓卓克・貝克蘭於約翰霍普金斯大學（Johns Hopkins University）發表的「夢想與現實」（Dreams and Realities）演說

查爾斯・梅約醫生（Dr. Charles H. Mayo）在最近的演說中指出：「現在，美國醫院裡每兩張病床就有一個住的是精神受創、發瘋、白癡、心智耗弱和老邁的人。此外，有許許多多的人幾乎都適合住進精神病院。」

往後世代的展望是什麼呢？對於人口不斷增加的現象，切勿再沾沾自喜了，該重視人口素質的問題，現在不正是刻不容緩的時候嗎？我們應該努力限制不受歡迎的人移入美國，這是相當正確的做法。但是，我們要永遠一邊繼續鼓勵隨便生育不健康、生性墮落、精神異常和犯罪的人，一邊又繼續忽略生物遺傳的事實嗎？若是如此，就會有更多無法就業的人，更多的醫院、精神病院、救濟院和監獄。

以往任由自然律運作的法則，似乎比我們今天的文明要來得慈悲。自然律以其嚴苛的標準，獨鍾聰明、強壯和健康的物種，將不適者淘汰，改善了物種。

聖經告訴我們，亞當和夏娃吃了知識樹的果子後就墮落了。無論其含意為何，我相信，無知——對科學事實的無知——是真正的「原罪」，這罪從過去一直到今天，都是我們的悲哀與人類苦難的罪魁禍首。

第二部

布洛德摩爾醫院

一、萬用塑膠

一九七三年六月六日，東尼・貝克蘭從倫敦市轉往位在柏克郡鄉間、風景如畫的克羅松小村莊。狹窄的巷道野花盛放，長滿青蔥嫩綠的羊齒植物；村子裡的花園是一片姹紫嫣紅的鳶尾花、牡丹花和矮牽牛花。寫著「布洛德摩爾特別醫院——此路不通」的大木牌子，與周遭的景致很不協調。

六十六年前，東尼・貝克蘭的曾祖父在一本自行印製的書冊裡，寫到同樣這一片鄉間景致時說：「這條棒極了的道路，呼喚著我們加速前進。可是，這裡美麗的風光如此動人，我們寧可不時停下來，享受這片靜謐迷人的景致。」

東尼・貝克蘭沒有機會像他那著名的先祖那樣多所逗留，他被載著，沿著一條蜿蜒向上的路，經過一簇白色小屋，來到他將「聽憑女王陛下的旨意」被無限期拘留的地方。

這棟名叫「布洛德摩爾特別醫院」的維多利亞式紅磚建築，建於一八六三年，當時是「布洛德摩爾刑事犯精神病院」。外圍有一道高度不等的牆，像一條長蛇般彎彎曲曲延伸著，穿過曠野。布洛德摩爾醫院主要建築前方道路兩旁的樹木，開著粉紅的花朵，成排的水仙花擁著牆壁，使得這間醫院彷彿一所友善的新英格蘭大學校園。可是，一身藍制服的護士看來比較像警衛；而事實上，他們隸屬於獄吏協會（Prison Officers Association），所有工作人員必須簽署《官方機密法》。病患的郵件需要接受例行檢查，偶爾連書籍都會因為構成「不良影響」的理由被扣押。

「在布洛德摩爾醫院，安全是首要考量，」一名工作人員說：「我們永遠關切病患逃脫和他們的福祉，因為我們在這裡面對的是非常暴力與危險的人。」

布洛德摩爾醫院大約有七百五十名病患，許多都犯下「重大惡極、上了頭條新聞的罪行」，四分之一以上曾犯殺人罪或蓄意謀殺罪，也有病人未曾犯罪，而是精神病人。每年有二十多人企圖自殺，估計布洛德摩爾醫院隨時都收容有兩百到兩百五十名不等的精神病患。的確，這裡被稱為是「最後的收容所」。

令人敬畏的大門入口上方掛著一口大鐘，是知名鐘錶製造商倫敦丹特（Dent of London）製造的，東尼・貝克蘭在六月六日那天穿過那道大門，被帶入一個小中庭。從那兒，沿著一條通道，他被領到一扇門前，聽到一個日後他很熟悉的聲音：布洛德摩爾醫院每一位獄卒攜帶的大串金屬鑰匙所發出的刺耳聲音。門鎖為他打開了，然後又鎖上了。

東尼・貝克蘭現在身處由八個住宿「區」（block）組成的醫院主體內。一九六九年，為了廢除監獄用語，這些區更名為「家」（house），A區變成坎特家（Kent House），B區為康瓦爾家（Cornwall House），C區為多塞特家（Dorset House），其他區則分別改為艾塞克斯家（Essex House）、約克家（York House）、桑莫塞特家（Somerset House）、蘭卡斯特家（Lancaster House）和諾佛克家（Norfolk House）。

取自《全家汽車遊歐之旅》（*A Family Motor Tour Through Europe*），里奧・韓卓克・貝克蘭著，無馬年代出版社（Horseless Age Press），紐約，一九〇七年

我們離開倫敦越遠，路況就變得越好。我們正駕車穿越一處山巒起伏、風光明媚的鄉間，公路平坦，綠野平疇。偶爾，我們會遇到一間令人開心的小屋，那攀爬的庚申薔薇讓石造的門面更顯可愛。如茵的草地，錯落有致的花園，參天古木，全都照料得無懈可擊——這一切令我們對美麗的英格蘭鄉間印象深刻。

我們即將下榻的地方，屋宇予人舒適的快感，屋子的主體建於莎士比亞時代，是當時古怪有趣的建築風格，而現代風的加蓋部分與原來的風格也倒一致。

加上周圍的花園與草坪，整體效果構成了一幅令人心曠神怡的英國鄉間屋舍的典範。

令英國氣候如此潮濕的豐沛雨水，也是鄉間草坪之所以維護得這麼好的主要原因——比其他地方的草坪都維護得更好——，草坪望似巨大無比的綠色毯。

在那裡，草坪延伸到一處有一座綠色樓梯的高地，通向一個設計得非常高雅的玫瑰花園。氣派的大樹在四處成群而立，頗具藝術氣息，其中幾株已有數百年的高齡；巨大的紫杉傍著巍峨的黎巴嫩杉樹，頗具異國風味的南洋杉緊鄰著葉片光滑且樹幹直徑幾乎寬達一呎的冬青樹。一條有濃蔭的小徑通往一間老教堂，小徑兩旁是高如樹木的杜鵑花。一切是如此和諧，每個細節見證了數百年的悉心照料與絕佳的品味。是的，毫無疑問，這些英國庭園設計裡令人印象深刻的種種，其祕訣在此，要模仿得成功，似乎十分艱難。剛才描述的地方，只是數以百計規模或大或小的其他地方的代表而已，但它們的庭園設計都是一個悠緩與精心研究過程的結果，歷經許多世代，由一代代的園主經手，子女恪遵先祖的踵事增華。

湯瑪斯．馬奎爾醫生（Dr. Thomas Maguire）

事實上，你會發現，牆內是美麗的草地，有病患照料的花壇和相當漂亮的樹木等那一類的東西。醫院占地四十英畝——有一座游泳池、好幾座網球場、足球場和花園，不像那種囚犯永遠都會看到圍牆的監獄。置身在院內時，幾乎看不到圍牆，因為某些地方的圍牆較低矮。在病患可能會嘗試逃脫的區域，圍牆就比較高些。

起初，東尼病得非常非常厲害——穿衣服都得假手他人，必須有人帶他去浴室。他把母親理想化了。他非常難過，流露出極大的悔意。他常說：「喔，片刻的狂亂就改變了我的一生！」事實是，那並不會改變他的一生，因為他的病只是問題的一環而已。缺乏紀律是這個家族裡很深的積弊，那是太多錢財常會產生的弊病。

他喜愛父親，偶爾會寫信給他發發脾氣，但是隨後，一週內，他可能又回心轉意，寫一封情感深摯的信給父親。他的病就是那樣。

他對自己的看法，是頗為自得的，他自認為是個了不起的畫家。他不是，但也不差。他跟我說，他的曾祖父名列在某百科全書裡。

取自一九八四年十一月的《科學》（*Science*）雜誌

社會菁英暨工業界翹楚里奧．韓卓克．貝克蘭，榮登一九二四年九月《時代》（*Time*）雜誌封面。

取自一九四〇年五月二十日的《時代》雜誌

塑膠之父

本週費城的富蘭克林學會（Franklin Institute）頒贈該會備受垂涎的金質獎章，受獎人的知名度遠不及他的成就所帶來的改變為人所知——從牙刷手柄、電話和假牙齦，到飛機機身等大眾所使用的許多日常事物。此人甚至比大多數科學家都要來得怕出風頭，他就是發明「貝克萊」的塑膠之父里奧．韓卓克．貝克蘭。

里奧在七十六年前生於比利時的法蘭德斯區（Flemish），年輕時對攝影十分熱衷……他進入根特大學（University of Ghent），成為該校最年輕的學生。一八八二年，他以最優異成績畢業，旋即成為化學助理教授……他移民美國，在一家攝影器材製造商工作。後來，他成立了自己的諮詢業務，發明了一種名叫「威洛克斯」（Velox）的快速印相紙，並籌組內普拉化學公司（Nepera Chemical Co.）製造這種相紙，後由柯達公司（Eastman Kodak）的喬治．伊士曼（George Eastman）將該公司收購。

據傳，伊士曼付給貝克蘭一百萬美元，是這位年輕發明家心中想要的最低價的好幾倍。無論如何，他發現自己在三十五歲的時候，已經富有到可以為所欲為。他把自家後院的馬廄改為一間實驗室，發現石炭酸和甲醛相互作用，會產生一種不會融化、不會分解的固體，與自然界裡的任何物質都不一樣。

這就是「貝克萊」，合成塑膠業的基石。貝克蘭籌組通用貝克萊公司（General Bakelite Co.，即後來的貝克萊公司）開發他的這項發現後，很有條理地羅列出他認為用得著該產品的四十三種工業。今天，要找出四十三種不會用到塑膠的工業都很困難。

取自《貝克萊評論：所有廠商與商家都感興趣的貝克萊成就期刊文摘》（*Bakelite Review, a Periodical Digest of Bakelite Achievements Interesting to All Progressive Manufacturers and Merchants*），第七冊第三號（一九一〇至一九三五年的二十五週年紀念）

數以百萬計的用途……收音機、鐘、瓶蓋、棒球帽、留聲機唱片、燈、自來水筆、鉛筆、洗衣機零件、修面刷手柄、馬桶座椅、人造珠寶、義肢、棺材、管子、菸斗、馬鞍、外套和西裝鈕釦、地鐵吊環、潛水艇、戰艦與驅逐艦的控制裝置、汽車零件與齒輪。

取自《貝克萊傳奇》（*The Story of Bakelite*），約翰·金柏利·孟佛德（John Kimberly Mumford）著，羅伯特·史迪森出版公司（Robert L. Stillson Publishing Co.），紐約，一九二四年

無論是車輪疾馳的道路，還是女人在燦燦燈光下精心打扮的地方，無論是輪船破浪前進的大海，或是飛機翱翔的藍天——只要有人居住的地方，在二十世紀的今天，都會有貝克萊提供經久耐用的服務。

取自一九八三年四月四日的《財富》（*Fortune*）雜誌

美國企業領袖名人堂

企業名人堂的過往得獎名錄——成就歷久不衰的企業領袖——包括安德魯·卡內基（Andrew Carnegie）、皮耶·薩姆爾·杜邦（Pierre Samuel Du Pont）、湯馬斯·艾爾瓦·愛迪生（Thomas Alva Edison）、亨利·福特

（Henry Ford）、班傑明・富蘭克林（Benjamin Franklin）、艾德溫・赫柏特・蘭德（Edwin Herbert Land）、塞洛斯・荷爾・麥克柯米克（Cyrus Hall McCormick）、安德魯・威廉・麥倫（Andrew William Mellon）、約翰・皮爾龐特・摩根（John Pierpont Morgan）、約翰・戴維森・洛克菲勒（John Davison Rockefeller）、大衛・薩諾夫（David Sarnoff）、小艾爾福瑞德・普瑞特查德・史隆（Alfred Pritchard Sloan, Jr.）、柯尼利斯・凡德比爾特（Cornelius Vanderbilt）、喬治・華盛頓（George Washington）、小湯馬斯・約翰・華特森（Thomas John Watson, Jr.）、艾利・惠特尼（Eli Whitney）……

今年入選名人堂的是：里奧・韓卓克・貝克蘭（生於一八六三年，卒於一九四四年）。

取材自《文選集》（*Selected Writings*），里奧・韓卓克・貝克蘭著，貝克萊公司，紐約，一九四四年

我是怎麼湊巧發現像合成樹脂這樣有趣的實驗材料的？我可以不假思索地答，我不是偶然發現的。我找到這種實驗材料之前，在實驗室進行許多的研究方向，已經尋找許多年了。在一九〇五到一九〇九年間，我獲得了一種不會溶解也不會熔化的物質，我們稱之為oxybenzylmethyleneglycolanhydride，現在名叫「貝克萊」。

取自里奧・韓卓克・貝克蘭的私人日記，一九〇九年三月八日

我演講完後，男學生們偶爾唱起「貝克萊之歌」，內容如下：

B-A-K-E-L-I-T-E
代表貝克萊
比石墨好十倍

全國每一位攝影師都知道
它的名字
威洛克斯──威洛克斯！

我到車站時，所有的人都護送我去──大約三十人──像士兵一樣行軍前進，唱著貝克萊之歌。

絲黛芬妮．葛若夫（Stephane Groueff）

原子彈裡最重要、可能也是最難解決的問題跟貝克萊有關──我認為，全世界製造原子彈有兩、三個最大的祕密，這仍是其一，是任何外國間諜會不顧一切想要取得的。我在六〇年代中期寫我那本書《曼哈頓計劃》（*The Manhattan Project*）時，跟原子能委員會有一個君子協定，就是我會把手稿拿給他們看，因為我不是科學家。這個構想是，他們只是修改所有拼字之類的問題，但我可以保有完全的自由。他們寄給我一本名叫「美國原子能法案」（U.S. Atomic Energy Act）或像這類名稱的小冊子，每一段的開頭都是「凡明知或在不知情下擁有、洩露、甚至討論」，結尾則是「可處死刑或監禁二十年」。那真是非常嚇人的事。

所以我把完稿寄給他們。接著，他們找我過去，其中有一點令他們特別在意的，就是與貝克萊有關的一切。他們暗示，如果我出版這些訊息，他們會非常不開心，還有此舉危害到國家利益等等。

於是，我把有關貝克萊的一些事情從手稿裡刪除，把那幾頁內容交給原子能委員會，他們在我面前將檔案密封好，在上面蓋上所有的印戳──我在上面簽名，他們也簽了──然後收起來並上鎖。

布魯克斯．貝克蘭

如果我祖父知道塑膠會發展成什麼面貌，無疑地，他會撤銷他的發明——正如我認為，愛因斯坦在一九〇五年出版相對論那篇論文之前，若先知道了後果，可能會改變主意。里奧．韓卓克．貝克蘭是人類希望的縮影，他創造了自己，因此認為沒有理由不能創造未來。

一九三四年一月十四日，里奧．韓卓克．貝克蘭致友人的信函

如我這輩子重新來過，我不會把生命耗在研發新的工業製造過程：我會努力將我卑微的力量運用在科學研究以改良人類。

備受吹捧的人類，被無知與政客誤導，行事毫無章法，令我感到絕望。如果我們繼續我行我素，人類很可能會步上以往曾經活過的動物的後塵，那些動物的化石宣告了牠們不適合繼續生存。宗教、法律和道德是不夠的，我們需要更多東西，科學可以幫助我們。

布魯克斯．貝克蘭

要是我是他的兒子，而非他的孫子，我們兩人就可以襲捲世界——是的，因為我們會追尋那最初的夢想——絕緣體、織物、合成樹脂、超強金剛砂和空氣力學組件的黏著粉、鑄造船體和……不勝枚舉。那時，我們無法預見到被塑膠污染的世界。這個世界如今成了一樁天大的笑話，藍色塑膠桶和塑膠杯充斥在備受侮辱的鄉間道路兩旁——這個世界只有焚燒能將其摧毀，可是焚燒只會帶來更大的污染。這是里奧．韓卓克．貝克蘭做夢都想不到的，否則他會打退堂鼓的。

一九七三年十月四日，安東尼・貝克蘭致蜜娃・斯文卡－齊林斯基的信函

親愛的蜜娃：

我把過去幾天在布洛德摩爾醫院做的這些夢寄給妳：

一、愛因斯坦把一個停車止步的號誌牌藏起來，不讓警方知道。
二、我回到摯友傑克・庫柏（Jack Cooper）的身邊，我們一起環遊世界。我看到一頭狐狸在吃松鼠。
三、這裡有個人和我開了一場派對，我外婆妮娜・達利在派對裡擁抱我。我切著一塊塊的肉。
四、我會飛，到處飛翔。
五、我夢到自己是個功成名就的作家和詩人。

我會繼續把我的夢寄給妳，除了我的夢之外，沒有什麼可以跟妳說的。這些是我在半夜寫的——沒有燈，所以，到了早上，有時候我會無法辨認自己寫的東西。

東尼敬上

取自一九三一年十月二十三日，里奧・韓卓克・貝克蘭於約翰霍普金斯大學發表的「夢想與現實」演說

年輕有許多優勢，例如大膽、行動快速、和感知迅捷。聰明才智是天生的，藉著鍛鍊和機會發展，才智聰穎的人很快就能獲取知識，但經驗卻需耗費時日，必須靠人生歷練和犯錯慢慢獲得。

希琳・羅爾・卡拉克（Céline Roll Karraker）

外公教我們凡事都要質疑，他也教導我們要認清，今天是對的，明天不見得就對——在科學上和其他事情上都是如此。他喜愛小孩，尤其是他老了以後。為了我們每個孩子，他讓所有事物都變得很有趣。有時候他會分發貝克萊的製品，例如鉛筆盒，和看似琥珀、非常漂亮的貝克萊珠寶，我還記得那絢麗的彩虹顏色。

取自一九八一年十月的《家居與園藝》（*House & Garden*）雜誌

貝克萊進了博物館。收音機和擴音器，香菸盒和肥皂盒這些日常用品，看起來彷彿是用貴重的龜殼、琥珀、大理石、皮革做的，有時甚至像用黃金做的。可是，它們都是用塑膠的前身貝克萊做的。貝克萊從二〇年代到五〇年代，在大西洋兩岸風靡一時。

在鹿特丹的布尼根美術館（Boymans van Beuningen），有一項工業產品再度成為注目的焦點……可以看出它的用途有三個主要的趨勢：在一九二五年巴黎大展後，收音機與鐘的裝飾藝術風（在這方面，通常是被拿來做模仿之用）；來自德國和蘇格蘭低地的物品的實用主義；四〇年代美國與戰後歐洲的「空氣動力學」風格。簡言之，是一個時代的時尚與象徵。

取自一九八三年六月十六日的英國《衛報》（*Guardian*）

除了塑膠製的領帶壓平器外——能把你皺七皺八的領帶壓得平整得像發情的蟒蛇——派屈克・庫克（Patrick Cook）的倫敦貝克萊博物館（Bakelite Museum）最棒的一點是，他沒把它太當一回事。

「貝克萊的很多產品都有一種幽默的特質，」他說道，一邊用指頭觸弄著一個一九五〇年代的收音機，那收音機打開後會出現一個輕巧且附有燈和鏡子的小梳妝盒。「很多都是拙劣的仿製品，這方面的市場非常奇怪。有時候，我在市場裡弄些攤位，將價格降到最低，比那些想抬高價格的商販的價格都低。」

「有些早期的菲利浦收音機賣價高到好幾千英鎊，還不見得買得到，幾乎都被人從英格蘭收購銷到荷蘭。」他不可置信地搖著頭。「市場價格非常奇怪，維多利亞與亞伯特博物館（Victoria and Albert Museum）在籌備貝克萊展覽的時候，我讓他們展出我收集的早期收音機，每個大約三十英磅——這可是特價……」

他開始把他一些最精采的東西出租給電影和〈意外之財〉（Pennies from Heaven）等電視連續劇，他的「貝克萊博物館學會」（Bakelite Museum Society）有個名叫「找出貝克萊」的電視遊戲。他們每隔一年舉辦野餐會，還有演講，並在晚間舉行以物易物的活動，對里奧・貝克蘭的發明驚嘆不已。

取自一九八四年六月三日《紐約時報》的〈古董概觀〉（Antique View），麗塔・萊夫（Rita Reif）撰文

一提起貝克萊這個名字，就會喚起裝飾藝術收藏家對早期塑膠的神祕記憶，腦海中就會浮起一九三〇年代立體派風格的種種影像：珠寶首飾、仿玳瑁粉盒、仿象牙梳子、奶油黃色調的書桌附件和當年最吸引人的塑膠製品——流線型收音機。

當年貝克萊收音機的神奇魅力，現在又再度重現。貝克萊收音機在近半世紀前新推出時，將傑克・阿姆斯壯（Jack Armstrong）的歷險故事、海倫・川特（Helen Trent）的愛情煩惱、傑克・班尼（Jack Benny）的笑話和夜間新聞帶進數百萬人的家中。如今，在對這類古董製品懷舊氣氛高張之際，大眾將可在星期三揭幕的「美國收音機大展——一九三〇與四〇年代貝克萊收音機」展覽中，在這歷來最包羅萬象的展出中，有機會一睹過往的風華……。

取自里奧・韓卓克・貝克蘭的私人日記，一九〇九年十月十三日

絕少有人了解，在貝克萊成為成功的商品前，必須投入多少的心血！

取自《里奧・韓卓克・貝克蘭生平側記》（*A Biographical Profile of Leo Hendrick Baekeland*），卡爾・考夫曼（Carl Kaufmann）著，從未出版

里奧・韓卓克・貝克蘭跟文盲父親在一家修鞋店做學徒，他的母親也是出身貧困家庭，但曾做過女傭，見識過有錢人家的生活，不想讓兒子長大後也淪入像她自己那樣一貧如洗又封閉的世界（他們家裡還有一個孩子瑞秋〔Rache〕，終其一生都留在比利時），她把教育視為他的晉身階。

取自一九三一年十月二十三日，里奧・韓卓克・貝克蘭於約翰霍普金斯大學發表的演說「夢想與現實」

我在大學最重要的發現是，我那資深的化學教授有個非常迷人的女兒。因此，就展開一連串追求行動。

布魯克斯・貝克蘭

西琳・史瓦茲（Céline Swarts）和里奧・韓卓克・貝克蘭是一個沒落家族的創建者。

取自《里奧・韓卓克・貝克蘭生平側記》，卡爾・考夫曼著，未曾出版

他自抵美後，個人生活一點都不快樂。在他堅持下，西琳已返回比利時，等待第一個孩子出生（珍妮〔Jenny Baekeland〕於一八九〇年出生，五歲即過世）。里奧自忖，以他拮据的境況，妻子若跟娘家人在一起，處境會好一些。然而，嬰兒出生後，他並未採取行動將妻女接回美國。

西琳央求他寄錢給她做旅費，寫信說她的錢也用罄了，還很不滿地加上一筆說，她父親拒絕伸出援手。里奧的回信並未保存下來，但從西琳的信裡可以看出，顯然他一再拖延，辯稱即使他能湊足到紐約的旅費，他也養不起妻女。

終於，他們團圓了——家族記錄並未點明時間，似乎是一八九二年——但在那之前，西琳已深受傷害，認為里奧很無情，那次的別離留下一道從未癒合的傷口。雖然西琳依舊是忠於職守的妻子，幫助丈夫記錄實驗室的筆記和財務帳目，她把生活安排成以自己的興趣為重心，經常與丈夫分開，一離開就是好幾個月。

西琳．貝克蘭致里奧．韓卓克．貝克蘭的信函，未註明日期

親愛的：

每當我孤單一人時，就會找回真正的自己。在最初的第一個星期時，總是需要一些時間，總是很傷感。我想念你，非常想你，然後會生出一種力量，將那種感覺強壓下去，我很不開心地思索為什麼我這麼傻的理由，為什麼我不應該覺得這麼糟，你多麼無情無義等等——到底是哪裡出了錯，我知道，這使我更痛苦，漸漸地，以往的西琳蹦出來了，我又渴想著你，不是那個沒心肝的你，而是你種種的好。這一回，我比以往都來得孤單，你可能不相信我，但是我不會為了成全你的夏日而放棄我的夏日——大部分的時候，我一直都是獨自一人，且怡然自得。

你所有的細膩優點，我都已經瞭然於心——而且知道當你回來，你將是更棒的好男人——而我，當然是更棒的好女人——我倆都應該考慮，未來和平共處好好住在一起，這樣同時也對我們的子女最好——想想看，以我們這種頭腦和生活水平的人，竟然平白無端就讓彼此如此的不快樂！想想我們，如果雙方都下定決心要善待對方，讓對方快樂，那我們的生活將會多麼美好——倘若我們能夠在生活中確立目標，竭盡己能善待對方。我們的不快樂都只在一念之間，讓我們粉碎那不快樂的念頭，代之以愛與和平。

西琳敬上

在里奧．韓卓克．貝克蘭的諸多文稿裡發現、用打字機打出來的梵文神話：《女人的創造》（*The Creation of the Woman*）

起初，陀濕多（Twashtri）在創造女人時發現，祂在創造男人的時候，將材料用完了，已經沒有穩固堅實的元素可用。在這樣進退兩難的情況下，祂經過一番深思冥想後，採取了以下的做法：祂擷取月亮的圓與爬藤的彎；蔓鬚的依附和小草的顫慄；蘆葦的纖細和花朵的盛放；葉子的輕盈和象鼻由粗而漸細的形狀；麋鹿的眼神和群蜂威嚇的聲勢；陽光喜悅的歡愉和雲層的哭泣；風的善變與野兔的膽怯；孔雀的虛榮、鸚鵡胸部的柔軟、金剛石的堅硬與蜂蜜的香甜；老虎的殘酷與火的溫暖光熱；白雪的冰冷和松鴉的喋喋不休；夜鶯的低聲細語、鶴的裝腔作勢。他將所有這些特質調配混合後，將一個女人交給那男人。

可是，一個星期後，男人來到祂跟前說：「主啊，祢給我的那東西，把我的日子攪得悲慘不已。她嘮叨個不停，取笑我，讓我受不了，一直來煩我，要我不停注意她，占據我所有的時間，沒事還哭，老是無所事事。所以，我來把她還給祢，我沒辦法跟她過日子。」於是，陀濕多說：「很好。」祂把她收回來。又過了一個星期，男人來到祂跟前說：「主啊，我發現，因為我把那東西還給祢，我的日子非常寂寞。我記得，她以前會對我唱歌跳舞，用眼角餘光瞧我，跟我玩，黏著我，她笑聲動聽，美麗悅目，觸感柔軟，把她還給我吧。」

於是，陀濕多說：「很好。」把她還給他了。然後，才不過三天，男人又回到他跟前說：「主啊，我不知道是怎麼回事，但是，總之，我的結論是，她帶給我的麻煩多於快樂。所以，請祢再把她拿回去吧。」但是，陀濕多說：「你給我出去！滾開！別再來煩我了，你自己看著辦吧。」男人說：「我沒辦法跟她生活。」陀濕多說：「沒有她，你也沒法生活。」於是，祂轉身不理會男人，繼續祂的工作。這時，男人說：「怎麼辦呢？因為我既沒辦法跟她生活，也沒法過沒有她的日子。」

布魯克斯·貝克蘭

祖父堅持保有自己的自由，一年裡大多數的時間，他都不在家，在世界的某個地方。可是，他鍾愛又敬慕妻子。他一向在使用「女人」這個詞的時候，都會在前面加上「蠢」這個形容詞的，他的妻子是唯一的例外。

希琳·羅爾·卡拉克

我的外婆在紐約楊克斯市（Yonkers）創辦了一個事業——希望之家（Prospect House）。那是一個社會福利之類的事業，為父母在那裡的工廠工作的兒童而設立的。外婆說：「孩子們放學後過來洗澡、吃飯，並鼓勵他們發揮天賦。」外婆一直相信，吃頓好飯、洗個澡的神奇功效！

她吃素，多年來一直是個通神論者，把印度的精神導師引進這個國家。這一切，外公都討厭。外公是個十足的無神論者——凡與宗教有關的，他都不喜歡，一點都不喜歡。有趣的是，外婆終於去了印度，回來後就不再吃素，唾棄了通神論，不再搭理那些精神導師——在印度所看到的把她嚇壞了。她想：「如果那裡是那個樣子，如果那就是他們的宗教為他們所做的……」

福萊德瑞克·貝克蘭醫生

那些年我跟祖母有很多接觸，家裡每個人都是這樣。她是一個非常有母性權威的人，在某些方面相當具有掌控力，但也極慷慨大度。她是個出類拔萃的人，很晚才開始畫畫，在五十歲那年開始，算是個印象派畫家。她跟侯巴特·尼可斯（Hobart Nichols）學畫——那是件挺好的事——也開過幾次畫展。

她年輕時，差點成為鋼琴演奏家；但祖父在家時，她都不能彈琴，因為不能打擾他。他經常在屋子裡工作，是哈德遜河沿岸的那種老式房子，有個塔樓，他的書房就在那裡，他會把自己關在那上面。我跟他的接觸極為有限——孩提時代，我個人跟祖父在一起的時候，大概有三次。有一次，他帶我進他在那裡的實驗室，為我用水銀電鍍了一些硬幣。還有一次，他帶我上樓到他的書房，給我一個甲蟲石。我保存了好多年，後來搞丟了。

布魯克斯．貝克蘭

我曾問姑姑妮娜（Nina Baekeland Roll），在祖父母位於楊克斯的家「舒暖岩」（Snug Rock）長大，到底是什麼樣。要問父親這樣的問題，是想都不用想的。而她的回答嚇了我一跳：「噓！博士在工作。」

希琳．羅爾．卡拉克

我外婆經常在星期天午飯後彈鋼琴給我們聽，而外公會去別的地方。後來，我不知在哪裡讀到過，他年輕時到各地往訪期間，常去聽音樂會。我很驚訝，因為我一直覺得他是反對音樂的。可是，他確實會獨自去聽音樂會——一個人去。我想，我的外公、外婆之間真有敵對較勁的關係。

布魯克斯．貝克蘭

祖母有一位老師是知名的作曲家兼鋼琴家愛德華．麥克杜威（Edward MacDowell），他要她「公諸於世」——這話聽起來多俗不可耐，即便今天聽來都是如此——那就是，開獨奏會，做專業演奏家。結果被我祖父否決了，祖母為此一直耿耿於懷。

她喜歡彈李斯特（Franz Liszt）無法演奏的那些曲目，但心儀的是德布西（Achille-Claude Debussy）、佛瑞（Gabriel Urbain Fauré）、拉威爾（Joseph-Maurice Ravel）和蕭邦（Frédéric François Chopin）。等我年紀長到能夠讀詩和了解女人的時候——了解祖母滿腔熱情卻不得滿足的天性，那是她在彈奏史坦威大鋼琴時流露出來的——〈忽必烈汗〉(Kubla Khan)裡的那幾行詩老是會浮現我腦海，尤其是她在彈蕭邦美妙無比的夢幻曲的時候：「蠻荒之地！神聖著魔／彷彿虧蝕的月下，揮之不去的／女子嗚咽渴想惡魔戀人的哭泣聲！」

當祖母低頭坐在鋼琴前——不是在祝禱時——然後開始彈奏，我常覺得眼淚盈眶，特別是她很老、經常彈得錯誤百出的時候。孩提時，我要她不停地彈，一而再、再而三地彈。聽在我的耳裡，她的琴聲彷彿金幣投入守財奴箱子裡的聲音。

但是，祖父受不了她的音樂——那種「噪音」——還有她的通神論、婦女參政論調、日後成為小羅斯福總統(Franklin Delano Roosevelt)親信幕僚的哈利．霍普金斯(Harry Hopkins)的希望之家和這類的「胡說八道」。他也受不了——祖母不只一次跟我暗示——她的法文比他好這件事，還有她有時跟他意見不合。他的德文當然比較好，這是他們之間條頓民族與拉丁民族緊張關係的一部分。在社會地位上，娶她是高攀——為此他從來都無法原諒她。我們對他的家人，幾乎是一無所知，因為他以他們為恥。他父親是個酒鬼，淪落到——有時候——修補鞋子。據祖母說，祖父從十二歲起，就是全家的主要經濟支柱。他是個天才，這一點是毫無疑問的——他有最強烈的動機。他敬愛母親，雖然他絕口不提她——或任何家人——一般說來，這一點倒是不為人知的。他乾脆把過去忘掉，根本就沒有過去。時間是從他開始的，就是貝克蘭的宇宙洪荒，他就是那些世紀之交的照片裡的宙斯，那個留著鬍子、嚴厲、高挑的人，宙斯。

孩提時認識的祖父是個有趣的老牧神[1]，不帶性的含意，只有幽默，生活之樂，嗜酒和說不完的話

1 Pan，希臘神話裡掌管畜牧、農業的神祇，愛玩耍，精力充沛，且喜好女色。

——都是他自己在說。他不但無法有風度地包容笨蛋，而是壓根兒就受不了。他勸人不要親嘴，向他們生動地解說，接吻是把彼此嘴裡多如尼加拉大瀑布那樣的污穢，以細菌和病毒的形式相互傳遞。他為「愚蠢的婦人」說教，告訴她們口紅和乳液的成分，還有她們傻乎乎付給那些吸金鬼的價錢——他以最上乘和最妙趣的幽默談論這些事情。

希琳．羅爾．卡拉克

外公會帶我們上樓到他的實驗室去，他把各種化學物品混合起來，弄出色彩或人工甘味。到上面去，是令人很興奮的事。還有那些氣味！到今天，我都可以聞到。那棟房子現在已經沒了，燒掉了，但在我的記憶裡，它沒有被燒掉。在那裡是很富有田園詩意的，是所有孩童的快樂天堂。

那裡有一間很驚人的浴室，很大一間。從牆壁的中間往上，是香蒲、羊齒和鳥類的浮雕圖案，五彩繽紛，美極了。而且還有一扇彩色玻璃的窗戶，角落是一個方型下陷的浴缸。我們小孩會進入浴缸裡，弄出許多肥皂泡沫，從浴室裡都是磁磚的一邊，呼嘯而過衝到浴缸裡，水花四濺。外婆常說，那是外公的浴缸，我們不可以那樣。

取自《我認識一隻鳳凰：自傳素描》（*I knew a Phoenix: Sketches for an Autobiography*），美伊．薩頓（May Sarton）著，諾頓圖書出版公司（W. W. Norton），紐約，一九五九年

貝克蘭家的人多麼富有想像力啊——因為這位比利時的發明家和他的妻子是招待我們的主人——堅持母親和我先到他們家，在我們展開新生活那件正經事之前，先享受一下受珍愛寵遇的滋味。他們的房子，粗樸的石頭和棕色的木瓦，角樓和陽台，彩色玻璃的窗戶，前面很大的停車廊，四周修剪過的廣袤草坪，對我似乎是無比的氣派。例如，會客室裡有一張北極熊地氈，還有什麼比坐在北極熊頭上更奢華的！還有一個方形的玻璃水族箱，裡面有頭不懷好意的小鱷魚，吞食生肉，用那雙小而晶亮卻冷漠的眼睛望著我。真正精彩的是設有碩大浴缸的主人用浴室，浴缸？應該說是鋪了磁磚的游泳池，六呎見方，比地板還深入地下兩呎。四周是佛羅里達州來的大海綿，和開口處是玫瑰色、歌頌著遠方人海的貝殼。在這個浴缸裡，可以毫無困難地像海豹或美人魚那樣游泳……

我一直都覺得，貝克蘭博士不像我所認識的任何人，他似乎是一股震懾人的男性力量——一個必須予以安撫的神，一種天氣。現在我明白了，他那雙熱烈但害羞的眼睛和黑鬍鬚，令他看起來像英國小說家拉雅德．吉卜林（Rudyard Kipling），如今我才為時已晚的明白。雖然我很怕他，但他非常關心我，真正愛我，就像一個祖父鍾愛第一個兒孫那樣，因為他通常在我睡著後進來，溫柔地低頭望著我。他很訝異，我可以獨自玩得這麼開心。可是，我很害怕，那時我只想跑開，只想隨時都可以去司機家裡，我在那裡感到比較自在。去那兒的路上，我會經過車庫，有人告訴我，車庫上面就是實驗室，一個非常祕密和重要的地方，是貝克蘭博士在告退後像個魔法師那樣工作的地方，任何人都不准去的。他在那裡忙著在淺盤子裡調配奇奇怪怪的東西，那種淺盤就像今天的製冰盒，只是那些立方塊是一種很硬的黃色半透明物質，不能當玩具，不過，有一天，他給了我一些——就我所知，一點用處也沒有。這項發明名叫貝克萊，還處於實驗階段，還不是日後那個神奇的好東西……

人人稱貝克蘭博士的妻子為「糖果」（Bonbon），這個名字冉恰當不過，一定是聖彼得在天堂的大門口使用的，因為她流露出的慈愛，無論有形無形，都是無分大小與多寡的。她的存在，就是個禮物。她的身形小而圓，一頭捲縮的濃髮下有雙明亮的黑眼。記憶所及，她都戴同樣的海狸毛皮圓帽，在套裝上戴一條海狸毛長圍巾，那件套裝每年都照原樣重新裁製。夏天她不可能戴那頂海狸皮帽，可是，我見她戴著這頂，沒戴過其他的，她一定是在這裡戴著它入畫的。她出身比利時根特（Ghent）一個中產階級的知識份子家庭，正像我父親的家庭，但現在進入一個不同的世界後，她並沒有改變。只不過，財富於她是如此的切合，彷彿她生來就是個幫助人的貴人。她有一種罕見的天賦，能將錢財變成喜樂，她自己的和別人的喜樂，因此其中沒有憤世嫉俗。這個特質，有些是我後來才體會到的，但從一開始，我對她的摯愛就堅定不移，因為我在她身上感受到一種像聖潔、像詩一般的特質，使她迥異於常人。這種特質的具體證明，就表現在她因愛動物而不吃肉這件事。我也愛動物，甚至下決心仿傚她，但是當除了「糖果」之外同桌的人都接受雞胸肉或小羊肉時，我就忘了我的決心……「糖果」沒有指責我們殘酷不仁，也沒讓我們感到罪疚，這是她成功的地方。我和她在後陽台上剝園子裡新摘的豌豆時……我感到一種無與倫比的安全感，彷彿在自己家裡一般，至少有那麼一陣子。我可以跟她說話，我發現……我喜歡她的比利時口音，她把「太太」說成「抬抬」，那種口音使她說的每一句話都別具特色。她的慷慨大方，是非常美式的作風，但她仍然還是十分比利時的，而且十分單純。如今看來，她是我從比利時到美國的絕佳橋梁。

紐約之於「糖果」，就是第五街、熨斗大廈（Flatiron Building）、伍爾沃斯百貨公司（Woolworth's，那時還是最知名的摩天大樓），她有著初來乍到的人對這個城市懷有的一份驕傲與欣喜，彷彿那是她自己一手打造成就的……紐約就是廣場飯店（Plaza Hotel），我們在那裡的棕櫚樹間喝茶，吃色彩繽紛的小冰糕，在「糖果」要求下，管弦樂團一邊演奏充滿感情的〈窩瓦河船夫之歌〉（Song of the Volga Boatman），樂團會獲得用銀盤送過去的十元新鈔作為獎賞。也許我這麼愛她，是因為她的品味依然保有赤子之心，而她對生活的熱愛，她的興高采烈（一如多年以後，她對燈火閃爍的整個楊克斯市揮著手，驕傲地說：「那些燈泡每一盞裡面都有貝克萊。」）像孩子一般純真。

希琳．羅爾．卡拉克

外婆告訴我，她來這裡定居時，整整哭了五年，只要有辦法就回比利時。外公則相反。她的口音從來不改，而他儘快改掉自己的口音，並為兒子取名喬治．華盛頓．貝克蘭（George Washington Baekeland）。

他把威洛克斯相紙賣給柯達公司的時候，為外婆買了「舒暖岩」，但他討厭在裡面進行的社交活動，不願與聞其事。

取自里奧・韓卓克・貝克蘭的私人日記，一九〇七年四月二十七日

我們過著一種沒有必要的複雜日子，那些糾葛混亂令我很惱怒。若非會給我妻子帶來不便，我肯定會離開，到別處去住，我們不用僕人，過著比較簡單而且更自然的生活。但是，我妻子沒法過沒有一些所謂「社交」的日子。「社交」是一種愚蠢的成規，是造成我們的生活沒道理、老套又複雜的因素。我們幹嘛要這麼大的一棟房子，幹嘛要所有這些僕人？幹嘛要那些沒有必要的傢俱形成的複雜垃圾？所有這些紛擾越來越令我厭煩，垃圾——粗俗——白癡——垃圾。

希琳・羅爾・卡拉克

外公極力擁護簡樸生活——在物質上，自己身體力行。事實上，外婆說——你知道，她相信靈魂轉世——外公前世是個和尚！他退休後，住在南部的佛羅里達州，一棟非常簡樸的房子裡。

布魯克斯・貝克蘭

威廉・詹寧斯・布萊恩[2]這位「偉大的平民」曾是椰林[3]「安克吉」（Anchorage）的業主，祖父常得

2 William Jennings Bryan（1860-1925），不但是一位天生的演說家、名律師、參選三次的總統候選人，也是一位虔誠的新教徒。一八九〇年他在美國眾議院中取得席位，奮力為弱勢的農民與勞動者——也就是所謂的平民——發聲，為他贏得「偉大的平民」的稱號。

3 Coconut Grove，位於佛羅里達州邁阿密的觀光勝地。

意洋洋告訴跟他一起用餐的維多利亞精英份子：「那位吹牛大王的屋子裡，除了一本聖經外，一本書都沒有。」

那棟大農莊式的房子涼爽怡人——屋頂用純白的珊瑚和赤陶土建的。冬天，窗戶總是敞開的，門也是。最迷人的是中央的天井，懸吊著蘭花，中央有一個水噴得老高的噴水池。屋子的前面有一座藍綠色的游泳池，在那裡可以「洗澡」，不是「游泳」。但是，我閉上眼睛，現在還記得的是樹上繁花盛開的芳香，椰子樹的複葉日日夜夜不停的溫柔拍打聲——從沒停過——還有來自蘇門答臘的大片竹林叢咯吱作響的聲音。那片高聳的防風林有一百五十呎高，一直延伸到為祖母的遊艇「愛恩號」而建的停泊處。白天，風從海面上吹進來，夜晚又吹出去。

穿過北邊一處狹窄的叢林，是離我們最近的鄰居麥席森家族（Mathiesons），他們擁有奧林麥席森化學公司（Olin Mathieson Chemical），是很好的一家人。他們還擁有近海一座無人島，當時是一片椰子園，距離我們兩家約一哩遠，後來因尼克森總統和他的摯友雷勃索而聲名大噪，臭名遠播[4]。南邊的鄰居是菸草業大亨湯瑪斯．佛群．萊恩（Thomas Fortune Ryan），他蓋了一座洛可可式的義大利宮殿，品味很差。安克吉是一個簡樸可愛的地方，一如椰林，那時尚無觀光人潮，沒有令人擔憂和厭惡的事情。

希琳．羅爾．卡拉克

一年有六個月，外公一個人住在那裡。冬天時，外婆會過去跟他住上幾個月。他都吃罐頭食品——

---

4 尼克森（Richard Milhous Nixon）任內曾在佛羅里達州的必斯肯島（Key Biscayne）置產，與當地的銀行家雷勃索（Charles Rebozo）比鄰而居，這位鄰居後來成了尼克森的忠實支持者，還因水門案遭調查。

也不加熱！他常對我們說：「孩子們，這是最棒的方式，」然後打開一罐康寶牌的去皮豌豆湯，加些海水，攪拌一下，然後就吃了；接著又打開一罐沙丁魚吃，接下來是當時最先出現的即溶咖啡，叫做喬治．華盛頓，他把咖啡放進熱水裡喝了。

除了戶外的那些人，他沒有僕人。他熱愛植物學，是偉大的植物學家大衛．菲爾柴德（David Fairchild）的密友。兩人在那裡栽植了各式各樣很棒的植物，我們小孩子可以直接從樹上把果子扯下來！

派翠西亞．葛林（Patricia Greene）

芭芭拉和布魯克斯在搬到七十五街的閣樓豪宅前，住在離我們只有兩家之隔的七十一街上。小東尼——是個迷人的孩子，像極了小精靈——比我們的一個兒子小一些，比另一個兒子又大一點。他常過來，玩遊戲時非常具有想像力，他非常非常喜愛自然博物。事實上，有關芭芭拉——這個美麗的女子，眼睛裡有一抹促狹的神色——最有意思的一則故事是，東尼還是個嬰兒的時候，我想可能在二次大戰期間，母子倆當時在南部的佛羅里達州，有位傑出的博物學家在那兒，跟她說：「那個漂亮的小孩，別給他玩具玩，讓他跟大自然玩。」她就照他的話做，東尼在成長過程裡，玩的是石頭、棍子、青苔、青蛙和蟋蟀，不是積木、卡車和其他人造物品。

布魯克斯．貝克蘭

大衛．菲爾柴德，我以前都叫他「老天使」。他總是讓我到他位在椰林的實驗室，也就是在他取名為「村落」的家中，也不介意我打斷他的研究。我一向都獨自走到那裡——他住在大約兩哩外。對我來說，他是個仁慈、愛打趣、有學問、又有想像力的人，內心有一種美，給人一種聖潔的感覺，不是宗教的那種，而是科學的。當然，他也招待全世界的大人物到他家，人人都到他家。

他喜歡看看我的腦子裡可以裝多少資訊。他在安克吉屋子餐廳裡的餐桌上向我提出他自己的理論，就是一個人可以記得五萬五千種不同的物種，但是不會比那更多了。我記得拿過諾貝爾獎的生物學家赫曼．穆勒博士（Hermann Muller）那天晚上跟我們一起吃晚飯。我還是個小男孩的時候，我以為，「博士」就是個有一頭白髮的男人，因為我認識的所有頭髮灰白的人不是這個博士就是那個博士的。祖父和大衛．菲爾柴德在一起的時候，談的都是酵素。這兩個巨人超越他們所處的時代有多遠啊！

希琳．羅爾．卡拉克

外公從沒穿過真正的鞋子，他總是穿膠底運動鞋，白色的球鞋。他就是認為，球鞋既切實又便宜。他常穿著球鞋到化學家俱樂部（Chemists' Club）和大學俱樂部（University Club）。所以，他是個人主義者，是個奇特的人。我有一張他和馬克．吐溫（Mark Twain）全身白色的照片，因為馬克．吐溫身上穿的也都是白色。

在佛羅里達州，外公穿白色細帆布褲子、白襯衫和白球鞋。他覺得熱的時候，就走進游泳池裡——穿著那一身衣服走進去！——然後走出泳池說：「這就是保持涼快的方法，熱氣蒸發掉了，就涼爽了。」

這種物質上非常簡約的生活方式，甚至帶到楊克斯的家裡。我們大家在「舒暖岩」吃了一頓愉快的傳統週日晚餐，他喝他的即溶咖啡、他的康寶濃湯和罐裝沙丁魚，這些都用貝克萊托盤裝了端到他面前，他就這樣跟大家一起在餐桌上進食。

伊莉莎白．亞契爾．貝克蘭

幾年前的一個夏天，我到布勞克島（Block Island）去看布魯克斯。他的表妹希琳．卡拉克告訴我，他在那裡避暑，而我剛抵達。我擔心，如果我告訴他我要來，他會避開——他就是那樣奇怪。我去到他租的房子，就直接走了進去。我聽說，他正跟一位紐約來的離婚女子過從甚密。「她燒得一手好菜，我們以前每天都得花兩小時買菜，然後花兩小時做菜，然後花一小時吃飯，然後，因為我不想做個大男人主義的沙豬，我會洗碗筷，有十個盤子和五個鍋子。我對這一切感到不勝其煩，最後把她轟走了。」我說：「現在誰替你做飯？」他說：「簡單——星期天我吃一磅漢堡，星期一一磅馬鈴薯，星期二一磅菠菜，依此類推。這樣，我只用一個盤子、一個圓鍋、一個平鍋。」

布魯克斯．貝克蘭

我是一個品味非常質樸的人，我母親說我是個僧侶。我現在有一些特殊的習癖——其實已經是習慣成自然了——使我想起我童年時所知道的祖父。祖父只有一套「正式的西裝」，我連一套都沒有。三年前，我發現我有十五件襯衫——我扔了十件；有十條手帕——我扔了八條；有八條短褲——我扔了五條；有很多條長褲——我留下兩條；有比長褲還多的毛衣——留了三件……如此這般。

我父親把四、五件燙得極為平整的白西裝放在他辦公室的衣櫃裡——那個年代的夏天還沒有冷氣空調——一天要淋浴和換衣服好幾次。我記得公關「天才」班．桑能伯格告訴我，他多麼厭惡在燠熱的八月黃昏時分，在開往康乃狄克州費爾菲爾德（Fairfield）的火車上看到我父親穿得整潔漂亮，衣衫平整——完全是戎裝的模樣。他多麼喜愛我那圓胖、衣服又皺又亂、流汗的祖父，他也喜歡祖父的愉悅快活。班有時跟祖父或跟父親一起搭公園大道（Park Avenue）兩百四十七號的電梯。[5]

我說過，祖父只有一套進城裡穿的西裝；可是，祖母以前常說一個她如何騙祖父買了一套深藍色

5 公園大道兩百四十七號應為當時貝克蘭家公司的所在地。

新西裝的故事。這個故事牽扯到他們在楊克斯市的一位鄰居，就是名律師薩姆爾．安特麥爾（Samuel Untermeyer），他在北邊某個地方也擁有一棟輝煌奪目的房地產。祖父很瞧不起他這位律師——他看不起所有的律師，說他們是虎豹豺狼。安特麥爾家的房子裡擺滿了希臘雕像和美麗的希臘廢墟的複製品，還有希臘羅馬式的露天階梯看台，都被祖父取笑。

有一天，祖母在楊克斯市看到一家賣男裝的店鋪。她走進去，挑選一番，買了一件昂貴的藍色斜紋布料西裝，是祖父的尺寸，要價是一百二十五美元。她和老闆講定，老闆把那件西裝放在櫥窗裡展示，標價為二十五美元，但除了祖父外，不能「賣給」別人。當然，他認得祖父——今天，人們不曉得祖父當年多有名。於是，那天晚餐時，祖母告訴祖父，她看到一件很漂亮的英國進口斜紋布料西裝，售價二十五美元。「喔，不會的，西琳——也許是一百二十五美元，不是二十五美元，妳搞錯了。」

「沒搞錯，親愛的——二十五美元，」她堅稱道。

於是，他們爭辯起來，甚至還打賭。

第二天晚上，祖父回家時，得意地開懷大笑。等他笑夠了停下來時，他解釋自己如何「宰了」那個嗜財如命的老律師薩姆爾．安特麥爾。他從紐約來的火車上下來，就直接去那家店鋪，看到那件西裝，發現祖母說的沒錯，就買了。他在回舒暖岩家裡的路上，碰到薩姆爾．安特麥爾，給他看了那件西裝，以七十五美元賣給了他！

我記得，在早先我們住佛羅里達的那些歲月，祖父常在日出前來把我們叫醒，給我一顆水煮蛋和一顆從他的樹上摘下的混種葡萄柚——然後領著我出去，走在還沉睡、泛著露水的草坪上，去看兔子和陸棲蟹。當年椰林還是未開發的荒野，路上都是碾碎的白珊瑚。

想像一個老人，穿著寬鬆、沒燙過、可能還發霉的白棉褲，上面罩著一件長襯衫，頭戴一頂現在仍有人在戴的那種可以壓扁的白棉製航海帽，和一個鼠色頭髮的男孩，他骯髒的小手被握在祖父那隻像棒球手套那樣大的手裡。兩人不停說著話，誰也不聽對方，一逕往前走，打算乘小艇航向麥西森島（Mathieson Island）。

一路上，小男孩學會了舷外浮架、活動船板、餐具櫃、蛇髮女妖、軍艦鳥、主要的幾種海浪——海面上的和海底的回聲——、看雲的形狀來預測天氣、被蛇咬的各種治療方法，還有——「可是，爺爺，我們忘了帶午餐！」——祖父報以牧羊神的笑聲答道：「這輩子最棒的午餐正等著你呢，大海會給我們午飯吃的。」

小船的底部有把長刀，祖父就用這把刀示範如何切開椰子、去殼、鑿兩個洞、喝美味的椰汁，我們吃椰子肉、螃蟹、牡蠣、酸橙和海膽橘色的心臟。

他說個不停，告訴我各種植物的拉丁學名——許多是他到世界各地走訪時引進來的——還有昆蟲、鳥類和哺乳動物。他說，學一個在任何地方都同樣的名字，和學一個在各種語文和各個國家都不同的名字，兩者一樣容易。當然，這就是為什麼東尼還是個小孩子的時候，就知道這麼多東西的拉丁學名，因為我把祖父教我的那套都教他了。從東尼開始牙牙學語的時候，他很早就開始說話，我就決定教他那些拉丁學名，只要是我知道的動植物都教他。他十歲的時候，就能閱讀、了解且記得像布赫斯邦（Buchsbaum）的《無脊椎動物》（*Animals Without Backbones*）裡的內容。東尼和我之間，這一生在知性上的關係，是這樣開始的，我們不僅做知性上和書本上的探索，也到野外實地去探索。

伊莉莎白．布羅（Elizabeth Blow）

如果你看到東尼和布魯克斯在一起，我想從外貌上你不會聯想到他們是親人。東尼遺傳了芭芭拉棕色的眼睛和紅髮，是個極漂亮的小男孩。才四歲的年紀，他就經常四處閒蕩，研究昆蟲和小鳥——他天生就對地球上的生物感興趣，對牠們瞭如指掌，可以說得頭頭是道。我永遠不會忘記，一天下午他對我說了一句很棒的話。他說：「蓓……蓓蒂，」——你知道的，他有口吃——「妳知道蝴……蝴蝶有……」。就是打死我，我也記不起來是什麼，是蝴蝶身上的某種很特別的東西——是我不知道的一種東西。這件事多年來我屢次提起，因為總是讓我覺得頗為有趣。他那輕微的口吃，「蓓……蓓蒂」和「蝴……蝴……蝴蝶」，還有他提供給我的學理知識。

一九七三年一月五日，英國法院下令對東尼．貝克蘭所做的精神狀態報告

我於一九七三年一月三日檢視了東尼．貝克蘭，看了在不同階段看過他的五位精神科醫師所做的證詞和報告。根據這些報告得知，東尼是美國人，是個獨子，十一歲以前由父母在紐約養育成長。父親是個「才氣煥發的有錢人，從未真正做過任何具生產力的工作，但是去南美探險過，寫過一篇關於那次探險的文章」，而且「很迷人，但對兒子缺乏感情，無法給予兒子支持」。母親（受害者）是個「歇斯底里、自戀又衝動的女子，無法給予孩子母性最起碼的安全感」。她是個大美人，是個頗有才藝的藝術家。東尼「顯然無法得到父母的愛，又受到超過他能力所能吸收的過度智能啟發」。

布魯克斯．貝克蘭

精神科醫師這種毫無職業道德的人，永遠不會明白我對他們的胡言亂語是熱中不起來的。他們對自己的那套把戲和用藥物來減經憤怒很感興趣，可是，我在東尼身上很清楚看到善惡交戰。這不僅是他個人的問題，而是一整個世代的問題。

取自一九三一年十月二十三日，里奧．韓卓克．貝克蘭於約翰霍普金斯大學的「夢想與現實」演說

人類的悲劇，有一大部分是起於我們幾乎無法將年輕時因犯錯所得到的體悟完全傳承給別人。於是，我

們見到每個後起的世代一再犯同樣的錯誤，並因此而受苦。

布魯克斯．貝克蘭

我記得，在那些富有教育性、話說個不停、充滿深情的清晨，祖孫兩人一起散步時，祖父柔軟的大手握著我的感覺，還有他源源不絕傾洩而出的幽默和知識，那時屋舍和村落都還在沉睡，只有我倆是清醒的，明白四下的一切。

回程時，太陽已升起，屋舍也甦醒，祖父就消失了——去了哪裡，小男孩不會知道的。如今我知道，是去了書房。我後來發現，只要他是站著——他好像總是站著——都在翻閱一本大部頭的書。他不是在翻閱，而是在讀每一個字。

他一直保有歐洲人的本質，是個知識份子。

取自里奧．韓卓克．貝克蘭的私人日記，一九〇七年四月二十日

晚間在安維俱樂部（Anvil Club）閱讀〈過度專業化的危機〉（*On the Danger of Overspecialization*）之後，熱烈討論道德、宗教、古代文學等議題。相較於一般人所了解的小我，我介紹自己奠基於理性的道德觀以及宇宙的大我觀和普遍性意識。大愛相對於小愛或有私心的（排他性的）愛，後者矮化了我們對公平與正義的了解，產生自私與恐懼，讓我們質疑不朽，因為我們太在乎一己的個人，而忽略了在大我中肩負的職分。後者的這種觀念揚棄了所有人都難免一死的思維，使我們成為那個崇高的大我裡的一小粒微塵。

布魯克斯．貝克蘭

祖父內心最深處的信念，使他鄙視名氣、金錢、時尚、聳人聽聞的事、剝削和所有追求這些東西的

人。他是個理想主義者，封建的社會主義者，激進的理論家，反物質主義的百萬富翁，這一切都與他在經濟大恐慌時期令人難以理解的施捨行善精神是一致的。有一回，當我和他在化學家俱樂部裡的時候，對他的這種作風就略知了一二。他走開了——是去小解？還是去找同僚長談？——有個黃棕色頭髮的中年男子走上前來問我是誰，我告訴他後，他說：「沒有人知道，你祖父幫了多少人度過經濟大恐慌的難關；也沒人曉得，如果沒有他，我們會落得什麼樣的下場。」他非常激動地跟我說這件事，我從沒聽說過這事。後來我問祖母，她也從來都不知道。這就是那個穿著便鞋和一件西裝、被人以為是個守財奴的人。他的樂善好施，全是天性使然：完全沒有憤世嫉俗的成分，沒有為自己著想。他有維多利亞精神——尤其是他那個學者階級的維多利亞精神——相信人與家庭，他們從不懷疑人生的目的。

我真正的教育是從我比利時祖父母的身教與言教開始的，他們對榮譽不是無動於衷的，但對於榮譽在社會上自我褒揚、自戀的形式嗤之以鼻——那種形式，事實上，是我們大家都異常喜愛的，是因為我們都愛自己嗎？

尤其是我祖父，他嘲弄所有拍背互勉的那一套——儘管他自己獲得多項殊榮，在每一次受獎儀式上，他總是自我貶抑地說一切都歸功於「僥倖」和他的「賢妻」。他怎麼可能說：「是因為我的天才和諸位沾沾自喜的荒謬體制的緣故」？

我祖父母所源出的歐洲學術界，非常重視非物質的成就，鄙夷炫耀誇示，鄙夷錢財與權力的累積。十九世紀時，歐洲的大學圈子將自己視為——也被視為——貴族階級。在他們的心目中，自己是高於皇室的，而且是毫不懷疑的！他們對這種近乎修道苦行的驕傲感到罪疚。科學界的成員視真理，絕對的真理，高於人——任何人。

於是，從這兩位與全面陷溺於炫耀、權力和圖利的社會完全不協調的移民身上，我很早就學習到每一件事情。而他們很快也擁有那些東西，幾乎都是自動上門的，因為「僥倖」和祖父的「賢妻」。

他們的獨子，我的父親——喬治・華盛頓・貝克蘭——恰恰相反，正如我第一任美麗、野心勃勃、毫無背景的妻子芭芭拉。

絲兒薇・貝克蘭・斯基拉

布魯克斯很羨慕他祖父母各過各的日子，而且還彼此和睦，因為他們有相似的價值觀。也許這是他所思念的，因為他當然不可能跟芭芭拉那樣。

一九三一年八月二十七日，里奧・韓卓克・貝克蘭致根特大學卡米爾・德・布洛恩（Camiel De Bruyne）教授的信函

德・布洛恩，我親愛的朋友：

我太太現在跟我們全家人在艾地朗代克山脈（Adirondacks），她覺得彷彿置身「七重天」似的！她去年去布魯日小遊一番時畫的一幅寫生畫，獲選刊登在最近一期《文學文摘》（*Literary Digest*）的封面上，《文學文摘》是我們最知名的出版物之一——我會寄一本給你。

這對業餘畫家來說是一項殊榮，這是專業畫家都竭力追求的榮耀，因為在眾多投稿的畫作裡，有很多可供挑選。我應該提一件事，她的畫作獲選時，文學文摘社裡的人都不知道西琳・貝克蘭是誰。我有理由相信，即使今天，他們都不知道——她還獲得一筆稿酬！

我特地寫信給你的理由是，當我看到有那幅寫生畫的雜誌時，讓我想起過往逝去的歲月，你和我行經畫中的那座小橋，當時我們還是師範學校的同事，才剛開始我們的職業生涯。那時，我哪會想像到日後我將在這裡成家，會看到刊登在這本雜誌上那座小橋的畫作而經歷這樣的悸動，而那位畫家正是我以前教授的女兒，後來成為我的妻子以及美國一個新家族的母親與祖母。

里奧・韓卓克・貝克蘭敬上

取自「鄙人」（Very Truly Yours）專欄，海倫．謬爾（Helen Muir）著，《邁阿密先鋒報》（*Miami Herald*），一九四〇年一月十八日

西琳．貝克蘭是知名的畫家，被邁阿密列為傑出公民的貝克蘭博士，頗以她的成就為榮。他在位於椰林面對海灣的安克吉家中陽台上宣稱：「她絕少賣畫，喜歡把畫作送人，可是，她當然以獲獎為榮。」他的書齋裡，有一幅妻子為他畫的紐約州威斯徹斯特郡（Westchester County）睡夢谷公墓（Sleepy Hollow Cemetery）的風景畫。他咯咯笑著解釋說，那是他將來長眠的地方。

布魯克斯．貝克蘭

里奧．韓卓克．貝克蘭於一九四四年過世，過世前好幾年智力已大為退化——老人失智症，隨著大腦漸漸缺氧和缺少肝醣，有時會有暴力傾向。七十五歲以後，他已不喜歡我問他某些特定的問題。他會不耐煩地回道：「現在問我這種稀奇古怪的混種生物名字，是很不禮貌的。老人的記憶力不管用了。」要不然，他會責備我雙腿張開站在他面前——雖然他不明白，這麼做是為了讓我六呎四吋的身高縮短到一個比較適合的高度，因為他的身高不及六呎——斥責道：「你不用那樣強調你的身高！」他的脾氣變壞了，我想他的寂寞幾乎到了無法忍受的地步——而早熟的我，自己已嚐到寂寞之苦——理由很簡單，連送貨的孩子和臥車上的服務員都不肯聽他說話了。要我談寂寞嗎？那樣了不起的人的寂寞？最後，他變成一個可憐可悲的人，必須從家裡送走，託人「照顧」。他在最後一次大量腦出血過世前，早已變得很暴力了。

一九四一年，他已非常老邁，已經相當瘋癲愚頑了。我打電話到舒暖岩想問祖母，看是否可以去那裡打個小盹。是祖父接的電話，他說，祖母在安克吉，但是，反正我都得去，他需要我幫忙。那是命令，我得盡快去。

那時，我愛祖母勝於過往愛過的任何人，但這一回我要去楊克斯市的動機是跟一個女子有關。這女子的身材曼妙，一頭紅色長髮，眼珠碧綠，喜愛音樂家理查．史特勞斯（Richard Strauss），父親是足球教練——那是我遇到芭芭拉．達利之前的事。於是，我說：「是的，爺爺。」我知道司機狄克（Dick）的電話號碼，打電話給他，要他到車站接我。

祖父立刻把他的問題告訴我。事實上，他有兩個問題。第一個他自己不知道，但是我立刻看出來了——從我上一回見到他至今，他已經有些失智了——我思忖著：「誰在照顧他？這種情況很危險。」第二個問題是：他剛從佛羅里達回來，帶了四個很重的行李箱，全都鎖上了，但他卻沒鑰匙。

原來，他先鎖上第一個箱子，把鑰匙放在第二個箱子裡，把第二個箱子鎖上，鑰匙放在第三個箱子裡，把第三個箱子鎖上——如此這般。你瞧，這樣，你的口袋裡就不會放四把大鑰匙，只放一把就行了。可是，他把那一把搞丟了！心情很沮喪。

我這個孫子可不是白當的：「屋子裡還有其他的鑰匙嗎？」我問他。

「我不知道。」他說。

於是，我們去找鑰匙。當然，終於，我們找到一大串糾纏不清的鑰匙，因為每一個老屋子裡都有一大串這樣的鑰匙——沒人知道打哪兒來的，也不知道做什麼用的，但是也沒人敢扔掉。

別忘了，在找鑰匙的過程裡，他一直說個不停，也許是告訴我，一九一三年他在巽他海峽（Sunda Straits）從婆羅洲獵頭族土著達雅克人（Dayaks）手裡死裡逃生的事，或者是說他和一些同事訓練一個很笨的好朋友通過一次很有名的口試的事，還有這個朋友在被要求解釋光的偏振（Polarization of Light）時——他們認為這個問題太抽象，他那容量有限的腦子無法理解，因此沒教他——如何清清喉嚨說：「諸位先生，為了要向各位解釋光的偏振，首先，我得說明一下抽水機的原理」——他們有教他這個問題。就像我說的那樣，拿著那一大串鑰匙，我開始一把一把試，像愛迪生一樣，有六千種可能性。當然，不久我把所有行李箱都打開了，祖父欣喜若狂。

那四個箱子裡都裝了什麼呢？書、文件資料、日記、筆記本、支票簿、手稿，他忘了把衣服裝進去。此刻，對我來說，這不只表示他已老耄，也表示這是他一輩子心之所繫。你可以想像，一個女人要多麼了不起，才能做像他那樣一個男人的妻子，還要能常保心情愉快。

我不禁感到同情，於是開始替他打開行李，希望在那一堆老舊的書籍裡，至少能找到一套睡衣和一把牙刷。結果什麼都沒有，連一條手帕都沒有。

我找到的東西裡，令我驚異不已的是幾十本全美國各地不同銀行的袖珍型支票簿。若是十本，也不會引起我注意。一定至少有五十本，甚且更多，也許一百本。我記得，有一個行李箱裡除了滿箱支票簿外，別無他物。

「這些都是什麼，爺爺？」

他咯咯笑著。「銀行，」他解釋道：「破產了。」

看到我一臉困惑的神情，他繼續說道：「他們還沒拿到錢，就借錢給人——也就是說，他們沒有背書就先行賒帳借貸。事實上，他們通通都破產了。」

我仍然一臉大惑不解。

「背書就是存款人的錢；可是，銀行借出去的貸款數倍於此，往往十倍於此。這是詐欺，只要存款人不知道，只要借款人會還欠債，銀行就賺錢——當然是別人的錢——銀行也就算是『有償付能力』。這種情形是不該容許的，非常危險。事實上，美國沒有一家銀行有償付能力。」

可憐的老傢伙，我心中想著。

「所以，」他繼續說到，「我就玩數字遊戲。」他咯咯傻笑起來。「我分散風險，把錢存在全美國各地的銀行，不把錢只放在一、兩家銀行。若把錢放在一、兩家銀行，碰到經濟恐慌，幾天的擠兌，我就完了。」

他真的老了。我把我的睡衣借給他。「裸睡，」他說：「比較健康。」他一向如此。晚安。他要讀點東西。我要去見一位修長、正點、一雙綠眼的女子，可是，當然，跟他說是沒用的。我說過，他是碩果僅存的其中一個維多利亞時代典型人物。

可是，我所珍惜的記憶是：我在凌晨三點徒步回舒暖岩的時候——距離並不遠——我發現，屋子已完全密閉。我忘了我親愛的祖父已日漸偏執，我試過每一扇門窗、每一個縫隙——儼然是英國早期重要的防禦陣地波地恩古堡（Bodiam Castle），找不到可以進攻的漏洞。一想到我若想不出辦法進入這棟祖傳老屋，就覺得丟臉，於是腦子開始轉了起來。我不會認輸，理論上也不可能——凡是我，布魯克斯・貝克蘭要的，我，布魯克斯・貝克蘭一定可以、也會想出辦法得到，這幾乎是摩西律法。

但事實上，除了猛力衝撞外，沒有其他途徑可以進得去。於是，就在第一波小鳥群起高歌歡唱頌讚的時候，我躺在陽台上一張藤製沙發上，陽台一邊面對著哈德遜河，另一邊面向雄偉的帕利塞德陡崖（Palisades）——那是溫暖的七月夜晚，懷著極度惡劣的心情——也就是無愧的心——我睡著了。

我醒來後立刻發現餐廳的門打開了，祖父正望著我。

「對不起，」我說，一邊起身，把頭髮理順，「我回來晚了，不想打攪你。」

至於他對這情況會有什麼反應，我根本無從揣測。結果，他給我上了一課，講了一種叫紫藤（Wisteria）的爬藤類植物，它的名字是根據一八一八年去世的美國解剖學家卡斯柏・維斯塔（Caspar Wistar）而來。這種植物又被一個名叫克勞斯什麼的荷蘭人研究繁殖成我不記得多少種的混種植物，我們陽台上的這一種是……「你要洗個澡嗎？」他終於問了，「我們半小時後吃早餐。」「謝謝，」我說。

那是祖父還健在時，我最後一次見到他。

我並不是指最後一次見到祖父還健在時，是在舒暖岩陽台上。那天一整天，我都跟他在一起。第二天，我和他兩人單獨在一起，大部分是在他實驗室裡，他跟我談到他的學生時代，給我一種他自製的「合成」啤酒試喝樣品——還不錯——或者在他的葡萄酒貯藏室裡，他給我幾種也是他自製的非常烈的白葡萄酒試喝。他跟我說到，祖母是美德的典範，是我們這些孫兒女們應該永遠感激與尊敬的人。我深受感動，因為他倆從來沒有一回能夠一塊生活個幾天，所以我們只有在聖誕節或復活節時看到他們在一起。

他也跟我談到中國和日本——談到裕仁天皇的父親大正天皇，因為他在日本創立了第一家西方企業——日本貝克萊公司，大正天皇賜予他殊榮。還有老羅斯福總統（Theodore Roosevelt）和他美麗的女兒愛莉絲（Alice Lee Roosevelt Longworth），還有哈定總統（Warren G. Harding）和柯立芝總統（Calvin Coolidge），但大部分是談羅斯福。他說，羅斯福是華盛頓與傑佛遜（Thomas Jefferson）之後最了不起的美國人。

他對美國的愛與崇敬——其象徵意義比實質意義要更重要——是典型的移民精神，這是他為兒子取名為喬治．華盛頓的原因。「黑鬼的名字，」父親咆哮道，從不用「華盛頓」這名字。我總覺得，我不是父親的兒子。我的基因告訴我，我是祖母的兒子。

祖母是我的一切：老師、保護和指引我的人——的確，就是任何一個真正的母親對兒子那樣。女人有幾種基本的類型，還有兼具數種的類型：母親型的、姐姐型的、孩子型的、情婦型的、妻子型的。祖母是母親型的。

我們的想法——祖母和我的——很一致，我們的脾性都同樣有法國人的淘氣和幽默。她喜愛機智和快活，這些都是法國人的美德，她自身是全備俱足的。

她對我的吸引力，不僅像個母親，也是任何女人對熱情的年輕男子那樣。我們像情人一樣，聚首時一如男女相聚。這是我們的能量，讓我們能同時馬上看到事情的核心。對祖母來說，我代替了那個不見了、消失了、遠行的、說教的里奧．韓卓克．貝克蘭。我是她曾經愛過的年輕里奧，他是遠走的奧德修斯（Odysseus），我是奧德修斯的兒子泰勒馬科斯（Telemachus）。即便還是個年輕人，我已意識到那種情感轉移具有性方面的危險性。

在她死前的日子，在一連串中風將她擊打到永遠沉寂之前——不，還沒有完全沉寂——我們變得更加親密，我是說，更明白彼此對對方的意義。我們常一起默然相對良久，一天，她對我說：「謝謝你的存在。」她道出了我也感受到的一切——我所謂的一切是指，當我談到家庭和我所謂的「傳承」，不一定指錢財，而是在我們承先啟後的生命延續上的責任和我們大家都該感受到的深情。我確實深信遺傳，我心中認為，遺傳是以一種很神祕的方式雙向進行的。

我們貝克蘭家的人是一個強悍的家族，你知道這個姓氏在比利時很有名嗎？了不起的里奧・韓卓克・貝克蘭，其名聲甚至還不及那個在西班牙統治時期全家一起——父親和四個兒子——被捕絞死的強盜家族。每次我去比利時，那些可愛的傻瓜看到我護照上的名字（如果當時是午飯過後，他們心情愉快），就會做出驚愕狀，狂亂比劃著自衛動作，大叫著：「貝克蘭！貝克蘭！」那個大盜家族是個民族神話，我過去的遺傳基因裡有暴力成分，我不知道我們家族裡是否還有人知曉這段不名譽的過往。這是我心愛的祖母告訴我的，她什麼都跟我說。

祖母在一九五七年過世。舒暖岩屋裡的東西依法——照她遺囑所說——從某一特定日期開始，任人競價標走。屋子裡每一樣東西由家人附上定價標籤——家具、畫作、地毯、任何有「價值」的東西。

我跟祖母的僕傭——園丁、司機、管家、廚子、女僕等人——一向維持類似哈爾王子與法斯塔夫爵士之間的關係。[6]我那時住在東七十一街祖母買的一棟屋子裡，她讓我在哥倫比亞大學讀研究所期間住在

---

6 指在莎士比亞劇作《亨利四世》（*Henry IV*）裡，哈爾王子（Prince Hal）和法斯塔夫爵士（Sir John Falstaff）在一起時，多半在玩樂。

那裡。我有一輛速度極快的賓士汽車，我想要洗車時，就會開著汽車去舒暖岩，探望一下司機和他的姐妹，或者是園丁夫妻倆。他們就不停拿義大利通心麵和葡萄酒給我吃喝，還有遭透了的笑話和那種接納所有孩子的義大利式非凡的愛——他們待我依然像個小孩，我的笑話比不上他們的。

那是個炎熱的夏日，園丁給了我一把鑰匙。我在各個房間裡漫遊，回憶過往。祖父母都已過世，舒暖岩留給他們的女兒。他們跟我說，那裡現在正進行一項住宅開發計畫。

我悠哉游哉地逛著，每個房間和通道都耗上好幾分鐘，一邊回憶，想要了解些什麼，總是想知道我是誰和為什麼。我一直在想，為什麼丟下我一個人？我終於了解，那不是我的問題。真正的問題是：如今維多利亞時代那種非凡、濃烈、單純的理想主義已經不再，這整個世界會變成什麼面目呢？我想到羅馬，想到古羅馬社會改革家格拉齊（Gracchi）——大分裂。當然，我穿過空盪的溫室和蒙塵的實驗室，往前經過葡萄藤架和葡萄園，若有所思地一路走過如今已破敗殘落的花園。

然後，我又回到屋裡，最後爬上頂樓。

我的驚訝真是非同小可！海德堡（Heidelberg）、杜賓根（Tübingen）、波昂（Bonn）、哥廷根（Göttingen）、萊登（Leiden）、柏林（Berlin）、魯汶（Louvain）各地所有了不起人物的肖像畫——高一公尺、寬半公尺的版畫，墊了襯紙，裱以鍍金木框——的確，比利時、法國和瑞典所有一流大學的菁英——全都是盛裝的宮廷服飾，披上綬帶，配上勳章——都是祖父的老師：他們仍在那裡，沿著上升的樓梯牆壁一路而上，沒有一幅有標價！

容我暫停一下，待會兒你就會明白我到底要說什麼。一九四五年，就在歐洲戰事剛結束後，我沒閒功夫坐在司徒加特（Stuttgart）的空軍基地無所事事——玩撲克牌、和當地德國女子上床鬼混——卻徵用了一名中士司機、一名下士和一輛大車，去斯瓦比亞（Swabia）探險，發現了德國原子能地下實驗室，也在地下的ME-262戰機的工廠，還有黑琴根（Hechingen），那裡是法國拘留普魯士和德意志帝國最後一任王儲的地點。我不理會他們抗議，去了位在黑琴根的霍亨索倫城堡（Castle Hohenzollern），結識了寂寞的王儲，和他變成親密的朋友。他是個全然單純的人，可以做溫莎公爵（David Windsor）的孿生兄弟。他和法籍情婦獨居在那裡，在他頻頻要求下，我設法阻撓了想到那裡與他聚首的妻子——我在歐洲盟軍最高司令部有些熟人。我供應他香菸，他坐在臥房裡，穿著絲質睡衣，床單皺得一片凌亂，跟我講希特勒第三帝國的祕辛。

這故事說來話長，但我現在所想要講的是：他帶我四處參觀城堡，讓我看他祖先們的肖像畫——和他們的心臟，都放在有小玻璃門保護的壁龕內的金製高腳杯裡——還有一個可追溯至西元八一五年的族譜，我想，那是一個古老且令人畏懼的皇族，他卻以優雅的方式取笑著那個家族。他沒有一絲誇耀自大的氣息，似乎只對他的英國堂表兄弟們的消息和那裡的體壇近況有興趣——當然是賽馬。我去看他許多次。往後的那些年，我們有書信往返。

好了，我要各位了解的是，在往上通向舒暖岩頂樓樓梯牆上，以及環繞著頂樓大房間牆壁上成排成列的歐洲學術群賢，一如霍亨索倫皇族，都是真正了不起的一流人物——他們也明白自身價值。他們的出身背景雖不顯赫，但成就毫不遜色。這些才是我祖父的真正祖先，也是我的祖先，和當代這個世界的祖先。

舒暖岩頂樓裡，一切如昔，因為那裡沒有「值錢」的東西，只有鴿子咕咕的叫聲。

二、大公爵

一九七三年六月六日，依照醫院的程序，東尼．貝克蘭一抵達布洛德摩爾醫院，就會給他一個號碼——六七八七——叫他洗個澡，做初步的體檢。他們不給他服用任何藥物，這樣他的精神病狀況才能浮現，並做觀察。院方給他一杯茶、一些麵包和果醬，把他單獨監禁起來。

第二天，他被移到特別住院病房，往後兩個月都將住在那裡。初秋時，他被轉到「康瓦爾家」，那是一棟三層樓的建築，絲毫沒有那名字所隱含的公爵宅第的意趣，倒像棟廉價公寓。他被分配到那裡二樓的一間病房，那兒有集體住的大寢室、單人房（病患稱之為「牢房」），和一間病患白天可以閱讀、放音樂、玩遊戲、聽收音機或看電視的休閒室，偶爾會放映一場電影。每逢女王慶典週，就放映〇〇七電影。有一回放映《大法師》（*The Exorcist*），院方觀察到，電影演到一幕特別怪誕的地方時，有幾個病患「興味盎然地大笑」，而其他服了大量鎮定劑的病患只是兀自坐著發楞。

「康瓦爾家」休閒室外有一個區域是用餐區，還有一間病患在規定時段裡可以使用的小廚房。所有刀、叉、匙等金屬餐具，在餐前餐後都要數過；如有短少，病患需要搜身。

院方只提供病患一個衣物櫃和一張鐵床。凡是不屬於這些基本必需品範疇內的任何東西，就得仰仗親友慷慨餽贈。以東尼．貝克蘭為例，他的祖父喬治．貝克蘭留給他一筆信託基金。三年後，他滿三十歲時，其本金的一半將歸他名下；另一半則在他三十五歲時交給他。

東尼．貝克蘭有一陣子曾與多達六十人同住一間大寢室，那裡床鋪擠在一起，有時床與床之間只隔幾吋。寢室的牆壁高處設有從不關掉的藍燈，室內絕無完全暗黑的時刻。

夜晚，病患被鎖在寢室，浴室是禁區。若有人需要使用廁所，必須在眾目睽睽下使用床下的夜壺。

「夜壺是塑膠製的，因為其他材質的都有可能被當成攻擊性武器使用。」一名工作人員解釋道。通常連衛生紙都沒有。

「我們正跟歐洲上流社會到處享受著奢華生活，」三年前，芭芭拉・貝克蘭曾寫信給山姆・格林說：「蘇瑞安（Surian）侯爵和侯爵夫人下個星期會來——夏夫慈貝瑞（Shaftesbury）伯爵就住在這裡隔一條馬路的對面，希望下個星期能跟他滑雪攀上阿爾卑斯山上的聖伯納旅客住宿中心（Hospice de St. Bernard）。艾德雷德・都德維爾（Adelaide d'Eudeville）的堂兄佛格伯爵（Comte de Vogue）在這裡，此地安詳恬靜。昨天開私人飛機四處飛——自己駕駛，右轉時，差點要瞄準射擊——沒有啦，當然不是這樣，但飽覽了鄉間風光。」

飽覽鄉間風光是東尼・貝克蘭在布洛德摩爾醫院可以享受的少數幾件事之一，但不僅得透過鐵窗欣賞，而且還是經常在服用大量鎮靜劑的情況下。有時，他站在窗戶旁太久，就會被護士斥責。

「我問他：『東尼，你服用的是什麼藥？』」蜜娃・斯文卡-齊林斯基說。「他寫了四個不同的藥名。他說，早上服用一種，下午一種，晚上一種，每週再吃一次別的藥。我把這份藥單拿給在紐約的一個精神病醫師朋友看，他說，這些都是強效鎮靜劑。最糟糕的是，他並沒有得到治療——每個月只看一次精神科醫師。」

布洛德摩爾醫院約有七百五十名病患，只有四位精神科醫師幫他們看診，每人每週工作一天。一名以前在布洛德摩爾醫院的諮商師解釋說：「就算我盡最大的意願，做了全世界最好的安排，我也只能做到每三個月給每名病患兩小時的看診時間。」

但馬奎爾醫生堅稱：「東尼・貝克蘭耗去我很多的看診時間。他說，我是唯一願意聽他說話的人。」

一九七三年十一月十二日，東尼・貝克蘭致蜜娃・斯文卡－齊林斯基的信函

布洛德摩爾醫院

親愛的蜜娃：

謝謝你在沉寂這麼久之後又來信，我在這裡過得還好。我將試著把妳問及有關我上一封信裡夢境中的聯想告訴妳：

一、愛因斯坦把一個停車止步的號誌牌藏起來，不讓警方知道：我想這個夢跟祕密、玄奧或隱匿的事情有關。

二、我回到摯友傑克・庫柏的身邊，我們一起環遊世界；我看到一頭狐狸在吃松鼠：我想這跟在七十一街的屋子裡的書房有關，我從小在那屋裡長大。

三、這裡有個人和我開了一場派對，我外婆妮娜・達利在派對裡擁抱我；我在派對上切著一塊塊的肉：我想，這跟東漢普敦喬治卡湖（Georgica Pond）上的天鵝有關，你也知道，我們在那裡租了一棟房子，租了好幾年。

四、我夢見我會飛，到處飛翔：這個飛翔的夢，我的聯想是自由，我一直都想飛。

五、我夢到自己是個功成名就的作家和詩人：這夢的聯想是，有一年夏天我父母在法國租的一棟莊園宅第，那宅子有座美麗的花園和一座我常去捉昆蟲的大菜園。

我會繼續記下我的夢境，然後寄給妳。蜜娃，我認為，我對自己太殘忍了——我希望，我對自己溫柔一點。還有，我不懂為什麼，可是我對這裡的其他人有一種亟欲殺之的恨意——我覺得，他們在壓制我。我不

是一直都這樣的，只是有些時候。我不明白這種感覺從何而來，因為別人一直都是以最大的善意待我。

東尼敬上

精神科醫師與安東尼．貝克蘭的諮商記錄，紐約，一九七一年三月十二日

病患的家人奇特且難相處，病患的父親是個固執己見且性情陰鬱的人，對任何話題都自以為是，沒有討論的餘地。對每個人都尖刻批判，對病患更是如此。最後，他與妻子分居，也就是病患的母親，並與病患的女友交往，現在與其同居。

病患的母親是個非常美麗且具才華的女子，對男人極具誘惑力，對病患也是。她用種種理由要病患與她同住，在極度誘惑與一種奇怪的挑逗關係間擺盪，令病患心神渙散。她常跟病患談到自殺。

病患表現出很明確的思考障礙跡象，有妄想意識。雖然整個狀況因吸毒而有和緩現象，尤其是大麻，但主要的診斷是妄想型精神分裂症。建議住院進行精神治療，但病患父親不願負擔治療費用。

一九七三年十二月九日，布洛德摩爾特別醫院院方訪客檔案

訪客姓名：布魯克斯．貝克蘭先生

與病患關係：父親

概要：高挑瘦長，美國人，現幾已成了歐洲人。他仍在那個可怕的家庭悲劇裡哀思，談到業已過世的妻子所錄的錄音帶，她將自己混亂並有精神問題的思緒錄在錄音帶裡。還無法接受兒子出院；聽到不會立刻出院的消息，感到鬆了一口氣；會事先寫信告知下一回會面時間。

絲兒薇．貝克蘭．斯基拉

布魯克斯和東尼是南轅北轍的，但有一點倒是相似，就是兩人都是不受約束的。他們認為，「我們是超越成規，在律法之外的。」只是，東尼是被縱容大的，而布魯克斯受到非常嚴謹的教養。當然，後來，布魯克斯掙脫了束縛。他是貝克蘭家的逆子，打破了成規，走上了不同的路——真是太好了。

布魯克斯．貝克蘭

我一向自由，想做的事都能成就；可是，我討厭功成名就，不齒金錢和炫耀。我大笑——這對笑不出來的人是個大忌！我嘲笑父親，對人的膽怯嗤之以鼻。下意識裡，他知道我瞧不起所有他不敢做的。我不只是個敗家子，而且遠比這還糟——我是個可笑的敗家子，令他懷疑起他那萬能的金錢。

我第一任妻子是他們的同類。芭芭拉可憐的兒子，他的價值觀大部分是來自母親，但是，他的靈魂卻陷入交戰。

絲兒薇．貝克蘭．斯基拉

我認識布魯克斯的時候，他的父親已過世了，但他的種種始終縈繞著我們。我想，布魯克斯非常像他父親，雖然他老是把他比成路易十六——也就是說，是個置身非常顯赫地位卻想保有隱私，寧可在工具間玩耍的人。

兩人之間有對立存在，也許布魯克斯的父親不夠尊重他——我不知道。他們兩個男人彼此競逐，但這不就是像布魯克斯祖父那種大企業創始人的典型故事嗎？他創立了一個大企業，留下這麼多錢，那些錢糟蹋了繼承人的一生。

取自里奧·韓卓克·貝克蘭的私人日記，一九〇八年三月二十四日

想要拍我兒喬治坐在大椅子上做算數的照片，他那寬闊的額頭，被纖細的短髮斜斜遮蓋了一半。

取自里奧·韓卓克·貝克蘭的私人日記，一九〇八年七月十六日

喬治對妹妹妮娜非常粗暴，她上山時，他用帳篷的裝配零件打她。責罵、眼淚和懲罰。

希琳·羅爾·卡拉克

我的母親妮娜·貝克蘭·羅爾幾年前過世，她從來都不喜歡她的父母——我猜想，她是一個非常叛逆的孩子。我認為，大人的注意力都在她哥哥身上。你也知道，在歐洲人的家庭裡，兒子比較受寵。

取自里奧·韓卓克·貝克蘭的私人日記，一九一〇年一月二十八日

妻子昨晚哭腫了眼，都是因為討論喬治的事，無謂的討論。

取自里奧·韓卓克·貝克蘭的私人日記，一九一〇年一月三十日

喬治和妮娜去參加派對，午夜前不久回來。喬治是唯一沒穿西裝禮服的男孩。我寧可這樣，也不希望他是唯一穿了禮服的男孩。

布魯克斯·貝克蘭

我十來歲時，祖父邀請我去紐約世紀俱樂部或大學俱樂部吃中飯。我對父親在每個場合都重視穿著得體，總是整潔光鮮，印象深刻，因此在這些令人驚艷的集會裡，我也穿著合宜的深色西裝赴會——光

鮮亮潔，瞠目結舌。祖父身著他那一百零一套進城穿的西裝和千篇一律的休閒鞋抵達，他坐為他特製的派克汽車（Packard）前來，這樣他可以在車內戴著大禮帽，進出時幾乎不必彎身。他會取笑我的衣冠楚楚，給我來一頓「表相」虛妄的排頭。那時我年紀尚輕，還無法揣度他——一個生龍活虎、快活自在、白手起家的移民——跟被我們小孩子戲稱為大公爵的父親之間，在哲學上根深蒂固又格格不入的分歧。

凡願意聆聽或孺子可教的，祖父都跟他談，沒有偏見。其實不然——他討厭笨蛋。他的兒子是人類學家傑弗瑞・戈勒（Geoffrey Gorer）所說的典型第二代美國人，變成一個優雅頑固的人，對知名的父親深以為恥——我是說真的。他對祖父赤腳在海邊撿東西感到羞恥，對祖父的「艾恩號」遊艇感到羞恥，因為不是一艘像樣的遊艇，只是一艘去巴哈馬的小船，船上有幾名「黑鬼」——一個亂七八糟、可以將帆升起的實驗室，而且祖父可以在上面烹煮他那「噁心」的三餐；跳進小船，然後光著屁股在成千上萬個不知名的沙洲上蹣跚而行，身上帶著小放大鏡、記事本、小刀和檸檬——毫無疑問，他是自言自語。他還能跟誰說呢？我自己也問同樣的問題！

你瞧，這個家族的緊張關係延續了三代，在芭芭拉、東尼和我之間又重演——兩種截然不同的人生觀之間的緊張關係。例如，我不在乎別人怎麼看我，這是我和芭芭拉・貝克蘭之間哲學歧異最劇烈的根源，她是為法國人所說的表相——別人怎麼想——而活，而奮戰。

我父親也太在乎別人怎麼想他，他沒有遺傳到他爸爸那種單純的心性，那不是他的錯。可是，他沒有幽默感。人若沒有幽默感，倒不如死了算了。喔，他喜歡笑話，會轉述笑話，但那不是幽默感。

取自里奧・韓卓克・貝克蘭的私人日記，一九〇九年十二月十一日

喬治無疑是個認真嚴肅的孩子，可是，我擔心，他會變成一個吹毛求疵、苛求批判、喜歡貶損的人。寧可他不要那麼正經從容，多些熱心，也不願看他長大後成為一個老是對別人吹毛求疵的人。

伊莉莎白・亞契爾・貝克蘭

喬治・貝克蘭對凡事都毫無包容心。我記得第一次結識演員史特林・海登（Sterling Hayden）時，他聽到我的姓氏是貝克蘭，就說：「是喬治・貝克蘭的親戚嗎？」我說：「他是我公公。」他說，有一年夏天，他在喬治・貝克蘭的遊艇上擔任水手，那時他還是個年輕人，是成為電影明星之前的事。「喬治・貝克蘭，」他說：「是個保守派混帳。」

希琳・羅爾・卡拉克

我們這些小孩都很怕喬治舅舅，但他也教我們作一流水手，還有水裡和森林裡的能手。他要求非常高——你必須凡事都絲毫不差。那是很恐怖的，因為要是做錯了，就真有苦頭吃了。可是，我們堅持下去，因為他懂，又肯教我們，跟他學很棒。

冬天時，家裡的其他人都不會帶我們去艾地朗代克山，只有他會帶我們去，忍受所有這些孩子。他教我們在冰上滑行船隻，後來，我們自己造了一艘冰船，在湖上滑行。

喬治舅舅顯然曾跟他的妹夫將一艘獨木舟放在楊克斯市的哈德遜河裡，兩人決定去河的上游，只用槳划，能划多遠就到多遠。他們最後划到的地方，就靠近後來我們家族在艾地朗代克山的營地。

外婆在一九二三年買下這塊營地，但我曾在哪裡讀到，早在一九〇七、一九〇八年，外公就把外婆、喬治舅舅和我媽送到艾地朗代克山上——去艾地朗代克聯合會俱樂部（Adirondack League Club）度假——所以他們相當早就知道那個地區。

外婆將營地取名為「猶托瓦納木屋」（Utowana Lodge），後來就叫做貝克蘭營地。即使在她多次中風後，她仍繼續到山上去。

布魯克斯・貝克蘭

祖母在中風多次以前，一直經管我們在艾地朗代克山的營地，由一群雜牌軍負責工作，有些甚至不會說英文——例如，一名戴著廚師帽的波蘭籍廚子。但最後一次，也是最嚴重的一次中風，使她局部癱瘓，而且無法說話。

醫生認為，除了語言功能，她的高層次思考功能也一併損壞了。漸漸地，大家都以為，她的死期不遠了，她的女兒和兒孫們養成了在她四周說話的習慣。如果他們認為，她可以聽得懂，他們做夢都不會想到用那樣的方式說話——有一回甚至過分到臆測她的遺囑和遺產。說實話，我也相信她無法聽懂——差點相信。雖然那雙了無生氣的眼睛後面的靈魂已不復見，但彷彿是對她那不知所終的靈魂獻上我私密浪漫的情懷，我在忙碌的生活裡儘可能去探望她。每次我去看她，都會坐上一、兩個小時，跟她說話，彷彿她聽得懂一樣，或者讀書給她聽——我們住在安克吉時，總是她一邊吃托盤上的早餐，我一邊讀書給她聽。真的，這種表演啞謎的玩意兒還真難——要很自在、具說服力且自然地跟一個兩手如爪，流著口水，嘴巴歪斜，一張臉已無從辨認，就像瑞士木刻家雕刻的古怪面具的人說話；在接收不到對方有一點點聽得懂跡象的情況下，要彷彿還是在對那個曾經是如此有教養、有才氣、幽默的女子說話；然後，在道別時，再度親吻那張冷涼骨疽的臉，每次都承諾不久還會回來，無聊已極的可憐護士，對待她就像對待一個兩個月大的嬰兒，看到我通常都很欣喜，因為讓她們有休息的時間——如果我能久留的話，通常是一整天。她們渴望找我跟她們閒聊，因為彼此早就把可說的都說完了，但很快也放棄跟我閒聊了。

我不知道她們是怎麼想我的啞謎把戲，但我可以猜得出來。

父親也定期來探視，但只是要知道他的母親得到妥當照料罷了，她的情況令他難堪。坦白說，沒人希望——為了她好——她會活下去，但也沒人有辦法或者願意去縮短她的恥辱。我說她的恥辱，是因為那就是我們大家的感覺：她若知道，會多麼痛恨。

一天，在她處於這種情況已經好幾年後，在我們平日的「閒談」與「讀書」之後，我在那裡讀我研究所的物理和數學，我看到她的眼睛似乎在看一本攤開的雜誌。我對她說：「這一頁有一個用大寫字母寫的『州』字，妳能指出來嗎？」她慢慢伸出那隻她還有局部控制能力的手，用食指指出那個字。我試了其他字，慢慢地，很辛苦地，她正確指出所有的字。幾分鐘後，我用一張大的厚紙板，做了一個二十六個大寫字母組成的字模，放在她面前，拿了一本便條紙和一枝鉛筆，要她對我「口述」。慢慢地，她指出：「謝謝你，親愛的布魯克斯，謝謝你的存在。」她多年前也對我說過同樣的話。

於是，我問她是否要「口述」一封信給我。

「一封電報，」她表示。

我記下來，是給大衛．菲爾柴德的妻子瑪莉安。「我兒布魯克斯」——她沒說「孫兒」——「讓我恢復了說話能力。西琳．貝克蘭問候。」

從那一刻起，這位蠻橫的老太太又開始對自己的生活恢復了若干掌控力。護士不再把她當一個流口水的嬰兒對待，家人也不再在她面前說話，彷彿她不存在那樣。她又繼續活了好幾年。

希琳．羅爾．卡拉克

有幾年夏天，外婆租了小飛機上艾地朗代克山——她的醫生會一起去，很害怕坐這麼小的飛機，但她認為這是一項很好的運動，她總把凡事都視為歷險。飛機會降落在船塢旁的湖上，我們再把她抬出來。我們修築了一條木板路，方便她的輪椅行動，她可坐在輪椅裡釣魚。

後來，在艾地朗代克山上，這個家族發生了一些非常奇怪和暴力的事件。我認為，東尼年紀還非常小的時候，就是個煩躁不安的人，他的堂兄弟姐妹總覺得他很奇怪。你也知道，孩子們都玩在一起。有一回，他們在樹林裡，不知什麼東西著火，釀成火災。

孩子們沒有和東尼從小一起長大，他們跟他不對頭。我們有多年都沒見到他，因為布魯克斯和芭芭拉到歐洲去住了。

芭芭拉和我是很好、很親密的朋友，她就是一個很開朗、溫暖的人，膽大包天，熱情有活力！我們在營地一起度過許多時光，尤其是大戰期間布魯克斯不在的時候。

絲兒薇．貝克蘭．斯基拉

有人跟我說，芭芭拉討厭野營，因為沒有聲光絢麗的東西。她認為，一切都非常無聊：鞋子裡都是沙子、划獨木舟等等，沒有衝鋒陷陣的刺激。這就是她所要嫁入的「舊世界」，但這部份不是她要的。

妮娜．達利

貝克蘭家族在艾地朗代克山上有一塊營地，很大一片，家族成員至今仍然擁有那塊營地。每年夏天，他們通常會去露營。有一家人在那裡，其他幾家的人就會來，很美的地方。炎熱的夏天裡上那裡，真舒服。在山上那兒總是很涼爽，睡覺時都得蓋毯子。

布魯克斯．貝克蘭

貝克蘭營地有好多棟建築，很像一九〇五年的俄羅斯村落。那地方的整個氛圍很純真，跟我的靈魂很契合。

伊莉莎白．亞契爾．貝克蘭

家族裡的每個成員都有自己的小屋，很棒的老木屋——是老太太「糖果」說要蓋的，這樣跟樹林很諧調，每個小屋有三、四間臥房。我跟福萊德結婚的時候，他是用他父親的小木屋。

福萊德瑞克・貝克蘭醫生

經過很長的一段時間，若不從一種小說的觀點，即人生如小說的觀點來看，我認為，這個家族唯一真正的名人是我祖父。並不是沒有其他名人，有些一直都很勤奮，並獲致某種程度的成就，但相較起來——我也把自己算在裡面——他們都無足輕重。

我父親？喔，我父親在康乃爾大學（Cornell University）唸了兩年，然後在第一次世界大戰期間加入空軍，後來從科羅拉多礦業學院畢業（Colorado School of Mines）。之後，他在突尼西亞和法屬摩洛哥擔任石油地質專家，隨後又進入家族企業。除了我父親外，家族裡沒有一個人受聘進入家族企業，必須獲聘才行。

取自里奧・韓卓克・貝克蘭的私人日記，一九〇八年二月八日

西琳發現，他們要兒子喬治作班長，但他拒絕了。後來，他母親問他為什麼拒絕，他說，有請他做班長，他就滿意了。

一九二八年五月五日，里奧・韓卓克・貝克蘭致喬治・貝克蘭的信函

椰林，佛羅里達州

親愛的喬治：

我仔細讀過你五月二日那封寫得極好的長信，你整個觀點完全正確，我很欣賞。身為父親，你有責任前

瞻未來，預估可能會發生的事。

但是，你一定知道，我沒有敦促貝克萊公司董事們給你加薪或增加津貼的主要理由，因為我想給我們其他的員工樹立一個榜樣，不要讓他們有機會認為，你是總裁之子才受到厚愛。

獲悉外人發現你的才具，現正邀你合夥，且使你目前的收入完全相形見絀，我極為高興。事實上，我在想，我這麼做是否對你不公——我提議給你一個比你目前在貝克萊的職位更有利的安排，好讓你繼續為我服務，這樣做對你的職業生涯是否造成傷害——但我對貝克萊的未來有信心，即便目前你在別的地方有更好的機會。此外，我年事漸長，在工作上和所擔負的職責，都不能沒有你的協助。如果必須如此，我寧可提早完全退休，即便這樣會造成整個家族財富的損失。

在你跟我共事的這幾年，我有大好的機會觀察你和你服務的績效，你的知識、勤奮、多才多藝，以及你在重大事情上所展現的機敏與正確判斷。你繼續幫助這個企業發展，將有利於整個貝克蘭家族的利益，這是別人都做不到的。

我相信，我以前跟你說過，或寫信提過，我對你的表現非常滿意，正計畫把我在貝克萊股份的持股交付信託，在我死後繼續信託管理，並由你擔任這些持股的管理與行政負責人。為了你母親或者她或我所指定的任何其他受益人的利益計，此貝克萊股份將由你經管。但由於需要律師處理，或是我的遺囑會有些變動，或有其他狀況，所以這些事情可能會有些耽延。

為實事求是起見，為了讓你明白我個人和我們家族因你的大力合作而獲益匪淺，我現在正式提出下列提議，在我與你再過幾天於紐約會面後，你可以接受或拒絕：除了你在貝克萊公司或其子公司擔任主管、職員或其他職務所得之薪水、紅利或其他津貼外，我將付給你：一、我在貝克萊公司服務所得之任何費用或津貼，在扣除所得稅以及我此外相關之其他花費或支出後之半數，即百分之五十。二、此一協議經雙方同意後逐年施行。

請準備就緒，以便我一抵達紐約後，逕行討論這些事項。我可以在大學俱樂部與你會面，我們可以在那裡討論這些事情，不會受到干擾。屆時，你若同意，當以書信方式表示接受。

里奧．韓卓克．貝克蘭

一九二八年五月十六日，喬治．華盛頓．貝克蘭致里奧．韓卓克．貝克蘭的信函

紐約

親愛的爸爸：

雖然最近我們在大學俱樂部聚談時，我已回覆你五月五日的來信，但為鄭重起見，我想再次表示，考慮到家族關係及其所牽涉諸事，且因你在信中提議之慷慨與具有前景的安排，我已決定留任公司，藉此確證上述答覆。

我很高興，整個事情已在友好和睦的情況下底定，並未產生誤會。此事令我非常擔心，唯恐你對此事之動機有子虛烏有的聯想，或者認為我不忠或魯莽。這樣的結果肯定會令我對這裡的工作有更深的興趣，並更加盡心盡力。

喬治敬啟

取自里奧．韓卓克．貝克蘭的私人日記，一九〇八年三月十八日

事實上，貝克萊在各階段的整個發展史，就是從我的觀點看事情的歷史。

布魯克斯・貝克蘭

在貝克萊公司裡，羅爾家族的後裔——就是我姑姑妮娜和她的四個孩子——握有普通股，貝克蘭的後裔——我父親和他的三名子女——握有績優股，但數量少得多，大多是以信託方式管理。羅爾家的孩子在年滿二十一歲時可自動繼承，但貝克蘭家的孩子不能自動繼承，得視父親過世時之意願處理，也就是大抵信賴「喬治的判斷」，他會做出正確的決定。此一額外的行動特許權是為酬庸他放棄了石油探勘工程師的事業，進入貝克萊公司任職並成為副總裁，因為祖父開始自覺年事漸長。雖然祖父對他所做的事是否適切，不可能存有許多幻想——因為任何傻瓜都看得出來，父親並無經營長才——但那是古老的歐洲家族傳統。

我懷疑祖父真有考慮其他方案，他知道時不我與，他要退休，預先鋪路——一定得是他的兒子。對他來說，貝克萊——以及先前與往後的所有支脈——是家族事業，勢必要留在家族裡，屬於這個家族。這就跟在奧特尤爾（Auteuil）的家族企業入口上方寫著「艾米爾・杜瓦爾與費斯」（Emil Duval et Fils）的鍍鋅招牌一樣陳舊。

父親一輩子竭盡所能讓自己與「艾米爾・杜瓦爾與費斯」劃清界線，因此，當祖父開始老耄——前後十二年的時間，那些年裡，宙斯漸漸變成牧神——再也不能監管貝克萊公司時，父親隨即賣掉整個企業。他毀了貝克蘭的財富，毀了貝克蘭家族。

然後，他開始過起如同英國鄉紳的生活——昂貴的汽車、昂貴的裁縫師傅、優雅的遊艇、在蘇格蘭打獵、跟在巴哈馬拿索（Nassau）的溫莎公爵伉儷玩橋牌，還有其他的活動——這些表示他不是美國移民的兒子，而是沒有頭銜的英國公爵之子。

那天，我爬上舒暖岩頂樓，帶回許多祖父、祖母、父親童年和他妹妹妮娜早年的照片。

一天，父親來探視在紐約的芭芭拉和我——他偶爾會心血來潮，慷慨大度起來；在那神經質的疤痕組織下，埋藏了一個想要去愛的人。芭芭拉出去了，我在四樓——儘可能擺脫我那性喜社交的妻子的生活——當我聽到門鈴響起時，當然，我正在讀書。

我下樓去，是我父親，大公爵，真是難得的稀客，會令人心慌意亂的。該怎麼招待他呢？一杯紅酒？招待他得像招待皇室成員一般，他不閒聊的。結果，你得說個不停，覺得自己像個大傻瓜。也許這就是為什麼皇室成員幾乎到處受到打壓的原因：一切的努力都是徒然，令有腦袋的人感到愚不可及。

那時，我有了靈感——別的方法都無效。我帶他上樓到我的書房，給他看我從舒暖岩帶回來的那些照片。我也在樓上以各種人為模仿的天候狀況，栽植混種的蘭花。他對蘭花毫無興趣，即使有些蘭花是在近似祕魯和智利的四千呎高度的環境下生長的。就在這些蘭花的旁邊有一個玻璃匣，裡面的蘭花是模仿蘇門答臘海平面的生長環境——不同的氣壓、日出和日落時間、溫度、溼度和季節。我開始把所有的照片拿出來，給他看他孩提時坐在祖父膝上的照片。

他父親的照片，連一張，他都不願看，不能看，甚至幾乎是不敢看！

我可以說，那是我第一次成長了，了解了困擾我一輩子跟父親之間的問題。那一天以後，我不再怕他，我可憐他，了解他的悲劇，令我驚愕不已。

他是他母親心之所繫，永遠的最愛。我母親跟父親結婚時，祖母老迷糊到跟她說：「喬治是達文西和耶穌基督兩人的綜合體。」我的結論是，父親早年受祖父保護，跟古怪暴君型的祖父並不親密。祖父說話滔滔不絕，學問如岩漿傾瀉而下，對愚昧絕不寬待，一定讓他在家裡變成一個很可怕的人，一個令人敬畏的父親。除了他自己嘴裡發出的聲音外，他受不了任何噪音。他是不可一世的天皇。

父親總是厭惡且不信任「知識份子」，他讀書遲鈍，必須賣力專心一致，像個農夫；他後來培養出來的興趣和風格——全是體能和運動方面的——與祖父南轅北轍；他一生花費巨額金錢在優雅美麗的事物上，成為我所謂的高級鄉巴佬，變成極右派。從以上種種看來，我相信，父親的一切，也許在祖母的默許下，是對祖父的一種典型的反抗。

可是——這是我感興趣的地方——父親顯然從未真正違抗過祖父。事實上，他順服到枉顧自己快樂的地步。你可能把他對自己恐懼和厭惡事物的順服解釋為缺乏勇氣，但我認為，還有一種更大的影響力讓違抗成為想都不敢想的事。儘管他努力讓自己說話字正腔圓，沒有外國腔，也就是要做真正的——但是是一流的——美國人，甚至還要更好，做個高貴的英國人，可是舒暖岩是個十足中產階級的歐洲家庭。在歐洲，維多利亞時代的歐洲，順從是絕對的。唯一的一條路就是「逃到海外」——永遠離家，在祖母不遺餘力的保護下，這條路根本沒必要。他只要盡量少見父親就是了，這很容易，因為祖父總是在工作，要不就是不在家。

然後，在他加入通信兵部——我想這就是當時稱呼——，去義大利當飛行員之前的幾年，他結識了哈德遜河谷最美的女孩——我的母親柯妮莉亞·費奇·密德布魯克（Cornelia Fitch Middlebrook），第十三代美國人，建國之父與紐約州州長的後裔。兩人在父親出發參戰前不久訂婚，他成為全世界最快樂的男人。

他的運氣不佳，被派赴義大利。當時義大利移民大批來美的風潮已經開始，對他來說，義大利人就是穿著內衣、戴著紙袋做的帽子挖水溝或在祖父母家花園和暖房做工的人。他被派到福賈（Foggia），開卡普洛尼（Caproni）轟炸機。他的指揮官是後來的紐約市長費歐瑞洛·拉瓜狄亞（Fiorello La Guardia），是個他很輕蔑的小個頭，話多又情緒化。我記得，孩提時，曾聽他吹牛說他如何在義大利把「死老義」從人行道扛起。他對文藝復興、古羅馬、義大利的科學、音樂、哲學、數學一無所知，他晚年時會說：「義大利人做過什麼了？」我說給他聽，他會很不屑地說：「喔，藝術家！」接著，我會說出在美國卓然有成的義大利裔科學家、政治家、銀行家、工業鉅子、甚至——最傑出的——億萬富翁。他很不可置信地瞪著我，對這樣令人討厭的弔詭現象頗為不悅。他對猶太人也有同感——或是任何的移民。我在研究所唸物理時，他曾低聲問我：「愛因斯坦是個冒牌貨，對不對？」這些全都是既成觀念，不是從祖父母那裡得來的，而是源於二十世紀當時的美國。

父親希望自己是個完全遵循常規的人，事實上，他不僅是個右派激進份子，還是個討厭與人來往的人，除了阿諛他的人，他沒有任何朋友。諂媚是打動他的唯一一條路，但對我來說，他的殘酷把那條路也封死了。他最後是真心喜歡狗勝於人。

但他並非是我那時仍然相信的那種缺乏深度的人，沒有人是那樣的。他是一個生不逢時又生錯地方的人，一個具有超凡天份的人——那天份不用就凝固了。例如，他的雙手很巧——他喜愛製作木工家具——喜愛速度，動作迅捷、身手協調如貓；高興時，可以很有趣，甚至很詼諧。他喜愛笑話——發生在別人身上的笑話；他在露營時，會把朋友的鞋子釘在床邊的地上，朋友大約醉到聽不到鐵鎚聲了，可是，如果有人開他這樣的玩笑，他會面紅耳赤地發怒。他善於惡作劇，在這方面樹立了一些壞榜樣，但絕不讓自己被人訕笑。即便自己還小的時候，都認為那很奇怪——有點心理不正常。我當時搞不懂，現在也不知道自己是否懂了。

他也有——只可惜是表面上的——銳氣，或者法國人所說的「浮華」，就是門面。比方說，他老是站在鏡子前面，對自己的穿著在意得很。但最終，他的傲慢和對人的憎恨是因極度羞怯與意識到自己的社交無能，為挽救自我而形成的合理化反應。我懂，因為我是他兒子，遺傳了許多同樣的缺陷。

父親在黑暗中大吼來趕走惡魔，身為受保護的有錢人，這很容易。祖母就常說：「錢有諸多用處，其中之一是讓我們犯了錯卻不必承擔後果。」他甚至還自欺，我不認為他曾經懷疑過他一輩子都在做困獸之鬥。想到這裡，真是悲哀。畢竟，我們在世上的時日不多，但一生都在窮途絕境中度過……但我想，大部分的人都如此，更令人傷感。

父親和母親婚後去了科羅拉多州的高登（Golden），那時還是個村落，他進了科羅拉多礦業學院。

他決定要做個地質學家——地質學家會到最黑暗的非洲和世界其他浪漫的地方，住在戶外，敲打石頭，探勘金子，在湍急的急流上築橋。是父親讓我對遙遠的地方有了浪漫的興致——北極、非洲、南美、波濤洶湧的大海——船隻、冒險、高貴的野蠻人等等。

在高登，母親為他生了兩個孩子——先生了姐姐，接著十五個月之後又生了我。畢業後，在祖父協助下，他簽約受聘去了突尼西亞和阿爾及利亞探勘石油。

工程學在當年是很浪漫的東西，工程師穿敞領襯衫，著馬褲，腳踏靴子，手裡拿著或嘴裡叼著菸斗，將文明往外向世界「蠻荒」的地方推進。那是礦業大亨賽西爾．羅德斯（Cecil Rhodes）世界的盡頭，是大英帝國做好事又賺大錢的世界，是「男人的人生」。父親的抉擇，是我自己本來也可以做的選擇——我內心裡某一部分會做這樣的決定，因為我的內心裡有兩個面向，好動的一面和知性的一面，兩者常起衝突。

最後，祖父母決定給父親「高薪」，讓他回來，到在紐約的貝克萊總公司任副總裁，紐約總公司是當時德國、英國、美國和日本分公司的總部。他們決定，在父親任職貝克萊期間，讓「年輕人」住在離舒暖岩不遠的楊克斯市。夏天，母親和兩個小孩子就上艾地朗代克山去住。

父親本該過著超符合男性氣概的戶外冒險生活，但「高薪」與「璀璨事業」的承諾，還有——什麼呢？——羞愧？——希望？——使他做了一個終其一生都令他痛苦又自我貶抑的決定。他施加在兩個年幼孩子身上的每一次打擊，都是一個痛恨自己——因此也恨世界——的男人的憤怒與惱恨。

他的「高薪」與其他津貼在經濟活絡的二〇年代越趨優渥後，他可以遷離楊克斯市了。他在紐約市郊斯卡斯岱爾（Scarsdale）買了一塊樹林環繞的地，在那裡蓋了一座游泳池——這在當年是很新奇的作法——在同一塊地產上，為自己蓋了另一棟房子「群狗之家」（Doggery），他跟狗狗和那些製作成標本的群獸都住在那裡，只到「我們的」屋子來吃飯，晚飯後不留下來陪妻子，但是總穿著用餐服在他的工作間裡工作，例如，造帆船。他一生失眠，為性事上的挫折抓狂，夜晚在泳池裡來來回回游上幾個小時，把自己弄得精疲力竭才入睡。

我們兩個——後來變成三個——孩子認為，我們那塊地上有兩個分開的家是理所當然的，一個是父親的，一個是我們和媽媽的。我們老是害怕「喬治」從他在公園大道上的辦公室回來時的烏雲。有一回，我看見一隻老鼠，不是松鼠，從我臥房窗戶附近的大楓樹上跳到房子的屋頂上，令我驚愕不已。我等不及要告訴父親，因為我不知道老鼠會爬樹。我猜想，這可能會令那個我如此害怕的人高興，即便那時，我都得讓他開心，而且——當時我還不知道——要青出於藍。才五、六歲，真不容易。他說我說謊，要教訓我，用梳子的背面打我。他一向脾氣很大，除了蓋世太保的方法——毆打、威脅、報復——別無其他辦法。我們每個人都是如此軟弱，各有各的軟弱之處——在父親眼中是這麼罪孽深重的傢伙，這樣誤入歧途，理應譴責，老是做錯，卻又很想討好他，又很怕犯錯。

另一方面，父親感到很悲哀的是，我天生秉性桀傲不遜，而且還與日俱增，隨著歲月流逝，我開始強硬反抗起來。正如我心愛的絲兒薇對我指出的，一個知道自己是為人所愛的孩子，會接受愛他的人施予的懲罰，即便那懲罰是不公平的；但沒有一個孩子願意接受不喜歡他的人的懲罰，即使是公正的懲罰。

傑弗瑞．帕森斯（Geoffrey Parsons）

他們是我所認識最聰明的三個孩子，小可妮麗亞（Cornelia Baekeland）——家人叫她蒂姬（Dickie）——是最棒的孩子，非常美，滿腦子具有創意的想像，是真正富有創意的人。她受到父親傷害，永恆的傷害。她是個聰穎的女孩，父親將她在寄宿學校所受的教育中途停掉，說她不可受教。她對這件事的反應就是通常所見的——為了擺脫那個家，她嫁給第一個合意又向她求婚的男人。我記得，她結了三次婚。若不是那父親，不用說，她的人生可能會有美好的前景。

至於福萊德這個小兒子，他一直想做個作曲家，但喬治斬釘截鐵告訴他，音樂是嗜好，不是職業，威脅說如果他走音樂的路，就切斷他的經濟來源，讓他身無分文。於是，福萊德成了醫生，選擇精神病學做為專業。我相信，他寫了無數的學術報告，他也是卓然有成的藝術史學者。

布魯克斯長福萊德七歲，比蒂姬小一歲半，是三人中最聰穎的。眼睛靈活，有強烈的好奇心，只要他選擇的，都可以做到。可惜的是，他一生都耗在——不知是逃避還是追尋什麼東西。

布魯克斯．貝克蘭

我是個獵人，很遠就能嗅到獵物——喔，的確是很遠，也許一輩子還不夠。我在初落的白雪上總是跑得很快。

父親的每個孩子都得找尋自我的防衛之道，我選擇——我沒得選擇——惱怒凶惡的反抗。我卯足了勁跟父親作對，諷刺的是，我遺傳了許多他在體能上的天賦：機警、迅捷、協調、當機立斷——都是動物的本能。可是，除此無他，雖然在他內心深處有一種溫柔，有些人，甚至我母親，都能察覺得到。每個人心裡都有個孩子，是我們所愛的孩子。芭芭拉內心裡的那個孩子就是我一直所愛的，我也愛母親，正如我愛孩子一樣。從以往到現在，她都是女性的典範——忠實、感性、脆弱、美麗。

傑弗瑞．帕森斯

布魯克斯的母親太美，美到對她自己和別人都不好的地步。她的一生一直就很戲劇化，那迷人的自我總是在舞台的中央。她就像調了優質芥末的醋一般辛烈，可是卻深埋在一呎深的上等鵝絨下。依我之見，任何人——男人、女人、小孩、甚至她自己的孩子——跟她的關係只有一種，就是打情罵俏式的關係。你可以想像，她永遠都有許多仰慕者——包括，我必須坦承，我自己。

伊莉莎白・亞契爾・貝克蘭

布魯克斯母親的家人給她很大的壓力，要她為錢結婚，因為他們已失去了所有的錢財。可憐的柯妮莉亞——她真的是被犧牲了。她是個非常敏感浪漫的人，她跟喬治・貝克蘭從來都不投契。

她怎麼離開他的，是一則引人入勝的故事。有一年冬天，她想要離開，她的朋友都要南下去佛羅里達的一個俱樂部，喬治不要她投宿在那個俱樂部裡。他說：「妳可以去，但只能下榻在我的俱樂部裡。」於是，她去了他的俱樂部——一個人去。一天晚上，有個化妝舞會，她正走下樓梯，突然間與一個男人四目相對，他正抬眼望著她——就在擁擠的會場的另一頭。碰！就像那樣——愛情的火花迸發，他上前請她跳舞。

他的名字叫潘・海勒威爾（Penn Hallowell），N・潘羅斯・海勒威爾（N. Penrose Hallowell），波士頓人，當時已婚。對了，柯妮莉亞是個非常正派的人——我非常愛她，欽佩她。我想，她是那種人，一旦遇到潘・海勒威爾，大概就無法忍受跟喬治・貝克蘭在一起了，就對他說：「我愛上別人了，讓我走。」我是說，她毫無顧忌。反正，他讓她走了，但有一個條件——她必須放棄孩子的監護權。那時，福萊德才七歲，布魯克斯十四歲，蒂姬快滿十六歲。

喬治給她一年三千美元的生活費，潘・海勒威爾沒養她，因為那違背他的原則。他會送她禮物——會帶給她非常好的禮物——但從不給錢，所以，那些年她很拮据。

孩子們都離家上寄宿學校了，雖然喬治有監護權，但放假時，他們跟柯妮莉亞相聚的時間和跟喬治在一起的時間一樣多，孩子們跟她之間唯一的問題是，要先安排才能去看她，他們得提前兩個星期之類的先預約，仰慕她的人很多。但她是個好母親——那麼迷人、那麼親切、那麼美麗！

她離開喬治多年後，潘・海勒威爾也沒娶她，因為，我說過，他是已婚的人。人人都知道他們的事，但他倆並不知道有人知道，兩人總是十分小心。等他們終於「公開露面」時——二十年後，他的妻子過世了——大家都說：「潘．海勒威爾終於娶了他美麗的情婦。」那時，他八十歲，她六十五。五年後，他過世了，她傷心欲絕。他們一直到終老都是情人。

絲兒薇．貝克蘭．斯基拉

他是她的男人，是的。布魯克斯告訴我，她把他的房間一直維持他死前的樣子。他的小拖鞋，小浴袍，都在原處，諸如此類。我從未去過布魯克斯母親在紐約的公寓，我從沒去露營過，我從未獲邀，布魯克斯從不帶我去。這就是為什麼我一直說，故事就在那裡，可是我不在裡面，我一直是個小配角。

她講到丈夫時，總稱他巴克（Buck）——那是她給他的暱稱，她就是這些地方很動人、很貼心。嫁給潘．海勒威爾是——也許是——她一生的夢。

伊莉莎白．亞契爾．貝克蘭

喬治．貝克蘭跟柯妮莉亞離婚大約兩年後再婚，新娘子是西部人——有很好的美國家世，但我聽說，她父親賣手錶和廉價的珠寶首飾。她美得沒話說，非常有音樂素養——她彈鋼琴。我猜想，她現在大概有八十歲了。

我記得蒂姬說過她：「她很漂亮，認識她後，令人愉快。」——孩子們沒讓這位繼母太好過，但基本上他們喜歡她。當然，他們愛自己的母親。

布魯克斯寫過一個關於他母親的故事，叫做〈伯勞鳥〉（The Shrike）。就我所知，那則故事從未出版過，但我們都讀過。這種伯勞鳥用喙擊殺獵物，這篇故事的根據是有五個男子曾為柯妮莉亞自殺的說法。確知是有一位，這些都讓孩子非常不安。

布魯克斯・貝克蘭

那篇故事是〈蠟嘴雀〉（The Grosbeak），純是虛構的，雖然主角札克萊爾、他的父親和母親都是以我自己和父母為雛型的。我母親一生從未發生過我在故事裡所說的事，至少就我所知是沒有的。

絲兒薇・貝克蘭・斯基拉

布魯克斯的母親是個大美女，這是她和芭芭拉處得那麼好的原因之一——布魯克斯說，因為在美國有那個「大美女俱樂部」。此外，我想，芭芭拉對婆婆很有一套——設法討好她，而且也做到了。

布魯克斯的母親是個非常難搞的人，她來布列塔尼看我們，布魯克斯事先就對我說，她是個喜怒無常又霸道的人。這些貝克蘭家的人都有大得不得了的自我，容不下別人。

布魯克斯在提到他的年齡時，始終有一種矯情的習性。如果你長得非常英俊，卻說：「我年事已高。」於是，對方只得說：「天哪，你真英俊！」——這很可能是虛榮心作祟。因此，每當布魯克斯提他的年齡時，她母親就會說：「別再拿你的年紀煩我們了，不要一直談你的年紀了。」她從一開始就不喜歡我，非常不喜歡，因為我取代了芭芭拉，因為我根本就不向她獻殷勤。她跟我說：「絲兒薇，妳為什麼不上點妝呢？女人的臉畫了妝，總是好看些。」

妮娜・達利

海勒威爾太太對芭芭拉很忠心，芭芭拉對她也是。你知道的，她是個美麗的女子，金髮美女，碧眼，身材好，她是東尼的祖母。

絲兒薇．貝克蘭．斯基拉

就在東尼殺了芭芭拉之後，海勒威爾太太寫信給他。當然，她嚇壞了。我不能說她不是打從心裡害怕——我不曉得——但她肯定被這樁醜聞嚇到了。我想，就某個角度來說，她是個老派的人——不，不是老派，是傳統——她真的認為，那是件不太好的事。她從來都不喜歡東尼做的任何不當行為，我是說，比方說吧，她認為，她的孫子來麗池飯店吃中飯，或到某個體面的地方喝茶，卻穿得像個嬉皮，是不討喜的事。

伊莉莎白．亞契爾．貝克蘭

我認為，這事的戲劇性比任何事情都令柯妮莉亞錯愕。我的意思是，她寫信說：「東尼，你為什麼殺母親？怎麼殺的？」令我吃了一驚，福萊德也很吃驚——人人都很驚愕。她要我讀東尼的回信，我就是沒辦法，雖然我必須承認，很難抗拒。

布魯克斯．貝克蘭

我可憐的芭芭拉，她在許多方面都是一個很棒的人，雖然世人不知道——不可能知道。我總覺得，我配不上她，她需要的是一位亨利八世。但是，當然，她最終在兒子身上得到了，結果，可以這麼說，他砍下了她的頭。

說實話，我認為，世間只有一種真愛，就是母親對孩子的愛——全然勇敢、忠實、原諒、慷慨，沒有一點自私。話雖如此，我相信，在這個範疇內，只要我們彼此真心相愛——當我們確實相愛時，這是罕有的——的確是這樣的。

我必須現在告訴你，我最後一次見到我那可憐的父親的事情，我想那是一九六四或一九六五年吧。

我知道，他沒有多少年——甚至幾個月——可以活了，我北上去康乃狄克州看他。我想，在過往二十年間，我跟他在一起的時間總共不超過二十五小時。

他的妻子讓我們父子倆單獨在一起，他很惶惑——不僅是精神狀態，在生理上也是，早已有了老年失智症。為了讓他高興，我把前一年和彼得．金柏（Peter Gimbel）在祕魯探險拍的一些幻燈片帶去，在客廳裡放給他看。他完全看不懂，或者只明白一點點。我發現沒法讓他開心，於是說，我現在要回紐約了，有人可以載我到車站嗎？

他提議跟我一起去，由他那年輕的園丁開車，父親已無法再開車了。在我們開往車站的途中，我明白——我相信，他也明白——我們彼此再也不會相見了。我們一起站在火車站月台上，我一時激動，用力擁他入懷，用力親吻他，像歐洲人那樣。那年我四十三歲，他七十歲。在我這輩子裡，我們親吻過的次數——我們幾乎從未握過手——不超過十二次。那一瞬間，我們都哭了，泣不成聲。我們都請求對方原諒，但如今已經太遲了，我是因為令他如此失望，他則因為是一個差勁的父親，天知道還有什麼呢——一切的一切，所有這個時代的不幸，所有我們原來可以做，該做而沒做的，所有錯失的美好，所有未曾愛過的愛。

取自一九六六年二月一日的《紐約時報》

塑膠發明人之子

貝克萊公司的喬治．貝克蘭過世

《紐約時報》專稿

康乃狄克州費爾菲爾德，一月三十一日

貝克萊公司前副總裁兼董事喬治．貝克蘭過世，享年七十……

他生前喜愛運動，在蘇格蘭荒地獵殺大型獵物，射松雞。他也射擊飛靶，是飛靶射手，寫過《神射手指南》（*Gunner's Guide*），由麥克米蘭公司（Macmillan）於一九四八年出版。

貝克蘭先生也是遊艇玩家和釣魚好手，參加過越野賽馬。他畫水彩畫，製作銅版畫。

身後尚有遺孀、二子、一女、一妹和四名孫子女。

取自一九五八年十月三十一日，喬治．貝克蘭的遺囑

本人喬治．貝克蘭，康乃狄克州費爾菲爾德郡費爾菲爾德鎮人，在此……如果我先妻子而去，將我所有不動產，無論座落何地，全部遺贈妻子。

布魯克斯．貝克蘭

父親過世後，他的遺囑宣讀時，我立刻明白是怎麼回事，以及究竟發生了什麼事。他以間接的方式剝奪了我的繼承權，把貝克萊公司賣給聯合碳化物公司（Union Carbide）所賺的錢，大部分都留給妻子了。他不是以婚姻信託的方式，把遺產所得供她終生之用，遺產則留給後代。儘管他在晚餐桌上百般謾罵女性時，會根據他一生厭惡女性的教條說：「絕對不要把錢財全部留給女人，一定要用信託。」卻做出這種事來。因此，將來是否會得到父親留下的遺產都在未定之天。幸虧祖父母慷慨大度，我才能養活自己。

絲兒薇．貝克蘭．斯基拉

布魯克斯說，他父母之間極為不睦的對立關係，是他父親剝奪子女繼承權的原因。他還說，他父親

根本沒跟子女商量，就把事業脫售了。

取自喬治・貝克蘭遺囑，一九五八年十月三十一日

本人特此指派與委任亨利・蓋瑟威・戴維斯[7]，在我死後，依下述信託協定，繼我之後出任受託人。這些協定由讓與人里奧・韓卓克・貝克蘭與受託人西琳・貝克蘭及里奧・韓卓克・貝克蘭，於一九三三年十二月二十九日分別簽訂。

伊莉莎白・亞契爾・貝克蘭

是喬治・貝克蘭的友人亨利・蓋瑟威・戴維斯，說服喬治剝奪他孩子繼承權的。亨利・蓋瑟威・戴維斯被他的父親剝奪了繼承權，對那件事非常憤慨。他說：「我沒繼承任何財產，看看我——我非常成功。」因此，喬治的第二任妻子現在坐擁全部數百萬美元的財富。沒人知道，等她過世時，她要把那些錢財留給誰。當然，里奧・韓卓克・貝克蘭已經留有錢財給孫輩。

布魯克斯・貝克蘭

亨利・蓋瑟威・戴維斯是個頗有能力又迷人的人，一直對我們大家很有影響力，是他策劃把貝克萊公司賣給聯合碳化物公司的。一九四六年是化學工業史上景氣攀升臻於巔峰的時候，這筆損失慘重的

---

7 Henry Gassaway Davis，美國白手起家的百萬富翁，也是個政治家，擔任過兩屆參議員，還是一九〇四民主黨提名的副總統候選人。

出售案就發生在景氣最大幅攀升之前。在那段期間——如果父親要退出，而他也確實退出了，這是重點——貝克萊應該在新任總裁主導下，公開出售股票，這樣家族股份就可以出售，轉投資在像新興的IBM公司上。但現在這一切都無濟於事了，反正他做了最糟糕的抉擇。雖然父親最後把他個人動產的半數全部留給第二任妻子，不過，我們還算幸運，由於過去祖父母為家人著想的心意還強大到能施予父親道德壓力，促使他把另一半留給子女和孫子女，但主要是用信託的方式。

是命運讓父親和亨利．蓋瑟威．戴維斯這兩個討厭小孩的人聚在一起。亨利．戴維斯結婚多次，其中很多次都慘不堪言，包括兩度娶了富豪世家凡德比爾特家族（Vanderbilt）的女子。他那剝奪其繼承權的父親，酗酒又暴力，在他孩提時代，曾握著一把裝了子彈、上了膛的左輪手槍，對著他的頭。世事恆常如此——這個受虐的孩子故意唱反調，不但沒有學到悲憫，反而學到或者遺傳了同樣暴虐的習性。

三、天生的劣根性

東尼．貝克蘭在布洛德摩爾醫院的日子，從一大早護士——還有室友——大吼著要他起床開始。從他下床的那一刻起，他的每一個舉動都受到監視——如廁、刷牙、盥洗、刮鬍子。洗澡或淋浴是奢侈的享受，每週只有一天有此殊遇。

「有好一陣子，東尼都表現不佳，」馬奎爾醫生說：「但後來，服藥再加上了解到他是社會的一份子，也是接受治療社群的成員，他能接待除了直系親屬外的訪客。」

依據一九五九年的〈精神衛生法〉（Mental Health Act）所成立的法庭，給予病患某些保障措施。根據第六十五條限制令，東尼監禁在布洛德摩爾醫院，每兩年得復審一次。一九七四年八月二十二日，他獲准由法庭復審其判決。裁決的結果是，東尼．貝克蘭在布洛德摩爾醫院僅僅一年的時間，尚不符合可以出院的標準。然而，幾個月後，他被轉到「格勞斯特家」（Gloucester House），那裡的病患可多享有幾項特權，例如，每餐飯後，不必清點刀叉湯匙等金屬餐具。但在「格勞斯特家」經過一段很短的時間後，顯然他還需要「康瓦爾家」那種更多保護的環境。

所有各家院舍都有小中庭，叫做「透氣院子」，病人可以在那裡散步，但「康瓦爾家」的透氣院子很特殊——有位病人用自己的錢，種了花和樹叢——現在，東尼．貝克蘭又可以在那裡散步了。

「在透氣院子裡，」一名病患寫道：「你一圈又一圈地走，陷在自己個人的思緒裡。你可以玩各種遊戲，讓日子不那麼無聊，像數牆上的磚塊，或是繞著院子時，數地上的石階。可是，全都一樣，日復一日。」

東尼・凡恩・盧恩（Tony Van Roon）

東尼・貝克蘭還是布洛德摩爾醫院那裡的病患時，我在那裡當過一段時間的護士。我在一九七九年九月離開，去接任在考文垂（Coventry）的工作。

我猜想，我在那裡工作的時候，東尼是在「康瓦爾家」，也有可能在「多塞特」，那裡是長期住院病房——我也在那裡工作過。那是首批進行整修改善工程的其中一間病房，他們把一些油漆黏在牆上，但說那是讓病房現代化。我知道他不在「諾佛克」——安全最嚴密的——我在那裡工作的時間最多。不對，我跟他有接觸是在「康瓦爾」。

「康瓦爾」裡面是什麼樣呢？你穿過前門進去，就在你的左邊有個石階，往上通到二、三樓。經過樓梯向右轉，就到了一號病房，就是一條非常非常長的走廊。

右邊第一間是值班護士的辦公室，接下來一直走下去，右邊都是囚房，就是一般監獄裡的牢房，唯一不同的是一間牢房只住一個人。左邊有俯瞰陽台的窗戶和備用的盥洗區和洗手間，再繼續往前走，會發現一間很大的公用休息室。二樓跟一樓一模一樣。

休息室的右邊有撞球台和牌桌各一張，左邊是用簾幕隔開的區域，有一排排的椅子，那種安樂椅，前面的平台上有台電視。這些區域都非常單調、非常暗。

三樓是「康瓦爾」三號房，就是我們所說的死牢——只有夜晚才使用，睡覺用的。

早晨的早餐是穀類加工食品、麵包、蛋，星期天是培根肉和蛋或是烤過的豆類，非常非常基本的早餐；午餐是一般的肉類和兩道蔬菜，沒有餐前湯，只有一道主菜；晚上吃熱食。在「康瓦爾」，每星期有一個晚上，他們可以向當地賣炸魚和薯條的店叫餐，由醫院的交通車送進來。每家每星期一個晚上輪流叫餐。

我發現東尼有一種傾向，他總是獨來獨往，跟護理人員從來沒什麼互動。你得了解，布洛德摩爾醫院護理人員的角色，是監護性質多於治療性質。原本不該如此的，但實際情況卻是這樣。你知道，這是我以前常會咬牙切齒的原因之一，因為病患不把我們當護士看，不是稱呼我們「先生」，就是叫我們「守衛」。因此，對他們很多人來說，尤其是那些被孤立的人，要突破那條防線，真正跟護理人員互動，是很困難的。

我跟東尼閒聊過好幾次，但鮮少有深入的談話，因為他會突然間意識到，我是屬於這個體制的，他對這個體制有恐懼感。喔，不，其實是我對這個體制有恐懼感，但我又在那裡工作！其實，我是深感驚懼的！我的意思是，布洛德摩爾醫院是個醫院，但不是很健康的地方。

另外一件事是，我總覺得，東尼對所發生的事深感自責。因為這個緣故，他必須經常不斷面對與忍受他所處的情境。我認為，他有這種想法：「好吧，我現在已經在這裡，我會在這裡，是因為我做了那件事。」但他永遠無法了解自己為什麼會那麼做——這是我在那裡遇到的許多人的主要問題，他們不知道「為什麼」。我經常看到東尼人雖坐在那裡，但卻好像遠在千里之外。

一九七四年十二月二十一日，東尼・貝克蘭致蘿絲瑪莉・羅德・鮑德溫的信函

布洛德摩爾醫院

親愛的蘿絲：

我大約一個月前寫信給妳，妳收到信了嗎？我的人生完全改變了——我已變成一個全新的人——我所謂的「新」，是針對很久以前的我而言。但那時候，我從未真正了解我擁有什麼，而我所擁有的就是愛與快樂，於是因為無知與自私，兩者都失去了。我花好幾個小時的時間，美好快樂的時光，思念我的朋友。

媽咪是一個非常有智慧的人——前一陣子，我才開始明白她真正是什麼樣的人——她對凡事都淡然以

對。蘿絲，我欠她太多，我深深愛她。幾個星期前，有一天喝下午茶的時候，我在吃一顆番茄，突然間，我明白，她根本沒死，只是非常非常神祕。

東尼敬上

葛蘿麗亞．瓊斯

芭芭拉是哪裡人？波士頓嗎？她不是去好萊塢還是哪裡了嗎？我記得，她年紀還非常輕就結婚了。

妮娜．達利

芭芭拉一結識布魯克斯後，兩人立刻就開始約會。沒多久，他們就結婚了。沒有人比布魯克斯更迷人了，他沒有個正經的工作，我以前覺得很不好，他祖父也是這麼認為。他祖母也是個聰慧的女子——她叫「糖果」。那家人都聰穎、聰明得很。布魯克斯的父親是個生意人，也許布魯克斯有些被寵壞了，你也知道，這很有可能。

布魯克斯．貝克蘭

事實是，我交了一個默默無名的小女孩，但是她很機伶，野心勃勃又高雅，我把她引介到名人圈子。我教育她，教她畫畫，支持她愛社交的野心。在社交方面，她是最有天份的女子——體現了我祖父最鄙夷的一切。我個人則是個社交白痴，完全沒有這方面的野心，那些對我毫無意義。但多年來，芭芭拉的快樂確實繫乎於此，所以我也共襄盛舉。到最後，早在事情進展到盡頭前，我已經很厭惡自己以那樣的方式浪費自己的天賦。當然，我也愛她，總覺得要保護我生命裡的女人。我現在仍在供養她母親。

妮娜・達利

我的名字是妮娜・麗莉安・福瑞瑟（Nina Lillian Fraser），可是，母親從不叫我妮娜，她叫我麗莉安。我比較喜歡妮娜，因為較簡短。

我們家有五個孩子，三女兩男，老大是男孩，接下來是我，然後又是個男孩，下一個是我妹妹愛莉絲（Alice Fraser），五年後，母親又生了珍娜薇，也就是珍娜薇・阿嘉莎・福瑞瑟（Genevieve Agatha Fraser）——我好喜歡她，我比她大七歲。爾文（Irving Fraser）死於戰爭，後來萊爾夫（Ralph Fraser）也死了，愛莉絲和我是現在唯一還在的兩個人。她長得跟我很像，以前她的紅頭髮顏色比我的深一點。

我母親都待在家裡——你知道的，照顧這個家。我們住在鄉下，在麻州的西洛克斯貝里（West Roxbury），鄰近德登（Dedham）。我們通常都有個女傭做家事，父親在鐵路局工作，那種很大的鐵路。他是會計師，還在那裡做些別的事。

我的祖母和外婆都健在，有一個祖父和一個曾祖父，但我已不記得曾祖父了。

我當然記得祖母和外婆，兩個我都愛啊。我很崇拜我外婆，我以前都以為她是聖人，她名叫瑪麗・瑪格麗特（Mary Margaret），你猜她生了幾個小孩？十四個！因為他們都分開住，所以我只認識其中幾個。十四個小孩中的每一個都崇拜她，她很漂亮。我記得，我們會替她梳頭髮，然後，她把頭髮中分往下梳，把前面的兩綹往內捲，再把後面的頭髮放進一個小髮圈裡。有時候，我會跟她說，讓我來。

我在波士頓結識我丈夫法蘭克（Frank Daly），那時是冬天。他在夏末的時候買了一輛史道茲廠的熊貓汽車（Stutz Bearcat），我非常生氣，說：「你會凍死。」於是，他出去買了件浣熊毛皮大衣，在沒車頂的車裡穿。

我十八歲結婚，十九歲就作了母親。兒子法蘭克（Frank Daly）出生後，我病得很厲害，身體垮了，因為生他的時候是難產。我才十九歲，他是個很大的嬰兒，有十磅重。芭芭拉重十點五磅，我二十八歲時生她的。

她好漂亮，有位畫家不知在哪裡看到她，跟她聯絡，然後畫了一幅她的肖像。她做了很多這種工作，是個模特兒，出現在《時尚雜誌》（*Vogue*）和《哈潑時尚》（*Harper's Bazaar*）雜誌上。

她很聰明，我記得，她小時候上過法文課。她原本要上大學的，但發生了一件事，我現在忘了是什麼事。她應該去上的，太可惜了。

我去布洛德摩爾醫院探望東尼好多次，每次去那裡，我都很喜歡。醫院在一座高聳的山丘上，我每次去都搭計程車，但有一回是走去的。我帶給他一袋袋的食物，我會買一大袋水果，有柳橙和葡萄柚，或是當令的水果。有時，我會帶牛排給他。若是把廚房清理乾淨，是可以下廚的。我總是買兩份，這樣他可以給朋友一份。他很自然，不做作，也很有感情。他以前幾乎無所不談，談他的夢想。

瑪潔莉．福瑞瑟．史諾（Marjorie Fraser Snow）

妮妮只是溺愛東尼。當然，我不知道整件事情，我不知道為什麼東尼做了那件事，因為後來那些年，我跟芭芭拉走得不近，我常想到她，那真是個悲劇。

芭芭拉是我的表姊，我父親爾文．福瑞瑟是妮妮的弟弟，我三個月大時，他就過世了。芭芭拉和我在成長的歲月裡，有許許多多美好的經驗。芭芭拉在許多方面，幾乎就像是我的姐妹。她是個很漂亮的孩子，是你見過最美的女孩之一。她的氣色好得不得了，當然還有那頭美麗的紅髮。她是個非常受歡迎的小孩，總是非常有個性。

我們住在西塢（Westwood），他們住在西洛克斯貝里，在山頂上一個風景宜人的區域。她們有棟很可愛的大房子，走廊非常大，廊柱延伸往上。

芭芭拉有自己的房間和許多美麗的玩具和洋娃娃，我知道她在不同的階段都讀公立學校，但我依稀記得，有一段時間，她的確去唸了什麼私立學校，我記不得是什麼私校。

我記得，她大部分時候喜歡穿隨意的鄉村風味的衣服，我們那時都是這樣——斜紋軟呢衣服、喀什米爾毛衣和裙子，還有便鞋或鞍形鞋，這在當年就像制服一樣。

我們兩個都愛馬和喜愛騎馬，也愛狗和喜歡看狗表演。我們在鱈魚角上的丹尼斯鎮（Dennis）附近一起度過幾個夏季，後來芭芭拉和她自己的家人——布魯克斯和東尼——在鱈魚角更遠的北特魯洛村（North Truro）租了房子。他們租過的房子裡，其中一戶在柯恩丘（Corn Hill）上，俯瞰鱈魚角灣（Cape Cod Bay）。那是一棟非常好的房子，很現代，前面全都是玻璃。

芭芭拉愛游泳，喜歡在海裡冒險——什麼都不怕。事實上，我們兩個有一回在普利矛斯鎮（Plymouth）外海幾乎要溺斃，當時海防隊叮囑大家遠離海邊，因為海上有風暴，我們卻在大浪裡玩，一點都不害怕。我們游到外面的大浪裡，因為那裡的海浪當然很棒，比平常的海浪要好，但海面下的逆流洶湧極了。

我們開始發現，每向前划一次，退回的距離是手臂划兩次的距離。芭芭拉開始有點慌了，開始尖叫起來，我把手伸過去說：「我們手牽著手一起游。」我們就這樣，漸漸地一吋一吋地游到腳趾可以碰到沙子的地方，然後就累癱了。當然，海防隊已接獲報案，因為海浪太大，妮妮從樓上的陽台看不到我們在海裡的身影。當然，我們的泳帽已經被沖掉了，我們因為不遵守規定，被海防人員大罵一頓。

伊瑟．伍德沃德．德．克羅塞

有一天，我想是六〇年代初吧，芭芭拉來我在西班牙的家裡跟我住——那是那些可怕的事情發生前好幾年——大海翻騰得很猛烈，她在那裡的海灘外玩海上滑水。換了是我，我會很害怕——我是個相當膽怯的人。她穿著比基尼，身上根本就沒有什麼可以保護她的東西，而到處都是船隻——她可能會被那些螺旋槳推進器打斷腿的。可是，芭芭拉根本就不曉得什麼是害怕。你也知道，她是個很猛的人。她年輕時，也許就是用她這種狠勁得到她想要的，那是她的個性。

瑪潔莉・福瑞瑟・史諾

芭芭拉希望去佛蒙特州班寧頓（Bennington），她的計畫大抵是朝那個方向擬定的。但是，後來她的父親過世，當然她的計畫也就改變了。

芭芭拉和妮妮搬到紐約，我記得，在她們離開前那個晚上，我和她們在波士頓歷史悠久的杜蘭飯店（Touraine）共進晚餐。

後來，有個名叫麥克雷蘭・巴克雷（McClelland Barclay）的知名插畫家，在某個地方看到她，我想，他大概說了這樣的話：她是他在紐約市見過最美的十個女子之一。就因為那樣，我相信，她得到一個試鏡——或者管他們怎麼說——的機會，不是尋常的那種試鏡，比那種要好的機會，她和妮妮就一起離開家鄉去好萊塢了。

布魯克斯・貝克蘭

麥克雷蘭・巴克雷為《婦女家庭雜誌》（*Ladies' Home Journal*）和《週六晚郵》（*Saturday Evening Post*）封面畫許多插畫，但讓他真正聲名大噪的是他替通用汽車（General Motors）廣告行銷活動「費雪打造的車身」（Body by Fisher）所畫的時髦、絕美的女郎畫像。對了，那句廣告詞也因此成了風靡一時的新語彙。我記得，有一回，他也擔任美國小姐選美活動的評審。他為芭芭拉畫的那幅畫只是幅劣作——你絕對認不出是她，那幅畫在費雪車體製造公司的二十一號廠入口掛了好多年。

在好萊塢，她得到一些普通的小合約——那種製片廠為了把人留住而跟每個人都簽的合約——同時，她跟譚納．安德魯斯一起做的試鏡正在進行評估。

瑪潔莉．福瑞瑟．史諾

芭芭拉一點都不喜歡好萊塢，她和妮妮一起回紐約，她們用火車把車子運回來——她們只想離開那裡！我想，她們回來後，在戴爾蒙尼可公寓（Delmonico）住了一段很短的時間，然後在中央公園南區（Central Park South）住了一陣子，接著在公園大道上某個地方買了公寓。我到那裡拜訪她們，我們開車北上到哈德遜（Hudson），去睡夢谷鄉村俱樂部（Sleepy Hollow Country Club）——我想，那是在洛克菲勒家族的地產上。在那裡騎馬很愉快，有一個室內騎馬的區域。

芭芭拉．黑爾

她認識布魯克斯的時候，跟富商約翰．傑柯布．艾斯特（John Jacob Astor）的戀情已經鬧得沸沸揚揚了，就是跟那個胖子。我後來見到他，跟他說：「喔，你認識芭芭拉．貝克蘭！」他很生氣，我不知道為什麼。我猜想，他就是認為不干我的事。

菲莉絲．海瑞曼．梅森

達利太太差一點把芭芭拉嫁給約翰．傑柯布．艾斯特，芭芭拉原本會得到那只很有名的綠寶石戒指。我覺得，芭芭拉滿腦子天馬行空的幻想，達利太太要負責任。她把芭芭拉教養長大，就是要她作個公爵夫人。

伊莉莎白・亞契爾・貝克蘭

妮妮千方百計要讓芭芭拉擠進上流社會——進入她口中的「金山」裡。我婆婆柯妮莉亞・海勒威爾以前就說過，妮妮現在提到錢的時候，老是說「金山」。我的意思是，在柯妮莉亞眼裡，錢就是錢，不是「金山」，沒有必要用暱稱。貝克蘭家族的人把對芭芭拉背景平凡的不滿，全都怪到妮妮身上。畢竟，她確實是非常平淡無奇，芭芭拉就優雅得多。

伊莉莎白・布羅

我想，有可能妮妮心中確實是有想利用芭芭拉的念頭，畢竟，她有個真是美得出奇，又有才華的女兒。母女倆有些像來到大城市的小投機客，因為她們從——她們打哪兒來的？——不，根本不是波士頓——她們從西洛克斯貝里來的，那真的是……你知道的，不入流……。我是說，沒有人從沃森市（Waltham）的西洛克斯貝里那種地方來，從來沒人提到過。我是說，那種地方不存在。連在波士頓旁的牛頓市（Newton）都已經離核心地帶所在的魔法陣有點太遠了，牛頓市市中心（Newton Center）都被認為社會地位非常低了——在我當年那個時代當然是。所以，妮妮和芭芭拉這些窮酸的愛爾蘭人，根本就不屬於這個圈子。

我的意思是，我在波士頓出生，打從五歲起就進入這種圈子了。我那時開始到桑莫西特飯店（Somerest Hotel）的舞蹈學校上課，那兒的舞蹈大廳裡有鍍金的椅子。當年是佛斯特先生的舞蹈課——小女孩都盛裝打扮——就是那樣過來的。然後，再開始參加捐贊舞會[8]，最後一場捐贊舞會最優雅，也最

8 subscription dance，一種由特定人或委員會捐款贊助而舉辦的半公開舞會，捐助者並享有邀請朋友參加的權利。

不容易獲得邀請——那叫做「週五晚間舞會」（Friday Evenings），你的第一杯香檳酒就在那裡喝的——然後才正式進入社交圈。

凱瑟琳・嘉德納・柯曼（Katharine Gardner Coleman）

芭芭拉從不強調自己來自波士頓。我父親是波士頓人，你或許知道他——皮巴迪・嘉德納（G. Peabody Gardner）。布魯克斯的母親嫁給一個波士頓來的非常好的人——她第二任丈夫好得不得了，是我父親的好朋友，爸爸非常喜歡潘・海勒威爾。

露芭・海林登（Luba Harrington）

芭芭拉的家世非常平凡，貝克蘭家族也許也沒什麼了不起，但還是比較好。芭芭拉搶走了我的一個好朋友多明尼哥・紐利（Domenico Gnoli）——一位藝術家，很棒的藝術家，就因為他出身很好。事實上，他出身於義大利最好的家族之一，多明尼哥・紐利伯爵，所以，她死纏著不放。他過世的時候才三十四歲——肝癌——她在教會裡到處周旋，招待人，因為她覺得他們是重要的人。我是說，她那副模樣，好像她是那家人的摯友，而她連他母親都不認識，也從不認識他姐妹。她就是那種人——死纏爛打。

你知道「勢利鬼」（snob）這個字的由來嗎？我以前在耶魯教語言學和那種胡說八道的東西。大概是在十三世紀，還是十二世紀，在義大利，許多暴發戶給學校大筆錢財，想要把孩子送進貴族兒女唸的學校。於是，最後學校的因應辦法就是另設一個類別，貴族們稱之為sensa nobilita，也就是不高貴的，因為這些暴發戶不僅沒有貴氣，也不具備貴族的本質。

芭芭拉·寇帝斯

芭芭拉採取了這種天生紅髮的愛爾蘭人不能被壓抑的假面人格特質，來掩飾她自身的不足。有些事情別人都懂，或者她以為別人都懂，事實上，別人可能確實都懂，她卻不知道；她無法完全趕上她想要結識的那些人所擁有的優勢。她所採取的這種假面，最後吞噬了她。

布魯克斯·貝克蘭

芭芭拉離開好萊塢回到東部的時候，原以為製片廠會告她，但她毫不在乎，她現在考慮——媽媽可樂了——接受約翰·傑柯布·艾斯特既熱烈又鬧得沸沸揚揚的追求攻勢。你看過他的照片嗎？他長得非常像路易十六，被《時代》雜誌戲稱為「無所事事、梨形身材的富家王子」。他父親與「鐵達尼號」上的其他士紳，一起唱著「我的上帝，我向祢靠近」，沉入海裡。

但在試鏡後，製片廠決定不要她。他們看得出來，達利小姐沒有演戲天份。事實上，她若去演戲，會是全世界最差勁的女演員。

珮蒂·金柏·魯麥特（Peidi Gimbel Lumet）

芭芭拉·貝克蘭最後飾演一個日暮西山的女演員，是個很棒的角色。她就是一刻也忘不了自己曾是約翰·傑柯布·艾斯特的女友這件事，那是一個主題，一直都在那裡，是她對自己的看法，她的行為都是植基於此。

布魯克斯·貝克蘭

我不清楚芭芭拉為什麼改變她對約翰·傑柯布·艾斯特的想法，可能我是這個無辜的原由。不管怎麼樣，當時他還跟塔姬・福蘭奇（Tucky French）有婚姻關係。他娶了各種蕩婦，但塔姬不是她們那種人，她的家世跟他的一般「顯赫」。而這次，據芭芭拉的說法，約翰・傑柯布・艾斯特向她提出，如果她能等他與塔姬・福蘭奇離婚，就給她三百萬美元——是當年的三百萬喔。芭芭拉當時還是——或者再度成為——一名年輕如朝露的攝影師模特兒，跟母親住在老戴爾蒙尼可公寓，過著遠超過她們的財力負擔得起的日子。

現在，我記不得事情發生的確切順序——芭芭拉是在結識我之前還是之後拒絕了這項賄賂。當時，我是加拿大皇家空軍的受訓飛行員，我姐姐蒂姬跟她第一任丈夫住在康乃狄克州的瑞吉菲爾德（Ridgefield），她邀我週末過去——我正休假——跟一位是「詩人」的漂亮女孩認識。

伊莉莎白・亞契爾・貝克蘭

蒂姬跟芭芭拉可能在好萊塢認識的，你知道吧，蒂姬也演過電影。她跟麗泰・海華絲（Rita Hayworth）和金・凱利（Gene Kelly）演過《封面女郎》（*Cover Girl*），他們要她繼續留下來，但她討厭電影圈，跟芭芭拉一樣討厭電影圈。蒂姬對芭芭拉留有深刻印象，我是說，她們注定彼此欣賞，因為兩人都非常善於言語表達、聰明又美麗。後來，為了撮合布魯克斯和芭芭拉，她叫他們來過週末，毫無疑問，那個週末極為重要。

布魯克斯・貝克蘭

我看到一位美麗非凡又極有自信的年輕女子，當我探問她對詩的看法時，她的自負令我頗感困惑。她認為，做個詩人很棒，但她毫無文字訓練。我把她給我看的東西說成是「果醬」，很傷她的心。

我就跳過那段可能令婦女雜誌讀者很感興趣的性與激情的無聊故事，兩人輾轉從瑞吉菲爾德到艾地朗代克山，到母女倆住的戴爾蒙尼可公寓，最後到了北卡羅萊納州的潘赫斯特（Pinehurst），達利小姐向我強烈暗示，她懷孕了。我帶她越過邊界，到南卡羅萊納州的本尼茲維爾（Bennetsville），付了兩塊錢給法院，還付了十塊錢給婚禮的樂隊，我讓她變成了布魯克斯．貝克蘭太太，而我自己也在往後三十年成了「芭芭拉的丈夫」。

伊莉莎白．亞契爾．貝克蘭

我聽說約翰．傑柯布．艾斯特尾隨他們一路南下到南卡羅萊納州，企圖阻撓芭芭拉嫁給布魯克斯。可是，她愛布魯克斯，愛得癡狂。同時，我猜她以為他有很多錢──比他真正擁有的多很多。

布魯克斯．貝克蘭

我不久就明白，無論芭芭拉是否懷孕──她沒懷孕──我娶的不是一個心靈伴侶，而是一個有能力又野心勃勃的對手，她是個遠比我聰穎強悍的人物，我根本贏不了她。

在我結識她之前不久──雖然我是很久以後才知道的──芭芭拉曾經是知名的神經心理學醫師佛斯特．甘迺迪（Foster Kennedy）的病人。由於我跟父親意見不合──主要是因為我當時年紀還輕，血氣方剛，一方面不計任何代價渴望自由，一方面又不願讓自己蒙羞──我自己早先已被「引見」給佛斯特．甘迺迪。除了我祖父，他是我結識的第一位才智之士──我的意思是，我相熟的，可以交談，可以讓自己為人了解，可以請教與接受其意見的人。那幾乎是一種欣喜若狂的經驗，他邀請我外出晚餐，去結識作曲家傑洛米．肯恩（Jerome Kern）、物理學家羅伯特．歐本海默（Robert Oppenheimer）、詩人威斯頓．奧登（Wystan Auden）和一票英國外交界與軍方的明星──他的表哥是英國陸軍參謀總長兼元帥約翰．葛瑞爾．迪爾爵士（Sir John Greer Dill）。

同時，我父親對這件事極為印象深刻與困惑：這位全球精神病諮詢收費最高的人，居然不收我的費用，而且什麼也沒跟他說。還是佛斯特有一天跟我說：「布魯克斯，發生了一件非常大和重要的事，你應該要參與，去蒙特婁（Montreal），加入空軍。我認識空軍中將，我會打電話給他。」事情就是這樣，我幾乎是過了一夜就離開了。

我要求芭芭拉在我還在受訓時不要來加拿大，但她還是來了。我沒去接她，是我那時非常親密的詩人摯友霍華德．奈莫洛夫（Howard Nemerov）跟她會面，安慰她。我不理會她，苦待她，我能想到會讓一個女子退卻的事都做了，但卻忘了她的固執。

現在，想到在那最初的幾年裡，也就是我在加拿大受訓和其後任職教官時期的芭芭拉，只要想個幾分鐘，都能令我感到快慰。她繼續堅持隨著我派任所到之處跟著跑，先是在安大略省（Ontario）聖尤金（St. Eugene）的十三號初級飛行訓練學校受訓，接著在渥太華（Ottawa）的高地高級飛行訓練學校，然後是安大略省特蘭頓（Trenton）的一號教官飛行訓練學校，其後一長串——埃莫（Aylmer）、蓋內諾克（Gananoque）、金斯頓（Kingston）、蒙特婁的聖修伯特（St. Hubert's）——我在那些地方教大英國協不怕死的青年們，還有不少的德州人，如何用機關槍、火箭彈、炸彈、和差勁的笑話奮戰殺戮——若是善用這些招術，我們可以提早四年結束這場戰爭。

芭芭拉住在當地出租房間的寄宿公寓裡，有一度甚至住在一家殯儀館的上面——那氣味讓我想起貝克萊的膠木。我每兩週可休假四十八小時。我熱愛飛行，熱愛我在學習和從事的事情，但是對老婆卻不熱中。

令我最討厭芭芭拉．達利——我那美麗的前妻——的幾件事情中，其中一件是她的克萊斯勒敞篷車、她的貂皮大衣和她那副女皇的架勢。那些都跟當時我佯裝成無足輕重，佯裝成空軍二等兵與抵抗希特勒的小老百姓等身分不搭調，我是全力擁護民主，她卻很快支使起我那些指揮官。她已經知道「這個世界運作的法則」，而我不想知道，我痛恨如此運作的事實。我厭惡她在政治方面的聰明睿智。你可以想像我的尷尬：她來之後兩個星期，有一次我回家，回到我那簡陋的房子，不管那時屋子是在哪裡，卻發現芭芭拉在開雞尾酒會——一開門見到的第一個人，就是在他面前我要巴結奉承，我的生活裡每隔一天就要行禮致敬的人，我的指揮官突然變成一個和藹又奉承的「朋友」，叫我「布魯克斯」，而不是「航空部隊二等兵」——我在社交上的拙劣是令毒蜥蜴都備感尷尬的。但願我的新婚妻子不如就此消失，回到她出身的那個浮華世界。

反正，總得過了兩個星期後，我們才能在那凹凸不平的床墊上雲雨一番，她也才能以法國皇后凱薩琳·梅第奇（Catherine de' Medici）的睥睨之姿在當地人面前神氣活現一番。那種日子對她是極其無聊的——我是指，在那十四天的茶敘會裡，接觸的都是滿布紅斑、操勞過度、過度嬌寵、身穿格紋衣物的其他軍官的老婆。

由於不久我就看出，詩是不必指望了，我開始想要教她畫畫和畫水彩。我這個老師可是很認真的，我站在她後面——在這之後她整個繪畫生涯裡，我都是如此教她的——給她意見，關於形式、主題、色彩等等方面的建議。她確實有天份和雄心，但是沒有想像力，她所擁有的是熱情——對藝術家來說，這可能更珍貴。可是，她以前從未用過孔特粉蠟筆（Conté crayon）或任何畫筆，你可以從妮娜·達利在紐約的公寓裡看出來，芭芭拉將她的無知與熱情投注在一個也不算很差的地方：浪漫情懷。

在那北國漫長的夏日黃昏，拿那種鄉下用的油膩湯匙，吃過一頓粗茶淡飯但也還算愉快的晚餐後，我們會漫步幾哩，走入加拿大的鄉間——當時還是一片荒野，或半荒野的狀態。我一邊走在廢棄鐵路的鐵軌上，一邊背誦著〈小老頭〉（Gerontian）——那時我對詩人艾略特（T.S. Eliot）很癡迷，現在就認為他根本是個狗屎屁——我們的頭上是絲緞般的夜空，為了吸引女友的注目，夜鷹發出巨大聲響，筆直滑翔而下。我相信牠們是在吸引女友，跟我一樣。

那些年，是什麼把我緊縛在芭芭拉的身邊呢？是憐憫。我至今依然同情她，我仍有罪疚感，仍然覺得想要保護她。

一九七五年九月十八日，布洛德摩爾特別醫院訪客檔案

訪客姓名：賈斯丁．葛林醫生（Dr. Justin Greene）與葛林太太

與病患關係：美國籍朋友與前任醫生

概要：兩人都很關心他，對整個情況有正確的評價。東尼幼時，他們就認識他。葛林醫生在某些時候是以專業醫生的立場為他看診，因而提出東尼對母親構成危險的意見。今天的探訪主要是非正式性質的，他形容東尼是受到過度控制，有好幾次事件，他都是對當時的狀況，以非暴力的方式反應過度。葛林醫生詳述了他孩提時有兩次因激動過度逃跑，費了很多功夫才好不容易找到他。葛林醫生認為，他每次出現暴力傾向，都只特別針對母親。他不認為東尼會對別人構成危險。

我談到院方有意將東尼從「格勞斯特家」轉回「康瓦爾家」，請葛氏夫婦稍後在下午看到東尼時，跟他解釋，這次轉換病房純係治療性質，並無任何懲處意味。他們同意代為解釋。

柯姆．拜恩（Colm Byrne）

我認識東尼的時候，他在「格勞斯特家」。我不能說跟他很熟——我在那裡的時候，「格勞斯特家」有九十六名病患。

他從「康瓦爾家」轉過來，那裡的病人是，這麼說吧，不正常得多。一般都把「康瓦爾家」稱為「猴子之家」，那是因為裡頭的病人大部分是經診斷患有精神分裂症的，而「格勞斯特家」的病人大抵是經過長期相當程度控制，比較穩定——相較之下，「格勞斯特家」裡沒有很多我們所謂的精神異常行為，

而且「康瓦爾家」也大得多。「格勞斯特家」的病人，因為隨遇而安得多，實際上被稱為半假釋區。

一九七五年十一月二十七日，布洛德摩爾特別醫院訪客檔案

訪客姓名：妮娜．達利太太

與病患關係：外婆

概要：女兒的死對這位外婆好像比較不那麼困擾，她心愛的小東尼惹上了麻煩，倒是令她更為不安，她似乎跟這個家族裡的其他人一樣瘋狂。

布魯克斯．貝克蘭

妮娜．達利是福瑞瑟家的人——我倒是沒發現那家人有什麼瘋狂的因子，我跟她的關係非常親近，通常是那種拉伯雷式粗俗幽默[9]的關係。她是我的婚姻裡最可喜的一環，她有很好的幽默感，沒受什麼教育，很愚蠢的價值觀，不渝的忠貞。

海倫．狄蘭尼（Helen Delaney）

妮娜．達利是個絕不會傷害人的人，她的價值觀源自八卦專欄作家查利．尼克鮑可（Cholly Knickerbocker）和天主教會——大部分還是來自查利．尼克鮑可。但是，她丈夫家族那邊可真是一團糟，你可以說，那個家族的血統不好。

9 指法國作家拉伯雷（François Rabelais）作品中那種庶民幽默的風格。

布魯克斯・貝克蘭

其實，人生故事裡轉折、屈從、糾結的能量，都是性情非常濃烈、往往非常古怪、而且已經作古不能再作怪的人所釋放出來的，雖然他們已無能再作怪，但那危害卻仍在滋生。這種危害有兩類，一是血脈裡的壞因子——一旦存在，就像芭芭拉父親法蘭克・達利的家族顯然就有。根據各方傳聞，法蘭克・達利自己的父親，也就是芭芭拉的祖父，是個暴力且變態的人，而他的父親，也就是芭芭拉的曾祖父，也是如此。芭芭拉的祖母是個「怪人」，整天彈鋼琴，從不做家事，也不持家——就是美國默片女星翟蘇・琵慈（Zasu Pitts）飾演的那類角色。

還有一種壞因子——是因果與報應所造成的更大禍害。

伊莉莎白・亞契爾・貝克蘭

芭芭拉的父親自殺——遺憾的是，我不知道原因，我甚至不知道怎麼自殺的。她的哥哥也是自殺，我記得福萊德・貝克蘭說過：「全家人自殺，不是很離奇嗎？」

海倫・狄蘭尼

老法蘭克・達利自殺時，車庫是鎖起來的，小法蘭克・達利從窗戶外都看見了。老法蘭克在經濟大恐慌時，錢都虧掉了。他假裝在修車——我記得是皮雅士－雅路（Pierce Arrow）——讓自己吸入一氧化碳瓦斯自殺，他在車子底下，引擎開著。小法蘭克在車庫窗前踱著方步，看著父親死去。保險公司懷疑，但無法證明是詐欺，小法蘭克、芭芭拉和妮娜・達利每人從保險公司那裡各得約六萬美元的理賠。要知道，那可是一九三二年，以今天的貨幣來算，每人至少得到六十萬美元。

絲兒薇．貝克蘭．斯基拉

小法蘭克後來死於車禍，據稱是故意的——我不知道，你怎麼判定有人是故意去撞樹的？

海倫．狄蘭尼

有一天，小法蘭克——我想，是在麻州的柯海塞特（Cohasset）——急速繞過一個彎道，結果以高速撞上一株榆樹。官方的說法是，駕駛的機械裝置發生故障，但我知道他已經酗酒好一陣子了。

他是那種要在舞台正中央、萬眾矚目的人，就像他妹妹一樣，他喜歡引起騷動。我忘了他到底是以何種工作維生，但我記得，他想打開偵探雜誌的市場。我想，他運氣不大好。他的妻子是個安靜的小女人，所以夫妻之間也有摩擦。他們有兩個很乖的小男孩。

布魯克斯．貝克蘭

芭芭拉和我繼承了那種無父的家庭，她體現了所有勇敢美好的人類防禦本能，我則向家裡乞討錢財。我痛恨必須向我那法西斯的父親要任何東西，但不介意欠我那老好人的祖母錢——我甚至以此為樂，因為我們的性情，也就是她的和我的，總是很投合。蘇格拉底的價值問題——如何能建立？如何證明呢？——掌控了她的一生，還有我的一生。芭芭拉和東尼兩人都在那些冷酷無情的海岸上觸礁了，變成了掠奪者——或者，應該說，她自始就是個掠奪者。他們傲慢，他們被摧毀，這些不僅是抽象的問題。在他們的故事裡看到因果報應的人的確沒錯，我們所有人的生命裡都有因果報應，他們兩個特別明顯，像一把無堅不摧的利劍。

若要追索東尼不穩定的暴力性格的根源，就不能全怪達利家族。我想，雙方的血脈裡都有孽因在作祟——貝克蘭家族也有。我的筆記本裡有一句我從英國作家羅伯特．季廷斯（Robert Gittings）所寫的濟慈（John Keats）生平裡抄下的引文——我那時在印度：「痛苦殘酷揭露了他自童年起異常熱情、不平衡的個性，總是過與不及。」

我抄錄這句引文時，是想到東尼嗎？當然不是，我是想到自己！

有一個人，我現在忘了是誰，多年後告訴我，當佛斯特．甘迺迪聽到我娶了芭芭拉．達利時，他說：「願上帝別讓他們生小孩！」

四、母奶

漸漸地，東尼．貝克蘭成了布洛德摩爾醫院這個小社會的一份子，他可以從提供給病患的幾個職療活動裡進行挑選：製作玩具、陶藝、木工、金屬加工、印刷、收音機製作、製作籃子……他比較喜歡素描和繪畫。「他給了我一、兩件東西——花卉的繪畫和那一類的東西。」馬奎爾醫生回憶道：「我們對顏料必須非常小心，因為有些時候，顏料的毒性非常強，病患可能會傷害到自己。」

東尼．貝克蘭不久就進步到可以閱讀大學程度的書籍了——其中有一冊是講抽象數學的。他寫信給父親，說他很快樂，有「一個家和新朋友」。

老朋友——和朋友的朋友——開始探訪他，還有一個名叫布洛德摩爾醫院之友（Broadmoor League of Friends）的社區團體，其中兩名團員——退休陸軍軍醫和他的妻子——對東尼特別感興趣。

「佛比上校（Colonel Verbi）曾經在英國陸軍服務，」馬奎爾醫生解釋道：「他是東尼的好朋友，他和妻子有時間來探訪。東尼好喜歡他們，給他們許多禮物——我特別記得是個大象的雕塑。佛比太太幾年前過世時，我到他們家去拜訪，佛比上校給我東尼給他太太的東西——要還給東尼。佛比上校過世時，在遺囑裡留給東尼一個銀製菸灰缸。」

東尼在布洛德摩爾醫院第三年的夏末，在法國的父親和繼母絲兒薇捎信來說生了一個弟弟。

一九七五年八月二十九日，安東尼．貝克蘭致山姆．格林的信函

布洛德摩爾醫院

親愛的山姆：

在這裡服刑對我大有幫助：我學到很多關於人、我自己和尋常人生的事情。我現在明白，多年來，我一直過著全然不真實的生活，而那種生活終於就這樣結束了，因為我扛的重擔大到負荷不了了。不過，為了媽咪，我已決定要洗心革面，我已找到極大的平安和快樂。我現在明白，我總是將母親（以及生命裡其他美好的事物）視為理所當然，在許多方面，我是多麼自私與盲目。

父親和我現在成了好朋友了，我現在有個尚未謀面的小弟弟。

東尼敬上

布魯克斯・貝克蘭

善於諷刺的是上帝，不是我。芭芭拉一輩子只懷孕過兩次——在馬約卡島與山姆・格林在房間裡橫陳的兩張椅子間「祕密」受孕的那次不算[10]，我懷疑，他們是在很多大麻助興下幹了那好事——兩次懷孕都得動手術，把傾斜的子宮挪正。第一次是流產，那時是一九四五年初或一九四四年末，我正在德國開飛機，第二次是在一九四六年秋天，是東尼。

南斯拉夫的伊莉莎白公主殿下

她告訴我，她是那種只能在月信期間受孕的罕見案例之一。我的意思是，這在生理學上是不可能的，結果，她懷了一個終結她生命的殺手。

10 後面會提到芭芭拉曾寫信給山姆宣稱自己懷了他的孩子，然而這只是芭芭拉自己的妄想。

瑪潔莉·福瑞瑟·史諾

我相信，她哥哥喪生時，她正懷著東尼。他們擔心，在這種情況下，她可能會流產。

精神科醫師與安東尼·貝克蘭的諮商記錄，紐約，一九七一年三月十二日

他生於一九四六年八月，陣痛時間非常久，沒有麻醉，使用高位產鉗。

布魯克斯·貝克蘭

東尼出生時，我跟芭芭拉和她媽媽住在公園大道一二二〇號的三房公寓裡，還有後來在不知不覺間，她孀居的妯娌愛德娜（Edna Daly）和她的兩個兒子也來同住了。我完全沒料到，我會養達利一家人那麼多年，而且供養妮娜·達利一輩子。我們還有一隻隨便大小便、沒大腦的玩具貴賓，是跟芭芭拉和她母親從戴爾蒙尼可公寓一起過來的。牠到處小便，名叫尼哥斯。最後，我們搬到東七十一街一百三十六號，是我祖母為我買的大房子。

我當時是哥倫比亞大學的數學暨物理所研究生，我是不去上課、獨具原創力的學生。我發現，被我們奉為神祇的那些教授，只不過將教科書上的片斷抄寫在黑板上，而無助的同學們竭盡所能快速記下來。我買了所有的書，把每本書裡的每一個問題都解出來。

彼得·金柏

我對智力超凡的人特別敬畏，尤其是物理學，在那方面，布魯克斯總是令我驚嘆。他是哥倫比亞大學物理大樓歷來博士班研究生裡成績最高的學生——這個紀錄一直維持到什麼時候？四〇年代末期，還是，管他什麼時候。

伊莉莎白．亞契爾．貝克蘭

布魯克斯還差一個星期就可拿到博士學位，但他卻離開了。他說，他離開，是因為他坐在教室裡，花了一整天時間去解一個問題，有個傢伙進來，花了十五分鐘就解出來了——他只想作最棒的學生，不然根本就不要唸。

伊莉莎白．布羅

我知道，布魯克斯家人反對他放棄哥倫比亞的學業，我想我有聽說，他們甚至因為這事還刪減他的收入。可是，就在此時，他決定要做個作家。

取自作家約翰．飛利浦．柯翰（John Philip Cohane）未出版的日記

星期一。感恩節，我們大肆慶祝一番——午後近晚時分，三十來個人的雞尾酒會。逸芳．湯馬斯（Yvonne Thomas）和她正值豆蔻年華的女兒關妮（Gwenny Thomas）；詩人兼文選編輯奧斯卡．威廉斯（Oscar Williams），他把過世的妻子琴恩．杜瓦德（Gene Durward）朗讀她自己詩選的錄音給了我，詩極好，但朗讀得很糟；傑克．艾斯特（Jack Astor）；芭芭拉和布魯克斯．貝克蘭夫婦——布魯克斯正與父親鬧得很僵，父親不跟他說話，因為他放棄物理，選擇寫作。

布魯克斯．貝克蘭

我報名哥倫比亞大學的短篇小說寫作課程，大抵是為了發揮化學上的滴定效果，來還原與中和我在數學物理學方面的課業。我每天下課回家，都在七十街下第五大道巴士，在弗利克美術館（Frick Museum）的噴水池前坐上一個多小時，把滿腦子的化學和物理滌淨。

艾勒斯特爾．瑞德

布魯克斯的短篇小說——我想，那是他出版過的唯一一篇小說——刊登在大學文學雜誌《本質》（*Inscape*）上的時候，我正在莎拉勞倫斯學院（Sarah Lawrence）任教，擔任雜誌顧問的教師是布魯克斯唸寄宿學校時的老同學安布羅斯．戈登。事實上，我第一次結識布魯克斯和芭芭拉，就是在安布羅斯．戈登位在布朗克斯村（Bronxville）附近的家裡。她沒有化妝，骨架粗，但我發現她的談話、熱切的神態和突如其來的急切都非常迷人，她比布魯克斯來得輕鬆自在多了。布魯克斯極為冷漠，對自己的優雅風采非常在意，穿著極講究，我們現在看到的那種纖瘦優雅的手采——就是他當年的樣子。他誇大自己的纖瘦，他的頭已漸禿，看起來好像頭上上了亮光劑似的。我的意思是，他傲慢得不可一世，一種個人獨有的傲慢。

我想，安布羅斯．戈登那晚邀請我去吃晚飯，好讓我對布魯克斯．貝克蘭說：「我看了你的短篇小說。」從我讀那篇故事到現在，大約三十年了，我還記得，他顯然對當時相當流行的那種一語雙關的文字遊戲很熱中。他是談那時我還沒讀過的雷蒙．葛諾（Raymond Queneau），但我後來讀了，葛諾是寫字謎遊戲的法國人。布魯克斯借助那樣的人，還有奧地利作家卡爾．克勞斯（Karl Kraus）。我記得還為此頗為氣惱，因為他顯然刻意要提一些別人沒讀過的作家。他給人一種他是很神祕的作家的印象——我可以說，從我認識他起，他就一直維持這種印象直到六〇年代，因為那晚之後大約十年，我碰到他，他還是很神祕地在寫——毫無疑問——一部曠世鉅作。在他心裡，他決意要做人中龍鳳。我的意思是，他在莎拉勞倫斯學院季刊裡刊載的那篇故事是很精采，但如此而已。可是，我從沒把他視為作家——從來沒有。

海倫・狄蘭尼

若要作為小說藝術的作品，布魯克斯的短篇小說可能還有許多有待改進的地方，但他赤裸裸的奇想——無論是作為心理上的自我描繪，或是，在那些令人眼花撩亂的歡鬧情節裡，作為布魯克斯日後對女性的行為的一種不祥預示——都令人嘖嘖稱奇。

〈母奶〉（Milk），布魯克斯・貝克蘭著，刊於莎拉勞倫斯學院文學雜誌《本質》，一九五五年春季號

比特貝倫・班特利對巴哈和嬰兒淺藍的眼睛很是著迷，還有球、碰撞的聲音、塞子、氣球、狒狒；屁股、教區執事、作家畢爾邦（Beerbohm）、不值錢的小玩意、巴吉度獵犬、好大喜功、辛辣嘲諷、生日、主教職位、臉紅、大肆宣揚、噴水孔、福氣、閨房、女人的圓髮髻、羅宋湯、犬吠聲、美麗的騙子、泡泡、拳擊手和男孩，尤其是不甜的香檳和邦頓百貨（Bon-ton）——令他著迷的千般萬種事物中，以上只是略提幾項而已。[11]

奈透（佛萊德瑞克・奈透，以下稱「佛萊迪」）怎能抗拒他對特定飲食的絕佳建議呢？

當然不能。

事情是這樣的，由於腸內有壞菌（排便不正常），佛萊迪體重一直下降。他在一位衣著入時的女主人家——她的小狗將酸乳酪吐在他大腿上——結識了班特利，他立刻請這位從容愉悅的比特貝倫提供意見。這種情況下，建議是出奇地簡單扼要：生蘑菇和母奶——一天至少一夸脫。比特貝倫將一位很好的奶娘的名字給

11 這段文字是一種玩雙關語的文字遊戲，原文所列舉的字字首都是b，故事裡的主角比特貝倫・班特利的名字Bitterbaron Bentley，字首也都是b。

了他，建議將劑量慢慢增加，直到三個月後一加侖或四夸脫的劑量為止。屆時需要兩名、可能三名奶娘，就是最多不超過六個乳房。

「母奶的乳脂肪大約是百分之二點七，含有非常高的蛋白質，」比特貝倫說，一邊匆匆寫下給佛萊迪的這個資訊，「這樣，過一陣子，你可能會覺得容光煥發，但我想，圓潤一點會適合你，佛萊迪。」

他用手掐一下佛萊迪的胸部。

「你太瘦了，蘑菇會讓你的肌肉結實，不僅肌肉有彈性，還要更好，是更結實。」

「你會變成一頭十足的野豬，你這個小搗蛋！」

兩個人都開心大笑。

就是這樣開始的——我是說，餵哺母奶這件事。

佛萊迪的個頭小，金髮，有把指甲咬得禿禿的習慣。他的頭髮日漸稀疏（他用碘酒塗抹頭皮，來「刺激」新髮長出，碘酒看起來像個胎記），兩眼像兩顆頗悅目但不合格的彈珠。佛萊迪需要愛——始終都需要，他那兩顆藍色、模糊的彈珠眼流露出這樣的需要，彷佛剛生產完的婦人的眼。當然，他穿著一雙有流蘇的時髦黑色便鞋（時髦昂貴的鞋）、暗灰色的法蘭絨西裝（名牌的）和有藍色滾邊的灰襪。只要坐著，一定很優雅地兩腿交疊，面露微笑：他的微笑是全世界最快樂、最迷人的。佛萊迪沒有什麼困擾——除了腸內壞菌的問題外——他有很多可供揮霍的錢財，只是他自己並不知道，只認為都是理所當然的，對所有的朋友出手都極闊綽。他的父親亞岡．荷格菲爾特．奈透和祖父卡爾．彼得．奈透建立起的家族航運事業，使他和母親在亞岡死後，可以過著非常優渥的日子。現在只剩下他一個人了，奈透家族的最後一個子嗣，即將邁入三十六歲，調適得很好。

當然，不可否認的是，佛萊迪非常思念他的母親，但這也是他視為理所當然的。他談到母親時——他經常談到——總帶著迷人又深情的天真神色，一點都不像哀思，倒是比較像對母親暗地裡關懷與保護的禮讚。佛萊迪溫柔忠貞，宛如女子。許多人從不知道他母親已經過世，他在講到他所有的選擇和喜好時，都說是那已經作古的溫柔女子在暗中庇護，他跟每一個人談到母親時——連偶然相識的人都談——都說「媽媽」，彷佛他認為，大家都曾見過她或認識她，也像他那樣愛她。的確，有些人真的覺得愛她。要不相信她是最完美的女人，很難；雖然，她跟航運王國的締造者亞岡．荷格菲爾特．奈透在一起可能並不快樂，這小小的瑕疵——因為不快樂——也許就不完美了，畢竟，即便是對那位粗魯殘暴的帝國締造者，好女人還是有責任的。可是，我們不要檢視得太仔細了，因為這事可能會令人不愉快．我們只要知道，佛萊迪不喜歡他父親，他稱父親是「那個畜生」，那就夠了——也許還太多了。

於是，當然了，根據以上所述，佛萊迪一定問過自己，媽媽對吃磨菇和母奶的事會有什麼看法。他記得，在他建議之下，她曾經有好幾個星期，除了番茄汁和優酪乳外，什麼都不吃，他喜歡她苗條的模樣——兩人對結果都非常興奮。當然，母奶是另一回事。他喜愛牛奶，但不曉得人奶是否跟牛奶一樣好喝。畢竟，鼓勵偏愛母牛的成見是挺可笑的，想想還挺變態的——像《哈姆雷特》裡那男孩。這事值得好好思考一番！當然，他以前從沒那樣想過，現在既然想到了，他覺得奇怪，為什麼大家不喝母奶，卻喝那些長著大角、還會號叫、令他恐懼萬分的動物的奶。母奶一定是好喝的，否則就不是人奶……這樣想對嗎？他並不完全清楚自己的想法，但是也差不多很接近了……

當然，這種想法——加上彬彬有禮的比特貝倫的道義支持和扎實的科學論證——令佛萊迪欣喜萬分期盼著。班特利宅心仁厚，為他做了安排（要先搞定需要的母奶劑量），把佛萊迪雅緻公寓的地址給了奶媽，為他訂下第一次的晤談時間。

第一次的晤談是在星期六下午——就算是午場吧。佛萊迪極為緊張，他一整個上午都在插花，插了又插（黃色和淺紫色的鳶尾花，還有暗紫色的鳳仙花。不知何故，鳳仙花總帶給他一種微微的悸動，他稱它們是

「妳們這些下流的小心肝」，對這種荒謬的說法，自己也咯咯傻笑起來。）

門鈴響起時，他正在臥房稍事妝點一番。

「來了！」他唱道。

他跑起來，兩臂微張，喘著氣，打開了門。他的臉有些紅，但綻放出最迷人的微笑，一再地道歉沒早點來開。他非常殷勤與和藹可親地提議為對方拿外套，那女子也老神在在地由他去拿，只說：

「你是佛萊迪．奶頭先森？」

她是個個頭高大、親切和藹的女子，一雙手宛如一疊手的手套，胸部像國會大廈。

佛萊迪在她的胸部下遊走，抓著她的帽子和外套，把它們掛好，一邊跟她閒談著。

她瞧見他了。

「這名字有趣——」

「是奈透，不是奶頭，親愛的。不過，妳要是喜歡的話，可以叫我佛萊迪。」

「好啊，奈透先森——偶是說，佛萊迪。」她咧嘴傻笑。

「你們都要先付錢給我，奶頭先森，我是說，佛萊迪？我都是先拿錢的，我不要……」

「哦，那當然，親愛的。」

「我名叫——」

「我知道，班特利跟我說了，這樣可以嗎，瑪莉？」

他微笑著，把一把鈔票塞進她手裡，然後向廚房走去，兩手緊張地在身子兩邊微張著，彷彿手指頭上有細繩子吊著小鉛塊似的。

「可以，奶頭先森！可以，很好！……我就來了。」

她把錢塞進皮包裡。

「對了，我真正的名字是約翰，但媽媽和我都不喜歡，好俗——媽媽過世了，很遺憾。我的名字是從我佛萊德叔叔來的，他以前會尿床。」

他咯咯傻笑起來。

瑪莉跟著他穿過通風的大客廳，四下打量著。

「這麼好的屋子，佛萊迪。嬰兒在哪裡？」

「什麼嬰兒，親愛的？」

「我要餵他午餐的嬰兒啊？」

「喔，親愛的，沒有嬰兒！」他狂笑起來。「其實，我就是那個嬰兒，親愛的，我就是那個嬰兒！」

瑪莉的腳像生了根似的，呆立在那裡。

「你是嬰兒？」

「班特利先生沒跟你說嗎，親愛的？……是餵我呀。」他欣喜地哭泣起來。

「我的奶給你喝？」

「妳知道，親愛的，班特利先生是個非常非常有名的人。他說，我需要這種奶，也就是，人奶。要知道，他是營養學專家，親愛的，這方面他是無所不知的。他說，是因為乳脂肪，而我也在吃蘑菇。妳只要把奶擠進瓶子或什麼容器裡——妳知道的，不管妳用什麼……」

佛萊迪兩手一揮，露出迷人的笑容。

「擠進瓶子裡？奶頭先森——奶頭先森，我來不是——」

「喔，親愛的，瑪莉！真是叫人非常生氣啊！現在，一切都搞砸了。班特利說，對了，等一下……」

他兩手伸進口袋裡，掏出十美元，遞過去給她。

「拿去！好了，拜託，別傻了！」

他把錢按在她手裡，她現在有二十美元了。她腦子裡盤算著，一夸特大約二十塊錢……

「好啦……好啦，奶頭先森。可是，我不把奶擠進小瓶子裡——所以，不介意的話，那麼，我是說，你得將就一下，怎麼來的，就怎麼喝，先森。」

「妳是說——」

「是的，奶頭先森。」

她笑了起來，一張嘴咧得好開。

「你就是偶的嬰兒！」

她爆笑起來，聲大如雷，咯咯傻笑，無法克制地全身抖動起來，佛萊迪也跟著笑了起來。

「親愛的！」他尖叫起來。「太棒了！」

「佛萊迪！」她狂叫著。「奶頭先森……喔，我的背好痛！……」

兩人在房間裡舞了起來，雙手摀著嘴，笑得身子晃個不停，望著對方，就像一隻粉紅色的調皮老鼠和一隻狂野的大象。

瑪莉開始解開上衣，趴下身子，露出兩個如棉絨般巨大的乳房。她伸出一隻大手，抓住佛萊迪的手臂，把他拉過來，自己在一張椅子上坐下來，同時把他一拉，讓他坐在她大腿上。他還來不及抗議（掙扎也無濟於事，這是他知道的），她就把他的臉推到右邊的乳房，把僵硬如皮革的奶頭硬塞進他張開的嘴裡。他試著把頭稍微挪開一點，卻又被她推了回去，硬是把他的臉塞進溫暖柔嫩的肉團裡。於是，他開始吃起奶來，閉上眼睛，兩腳交疊，又頻頻彼此互換著。他把左手抬起放在她肩上，握成拳頭，大拇指握在拳頭裡，偶爾會張開拳頭，然後又握起來，吸吮著。

我說過，故事就是這樣開始的，但可不是這樣結束的。

奶餵完後，佛萊迪的臉上還淌著奶，他會坐一會兒，瑪莉則搖晃著，咧嘴笑著。兩人總是嘲弄一番，拿他們的關係開著玩笑。她叫他「貝貝」，他叫她「媽媽」，兩個都毫無顧忌地放聲咯咯大笑。但是，她一離開，他就走進臥房，倒臥床上，沉沉睡去，一覺無夢。她每大都來，最後，她再也供應不了日漸增加的需求，就帶了另一位奶媽，兩人輪流餵奶。於是，佛萊迪有了兩個奶媽，兩個奶媽欣然一起用奶頭餵這個「嬰兒」。他胖了二十五磅，變得會吸大拇指，尿濕褲子，做些兩位奶媽認為極其可笑的事，兩人有時甚至還狂笑著幫他。三人在一起，開心又喧鬧。她們寵著嬰兒，也受到寵溺的對待，佛萊迪以前從沒這麼快樂過。

當第三個奶媽被帶進來的時候，大部分的時間，佛萊迪都在吸奶。他總是把酒準備好，好讓奶媽們與致高昂，四人聚會常常都是歡鬧快樂的。可是，她們總把他當孩子看待，漸漸地，他就越來越退回到童年期了。有時，大白天裡，有很長的時間無法說話，只是笑著，自己跟自己玩。

他再也不離開寓所了，大部分的時間都在床上，或是在奶媽的腿上。

如果整件事沒有演變得太離譜，佛萊迪可能就永遠在奶媽的胸脯上輕輕地搖啊搖地，深浸在腫脹的溫暖裡，大口吸吮，沉溺其中，哀哀啜泣，回到最原初的陰道黑暗記憶裡（或者走出那記憶，誰曉得呢？）。可是，奶媽們是善妒的；有好幾次，她們天生的占有慾，在酒精的刺激下，讓她們把他從彼此的懷中搶走；

「把他……給我！輪到我了！」

「不要——」

「把——他——我——說——給……」

「不要，不要！我說，別鬧了！別說了！我搶到了！——」

「喔，別想，妳——還沒——」

「噯呀——」

「瑪莉，瑪莉！救命呀，嘿！」

就這樣，她們用力扯他，拉他，撕扯他肥短甜蜜的身體；摟他，將他緊緊貼在她們天鵝絨般碩大的乳房；把他蒼白喘氣的臉，塞在兩乳之間，陷在一片柔滑輕軟、漸漸窒息的世界裡。他越努力喘著氣要呼吸，用他弱小的力量抗拒那巨大的力道，她們就越緊抓著他，將他摟進那殘酷、令鼻孔阻塞、充滿乳腺的肉團裡，彷彿用足力道把他拉著，他就可以被拉進裡面，溫暖的保護之門就永遠關上了。

於是，有一天，在一場這樣激烈扭打的欲望風暴後，他突然癱軟在瑪莉的懷裡。瑪莉摟著他，他在她腿上，小得像米開朗基羅〈聖殤〉（Pieta）裡的基督，三個哭泣的奶媽看到她們的孩子靜靜不動了。雖然，她們都努力將氣吹進他小小的肺裡，又撕扯著他，希望自己是那能令他起死回生的人，彎著身子，摟他，緊緊抱他，啜泣，一切都沒有用了。他的肺裡漲滿了母奶，奇蹟似地從他嘴裡、耳朵、眼睛流出來。他的血液不再是紅色，而是白色。奶媽們看到此情此景，看到她們的嬰兒死了，她們抱著他好一陣子，錯愕地彼此相覷；然後，把他放下。他像一個破娃娃般攤在臥房的大床上，嘴裡還流出一點奶水。

布魯克斯．貝克蘭

這篇滑稽的〈母奶〉故事緣起，並不像有些人所想的那樣深奧或有趣。我在康乃狄克州的亞凡古農場學校（Avon Old Farms School）時，學校裡有一個絕對不會傷人又沒男子氣概的男孩——我的意思是，讓人覺得可笑的那種。我想，大約十五年後，也就是一九五三年，我又看到這位「佛萊迪」，是在我們東七十一街鄰居莎拉和湯姆．凱利家裡。「佛萊迪」頭已漸禿，正用碘酒來刺激頭髮生長。他的穿著和行為舉止就像我在〈母奶〉裡所描述的。此外，他跟營養學專家蓋洛德．郝瑟（Gayelord Hauser）在一起——就是我故事裡的「比特貝倫．班特利」——而且莎拉的吉娃娃狗中，有一隻的確把優酪乳吐在他腿上，還有他也在吃特別調配的飲食。我只是為了象徵的緣故，虛構了母奶的部分，然後我就被整個故事的精神牽著鼻子走了，也被「佛萊迪」帶著走。我可以說，是他自己寫的這篇故事——就是寫出像故事呈現出來的內容。我們從湯姆和莎拉家回來後，這篇故事就自己打出來了，然後就流傳開來。

這故事不好玩的部份是它有戲劇性的預示，因為當時寫故事時，東尼的年紀約六、七歲，並沒有顯示任何徵兆，將來會成為同性戀者。同性戀者悲劇收場的理論——至少有些同性戀者吻合——乃是擁有過多的強勢「母愛」，寫故事中使用了母奶作為象徵，結果日後果真成為東尼的生活經歷，恐怖、駭人的活生生體驗。

精神科醫師與安東尼・貝克蘭的諮商記錄，紐約，一九七一年三月十二日

他在嬰兒期的時候，據稱經常尖叫。母親表示，他的父親不准她去抱他，而且堅稱要依照嚴格的時間表來養育，「即使他大嚷大叫」。

瑪潔莉・福瑞瑟・史諾

我記得，芭芭拉是個非常盡責的母親。那時，我自己還沒有小孩。我們常推著那種四輪嬰兒推車，帶東尼去中央公園——有一次，他跑出來，開始沿著人行道邊緣走起來。我說：「芭芭拉，那裡太髒了，不能讓他去，我們最好把他抱回來，放進小推車裡。」她說：「如果妳不讓他接觸各種灰塵，他的身體就永遠無法產生抗體，來預防日後可能會碰上的疾病。」當然，在當年，這種看法是相當不尋常的——今天，我想，這種看法已被接受了。所以，我覺得，她清楚知道該如何養育東尼。

派翠西亞・尼爾（Patricia Neal）

布洛德摩爾醫院的整個氣氛讓我想起我參與演出的一齣戲——《雙姝怨》（*The Children's Hour*），我不明白為什麼腦海裡就閃出這個念頭，但就是這樣，也許因為戲裡有一所學校。為我畫像的詹姆士・

芮夫（James Reeve）說：「妳何不跟我一起去看個朋友？」他跟我說，那男孩殺了他母親——我沒聽清楚他們的名字。好像真的很恐怖，但他要我一起去看那男孩。我想去——我很有愛心。於是，我去了，我們跟他一起喝茶。他看到我們非常高興，非常客氣，彬彬有禮的。他知道我是演員，詹姆士已告訴他，他會帶我去看他。我們跟其他許多人坐在一個大房間裡，他很迷人，我們開一些玩笑，不時地笑。反正，在回家的路上，我想起了他是誰。我突然想起來——貝克蘭！因為他的嬸嬸是我的一個好朋友。我在車上對詹姆士說：「我確信就是他！」我回到家，打電話給伊莉莎白．貝克蘭，我說：「伊莉莎白，妳絕對猜不出我剛剛看到誰！我剛剛見到東尼。」她說：「不會吧！不會吧！不會吧！」她彷彿很害怕。

詹姆士．芮夫

伊莉莎白．貝克蘭住在倫敦，從沒去布洛德摩爾醫院看過東尼一次，這是很丟臉的事。派翠西亞．尼爾打電話說，她剛去布洛德摩爾醫院看他回來，在伊莉莎白．貝克蘭眼裡，這是丟臉的事。我是說，我是說，那一定把她給嚇壞了！我要求派翠西亞去，是因為我知道這樣東尼會很高興，會讓他在別人眼中份量大增——當你身在那種地方，若有一些有趣的朋友，是非常重要的事。

安東尼．貝克蘭致蜜娃．斯文卡－齊林斯基的信，未註明日期

布洛德摩爾醫院

親愛的蜜娃——

詹姆士來看過我兩次，他帶派翠西亞．尼爾來，她是我非常渴望結識的人，因為我一直很仰慕她。她人

非常好——我知道，妳會喜歡她的。

詹姆士上一次來看我時，帶了素描的材料給我。他給我看他在海地畫的畫作的照片，很陰慘可怕又有趣——我非常喜歡。我沒有很多機會畫畫，因為妳帶給我的昂貴畫畫材料還在醫院的另一個地方。

東尼敬上

蜜娃．斯文卡-齊林斯基

我買給他許多蠟筆和畫紙，好讓他有點事做，但他們卻沒把東西給他。我問那裡的一位精神科醫生，他說：「那會讓他脫離現實。」

東尼．凡恩．盧恩

東尼在手工藝品店工作——那是他要做的事，醫療人員也支持。大家——十之八九——都被分派到工作，應該具有治療的作用。手工藝品店大抵是打發時間的區域，東尼以前都去那裡畫畫。待在「康瓦爾」想真正畫幅畫，對他是非常困難的——若要那樣，他必須獲得他們所謂的「院內假釋」。

就我自己的觀點來看，我認為他算是相當穩定的人。這並不表示，他沒有精神病，但他似乎已接受他所處的環境，就是日復一日過著日子，但跟大部分的人保持距離，特別是當權在位的人。我認為，那已變成在那種環境下的一種生活方式。你會想：「那個監獄看守心情是好還是壞？如果他心情不好，我最好什麼都別說，否則我可能挨刮或什麼的。」我想，凡是有點腦筋的人，大多數的想法就是保持低調，因為一旦你開始為自己的權利或別人的權利聲張起來，不僅會被置之不理，還會被還以顏色，被迫服過量的藥——醫療人員總是有正當解釋的。我並不是說，醫療人員都串通勾結。我要說的是，只要一位資深護士說：「這個病人精神病又有點發作了，」醫生就有足夠理由增加用藥。

派翠西亞・葛林

我們第一次去看他時，那是令人非常震撼的經驗——他看起來很糟糕，十分邋遢，我們買了些衣物給他，有一條長褲和一些襪子，還帶了些吃的東西給他。第二次，我們發現他好多了——兩次探訪時間相隔了一年——這一次他有了個大肚子。我們問他要什麼，他說他要音樂，我想是古典音樂。我說，我認為他應該要有一些襯衫——我們覺得那會讓他看起來有精神一點。

你知道吧，芭芭拉曾帶他來給我先生看診，那時，賈斯丁沒告訴我。如果他在治療朋友或他們的孩子，他從來不說。好幾次我在他的候診室裡碰見一些人，讓我很驚訝。我在那裡看到芭芭拉一次，我驚訝萬分。

我不太記得我們初次結識貝克蘭夫婦的情景，不確定是在街上跟孩子們一起的時候，還是朋友介紹的。我只記得，對布魯克斯和芭芭拉的印象極為深刻。他冷漠陰鬱，而她溫暖明亮——彷彿陰陽兩極。我認為，他們是我所見過最迷人的一對夫妻，我記得芭芭拉戴了一頂狐狸毛做的大帽子。她說：「這只是我滑雪時戴的帽子。」對我來說，她很有魅力，那頂帽子棒極了！

她還會騎馬，她會清早六點起來出門，在公園裡騎別人的愛爾蘭獵馬。布魯克斯有一回跟我說：「她清早起床的時候我都知道——床就像那樣鼓起來，她就走了。」這就是我記得的——她會六點起來，在公園騎那匹性子很烈的馬，布魯克斯會讓她去。

他們屋子裡有一幅芭芭拉的畫像——她把頭髮放下來，朱紅的嘴唇，穿一件非常低胸的露肩洋裝——我記得自己一邊端詳那畫像，一邊想著，那是否就是真正的芭芭拉。

布魯克斯・貝克蘭

我請人畫了那幅畫，是派爾・富瑞特（Pal Fried）畫的粉蠟筆畫。他是匈牙利人，曾在巴黎隨莫內學畫，他在所有他的畫作上都簽上富瑞特・派爾——把歐洲姓氏寫在前面。他是那種素描技巧很高超，但是畫到後來會把畫畫壞的畫家。他先前已替我畫過一幅芭芭拉的畫像，我看著他把那畫畫壞的——我把那幅畫給芭芭拉的母親了。這一幅，我在最恰當的一刻喊停——我叫他停筆的。他很不高興，但同意了。後來，他出去闖蕩，到了好萊塢，畫像嘉寶姐妹花[12]和瑪麗蓮・夢露等明星，但是，這一幅可能是他畫過最好的一幅畫像，是芭芭拉遇害後，我從她凱德根廣場公寓拿回來的。絲兒薇非常討厭我留下那幅畫像，所以都把它藏起來。她最後把那畫給毀了——她說是不小心的，我相信她，但佛洛伊德可能不相信。

伊莉莎白・布羅

我第一次看到她，是在紐約藝術學生聯盟（Art Students League）的舞會上，那些舞會在當年可是大事——有點像巴黎的藝術化裝舞會，大家都為了服裝費盡心思。那次舞會是個文藝性質的舞會，主題是文學。我穿了一件用一層層法國緞帶做的美麗紅色天鵝絨舊裙子，配一件黑色緊身上衣——我是紅與黑！很多男生不知道要穿什麼服裝，所以就在頭上包一條毛巾，用一種深棕色的顏料塗臉，裝扮成印度人。已跟我訂婚的富萊德・穆勒（Fred Mueller），原本是白膚金髮碧眼的日爾曼人模樣，也扮成印度人

12 指梅黛・嘉寶（Magda Gabor）、莎莎・嘉寶（Zsa Zsa Gabor）、艾娃・嘉寶（Eva Gabor）這三位美麗的名人姐妹花。

了——看起來棒極了。我想，布魯克斯也是那樣裝扮的——他極有魅力，是我這輩子見過最英俊的男人之一。

反正，我去洗手間時，裡面有個美麗的女子。她沒穿化妝舞會的服裝，只穿了一件極為平常的晚宴服。我們開始攀談起來，她告訴我，她剛生了一個兒子，接著就談起她兒子——她非常快樂，興奮得要命。

那晚之後，我們常看到貝克蘭夫婦，大部分是在他們家裡。以他們那樣的人住在那屋子裡，相形之下，那屋子算是相當傳統的。

海瑟．柯翰（Heather Cohane）

我丈夫傑克（Jack Cohane）跟我說過這一則有關貝克蘭夫婦的故事，那是在我認識他們之前很久的事，一定是在大約東尼出生的時候吧。他們大家在某個餐廳吃晚餐，有傑克和他前妻，我想還有艾希溫．李普（Aschwin Lippe），很可能也有他太太希夢（Simone Lippe），以及布魯克斯和芭芭拉——他們在玩這個遊戲：「你願意為了一百萬美元去吃一磅的人肉嗎？你願意為了一百萬美元，在通過旋轉門後，跟碰到的第一個人上床嗎？」——諸如此類的。

布魯克斯一定是回答了願意，因為當他們離開餐廳的時候，芭芭拉對他說：「好吧，如果你是那麼想的，我就跟第一個坐車過來的男人走！」她衝到街道中央，招手攔下一輛坐了四名年輕男子的車，跳進去，車子就開走了。當然，傑克和他太太、艾希溫和希夢，還有布魯克斯，愣在那裡，錯愕地望著她消失了。

幾個小時後，她回家了，顯然相當害怕。當年，芭芭拉非常美麗，我的意思是，在紐約市做那種事，是非常瘋狂的，在紐約市做那種事很危險，非常瘋狂，非常危險。

取自約翰・飛利浦・柯翰未出版的日記

星期五。今晚在貝克蘭家晚餐——與會的有公關班・桑能伯格和他太太；公認很優秀的精神科醫生桑德・拉杜（Sandor Rado）；傑弗瑞（Geoffrey Hellman）和黛芙妮・海爾曼夫婦——他替《紐約客》撰寫文章，她則是一個很奇怪的豎琴演奏家，像半人半神的農牧之神。後來，伊莉莎白和富萊德・穆勒也順道過來，我們大部分的時間都在向精神科醫生請教免費的意見。

伊莉莎白・布羅

富萊德和我剛生下第一個孩子的時候，我們住在格林威治村（Greenwich Village）一棟非常小的公寓裡。之後，我們搬到第五十街和第二大道那裡的一間列車型公寓[13]，樓下是一家賣酒的商店。然後在我們要生第二個孩子時就必須搬家。富萊德在七十二街找到這棟很棒的房子，一個月房租才一百六十五美元，房東夫婦倆要去英國兩、三年——房東先生拿到羅德斯獎學金。[14]

屋子很大，有五層，富萊德，可憐的富萊德，下班回家時，得爬上頂樓，那裡過去是女傭的住所，他正在裝修頂樓，這樣我們才能將它租出去，屆時房客得用我們的樓梯上去。

我們登了一個廣告，一位人非常好的女士和她孀居的媳婦來了，她們極為可愛。我們跟她們談話時，發現原來老太太是芭芭拉・貝克蘭的母親。她長得很漂亮，這些年來沒什麼改變。我的意思是，她沒有她女兒那種美若天仙的容貌，但她非常漂亮，非常嬌小玲瓏，總是穿得很體面，總有一種一本正經

13 railroad flat，此種公寓裡的房間就像火車車廂一樣一間一間接下去，每扇房門皆通往另一個房間，沒有走廊。
14 Rhodes Scholarship，由英國資本家羅德斯（Cecil John Rhodes）創立，獲此獎學金的學生可進入牛津大學就讀。

的端莊模樣。

我記得，我們一個月收她們一百六十五美元房租，她們把屋子整理得極為迷人。前面的客廳，她們整修得很有品味，還有富萊德新加蓋的小廚房。她們很少請客，但芭芭拉常來看她母親，我也是因此而跟她熟絡起來的。當然，東尼經常過來跟外婆共度午後時光，他愛外婆，外婆也愛他。只要布魯克斯和芭芭拉週末到外地，東尼就過來住。

妮妮那時是個很有意思的人，因為她頗為神經質。她一向都睡不好，必須把所有百葉窗放下——不能有一點光線進來——可是，她還是無法闔眼。我記得有成千上萬次她倚著欄杆，我問她：「嗨，妮妮，妳好嗎？」她說：「喔，嗨，親愛的，昨晚沒闔過眼——我不中用了。」她老說：「我不中用了。」

你可以看得出來，她們一家人是個非常快樂的小家庭。布魯克斯和芭芭拉似乎是一對理想的夫妻，還有這個兩人都愛的迷人小男孩——不，我不認為愛得太多，愛是不嫌多的。當然，後來，的確是愛得過頭了。

伊莉莎白．亞契爾．貝克蘭

有一年夏天，我去位在鱈魚角的特魯洛鎮（Truro）的伯斯頓海灘（Ballston Beach），拜訪布魯克斯和芭芭拉。那裡曾是我繼父的海灘——奧奇．伯爾（Ozzie Ball），也就是謝爾登．奧斯本．伯爾（Sheldon Osborn Ball），他擁有從特魯洛鎮到北特魯洛村兩哩的濱海地帶。地產大亨齊肯多夫（Zeckendorf）出價三百萬美元要買，但他全部都捐給國家公園了。

東尼和我整天玩在一起，他十分聰明，遠超過他班上的人。我是說，我可以跟他玩一整個下午，而我又沒有喜愛小孩到那種地步。我的意思是，我把孩子當大人對待——如果他們沒法給我像個大人所能做到的那樣，我就不想跟他們在一起。東尼給我的，就像個大人那樣——你知道的，意見、感受、精闢的觀察力。我可以說，他最快樂的歲月約在四歲就結束了。

一天下午，他和我在散步道上看到一隻螳螂。然後，他坐下來，畫那隻螳螂，接著又畫了一些鳥——真的畫得很好。那天晚上，芭芭拉抱他上床就寢時，我聽到她說——隔著分隔房間的隔板——：「東尼小心肝，你比較愛誰，伊莉莎白還是媽咪？」他說：「當然是媽咪。」我想，才四歲，她就給他那樣的訊號……

道迪·凱普提瓦（Dodie Captiva）

我在鱈魚角那裡認識他們，我不能說認識他們很深。我是說，我對他們的認識，就跟一般人那樣，就是甲終年住在那裡，乙夏天來避暑那樣。

我以前每年去紐約一次，我在洛克菲勒廣場北邊的第五街上走著，作著白日夢，眼角突然瞄到很熟悉的身影——一名女子和一個小男孩。男孩五歲，也許六歲——小到幾乎得用手牽著。他們在閒逛，瀏覽商店的櫥窗。當我與他們並肩而行時，我望著櫥窗裡的反影，發現是芭芭拉和東尼。不論母子倆在做什麼，不論談話的內容是什麼，他們眼中只有彼此的欣喜神情——讓我感到不大對勁！

莎拉·達菲·徹馬耶夫（Sara Duffy Chermayeff）

我跟父母住在特魯洛鎮，那年十六歲，剛學會開車，沒事可做。一天晚上，父親和母親說：「好了，莎拉，打起精神來，做點事情。妳能做什麼？」討論的結果是，我可以辦個小朋友的小夏令營，結果卻是個頗具規模的夏令營——最後有十五個小朋友。我的收費是每週十塊美元，賺了很多錢——對我而言。我媽有一輛休旅車，我用那車去接送小孩。我帶他們去特魯洛鎮與威夫利特鎮（Wellfleet）邊界的鷗塘（Gull Pond）——我們帶了奧利奧餅乾和蘋果汁，也在那裡游泳。你知道，人們總是說：「當年啊，我記得當年。」可是，我真的記得。我是說，現在，鷗塘看起來像……就像馬里蘭州的海洋城（Ocean City, Maryland）那樣的觀光勝地，可是，我跟我的小營隊去那裡時，那裡一棟房子都沒有。

剛開始時，我的夏令營裡有文學評論家愛德蒙．威爾森（Edmund Wilson）的小女兒海倫．米蘭達．威爾森（Helen Miranda Wilson），她現在已是個頗受肯定的畫家了；還有黛芙妮．海爾曼的三個孩子黛西．海爾曼．派洛迪斯（Daisy Hellman Paradis）、迪格．聖約翰（Digger St. John）和已成搖滾大明星的山迪．布爾（Sandy Bull）。有一天，我在招攬生意時，黛芙妮說：「有些人打電話說，貝克蘭在城堡山路（Castle Hill Road）上租了房子，他們有個小男孩。」於是，我立刻開車過去，有個穿著棕色比基尼的女子在洗車。她真美豔，我是說，她美得無可挑剔，我是說，最……我倒不認為是瑪麗蓮．夢露再世。我想，那是瑪麗蓮．夢露之前的時代。我十六歲，東尼七歲，所以是一九五三年——瑪麗蓮．夢露那年從影了嗎？我不知道她那時是否已名留青史了，但對我來說，我從沒見過有人像芭芭拉．貝克蘭那樣艷麗，我還崇拜「那明星」好多年。

她立刻同意我帶東尼加入我的小游泳隊。他有一件蠟染印花布的泳褲，紅髮，天啊……一直是我最喜愛的小朋友。那年夏天的後來有一天，不確定是芭芭拉還是布魯克斯把我拉到一邊，跟我說東尼口吃的事。我說：「他沒有口吃。」於是，他們說：「他跟妳在一起時沒口吃？」我說：「根本就沒有。」他們當下就雇用我，在他們晚間外出或週末到外地時看顧東尼。

黛芙妮．海爾曼

有一回，我在他們鱈魚角的家裡吃晚飯時，芭芭拉和布魯克斯叫東尼大聲朗讀薩德侯爵[15]的作

15 Marquis de Sade，十八世紀法國情色文學作家。

品。他唸得不太好，因為他是奉命唸的，我覺得非常怪異，也許是要幫他克服口吃的問題，也許是這樣比讓他讀《塊肉餘生錄》（*David Copperfield*）要來得較有生氣。

芭芭拉是愛社交的，而布魯克斯脾氣不大好。有一天，我碰到他們夜晚在雨中散步，吵得很兇。我猜，布魯克斯常跟女人調情。當然，芭芭拉總是搭送牛奶的人或別人的便車，而且很會討好他們。她很擅長跟人調情，並從中獲得樂趣。

芭芭拉・黑爾

鮑伯・黑爾（Bob Hale）和我去特魯洛鎮看他們。我永遠不會忘記，坐在海灘上，看班・桑能伯格那一副喬治亞人的德性一路小跑步的模樣——真是難看，還穿著泳褲。他看到有個美若天仙的紅髮女孩跟我坐在一起，就上前來說：「妳們想來跟我一起野餐嗎？」他的野餐籃子非常講究，是你一輩子沒見過的那種，裡面有餡餅、龍蝦三明治和類似的東西——這是他與人邂逅的伎倆。從此以後，芭芭拉在紐約就經常與班・桑能伯格見面。我記得，布魯克斯跟東尼也來海灘加入我們。

黛芙妮・海爾曼

東尼和我女兒黛西幼年在鱈魚角時，兩人形影不離。我記得，布魯克斯和芭芭拉租的那棟很陽春的屋子就在海灘上，兩個小孩在屋頂上學公雞叫。那時，東尼和黛西就愛學公雞叫，人人都覺得很吵，芭芭拉和布魯克斯也有些受不了。

黛西・海爾曼・派洛迪斯

我們以前常在一起調皮搗蛋，在伯斯頓海灘，跑去偷襲當地農民的園子。有一回，我們在我家車庫裡脫了衣服，等車子來了，我們就跳來跳去，大叫——我父親進來時，覺得十分有趣。

我從來對芭芭拉都沒什麼好感，說老實話，我還是個小孩時，就不喜歡她。當時，我當然無法用言語表達，但我覺得，她似乎不那麼愛東尼，對我也是——或者對小孩都如此。她是那種總是開口閉口說：「喔，親愛的」——你知道的，這個那個的，但那話裡就是假假的，也許是虛偽做作吧。

東尼殺了她之後的好幾年都寫信給我，我沒回信，因為我真的不知道該說什麼好。天啊！你要對一個殺了母親的人說什麼呢？

海倫．米蘭達．威爾森

關於東尼的事情，我記得的不多——他長了一頭紅髮和一臉雀斑；我很小的時候，跟他一起玩，還有作家華道．富蘭克（Waldo Frank）的兒子：強尼．富蘭克（Johnny Frank）。我最好說華道和琴恩．富蘭克（Jean Frank）的兒子，因為華道結了許多次婚。強尼現在在舊金山，是個醫療輔助人員兼救護車駕駛。總之，我們大家以前夏天都玩在一起。東尼．貝克蘭是個不折不扣的頑童、惡霸，沒錯，惡霸——而我是個相當強壯的小孩。你要我跟你說我記憶中真正的他嗎？其實，還挺有趣的。我記得，我們在山上的樹林裡玩，有人去廁所——我想，是他——你知道小孩子都很皮，我想，他挖了一些捧在手裡，追著我們跑。就是那樣，這就是我記憶中的他。

強納森．富蘭克[16]

東尼和我小時候常膩在一起，一直到八、九歲左右都是如此。我們兩個都很糟糕！事實上，還有一

16 Jonhan Frank，即前一段提到的強尼．富蘭克。

個男孩強尼．范克克（Johnny Van Kirk），我們三個形影不離——我們被叫作「野蠻三人組」，大人以前都這麼叫我們，但那只是個暱稱，不過，我確定我們當時真的很壞。

強尼．范克克

我媽以前會瞎編一些我們的故事——「黑強尼」、「黃強尼」、「可怕的東尼」，我們是「三人行」。之所以叫他「可怕的東尼」，是因為他總是動腦筋想些非常具有想像力的罵人粗話。東尼的想像力很豐富，天馬行空，無邊無際。他不是一般人，不是，我必須說，他異於尋常。

他當然是這群小孩子裡最野的，我跟他很多時候在伯斯頓海灘停車場廝混，把大片區域圍堵起來，從他家放水讓那地方淹水，讓停放的汽車中間變成大片沼澤地。他總是發明一些瘋狂的遊戲讓我們玩，強尼．富蘭克和我會出去買玩具卡車和槍之類的東西，但東尼直接用頭腦想出遊戲，大多是很富奇想的遊戲，像是角色扮演的遊戲。他有一種能說服人參與的能力——你會忘掉自己的顧忌，很容易就變成其中的一份子。

他甚至說服我們，如果我們把從沙丘上弄來的那種奇怪的黏土抹在身上，就可以飛起來。我們真的就從懸崖上跑下來，竭盡所能跳得很遠，相信每一次都飛得更遠一些——只要再多抹一些黏土！東尼真有能耐讓我們做這種事，他有一種說服力。小小年紀的他是非常強勢的。那真是一段快樂歲月。

五、歡樂嬉戲

每週一次，東尼和「康瓦爾家」的五個病患，在院方人員陪同下去販賣部，他可以隨意採買東西，有糖果、香菸、肥皂、咖啡和茶葉等。病患是不可以自己經手現金的，所有採購的物品都記在他醫院的帳戶裡，他的錢都存放在那帳戶裡。每個月，他會收到一張電腦列印的財務明細表。

「東尼會對別人非常好，」馬奎爾醫生說：「事實上，我必須保護他，以免他過份慷慨了。我提出一個辦法，要求透過英國最高法院分院的保護法庭設立一位保護人。東尼的錢最後是在法院指定的監護人保護下存放起來，監護人會詢問他的需要，然後把錢撥給他。通常是一次撥完下一年的用度，但我說服了東尼的監護人，每六個月撥款給他。他父親也給他零用金，還有從其他來源的許多錢，包括在紐約投資的收入。」

到一九七六年初的時候，東尼．貝克蘭已適應了醫院的日常生活，不管是社交上或治療方面都已習慣。「當然，他有慢性病。」馬奎爾醫生說：「但他時好時壞，起起伏伏的，他真正的基本性格會不時跑出來，嚴格說來，他的疾病不是環境造成的那種，而是遺傳的。」

「東尼博覽群書，」馬奎爾醫生還說：「但他有一種許多精神分裂症患者都有的特質——對事情抱有偽知識份子的心態。我跟精神分裂症患者接觸已有很長一段時間，因為他們不是無趣的人——事實上，他們非常有趣，他們說的每一句話都含有某種真理。我發現這個現象很耐人尋味，因為聽起來都很正確，但他們卻不能正常過日子。在他們採取行動犯下罪行之前，總會想辦法以某種方式告訴世界，他們要去做了。」

東尼・凡恩・盧恩

我知道東尼・貝克蘭經濟狀況相當不錯，但不知道他超有錢的。但我要說的是，布洛德摩爾醫院的精神病患會占東尼那種人的便宜，去跟他們做朋友，直到他一文不名為止。我清楚記得，他去販賣部的時候，當然總是買足那個星期需要的東西。但問題是，他一回到病房，有人就會說，那些東西，有些你不需要，何不給我一些。他真的是個大好人，但問題就出在他把東西送人，特別是他若看到有更不幸的人。

派翠西亞・葛林

他孩提時候就非常敏感，從某方面來說，是個古靈精怪、叫人捉摸不定的小孩——前一刻還看到他，但下一刻就不見人影了。在他父母的晚宴派對裡，他跑進跑出，像水銀一樣多變。

他會到我們家來，但我們的孩子不常去他們家。他之所以會來，我想，是因為我們比較像正常的家庭，他十分喜歡。我認為，布魯克斯和芭芭拉頗喜歡交際。其實應該說，他們超愛交際。他們晚上外出時，他就去外婆家——我會看到他提著裝鸚鵡的鳥籠，在街上走，手臂上掛有睡衣。

有一年的萬聖節，我帶他到街坊上要糖。那時，我們都自己做當天要穿的服裝，沒用買的，而我替他做了一件。然後，我跟孩子們一起去，他們都還很小，我記得，東尼因熱鬧氣氛而興奮不已。他跑開了，穿過黑夜，沿著社區一路跑，我十分驚慌，因為他不見了。我們追過去，終於趕上他，他只是跑呀、跑呀、跑呀，很野的樣子。然後，我們大家一起繞著社區要糖。那時，社區鄰里的人都非常好。到了富豪保羅・麥倫（Paul Mellon）家，管家來應門，端了銀盤來，上面放了給我們的蘋果。真是往日一逝永不回。

我記得，東尼的房間裡有一些寵物鼠什麼的，當然，他還有小鳥，而且我猜，還有魚。他來我們家時，會去看我們的動物——我們可能也有一隻令他心動的白老鼠，那白鼠是聯繫他跟我孩子的主要關鍵。

我們家過街對面有塊空地——他們把房子拆了——我想，那裡有一些讓東尼和我孩子很感興趣的老鼠，於是說：「你們最好離遠一點，小心被咬。」我們家的孩子大都離得遠遠的，但我想，東尼那時一再地在木板裡翻找，到處撥撥弄弄。我猜想，芭芭拉為此很生氣，因為我記得，她跟我談到很擔心那件事——她該怎麼做才能讓東尼遠離那棟房子。我猜想，東尼就是對任何動物都極有興趣。

取自《全家汽車遊歐之旅》，里奧．韓卓克．貝克蘭著，無馬年代出版社，紐約，一九〇七年

我的兩個孩子深愛動物，如果我讓他們為所欲為，他們那規模不小的收藏，像是狗、兔子、貓、天竺鼠、鳥等等，很快就會多到變成一個小動物園了……直到我聽到，我兒喬治在央求著要一隻鮮活健康的白鼬時，我決定是該妥協的時候了，讓他飼養可以代表動物王國又比較溫和的東西。於是，我終於同意買兩隻小孟加拉雀（Bengalese finches）。牠們被關在一個小籠子裡，從此變成我們旅行的伴侶。

派翠西亞．葛林

我在初結識芭芭拉的時候，有一回，她說：「東尼在我衣櫥裡養飛蛾。」我認為挺有趣的，於是去看了，果然沒錯，他在一個鞋盒裡養了一些蛾繭。芭芭拉眼睛一亮，覺得很開心。我必須說，我很佩服她這一點——要是我，我會說：「把衣櫥裡的飛蛾拿出去！」她的衣櫥裡有貂皮大衣和非常昂貴的衣服。

布魯克斯．貝克蘭

我幾乎可以確定，那些東西是螳螂——艾倫．普瑞斯特（Alan Priest）給我們螳螂繭。當時，他是大都會美術館東方藝術組主任，是我們的朋友艾希溫．李普的直屬上司。影星安東尼．昆（Anthony

Quinn）來看我們的房子，洽詢租屋事宜。他打開東尼房間的衣櫥，那些藺剛剛孵出成千上萬的螳螂，他現在很可能還記得當時嚇了一跳。他沒租我們的房子，而是影星夫婦修姆．克羅寧（Hume Cronyn）和潔西卡．坦迪（Jessica Tandy）承租下來。

派翠西亞．葛林

我們邀請東尼來我們在鄉下的家裡，主要是因為我們有一個兒子去他們家，看到他的飛蛾，心動不已。你瞧，東尼其實就是鄰家男孩那樣的孩子。第二次他來鄉下時，青蛙讓他長出疣來，顯然那些青蛙有一點病毒。我想，芭芭拉嚇壞了。他沒再來過。

他在我們城裡的家裡畫了一些畫。我必須說，他的畫很不一樣，大多數男孩畫火箭或飛機之類的東西，但他畫的是比較有想像力的東西——自己創造出來的動物。

芭芭拉以前常畫昆蟲，非常大幅，大多數都具代表性，畫得非常好。我記得，有一年夏天，她在鱈魚角很努力作畫，秋天回來後開了個畫展。我記得在展出前見到她，她說：「我是個瘋狂的女人，我一整個夏天都在畫，像瘋了一樣，停不下來，我現在才正要去美髮師那裡！」她的頭髮真是一頭蓬亂，真是個瘋狂的女人。

那次畫展很吸引人，在一個非常小的畫廊展出，走一些樓梯上去，芭芭拉正在歡迎來賓。我腦海裡還記得她站在那裡，頭髮弄得很漂亮，膚色很美，身穿漂亮的洋裝，戴著白色的小山羊皮手套，我印象很深刻——白色的小山羊皮手套！她很溫柔，我可以看到白色的小山羊皮手套裹著她豐潤的小手——她並不豐滿，但給人一種豐滿的印象。我說了自己對手套的看法，她說：「我想，是我不喜歡碰別人的手吧。」這是順便一提我對她個性所記得的一點。當然，當年的人確實會戴手套。

瑪潔莉．福瑞瑟．史諾

我認為，她有跟龔薩雷斯（Gonzalez）習畫，那時候是在鱈魚角；在紐約時，她也在藝術學生聯盟學畫，還跟漢斯．霍夫曼（Hans Hofmann）學。我想，她在紐約什麼地方開過個展，而且事實上，還大獲好評。我知道，她在鱈魚角時開過一次畫展，妮妮頗以她為榮！

派翠西亞．葛林

芭芭拉的母親在自然歷史博物館（Museum of Natural History）找到一份工作，芭芭拉為此深以為傲。那時，達利太太顯然並不需要工作，雖然我知道，她一度曾有入不敷出的窘境。把芭芭拉嫁給那大筆的塑膠財富，一定像一場夢一樣。達利太太說，她閒坐無事，覺得無聊，想找點事做。當然，她去博物館工作時，東尼很開心——畢竟，是自然歷史博物館！恰恰投其所好。

我以為，他理所當然會成為博物學家。我以為，他會繼續努力，振作起來——變成一個很古怪的博物學家，或者畫家。

強納森．富蘭克

我到紐約去看東尼時，我們通常都會安排去他外婆工作的博物館。基本上，他們祖孫之間的關係是很自由而無拘束的。我們會跟她說明去向，但大抵是自己做主——那時，我們真是年輕。

我們常在外面玩，我可以說，我們比較喜歡那樣。晚上，我們會逃到臥房，玩一種遊戲。我們爬到很高的櫥櫃上，然後往下跳到床上，假裝我們是翼手龍——也就是會飛的恐龍。

妮娜·達利

我去找工作，然後在博物館的禮品店找到了。暑假放假兩週，還有假日，我真的很喜歡。下班後，我還想做點別的事，想在商店之類的地方工作，如果那家商店不錯的話。只要能讓我不閒著，上午可以出去走走，什麼工作我都願意。

東尼常順道過來看我，很討我歡心。他也通常每週都來，在我那兒住三個晚上，他是來陪我的，因為我一個人。我跟他們曾一起住了好一陣子，因為我還沒習慣獨居，但不習慣也得習慣。我妹妹常來跟我住，她沒小孩，所以把家人的孩子當成自己的孩子。她喜歡小孩，我也喜歡，我現在很想念他們。

東尼唸的學校就是在附近的巴克利學校（Buckley School），他喜歡那裡，也表現得很不錯，是個好學生，老是在看書，一直看。他在布洛德摩爾醫院時，會寫信給我要一些他想要的書，我就寄給他一些莎士比亞的著作和其他書。

法文課老師給安東尼·貝克蘭的「評語」，巴克利學校，紐約

東尼若有心要做，他可以用法文和英文寫出極為優美的散文和詩。激勵他努力做好，有時候是極大的工程；但是，一旦辦到了，結果會讓前面花費的功夫都變成很值得。

無論這學期發生了什麼事，我仍然認為，東尼是我所認識最好的孩子之一。他若能了解自己的雄厚潛力，他會是最棒的。

彼得·蓋保（Peter Gable）

我是在巴克利二、三年級時認識東尼的，那是一所學業競爭非常激烈的學校。對別的孩子來說——對當時身為一個孩子的我來說——他並沒有特殊之處。但是，他當然是不一樣的，因為他有一些他很熱

衷的事物和能力。我的意思是，他天資聰穎——我想，那種聰穎不是別的孩子能懂的。

他有超凡的藝術能力——他愛畫鳥，是個小奥杜邦。我記得有一回，我們在外面的公園玩——我們已經大到不需要有大人陪著，八、九歲了——我抓到一隻鴿子。我覺得那隻鴿子不大健康，是中央公園裡很尋常、沒什麼了不得的鴿子，東尼把鴿子搶過去，塞在大衣下面，接著我們衝回他七十一街的家，鴿子在他家自由飛了好一段時間——先在他房間裡，然後在整個屋子裡到處飛。我記得，鴿子挺喜歡我們的。反正，最後，牠不是帶給我們蝨子，就是我們擔心牠會帶來蝨子什麼的，就把牠處理掉了，我不記得是怎麼處理的。但我當然記得東尼畫的那隻鴿子，用鉛筆或鋼筆和墨水畫的。

每天放學後，我們一起回家，到他家裡。他是我最要好的朋友，他們家比我們家有趣。我是說，他房間裡有個養蘭花的區域，我想是他父親的愛好。我記得那項養蘭計畫裡，那些奇特的蘭花是養在一個相當大、像魚缸的容器裡，裡面的環境是受到控制的。

我記得，他母親是個很耀眼、絢麗又很活潑的人，顯然比其他朋友的媽媽們都來得有朝氣。我的意思是，小時候，你對大人的生活懂些什麼啊？你知道自己的父母、他們的朋友、學校的老師——可能跟他們有某種遠親關係——你的褓姆、電梯管理員——當年，大家都有一個電梯管理員；在我的孩提時代，電梯管理員是唯一你能直呼其名的大人。

我當然察覺到，芭芭拉．貝克蘭是異於尋常的人物。我還記得，當時，我感覺到她跟她丈夫的關係相當火爆。他們會吵架，吵吵鬧鬧的。我記得聽到他們吵架，東尼和我都在聽，雖然可能聽不清楚究竟都吵些什麼。我父母也正處於關係不太穩定的階段，因此，家裡大人音量提高對我不是陌生的事。我不認為在貝克蘭家聽到的有什麼好奇怪的。但那驚人的音量！

我記得，東尼的父親不苟言笑，不大管事——大抵像個幽靈。有一回，他在星期六帶東尼和他媽還有我到郊外去野餐。我記得很清楚，是坐在車子後座——他當時有一輛賓士敞篷車，印象中是部跑車，車頂沒蓋上。那天天氣晴朗，東尼和我擠在後面。我們開到一處美麗的林間空地，有個池塘。我想，我們吃了午餐，然後，東尼和我就跑開去玩了。有趣的是，這一次和另外一次是我唯一還記得的兩回我跟他父母同時都在的時候——東尼和我可是好幾年的死黨。

夏天來臨時，東尼會消失，去了國外，直到秋天，那時我們又穿著短褲和運動衣走路上學。

絲兒薇．貝克蘭．斯基拉

布魯克斯和芭芭拉是兩個個性很強的人，在一起就吵，那個小男孩夾在兩人之間像個傀儡，被父母訓練成很機伶。你教小孩說拉丁文的「猴子」，跟教他說英文的「猴子」，兩者是一樣容易，他就是那樣訓練出來的。我完全不贊成這種教法。

即便這個兒子進了布洛德摩爾醫院，布魯克斯還在發號施令：「你得表示懺悔！」兒子說：「休想！該懺悔的是你！」他寫信去，經常去信。這一封說：「你殺了媽咪！」這是一種觀點。另一封又說：「你不是用香蕉把你媽打死的，是用刀殺死的！」布魯克斯永遠都無法了解的是，他的兒子為何從沒表示一絲悔意，那是布魯克斯無法了解的。

布魯克斯．貝克蘭

無論他有多瘋狂，內心深處總還有一絲冷靜、理性使他知道，而他當然也知道，我認為他應該為自己的行為負責。我不玩那套大家都在玩的「減輕刑責」把戲，他要我也像他們那樣，但我堅持作他的良心。

米西卡．杭登

我確信，東尼天生就是很不穩定的人。另一方面，他孩提時所經歷的，肯定把他的心性攪亂了。他就像他們養的那隻狗——他是稍微大一點的北京狗。「東尼，去做這件事！東尼，去做那件事！」「好的，媽媽。」我是說，就像《驚魂記》裡的東尼．伯金斯[17]——你懂嗎？我的意思是，已經到了那種地步了。

逸芳．湯馬斯

她誇獎東尼，還有把他寫的和畫的東西拿給人看的模樣啊！夫妻倆都一樣。他們想要那孩子做個天才，是這一點讓我震驚不已，讓我覺得很不安。我跟那孩子在一起時，就覺得不自在，因為我感受到，他覺得自己一定要很有成就。

當你像那樣強迫孩子接受自己的想法時，那是因為你要他們成就自己沒做到的。我認為，他們野心很大，而那野心並沒有成就什麼。她總是在談他們打算要做什麼，他們要做一番大事業，在文學方面或是……我認為，他們很愚昧。對我來說，她所代表的是那種社交圈的——完全是在社交。我認為，她待人的方式、她的談話和那種清脆的聲音，都是矯揉造作——一舉手一投足都令我覺得索然無味，特別是當年那個時候。現在，我無所謂了。但當年，對於一個人所選擇的作風我是非常嚴謹的——大家都是。我成了抽象表現主義畫家，生命因此而改變了——看法、價值，許多都改變了。那之後，我就很少見到貝克蘭夫婦了。

可是，那個兒子小時候真是優秀！但是，後來，他進入青春期後，就不怎樣了。

---

17 Tony Perkins，在電影《驚魂記》（*Psycho*）中飾演旅店老闆諾曼．貝茲（Norman Bates），極度依戀母親，不願面對母親過世的事實，將其遺體穿上假髮、衣服並安置在房間，同時自己戴上假髮、穿上裙裝，假想自己是母親。

威利・德瑞珀（Willie Draper）

東尼是最聰穎、最有教養，還有最具創意和最敏感的人，所以，他也能以最快的速度築起最多的牆，他也就在最短的時間內喪失了跟人溝通情感的能力。東尼從一開始就是個很引人注目的人，在巴克利學校的時候我就認識他，我一直都認識他。我是說，一路走來，我們很親近；但後來，我把他從我的世界裡淡出，因為對我來說，他太悲觀了。我的姐妹雀珂（Checka Draper）填補了這個空缺，她也正經歷更多類似的事。

東尼和我在萬聖節一起去要糖果時，被人用刀刺傷了——我不太記得是我們真的被刺了，還是我們差一點被刺。那些惡棍從公園一路跟蹤我們回家，圍堵我們。我們在東尼家門口按門鈴，沒人下來。還有一次，我們的腳踏車在公園被偷了，警察開著巡邏車，載我們四處找，大家指著我們，好像我們是罪犯似的。

東尼有個——我們兩個都有——非常熱情的媽媽，我喜歡芭芭拉。我是說，首先，她很喜歡我，有一段時間，東尼真的很嫉妒我，因為——你知道那種情況——他跟我媽處得很好，我跟他媽也相處得很好。

芭芭拉非常有愛心——只不過，她的情感十分強烈，情緒會變化，端看她與丈夫的關係，還有她那愛爾蘭人的個性。她就是個很野的女人，有時候就是……很嚇人。

但東尼是個很好的人，大好人，天生充滿純潔的熱情。

我生命中最不解的是，為什麼我們做了那樣的選擇，因為我們確實有所選擇——到最終，我們要為所發生的事負完全的責任。那有多無知，到底是什麼使得像東尼那樣大有潛力的人……？我認為，是情感的飢渴，我自己——我的意思是，關鍵真的就在非常根本的東西。

莎拉・達菲・徹馬耶夫

東尼在巴克利學校唸書的時候，我每天都看到他，每一天喔。我二十歲那年，嫁給設計師伊凡・徹馬耶夫（Ivan Chermayeff），我們的住家離貝克蘭家只有一個街口遠。芭芭拉為我感到開心——我是說，她喜歡伊凡，因為，他身上有一種成功的氣息，天曉得他有沒有。她給我的結婚禮物是一些顏色非常淡的綠寶石耳環，跟她以前戴的戒指非常像——她跟我說，那耳環是布魯克斯祖母的，她拿去重新鑲過——兩顆綠寶石跟兩顆珍珠。我的意思是，我是她心愛的褓姆，對吧？我想，我也該為她說些好話，雖然我並不喜歡這樣，因為我想殺了她。我猜想，她真的認為，我是個討人喜愛的女孩。因為我很敬重她——她說的都深獲我心。

伊凡和我住在七十街和萊辛頓大道上一棟很奇怪的列車型公寓裡，就在巴士站上面。每天，從我二十歲到二十三歲那段時間，東尼從巴克利放學回家，就到我家裡，因為芭芭拉不一定在家。我是說，我住得離他們不遠——我就在那裡。下午三點鐘，他從後面進來，手裡拎著用帶子綑著的書，一頂小帽子，他有一把我家的鑰匙。伊凡在上班，我試著寫小說，打掃屋子，理一理自己的思緒，之後我們會一起回他家去。

他們家就是我夢寐以求的理想屋子，一進去就是餐廳——我在那餐廳裡一定吃過一百萬次的飯——然後，走上樓梯，芭芭拉帶你進入一間淡褐色的書房，很小的一間——手指上戴滿了那些個綠戒指，腳放在腳凳上，一副逍遙自在的模樣。後面是她的臥房，床上鋪的是蕾絲花邊的床罩。她經常坐在床上，四周坐著各式各樣的男人——作家哈洛德・羅森堡（Harold Rosenberg）、索爾・史坦柏格……我從沒看過布魯克斯在那裡。她有個交誼廳，我是說，我滿腦子想的都是，就該這樣過日子的！

東尼的房間在頂樓，有個天窗，和一個用鐵絲網圍起的小陽台。他們後來搬到七十五街的豪華公寓，我當然記得東尼在那裡的房間！而她在那兒上面的房間，有張豹皮的床，衣櫥裡有七千套香奈兒的衣服——沒錯吧？——然後就是東尼的房間——是女傭房！我不記得那是什麼時候，但我開始發現，東尼已經完了，他們把他毀了。他們這對夫妻，在那件事上——把孩子給毀了——本事可大了。

布魯克斯．貝克蘭

一進東七十一街一百三十六號，就是一間鋪了大理石的門廳。然後走上樓梯，來到一間客廳，窗戶的寬度與屋子的正面一樣寬。後方，在同一層樓上，是可以俯瞰花園的餐廳。東尼的房間在三樓，不是頂樓。東七十五街一百三十號的頂樓公寓沒有女傭房，東尼的房間是由小書房改的。原來就沒打算讓他——或任何人——住在那裡的，我們使用那地方的時候，他在唸寄宿學校；但因為他一再被學校開除，所以我們只好讓他住那裡。那公寓三個人住太小了，其實，一個人住最理想。那時，芭芭拉只有一套香奈兒衣服。

莎拉．達菲．徹馬耶夫

喔，我還記得她說，她老是說：「我發現一個很棒的……」——對吧？她總是用那兩個字——「很棒、很棒」。

去年春天，有一天天氣很好，我去史傳德書店（Strand Book Store）——他們把書放在書店前面的街上，很多很多書——我買了一直想要的《塞維聶夫人書信集》（*The Letters of Madame de Sévigné*）。有很長一段時間，我都沒去注意那本書，但後來我看到，那本書上有「芭芭拉．D．貝克蘭，一九四二年——紐約」的簽名。一定是從她那豪華公寓清出來的書，她死後，那公寓就賣了。我的意思是，多詭異啊！

接著，我想到，天啊，一九四二年，她已經在收集《塞維聶夫人書信集》！哎，我甚至不知道她讀過沒有。現在我擁有了那本書，我還沒看呢。她顯然心裡早有打算，我是說，塞維聶夫人有個交誼廳。

布魯克斯．貝克蘭

我買了英文版的《塞維聶夫人書信集》給芭芭拉——那時，她還不會看法文。她從沒聽說過塞維聶夫人，這位十七世紀最知名的書信作者。塞維聶夫人家裡並沒有交誼廳，但的確有個獨生女兒，住在法國南部。她幾乎每天從巴黎寫信給女兒，持續了二十五年，信裡談宮廷和文學界的閒話，寫出最溫婉的母愛心聲。她也寫給法國作家拉羅什富科（Duc de La Rochefoucauld）——就是說出「我們大家都有能力忍受別人的不幸」那句話的人。

莎拉．達菲．徹馬耶夫

她，他們，貝克蘭夫婦，都很假。虛假，凡事都假。我初次見他們時，覺得他們很光鮮亮麗，我想，我也想像那樣虛假；但是，當我開始了解東尼的感受時，我覺得他們——很糟糕，夫妻倆都是，兩個都很糟糕。我是說我覺得，他們從沒用心了解什麼才是重要的——兩個都從沒用過心。他們只是對生活有粗淺的認識，他們心裡在想什麼？想想看，我是說，去住在聖路易島！他們以為自己是什麼人啊？墨菲夫婦[18]啊？

我是說，我認識東尼的時候，只比他大個幾歲，還沒有自己的孩子。但是，一旦我有了孩子，我就知道把孩子教養大是需要責任的，我就明白貝克蘭夫婦是什麼樣的混帳，還有他們那天殺的交誼廳——

18 指傑洛德和莎拉．墨菲夫婦（Sara and Gerald Murphy），兩人皆美國富豪世家出身，二十世紀初移居到法國蔚藍海岸，並經常舉行派對，在那裡形成一個聚集各大藝術家與作家的社交圈。

總之，那是很不公平的。我的意思是，我也討厭我爸媽——我想，每個人都會對父母有或多或少的厭惡，對吧？——但，拜託，我活過來了，但，拜託，我走過來了，當你想清楚了，說也奇怪，你還是得感激你的父母——是吧？他們不會把你毀了，而貝克蘭夫婦毀了他。

他是個很棒的小孩。我年輕時，是個非常浪漫的女孩，讀過D．H．勞倫斯（D. H. Lawrence）的《搖木馬贏家》（*Rocking Horse Winner*），而他就是那樣的人——就像個很有文藝氣質的小男孩，他就像英國小說裡所有的男孩。那就是她要他作的，他被繩子操控著展示，她就是不放過他，一秒都不行。

我跟蜜西．杭登去布洛德摩爾醫院看東尼，她是我和伊凡在卡達克斯買了房子後認識的，已經五年了。東尼不斷說：「我自由了，我現在自由了，我自由了。」他跟我們兩個說——「我現在自由了。」

一九七六年二月十二日，安東尼．貝克蘭致詹姆士．芮夫的信函

布洛德摩爾醫院

親愛的詹姆士：

我剛收到你的信，你的信是跟我祖母海勒威爾太太寄給我的《奧杜邦》雜誌一起來的，雜誌裡都是美國境內鳥類、花卉和森林的照片。今天上午，我們有小組治療，進行得很順利。這些日子，我覺得非常好——我外婆妮妮會對我非常滿意的。

你跟你母親在一起，一定很高興——你什麼時候要搬進新家？我決定像我爸那樣，作個作家。

可憐的鄔娜．佛比（Una Verbi）必須送進養老院——她已經神志不清了。威爾（Val）覺得自己遺棄了她，為此當然難過極了。他昨天來，含著眼淚，待了一小時。他們兩個都變成我的好朋友——再也見不到她，我會很難過的，但誰曉得呢？

詹姆士，請代我問候你母親，若能在忙碌的日子裡挪出時間，盡量寫信給我。

東尼敬上

詹姆士．芮夫

真正令我不安的，是他老提母親這件事。你瞧，在他給我的信裡，他老是說代他問候我母親。我母親！我可能順帶提起過我母親，但僅此而已。

我一再夢到他出獄的噩夢，當然，他曾跟我說，要來桑莫塞特郡（Somerset）鄉下跟我住，該有多好。這件事在我心頭一直揮之不去，因為如果他若真的出獄，還說：「我要詹姆士．芮夫來接我。」我該怎麼辦？

我想，我會去接他的。但我記得，曾有人警告我，他可能會極為危險。我的意思是，任何事都可能讓他失控發作，可憐的傢伙。

去看他時，是從一扇奇大無比的門進去，然後有一扇小門，一張桌子後面坐了一個人，如果你有帶禮物，他會把東西收下。有個橫板，你在上面寫上名字，並說明自己是朋友還是親戚。然後通過一個窄小的房間，有另一道門，他們讓你進去後，就有一個很大的院子。沿著院子的一側往前走，就像個迴廊似的，又有一扇上了鎖的門，有個警衛站在那裡。他把門打開，你就順著設有廚房的走廊往前走，這條走廊很長，看不到盡頭。終於，來到一個很大的房間，像個陵寢似的，設有舞台、鋼琴和窗戶，四處散置著小茶几，我們坐在那裡喝茶，有兩、三名警衛坐在長凳上監視。如果你是背向他們，就可以把任何東西偷偷交給你的親友，也可以取回他們交給你的東西。真是太好了！

我就在納悶，東尼身上穿的衣服，都哪裡來的，因為那些衣服不是他會穿的那種。倒不是因為那是收舊貨的人賣的衣服，而是我祖母以前常說的「下層社會」的人穿的衣服，那穿在東尼身上很不對勁。

我的意思是，他雖然不修邊幅，但看起來還是挺體面的。那些料子都不對——尼龍夾克和不適合他的東西。我的印象是，那些衣服就像是某個殺人越貨的囚犯，正好前一天晚上死了而留下來的舊衣服。

我總有種感覺，他很可能會認為，有人對他有興趣或來看他，只是出於一種很可怕的著迷心態。這就是何以在恭維他的時候，要格外小心翼翼。我不久就發現，東尼若有訪客，他不想坐在那裡談布洛德摩爾醫院。我尊重他這種感受，他要聽外界的消息，這真是不好意思，因為我亟想問他各式各樣的問題，例如，廁所是什麼模樣？宿舍怎麼樣？床鋪舒服嗎？床鋪當然不舒服，但你不能問他，他討厭你問。我可以跟你說，其實，我頭幾次去看他時，心裡可能會有這種病態的好奇心，但後來就沒有了。

每次寫信給他都覺得很困難，因為你不會想談他那邊的事情，所以，自然就只談自己的生活。在他寫給我的一封信裡——就在這裡——有一句話是：「我希望，你能照我建議的做，就是兩點鐘來。」其實，我記得那天，我故意不在兩點鐘到——為了要讓訪談時間縮短。「這樣，我們可以長談，」他寫道。當然，那表示是兩小時。「同時，我好給你看我媽媽那些很美的畫作，我覺得你會有興趣的。我想，我沒跟你說過，她是了不起的畫家。」畫家兩個字還寫得特別大！「我想找出她的一些傑出畫作，那些畫跟其他在凱德根廣場八十一號的東西都不見了。」挺複雜的，是不是？我是說，你拿起信來看，每一句話後面都隱含著三句話。

我跟東尼的友誼有一點不一樣了，去探望一個在那種地方的人，不像是訪友，倒像是去看籠子裡的動物。我的意思是，這是無可奈何的。

每一次去看他，我都得鼓足了勇氣，因為，我是說，關於那個地方，我也有自己的困擾。那裡讓我想起我就讀的拉格比（Rugby），那大概是英國最令人不愉快的公立學校。倒不是學校當局對我們怎麼樣，而是同學的行為很駭人。你剛去時還是個菜鳥，他們會把你掛在火上烤；還把那種老式的金屬梳子的背面燙熱了，來燙你的屁股。我還在那裡時，有三個學生自殺了。那是一所維多利亞式學校，非常像布洛德摩爾醫院。所以，去看東尼時，我幾乎想吐，因為連所有的氣味都一樣——汗味、尿味、洗包心菜的水、潮濕的牆壁、阻塞的排水道和很不舒服的洗手間。

然後，我又看到一個可憐、蒼白、面無血色的人，指甲咬得禿禿的，一頭淺紅色頭髮油膩膩的。那景象並不吸引人，沒有一點賞心悅目之處。我知道，人生並非時時刻刻都迷人，但若能在那裡看到一線陽光，該有多好。

以前最令我震撼的是，我去看他時，他們必須把他叫醒。他們不該讓他在下午就寢的——除非，很多時候他是被下了藥的。顯然，有時候，他被下了重藥。這是很可鄙的事——他們寧可病人安靜無聲，所以寧可讓病人下午去睡覺。他們沒有經驗老練的工作人員來照顧那些難搞的病人。如果每個囚犯都有一位真心關心他們的精神科醫師，情況會大為不同。

我記得有一回在秋天去，他只想知道郊外的景色。真是可憐。很少有人去看他，我覺得這件事教人無法原諒。那麼多上流社會的朋友從來去都不去，他們懶得理會這種事！我想，那個圈子的人就只是一群窮極無聊、整天穿著入時、無所事事的花蝴蝶吧。不然要怎麼解釋呢？他們都是費茲傑羅筆下的垃圾袋。

取自約翰．飛利浦．柯翰未出版的日記

星期六。前天晚上，我們為傑克和茱兒．韓茲夫婦（Jack and Drue Heinz）開了一個「藝術家」派對——布魯克斯和芭芭拉、野口（Noguchi）、馬賽爾和蒂妮．杜象夫婦（Marcel and Teenie Duchamp）、芭芭拉和鮑伯．黑爾夫婦。鮑伯．黑爾和我表演了兩個多小時的默劇，大受歡迎。我在表演時，喝了半瓶多的白蘭地，先前已先喝了一大瓶一九四九年份的蜜思妮葡萄酒（Musigny '49），這是好幾個月來頭一次宿醉。凌晨一點，大家——包括馬賽爾——跟著傑利．洛．莫頓（Jelly Roll Morton）的曲子開心跳舞——三點半時，終於倒在床上。

茱兒・韓茲

早在他們還在紐約時，我就認識這家人。那時，小男孩大約七歲，他父親在寫一篇科學方面的論文。他們是一家很迷人、很知性的人，那時似乎非常融洽，日子過得很快樂。

艾勒斯特爾・瑞德

芭芭拉跟我在安布羅斯・戈登家結識後不久，就邀請我去他們家的雞尾酒會。他們家有一個鑲了飾板的大客廳，於是我明白，他們一定相當富裕。顯然，她在累積人脈，因為她談到有個交誼廳等等，那天晚上去的人都是她欽點的。她肯定有能力搞個沙龍，她就是那種適合搞沙龍的人。她很亮眼，是焦點所在。人們會注意她，她也非常留心別人。布魯克斯相當寡言少語，冷冷的，退縮一旁，她則為他打點一切。我看得出來，他是因她的充沛活力而娶她的。

詹姆士・金士蘭（James Kingsland）

我從來都不清楚布魯克斯在做什麼，而他總有事情在忙——不是寫小說就是鑽研數學，他偶爾會在晚宴上輕描淡寫提一提；但我猜想，那些不是什麼非常認真在做的事，只是讓他白天有事做罷了。後來，他去從事探險之類的活動。他是個有很多想法和精力、需要找些事來做的人。

布魯克斯・貝克蘭

我從孩提時代起，就為了要照祖父教我的那些原則過日子，跟父親抗爭——多虧祖父母的愛，那些原則我照單全收，已到了這種地步：若有人問起我的「職業」是什麼，我可以說，我的「職業」就跟蘇格拉底坐在市集一處牆下的蔭涼處所從事的一樣。我無意倨傲不恭，我自認，在心智上，是個單純的補鞋匠，我在縫補思緒，還有什麼比這更謙卑的呢？但我卻因此而得罪人。

絲兒薇．貝克蘭．斯基拉

我覺得，布魯克斯的大問題是要找到自己的專長領域，而他還沒找到。芭芭拉當然是他這輩子一事無成、天賦未能發揮的一個藉口。他喜歡說，他沒法做這個，沒法做那個，因為她要去這裡和那裡。

希琳．羅爾．卡拉克

芭芭拉跟我最初認識她的時候，有極大的改變。布魯克斯就像外公，不喜歡那種生活——但他不像我外公那樣堅強，堅持過自己的生活。

伊莉莎白．亞契爾．貝克蘭

我還記得有一次在他們家，芭芭拉以一貫善於交際的態度，滔滔不絕，侃侃而談。我離去時，布魯克斯跟著我出來，他說：「我對這一切厭煩透了。」他已經煩透了，但卻屈服了——這樣會比較自在、輕鬆。在某些方面，他變得像芭芭拉那樣，因為我記得有一回他跟我說：「我跟蘇德蘭（Sutherland）公爵夫人一起打獵。」我說：「那是誰？」他說：「妳從沒聽說過蘇德蘭公爵夫人嗎？喲，她是蘇格蘭最有錢的女人。」

布魯克斯．貝克蘭

我認識的唯一一位英國公爵夫人是溫莎公爵夫人。我修正一下，很多年以後，我在巴黎跟貝德福公爵夫人妮可（Nicole Bedford）談過話。我們都住在聖路易島，雇用過同一個廚子，但那也不算什麼——

妮可・貝德福是土生土長的法國人。

芙蘭欣・杜・普萊西・葛瑞

貝克蘭夫婦請客，在紐約是獨樹一格的，他們天生善於此道，有一種歐洲的況味——沒有那種令人不愉快的冗長雞尾酒時段。井井有條的，酒菜備辦得很漂亮——食物和酒都很棒，非常活潑，比較像巴黎的沙龍聚會——是金錢與智慧的結合。在美國，尤其是當時，在人們分不出舞蹈家伊莎朵拉・鄧肯（Isadora Duncan）和建築師英尼格・瓊斯（Inigo Jones）的五〇年代，我的意思是，在以白人新教徒為主流的環境下，是相當無知的，連想要有個知性的對話都難。

貝克蘭夫婦為克里夫和我舉辦了一場很棒的訂婚派對——只有大約二十或二十四個人——我記得，後來我們玩一種遊戲，將一塊簾子放下來，放到某種高度，女士坐在房間的後面，男士把長褲脫下來——我們可以看到他們的內褲——他們在簾子後面跳康康舞，女士猜那些腿的主人是誰——也就是哪兩條腿是我丈夫的！然後，交換——男士去另一邊，換女士跳康康舞。

伊莉莎白・亞契爾・貝克蘭

派對上總是有很多遊戲。如果派對進行得不順，芭芭拉總會想出辦法讓派對活絡起來。她是個很稱職的女主人，我每次去那裡，都玩得很開心——每次都是。

就我所知，芭芭拉社交生活的轉捩點，是在她結識瑪婕莉（Marjorie Osborn）和她先生小費菲德・奧斯本（Fairfield Osborn Jr.）之後。他是紐約動物學會（New York Zoological Society）會長，也是美國自然歷史博物館館長的兒子——他們在文化界、社交界各方面的關係，自然是好得不得了。從那時起，他們是她最親密的朋友。他們很仰慕她，將她引介到所有的社交圈子，包括荷蘭本哈德親王（Prince Bernhard）的兄弟艾希溫・李普王子，這些人也都十分喜愛她。奧斯本夫婦讓她搭上了攀龍附鳳的特快車。

我記得，芭芭拉在她辦的一次派對開始前跟我說：「伊莉莎白，妳今晚可要把最美的一面拿出來，因為紐約最美的女人都會來這裡。」我記得有派姬·普立茲（Patsy Pulitzer）——她是模特兒，非常美麗。田納西·威廉斯那晚也在那裡。

布魯克斯·貝克蘭

狄倫·托馬斯（Dylan Thomas）來過我家，他在紐約的時候，是我負責招待他的。他是個大詩人，可是，我把他轟出去了。他還拿走我一件亨茲曼（Huntsman）襯衫——他穿太大了。我家總是擠滿一些美麗、愚蠢、喝得酩酊大醉的人。

詹姆士·金士蘭

他們經常請客，那時，我們都年輕得多，不會想到他們開的派對很棒——你就是去那裡，喝得微醺，玩得很開心，然後回家。後來，我想，芭芭拉明白，她開的派對很好，逐漸有了自覺意識，此後你就開始看到畫家達利之類的人來了，我個人並不覺得那樣有什麼趣味。我認為，她變得非常在意別人在大眾眼裡的看法。也有許多外國人進進出出，都是有頭銜的人。

這都要歸咎於人性的弱點，攀龍附鳳肯定是貝克蘭夫婦的罩門。今天，人們用「攀阿爾卑斯山」來形容這種人。我認為，布魯克斯不像芭芭拉那樣虛矯——顯然是因為，他在那方面是比她占優勢的。

伊莉莎白·亞契爾·貝克蘭

有一回，她來參加我們的派對——當時，我的夫婿是我第三任丈夫約翰·史奎爾（John Squire），我們住在一棟無電梯的公寓五樓。我打電話邀請他們，芭芭拉說：「如果妳要我們參加派對，一定要至少提前兩個星期告訴我們。」於是，我將日子定在那天過後的幾個星期。派對當天，芭芭拉打電話來說：「非常抱歉，我們出去一直到今天凌晨三點才回來，今晚妳的派對我們得提早離開。」於是，我說好，不覺得有何不妥。可是，約翰很生氣，他說，那樣很沒禮貌，如果她要提早離開，走就是了，不必打電話來說是因為去別人的派對待得太晚了——好像我們的派對不重要似的。

反正，他們來了，結果，約翰一個在里斯本泛美航空工作的朋友，跟他太太一起來。他太太是葡萄牙的女伯爵，美若天仙。芭芭拉可來勁了。後來，妙麗．墨菲跟一個男的來了——我們都不知道那人是誰，也沒聽清楚他的名字。他要離開時，我們都說，你的鞋子好漂亮，你見過這麼漂亮的鞋子嗎！大家就只注意到這個。終於，有人認出他是精品百貨公司尼曼－瑪克斯（Neiman-Marcus）的執行長史坦利．瑪克斯（Stanley Marcus）。反正，芭芭拉正舞得開心——拿著燭臺跳舞。後來，她坐在地上，我記得，約翰突然把手伸過去，他說：「芭芭拉！」她以為他要跟她跳舞，於是跳了起來，然後，他就送她到門口，說：「十一點了，妳該回家了。」她說：「可是，我不想回去。」他說：「喔，不行，妳非常累了，昨晚妳熬夜到很晚，該回家了！」然後，他替她穿上大衣，我尷尬得要命。第二天，我打電話去道歉，但芭芭拉說，約翰令她刮目相看——她說，她不知道他有那種膽量。

那天稍後，女伯爵打電話來道謝，並提到，芭芭拉已經去電邀請她去吃中飯——我是說，連我和約翰都沒請！我是在那時候開始真正看清楚芭芭拉的。

我再跟你講一件事。在我好久沒見過他們之後，我在大都會美術館某項展覽的開幕儀式上看到布魯克斯。他說：「芭芭拉在樓上。」我們一邊擁抱，我一邊說好極了。我四處瞎找，終於找到她，於是我們親吻——在臉頰上輕輕吻一下，就是平常那樣。然後，突然，她望著我的那張臉對我完全視而不見，她在張望剛到的影星珍妮．蓋諾（Janet Gaynor）和她作服裝設計師的丈夫艾卓恩（Adrien Adolph Greenberg）——你能想像嗎！我的意思是，她把我像個燙手山芋一樣撇下，過去他們那裡——從沒想到要幫我介紹一下。我被丟在那裡站著，於是，我轉身就走開了。那之後，我根本就不想跟她說話，失去她這個朋友，我有些遺憾，但她還是繼續去忙那些我不願共襄盛舉的事了。

海倫・狄蘭尼

你知道莎拉・杭特・凱利嗎？她是知名的室內設計師，和先生住在七十一街芭芭拉和布魯克斯的隔壁。兩家僅一牆之隔——幸好是一堵厚牆，所以，莎拉從沒聽到那些又吼又叫的聲音，也因此他們才能繼續做朋友。是莎拉把芭芭拉引介到歐洲的，當然，芭芭拉變成一個熱愛法國的人——你可以說，她熱愛法國的病態已經到了末期。

取自《紐約時報》〈一生高雅非凡品味〉，珍・詹尼斯（Jane Geniesse）撰文，一九八一年四月九日

凱利太太說：「我打定主意非去法國不可。」她說，一位住在法國很時髦的表親來訪，使她興起去歐洲的「大計劃」。「我覺得，她極為優雅，我要過像她那樣的日子。」凱莉太太說。

但是，她雖喜歡享受生活——幸而她和丈夫有錢這麼做——凱莉太太也很重視培植富創造力的人。「我喜歡作家和藝術家，我喜歡畫畫，但我也熱愛房屋和裝修房子。」

凱利夫婦不久就加入了翟兒妲（Zelda Fitzgerald）和史考特・費茲傑羅夫婦與莎拉和傑洛德・墨菲夫婦那幫年輕美國人的圈子了。

妮娜・達利

凱利太太以前常來芭芭拉家。我曾去過她家，裡面就像個美術館，芭芭拉總說她是她的第二個媽媽。

布魯克斯・貝克蘭

莎拉就像是芭芭拉和我的第二個媽媽，芭芭拉在她面前總是循規蹈矩，就像在我媽面前那樣。我媽聽說過，但從沒見識過「另一個」芭芭拉。莎拉和湯姆・凱利跟芭芭拉和我曾經討論過在兩家之間裝一扇相通的門，那時我們感情相當好。我們經常跟他們在康乃狄克州度週末——我們在彼此家裡和生活裡進進出出多年，我們住在美國的時候，彼此的關係都是那樣。

一九五四年六月一日，芭芭拉・貝克蘭致妮娜・達利的信函

波多菲諾

親愛的母親：

妳好像離我很遠，我想，夏末時分，我會很高興地回家。歐洲很迷人，但旅行肯定使人產生某種不同的觀點，並使人體認到自己的國家還是挺棒的。

我們目前的情況是，生活花費相當節省，但巴黎比我們想像的貴很多。這間公寓就不便宜，但實在可愛，但願妳能看到，是雙併的小公寓，一切都很完美，妳會喜歡這公寓和這村子。我們計劃拍一大堆照片，這樣妳就可以了解這地方是什麼模樣。

東尼在這裡似乎非常快樂，當然很喜愛我們的美式早餐。大部分的晚上，我們外出在廣場的樹下用餐，可以一邊吃飯，一邊瀏覽小鎮的生活百態，然後，回家上床閱讀、就寢，期待第二天又和前一天一樣。東尼和我一向都在下午去名叫帕拉基（Paraggi）的可愛小海灘，他在那裡偶爾會碰到其他英國或美國的孩子，而且很開心地收集珊瑚蟲，還有海膽之類的東西。

布魯克斯已經安頓下來，排出了很好的寫作計畫表，而我打算下週開始畫畫。這個地方有很多東西，東

尼可以去釣魚和抓蟲子，應該會讓我有大把的時間。親愛的，暫時寫到這裡，我多麼想念妳啊，我盡量每週至少寫一、兩次信給妳。

務必寫信給我，而且要快點寫——芭

一九五四年七月七日，芭芭拉．貝克蘭致妮娜．達利的信函

最親愛的母親：

我們現在到了奧地利，已經來了大約十天了，我反正沒事可做，正好可以寫信。這個國家真是美麗——如詩如畫的田園風光，可愛的村子裡有座很美的十五世紀教堂，蜿蜒又迷人的窄街，到處都有盆花，還有總讓人聯想到德國的傳統尖屋頂。

這裡的服務真是第一流的，旅館是由一位夏爾女伯爵（Countess Schall）經營，酒保是前奧地利總理的兒子，如此一來，妳就可以對這裡品味之高有個概念。花費大約是每人每週三十三點五美元，包括三餐和我們美麗的房間。而且食物很棒，我是說真的！

我還是沒有心情畫畫，帶來的東西都不對，我正很奢侈地享受一切的休閒和悠遊自在。我不知道日後是否還能再過這樣安逸的日子，所以不打算為自己找工作做。

今天下了大雨，儘管如此，我們還是相當舒適滿足。

請寫信告訴我妳的近況。獻上我們大家的愛。

一九五四年七月二十七日，芭芭拉．貝克蘭致妮娜．達利的信函

最親愛的媽媽：

過去這幾天，有一大堆妳寄來的信，我幾乎無從整理了，今天早上妳那封有關窗戶、泥巴那些事情的信

來了。

這封信會超短，因為我們徹夜未眠，跟富蘭茲．約瑟夫大公爵（Archduke Franz Josef）和瑪莎王妃（Princess Martha）在一起，直到清晨五點半。我早上七點半就醒來了，因此覺得有些疲憊。他們讓人感到很愉快，我們玩得非常開心。

告訴咪咪．柯翰（Mimi Cohane），南西．歐克斯．德．馬瑞尼（Nancy Oakes de Marigny）今天會來，還有南美錫礦業資本家帕提諾（Patino）也會來，他的女兒幾個月前私奔，後來在巴黎腦出血死了。告訴咪咪，我會跟南西轉達她的愛。

就此停筆，妳替我打理家裡那些雜事，真是我的天使。

獻上我的愛與吻，芭

附記：我們大家不久就會再見面了。

一九五四年八月九日，芭芭拉．貝克蘭致妮娜．達利的信函

最親愛的媽媽：

我臨去前很快寫個短箋，回答妳所有的問題，然後就會沉寂一段時間，直到我們在碼頭見面為止。本週是我們在這裡的最後一週，會一團忙亂。因此我們在威尼斯和佛羅倫斯停留時沒有多餘的時間。

我在這裡花了三十六美元的天價訂做了一套斜紋軟呢套裝，包括一件很好的英國斜紋軟呢衣服，剛剛去試穿最後一次。這套衣服做得非常好，會非常實穿的。布魯克斯也做了一件外套，花了二十八美元——同樣的布料，只是顏色比較深。

我希望，妳能跟我們一起去營地，妳需要調劑一下。

妳想要我們從歐洲帶什麼回去給妳？我們帶回來的東西很少，但一定會帶給妳，我想為妳買個妳需要的東西。

東尼很喜歡黛西．海爾曼在這裡，但他跟一個來這裡養病的英國小女孩成了更要好的朋友——她今年十歲，真是個可人兒。她每天讀兩本書，三歲時就自己學會閱讀，是個非常優秀的孩子，她母親也是讓人喜歡得不得了。想到不能再見到她們，真叫我受不了。

大公和公爵夫人要我答應回紐約後打電話給他們之後就離開了。他們兩人都非常喜歡我，我也十分喜歡他們。

我們在這裡非常快樂，要離開真叫人難過，希望將來我們能再回來。

東尼很乖，正在享受他一生中最悠哉的歲月。

就此停筆，獻上我的愛與吻。

芭

布魯克斯．貝克蘭

一九五五年夏天，我租了茱兒和傑克．韓茲夫婦在法國蔚藍海岸安提布岬（Cap d’Antibes）的巴爾札克別墅（Villa Balzac），班．桑能伯格開著他的勞斯萊斯汽車來，在我們那兒過了幾天。我們在一輪明月下，在那海岬上面，在茱兒和傑克超好萊塢的浴室裡坐了一整夜。那是整棟屋子裡最高雅的房間，裝潢得像個客廳，有個可愛的陽台俯瞰著水銀般的大海。班毫無保留地講他那精采的的自傳式生平故事，印象中他以前從沒說過，這次是為「兩個我喜愛的孩子」而破例，他稱我為「寓公」，就是僑居國外吃老本過日子的人。分屬不同世代的人之間往往有很好的連結——特別是當沒有家庭責任時。

那年夏天，我們的鄰居是製酒業大亨安德烈．杜邦內（André Dubonnet）——他被傭人搶劫。我的玩伴是弗雷迪・海尼根（Freddy Heineken）——幾年前被綁架後又釋放了的荷蘭啤酒大亨。東尼的玩伴是雅絲敏・雅加汗公主（PrincessYasmin Aga Khan），是麗泰・海華絲與巴基斯坦王子亞力・汗（Aly Khan）的女兒。伊甸岩飯店（Eden Roc）是他的遊樂場，有時候，他留在那裡吃午飯，自己游泳，那些從瓦拉幾亞（Wallachia）和瓦達維亞（Waldavia）來的寂寞離婚女子很寵他。

不記得是在哪兒——我想是在吉爾・卡恩（Gil Kahn）家裡——我遇見女星葛麗泰・嘉寶（Greta Garbo）。我邀請她到巴爾札克別墅來喝杯酒，她欣然接受，令我很驚訝。另外還有十五個人會來。她應邀的時間是七點。我記得，六點的時候，我正躺在一張吊床上看書，僕役正穿著短褲在花園澆水——我們也請了一個廚子和女僕——這時有人來說，嘉寶小姐來了，早了一個小時。她一個人，沒跟她的好友喬治・希里（George Schlee）一起來。

芭芭拉在樓上洗香水澡，我還沒搞清楚狀況，嘉寶就過來為早到道歉。她說，她很害羞，不想見任何人，只想跟我聚個幾分鐘。於是，我們一邊喝酒，一邊談話。她離開後，那倩影還留在我腦海中，她透明薄衫下是我見過最美的胸部，她一定已年近五十了！

那些社交頻繁的愚昧歲月，我的芭芭拉就好此道——而她又如此擅長交際。

派翠西亞・葛林

就在他們移居國外前不久，是我最後一次看到布魯克斯。我記得，我在蹓狗的時候看到他坐在車裡。我坐進他車裡，他說，他想住在歐洲，那裡的生活好多了。

艾勒斯特爾・瑞德

一九五七年，我搭「自由號」（Liberté）去歐洲，住的是客艙或經濟艙，布魯克斯和芭芭拉住頭等艙。他們跟我說，他們計劃在歐洲住一段時間。在汪洋大海上，我開始對他們有真正的了解——這是難以避免的。他們邀請我上他們的頭等艙去過很多次，還有吃晚飯。無論我住什麼等級的艙房，芭芭拉都會打電話來，下來到我的房間裡，但我覺得，布魯克斯就會擺出一副他住頭等艙的姿態，我是從那時開始超討厭他的。

我是去日內瓦跟一位作曲家討論一齣歌劇劇本，然後再去西班牙，在馬約卡島的羅伯特．格雷夫斯那裡住上半年，跟他一起翻譯古羅馬傳記作家蘇維托尼烏斯（Suetonius）的作品。我跟格雷夫斯工作了很長一段時間，直到跟他大吵一架為止，那是一場相當激烈的爭吵。一九六一年，我跟他的女友跑了，她是他的「白色女神」之一，我們從此不再講話。她的名字是瑪歌，瑪歌．卡拉斯（Margo Callas），非常美麗。她最後嫁給導演麥克．尼克斯（Mike Nichols），後來跟他離婚了——她是他現任太太之前的一任。

布魯克斯和芭芭拉在安提布租了一棟房子避暑，他們說，幾年前曾在那裡住過一段時間，在一棟很富麗堂皇的房子裡。他們邀我去住個幾天。

我去了，在他們那裡住了三天，那是間非常好的房子，就在小鎮的邊邊，位在海灣上。我記得，有一種用酒做的很棒的飲料——大家聚在陽台上，然後開始閒聊。他們還會準備很豐盛的晚餐——他們請了一個很棒的廚子，我們吃得很好。

東尼那時還是個小孩，一個令人喜歡的小男孩，小到還是滿腔熱情，他跟我在海上玩橡皮圈和橡皮艇。我注意到，布魯克斯跟他說話時，彷彿他是個成年人，總是那樣——印象中，他都不要小孩子的玩意兒，我感覺不出父子間有太多互動。芭芭拉則不然，很愛東尼，看到母子間有真情，讓人頗感欣慰。

我們大家常去伊甸岩飯店游泳，一天早上，我們坐在飯店游泳池四周，俯瞰大海，曬太陽，布魯克斯跟我說了一個故事，是二次大戰時，他擔任P-47雷霆式戰鬥機飛行員的故事。當時是大戰結束前的最後幾天，他駕著飛機在德國上空飛行，時速四百哩——他說，突然間，他看到前面一片綠色山坡，那是他記得的最後一件事。

布魯克斯．貝克蘭

我沿著一座很長的山丘往上爬升，時速約三百五十哩，就在非常接近目標時迷路了。我在雷根斯堡（Regensburg）附近的史萬福（Schweinfurt）墜機，報導說我死了，因為我喪失記憶，甚至不知道自己是誰，而且因為第十三戰術航空指揮部飛行員已經把那座很長的山丘頂拍了照片，我的P-47戰鬥機在山頂上爆炸，四分五裂，還把山都燒了起來，延燒一哩半。在我後面駕駛僚機的那位年輕人目睹整個情況，我不可能生還。當我醒來時，居然沒死，我發現（我是誰？我不知道自己是誰，我在哪裡？為什麼在這裡？怎麼會在這裡？）有兩個德國農夫攙扶著我，小心翼翼帶我往下走——我流著血，頭骨破裂，肩胛骨斷了兩根，左頰骨碎裂，衣服都炸掉了——離開那座一片金黃的山丘，進入又冷又暗的山谷。我在那裡，由四名士兵把我抬進一輛德國吉普車裡，送到軍方醫院。我只記得，我還在山上時，看到火和煙，腦子裡閃過一個很荒謬的念頭：我母親出事了。

艾勒斯特爾．瑞德

布魯克斯和我每次談話都很愉快——每次跟他聊，都會令人入迷，我跟他們在安提布的那些日子就是這樣。當然，一開始知道他們有想住在安提布的念頭會覺得……當年，他們就像墨菲夫婦一樣。

布魯克斯．貝克蘭

我們的生活越來越歐式了，我已漸漸變成歐洲人了——既是巧合，也是自己的選擇。我的祖母有法國和比利時的血統，所以我有很濃厚的法國背景。我在大戰前後和大戰期間，已有相當多的法國經驗，我也會讀法文。

從一九五四年起，芭芭拉和我開始住在法國的時間越來越多——我們也住奧地利、義大利和西班牙——這一點非常明顯點出我父親叛離他的家世淵源。芭芭拉已經認識了所有紐約的權貴階級，也都與他們攀上關係——就如同我們法國廚子曾跟我說的，tout pour la parade（都是在炫耀）——我們正開始過那種人們後來都拿來跟傑洛德和莎拉．墨菲夫婦比的生活。

六、沒落的皇族

如果東尼．貝克蘭參加下午的職能治療，他會在四點半回到病房——這樣在晚餐前還有三小時的空檔。雖然午後近晚時分，病人可從事橄欖球、美式足球、網球和棒球等各種運動，但東尼寧可看電視或聽他的錄音帶。「我總是鼓勵他運動，」蜜娃．斯文卡—齊林斯基說：「但他不願意。我告訴他，參加團隊性運動可能會對他最終的療癒有幫助，他說他會考慮。」

有時候，病患振作起來，甚至還可以培養出足以創業的技能。「說也奇怪，像布洛德摩爾醫院這種環境，也可以做出非常具有想像力的事情。」一名工作人員指出。包括東尼．貝克蘭在內的一群病人，曾經群策群力，發揮創意，用訪客走私進醫院的原料，在浴室釀造出啤酒來。「啤酒在發酵時，」一名護士回憶道：「病人為了維持浴室裡的溫度，不斷洗熱水澡！雖然他們投入了那麼多的時間和精力在這項煞費苦心的實驗上，但最終還是沒成功——就在啤酒快要釀好的時候，被督導發現了。」

諷刺的是，東尼．貝克蘭的曾祖父里奧．韓卓克．貝克蘭，這個不想受禁令束縛的人，也曾自己釀造啤酒。在他私人文件裡，就有一篇標題為〈釀造啤酒速成法〉的文章。

結果，他釀出一種約含百分之三點五酒精的啤酒，發酵的時間從四十小時到五、六天不等，視氣溫而定。「越烈的啤酒，」貝克蘭博士說：「需要越多時間。」在布洛德摩爾醫院，你有用不完的時間。

伊莉莎白．布羅

我認為，他們賣掉紐約的房子，搬到歐洲，然後開始像斷梗飄萍那樣居無定所後，一切就開始不對勁了。他們從不置產，在歐洲從來沒個家，只在各遊樂勝地租房子。不過，他們主要是住在巴黎——他們就是在那裡認識葛蘿麗亞和詹姆士・瓊斯夫婦那些人的。

葛蘿麗亞・瓊斯

詹姆士和我在麗池飯店的酒吧喝酒，我們剛從銀行回來，她就走過來說：「哈囉，我知道你們是誰。」你知道吧，就像那樣。

布魯克斯・貝克蘭

因為我害羞，所以當然應該是芭芭拉先跟他們說話的，可是，是我看到詹姆士和葛蘿麗亞坐在面對花園的「小巷」裡的，就是你穿過麗池大廳往康朋街（Cambon）和酒吧走，在你左邊的花園。詹姆士戴著一副好萊塢的太陽眼鏡，他們兩人抬頭望著芭芭拉和我的時候，我對他說：「這樣偽裝不高明。」他用沙啞的聲音說：「我認識你嗎？」我說：「不認識，但我知道你是誰，你寫過一部很傑出的作品。」他咧嘴一笑，邀我們一起喝酒。

葛蘿麗亞・瓊斯

我想，那段時間，我們常跟他們見面，他們似乎還好——他們開的派對很棒。他們在巴貝德瑞街（Barbet de Jouy）有間小房子，我記得是四十號之一那間，我們大概一星期會去那裡吃一次晚飯。

我記得，她在樓下客廳裡有張床，是那種路易十六新古典風格的躺椅，她睡在那裡——我覺得很奇怪，因為布魯克斯在樓上有個臥房，但我從沒見過。她有點刻意要渲染她睡在客廳這件事。他們有兩個西班牙傭人，過著非常優渥的日子。她把屋子布置得很美，也很善於持家。

那時東尼還小，我記得他在巴黎上學——一所日校。我依稀記得，他回家時帶著鳥籠和鳥。他是個好孩子，所有小孩該得到的關注，芭芭拉都給了他。

芭芭拉．貝克蘭致葛蘿麗亞．瓊斯的信函，未註明日期

我心愛的葛蘿麗亞：

我為星期三晚上的事感到很抱歉，那人名叫桑能伯格，是「投環套物遊戲」（他作品的名字）高手，沒人比得上，是個非常有智慧、令人讚賞的人。東尼為了他的畫而病懨懨的，他希望你們一回來，就可以把畫交出去。因為我忘掉了，他大發脾氣。

貓咪伍斯向你們撒嬌，要依偎著你們，說牠想早點見到那隻我不記得名字的貓咪小姐。回來後，請打電話給我們。

我也很生氣，因為我還沒有機會看詹姆士的稿子，布魯克斯就還回去了。

旅途愉快

芭

葛蘿麗亞．瓊斯

她是個忠實的好朋友，很有趣，很有魅力。她真是會穿衣服，我的意思是，她總備有一套真正香奈兒的衣服，然後搭配兩、三套那個人很好的胖女人做的衣服，我們以前常去找她做衣服。

愛蒂．赫德

芭芭拉常帶我去看香奈兒的首演，因為她的關係，我們都得到很好的座位，受到尊重。她還認識一個很好的裁縫師——一個很迷人的女子，可能是羅馬尼亞人，非常有才華——她會加工為我們趕製衣

服。我記得，是十五美元左右，裁剪得很漂亮的亞麻布夏裝。她替我們做的洋裝，跟你在巴黎任何地方能買到的一樣高雅，她後來成為愛馬仕（Hermès）的設計師。我要說的是，要不是芭芭拉，我怎麼會弄到像那樣的東西？該到哪裡買什麼東西，芭芭拉都知道。

我喜歡她，因為她有趣、會使壞，也因為她把她的友誼澤及於我。那不算真正的友誼，但對她來說，還是用了心。我要說的是，雖然我們有許多共同的朋友，但我從不請客，而且除非有人帶我去，否則我是不去那些時髦的酒吧、夜總會等喝酒的聚會場所，因此，在社交方面，我們並不是平起平坐的。我來巴黎的時候，其實是個流浪兒。芭芭拉並不認識我，但我受到葛蘿麗亞和詹姆士．瓊斯夫婦的庇蔭，所以，對她來說，我就是隨著他們一道去的人。她也真心欣賞我的藝術，我的拼貼圖畫，也對別人這麼說。

葛蘿麗亞．瓊斯

我初結識芭芭拉的時候，她在chasse——你知道吧，打獵。她很喜歡打獵，有打獵服和全套裝備——用來跳藩籬的，用來殺鹿、殺野豬，我也搞不清楚到底是什麼鬼動物。她天性裡有那種瘋狂的癖性。

布魯克斯．貝克蘭

在狩獵場裡，是不跳躍障礙的。法國只有一個地方，也就是坡市（Pau），才有道地的狩獵，那裡就要跳躍障礙。在芭芭拉騎馬的香堤伊村（Chantilly），他們不獵野豬的——只獵公鹿。

伊莉莎白．亞契爾．貝克蘭

芭芭拉是最大膽的騎士——她可以騎上任何一匹馬，而馬前腳躍起聳立時，她都只是大笑，她有無比的勇氣。你必須每年付一千美元加入在香堤伊村的那玩意兒，也許一年去個三次，還得穿紅絲絨衣服，戴上帽子和羽毛。她總是堅持到最後看完獵物被殺才離開，她做的每一件事情，都做得很好。

布魯克斯・貝克蘭

芭芭拉不是正式會員，只是來賓，因此沒有資格穿綠色和黑色的狩獵服，所以她沒穿那種服裝。副狩獵長提埃瑞男爵（Le Baron de Thierry），是個年長的英勇男子，他的廚子是全巴黎最棒的。他十分喜歡芭芭拉。芭芭拉告訴我，他稱她：「我心愛的小傢伙。」當然，在法國，真正道地的紳士對所有女性都展現紳士風度，婦女也視之為理所當然。

保羅・勒費（Paule Lafeuille）

芭芭拉・貝克蘭是我在巴黎的學生，她的法文已經很流利了，但她還是很急切要加強法文。她通常一週來跟我上兩次課，都準時到。她學得比我其他的學生都好，我們一起上課的時間，對我來說，就像跟一個好朋友在一起一樣。我們用法文談彼此共同的興趣：文學、戲劇、音樂、藝術和人生。芭芭拉極愛巴黎，跟法國人處得異常得好。她很欣賞法國人的生活方式，也吸收了一部分那種生活方式。

她是個藝術品味很高雅的女人，她從巴貝德瑞街搬走後，毫不猶豫選擇了巴黎最美的地方居住：聖路易島上名叫「船頭」的區域，那是個年代久遠、風景如畫的地方，充滿過往的記憶。她在那裡租了一間很舒適的十七世紀公寓，用真正的古董家具、美麗的畫、波斯地毯和色彩輕淡的精選布料布置。

芭芭拉有許多很有魅力的法國朋友，但在法國的美國人圈子裡，也過著非常講究的生活。就拿我來說，她的美國密友中，我就認識不少：薇姬妮亞・詹柏斯（Virginia Chambers）、伊瑟・德・克羅塞、陶樂希亞・畢多（Dorothea Biddle）、凱瑟琳・柯曼。

芭芭拉最具特色的特質是心胸開闊、有魅力、優雅與和善，一想到她，我就心痛，但也無濟於事。我從沒教過東尼，我記得她說過，她多麼愛東尼，欽羨他有詩人的稟賦。

取自一九七三年一月五日，英國法庭諭令針對安東尼・貝克蘭精神狀態所做的報告

安東尼・貝克蘭最快樂的歲月，是從十一歲到十四歲在巴黎一所學校就讀的期間。

凱倫・拉德凱

我想，他在巴黎就讀的學校是國際雙語學校（École Active Bilingue），在波多內街（Bourdonnais）上，鄰近戰神廣場（Champs de Mars），是國外來的小孩常就讀的學校。

東尼的父母親居住巴黎時，類似這樣，搬進搬出十分頻繁。我曾經在他們的家中與他們共進晚餐一次，結果只想快點離去——因為完全無法與他們作任何交談，他們張口閉口講的都是大人物。

凱瑟琳・嘉德納・柯曼

他們的晚餐非常棒，我那時住在巴黎——我那時叫姬蒂・海瑞克（Kitty Herrick），海瑞克寡婦。他們向我的建築師好友巴洛・霍夫曼（Burrall Hoffman）和他可愛的妻子桃莉（Dolly Hoffman）租了一棟房子，巴洛蓋的房子，常被形容為美國建築裡的極品——他為企業家詹姆士・迪爾林（James Deering）在佛羅里達州畢斯肯灣（Biscayne Bay）蓋了維斯卡雅別墅（Vizcaya）。

我在貝克蘭家裡結識了許多我這輩子在別的地方都不可能認識的人——一些十分迷人的美國人。我是說，那可能是我唯一會遇見班・桑能伯格的場合——他不就是那個在格拉莫西公園（Gramercy Park）擁有房產的人嗎？有一回，專欄作家包可華（Art Buchwald）和他的夫人也到那裡——我願不惜重金請

包可華夫婦吃晚飯。芭芭拉就是有辦法——我是說，吸引所有人到場，不管男女老少。

你可以很容易就猜出來，是芭芭拉來跟我做朋友的。她就像她養的那隻小狗一樣，令人喜愛、溫暖、可愛。那是隻北京狗，我是說，那狗的毛和那種可愛——全身都是。

剛開始時，我對布魯克斯的感覺完全是很友善的，他是個稱職的主人，很好的客人。有段期間我也認為他是個很好的父親，就只有那段期間。

他看起來就像他們養的那隻暹羅貓，那一雙細長的眼睛！不過，我對貓過敏——也許那是原因之一吧，我也不知道。

保羅・詹金斯（Paul Jenkins）

我第一次見到布魯克斯，是在那個我想是位在澳溪大道（Hoche）很高級的劍術俱樂部，他跟詹姆士・瓊斯在一起。他在那裡擊劍，抵擋對手的攻勢，看起來也很行的樣子。

布魯克斯・貝克蘭

我在澳溪俱樂部（Cercle Hoche）跟法國隊一起練習擊劍，無論是尖頭劍還是花式劍，那裡都是法國歷史最優久的擊劍俱樂部。我在紐約的時候，就已經跟桑特利兄弟[19]學軍刀擊劍術了。在哈佛唸大一時，就被考慮參加奧運集訓。

我帶詹姆士・瓊斯去澳溪俱樂部，還帶他去瑞士的克勞斯特斯（Klosters）滑雪，但那不重要。他

19 指著名的擊劍教練伊塔羅・桑特利（Italo Santelli）與奧泰羅・桑特利（Otello Santelli）兩兄弟。

曾跟我說，他曾經是金手套拳擊賽（Golden Gloves）冠軍。我發現，他拳擊打得挺吃力的——事實上，他不肯跟我較量！他的速度、協調、眼力都不行，所以，不久就放棄擊劍了。他也不擅長滑雪——他十分嚮往所有海明威做的那些事情，但他都不行。所以，他就用寫的。我並不因此就瞧不起他——我很感動。我第一次了解到，成就一個小說家的要素之一就是想像的補償。

事實是，他寫了一本熱情激昂、很真實、非常好的書——《亂世忠魂》（*From Here to Eternity*）。他跟那些上流社會的有錢人廝混在一起，不僅是好萊塢的人和其他有錢的大凱子，還有法國的上流階層，因此把自己的寫作生涯給毀了——我跟他這麼說過。勢利眼和一大堆的社會防禦情結是他的一大致命傷——那些是破壞他作品的虛偽不實的東西：所有最糟糕的美國價值。所有我祖父嘲笑的那些——名譽和財富帶來的那些一目瞭然的標誌——在他生命裡都是最重要的。我要特別聲明，詹姆士一生都很慷慨，因為他很有愛心。

他是出身中西部的一個小鎮孩子，是辛克萊·路易斯（Sinclair Lewis）小說裡理想的典型人物。他的「品味」很差，令人很難為情。「品味」對芭芭拉來說，是很重要的一個觀念，雖然兩人都是同樣勢利的人，但芭芭拉具有女人更為敏銳的思維洞見。芭芭拉和我的品味與詹姆士和葛蘿麗亞的品味大異其趣，就跟傑洛德和莎拉·墨菲夫婦與史考特·費茲傑羅之間的天差地別是一樣的。不過，我這樣，也是一種勢利眼。

我要順便一提的是，瓊斯夫妻倆都被芭芭拉一副波士頓後灣區（Back Bay）高雅上流社會人士的舉止完全蒙蔽了，那種裝腔作勢，有時候我認為是一種好心腸，有時候會嗤之以鼻，但我還是提供她經濟上的資助，所以我才會一文不名。同時，瓊斯夫妻都視我為暴發戶——我是生性害羞又安靜的那種。

詹姆士其實像女孩一樣害羞，他是個非常有才智、和藹、多愁善感、敏感的男人，其實像個女孩，一個咆哮的女孩，這個世界被那咆哮「朦蔽」了。我喜愛詹姆士，但不喜歡葛蘿麗亞——她沒有他那種動人的特質，她只是個很難纏的黑手黨妓女。她最可取的特質是她愛詹姆士——別挑剔了。

威爾．戴維斯

我認為，布魯克斯很矯情，芭芭拉也是。他們想學克萊絲和哈里．克羅斯比夫婦[20]，可是，他們就是沒那種素養。英國人有一句話專門形容像布魯克斯和芭芭拉這種人——「膚淺危險的人」。

沒錯，我喜歡芭芭拉——我喜歡她大笑——但不能苟同。我的意思是，我對女人的看法非常傳統。我喜歡女人循規蹈矩的，但芭芭拉行事沒有規矩，是個狂妄的女子。

我第一次與她相識，就開始跟她調情。布魯克斯和我坐在汽車的前座，芭芭拉坐在後面，坐在詹姆士和葛蘿麗亞中間——那是在巴黎的事，是一九六一年春天——我的手臂鉤在前座椅子的後面，我一邊跟布魯克斯談話，一邊用手上上下下摸芭芭拉的腿。詹姆士和葛蘿麗亞都認為這個舉動有趣極了，芭芭拉自己則笑得幾近歇斯底里。我當時在說的的確是有些好笑，但是，當然，布魯克斯不明白為什麼他們都笑成那樣。

喔，她非常非常漂亮，有雙美腿，還有其他的。但我見她的次數越多，她就越不吸引我。她真正特別的是有過人的精力。你累不倒她的——無論熬夜到多晚，你累不著她的。

鄧肯．朗寇普（Duncan Longcope）

我結識她的時候，已在巴黎住了一年。有一天上午，我曾在這家餐廳對面的咖啡館，看到一個非常

20 Caresse and Harry Crosby，哈里．克羅斯的家族，在美國經營銀行業致富，他繼承了萬貫家財，卻對家族企業興趣缺缺，反而與妻子一起在巴黎致力於文藝創作。

漂亮的女子帶著一隻北京狗。我以為她是英國人，我們沒有交談或有任何互動。後來，一個朋友介紹我認識貝克蘭夫婦，就看到她了——芭芭拉。

她真是精力充沛，無論布魯克斯心情如何，她都可以獨撐一個晚上。你看不出來——通常他都很配合，他是個待人處世很周到的人，不會擺個臭臉之類的——無論他當時跟其他在場其他女性的處境如何。

我記得，他們非常喜歡散步，我經常看到他們在河堤上散步。那種時候，他們相當迷人。偶爾，我自己也跟布魯克斯一起散步，可能就是在跟他一起散步的時候，他告訴我，他的郵件是寄到巴黎的另外一個地址的。我想，這樣他才能保有隱私。

艾玲．芬萊特（Eileen Finletter）

布魯克斯總是非常神祕，還有些憂鬱，而芭芭拉就很開心快樂，但他們在一起時，看起來很好——他們看起來很有錢，自信滿滿的。我以前都是在瓊斯家看到他們的，瓊斯家每週日晚上都有家庭聚會——大多是美國人，很多好萊塢的人，很多作家。一天晚上，最高法院首席大法官也來了——厄爾．沃倫（Earl Warren）。有時候，吉姆會朗讀一章他最近寫的書，我記得芭芭拉坐在那裡仰臉望著他，彷彿他是個神似的。她會說：「喔，多美啊！」我是說，她會情不自禁說出來，我聽了覺得要發瘋了。

愛蒂．赫德

我記得芭芭拉在瓊斯家讀過一篇她寫得很棒的故事給我們聽，是關於她跟布魯克斯和東尼在一個鄉下地方進行探索式徒步旅行的事情，在途中父母為爭奪孩子而起了衝突。

布魯克斯．貝克蘭

芭芭拉死後，我在倫敦公寓裡找到許多她寫的故事，上面有寫作課老師的評語。我看到唯一不是我寫的東西，就是她所謂的小說。那小說確實是相當拙劣，她的老師也以很技巧的方式指出來。芭芭拉雖擁有當一個作家最重要的特質——熱情——卻不可能成為成功的作家。你必須刷牙、整理衣服、鋪床、付房租……總得有個條理，要寫出好東西可難了，被寵壞的女人是寫不出來的。

艾玲．芬萊特

有個星期天在瓊斯家，芭芭拉在吧台的後面，東尼站在她旁邊。吧台很高，像教堂的講道台。她的手臂隨意搭在東尼的肩上，她對我說：「喔，天氣多好啊！東尼和我一整個上午都躺在床上看報。」由於我兒子跟東尼差不多年紀，我聽了很震驚，因為我想，天啊，要是我對兒子這樣——我是說，在滿屋子的人面前說這種話。她要我知道，真的是在床上。東尼一動也不動的，只是站在那裡微笑。我想，真是奇怪。

保羅．詹金斯

芭芭拉．貝克蘭的個性裡也有很好的一面，但有一天晚上在瓊斯家，我有機會從另一個角度來看事情，不禁怒從中起，突然間體會到她兒子那種奇異的沮喪感。他叫什麼來著？他有影星詹姆士．狄恩（James Dean）的狂野不羈。

芭芭拉和我以前在幾個場合起過爭論。有一次，她來參加我的開幕酒會，說了些很輕浮的話。你也知道，在那種場合人是很緊繃的。我想，基本上，她喜歡抨擊別人。但她是葛蘿麗亞和詹姆士家的常客，我常在他們家大發議論。自從她以那樣輕浮的態度對待我之後，她進來時，我總有些提防，所以都敬而遠之。但那天的情況很特別，我就由她去了，反正我也沒什麼可讓她大做文章的。我記不得說了什麼，無法為自己辯解——我想，反正她就是我認為的那種毫不體恤又危險的母親，集中炮火猛力攻擊。

我只能再透露一件事，我自己也是在很特別的環境下成長的，可能在芭芭拉身上看到我自己的母親。雖然我很少看到東尼，但在見到他的那些片刻裡，我非常清楚感覺到，他陷在一種沒有……我望著他，心中想著，若非上天有好生之德，我會去——雖然我不認為，我會像東尼走到那樣的地步。當然，我母親也是令人無法理解的。

我記得，我母親來參加我的第一次開幕酒會，會後，我們去「杉樹酒坊」（Cedar Tavern）。雕刻家瑪莉索（Marisol）走上前來，彎下身對我說：「你那霸道的母親還好嗎？」後來，我在酒吧跟人打起來，那人在我們從旁走過時，批評我母親。他正好是藝術經紀人查理．伊根（Charlie Egan），是第一個展出美國抽象表現主義畫家比爾．德．庫寧（Bill de Kooning）和法蘭茲．克萊恩（Franz Kline）畫作的人。反正，我把他打到撞上香菸販賣機。但通常在「杉樹酒坊」，總會出些事情，像是有人臉上被潑啤酒之類的事——因此，那裡是發洩作為藝術家內心的挫折與際遇不順、心情鬱卒的好地方。

反正，那些晚上在詹姆士和葛蘿麗亞家裡，我看得出來，芭芭拉是以惡言相向的方式，對待一個沒有驅策力、沒有目標、沒有焦點的人。她的兒子，我可以這麼說，是她在精神上的發洩對象。我看得非常清楚，這個年輕人在精神上被剝削殆盡，他是戀母情結下的犧牲品，是我所謂的亂倫背叛。她可能從未碰過他，但你可以看得出來，他正被活活悶死。

蘇．瑞利（Sue Railey）

我覺得，他從沒有過機會——也許他的父親對他關注不夠，母親又過度關心。我想，如果布魯克斯是個不同典型的父親，或許……不過，還是很難說。

我是在他們剛到巴黎時認識他們的，我不記得是哪一年。我在那裡住了三十三年，我丈夫被派駐那裡的美國大使館，就愛上了法國。該輪到他派駐別的地方時，他說，他決不離開巴黎，於是從此就沒離開過，直到過世。我們常看到布魯克斯和芭芭拉，他們能快速又輕易地跟人建立起交情。他們有間很漂亮的房子，有個小亭子，其實，就像個玩具屋。他們招待一群很亮眼的人，我認為，他們覺得自己大可以成為莎拉和傑洛德．墨菲夫婦。

布魯克斯．貝克蘭

像墨菲夫婦——才不呢，芭芭拉和我跟他們不一樣，雖然我明白為什麼那些很浪漫又喜歡傳統的人會那樣看我們。傑洛德和莎拉．墨菲夫婦沒有活力，他們招待那些精力充沛的人，吸取別人的活力，教那些粗人格調——五十年前叫做「規矩」。所有的賓客都認同這些教誨。我敢說，伊瑟．德．克羅塞夫人也是屬於這一類的——販夫走卒和王公貴族，她都同樣施惠。

這些都是優雅高尚的人，而芭芭拉和我從來都不是——像法國作家普魯斯特（Marcel Proust）那樣有修養的人。我們有點瘋狂，尤其是我心愛的芭芭拉，很瘋狂。大多數時候，我都面帶著微笑，不是躲在帷幕後面，而是坐在窗戶旁的座椅上，靜靜看著。但是，芭芭拉可是脣槍舌劍的。

我們會被拿來跟墨菲夫婦比較，是因為我們被寵壞了，愛藝術，又在戰後住在法國。我們從來都不是那樣穩定的——有僕傭簇擁著，像貓咪那樣發出滿足的聲音，優雅從容。我們原本可以的，但芭芭拉從不了解，為了要支付明天想要的東西，你必須今天就要有所割捨。事情是有先後順序的，但芭芭拉從不了解先後順序。我們不是墨菲夫婦，而是比較像沒落的皇族，我們是兩個狼吞虎嚥的破產貴族。我在取笑——或者該說，我在複述以前跟她說過的話。在奢侈揮霍這件事上，芭芭拉是可以傳授賈姬．甘迺迪（Jackie Kennedy）一些東西的。她把父親死後的保險理賠金都花完了，然後又把母親的也花光了，現在我三分之二的財產也被她花掉了。

你知道她有時也會順手牽羊嗎？東尼也是。這沒什麼大不了，是吧？其實不然，正直和誠實是分不開的，這一整個世代的人都忘了這一點。但是，在我眼中，更糟糕的是俗不可耐。我可以了解一個挨餓的母親為了孩子偷竊，但這兩個遊手好閒的人只是為了刺激而偷奢侈品？我無法理解。

提洛．馮．瓦茲多夫（Thilo von Watzdorf）

我初結識他們的時候，他們在歐洲各溫泉勝地旅遊，就是人家說非得去的那些地方。他們有一輛白色的賓士190SL汽車，東尼和一隻貓坐在後面，他們一連好幾個月在歐洲各地旅遊。

他們在安塞多尼亞租房子，我母親和繼父在荷蘭皇室後來置產的附近買了一棟舊農舍——我繼父艾希溫．李普親王是本哈德親王的兄弟。貝克蘭夫婦跟我母親一樣，是透過一個名叫蘿絲瑪莉．羅德——現在叫蘿絲瑪莉．鮑德溫——很古怪的英國女人租的房子。那裡有一大票英國人，有蘿絲的朋友，和她三個美麗女兒的朋友。那年夏天，我一定滿十六歲了，比東尼大幾歲。他給人的印象就是典型美國有錢人的孩子，父母一年到頭只是玩樂。在我眼中，他似乎非常害羞，多半是個獨行俠。我會對他的情況胡思亂想，因為我覺得，他的生活裡一定有什麼很瘋狂的事。我連他讀哪一所學校，或者是否有上學，都猜不出來。

麥可．亞歷山大

他們所到之處都拖著他，總是到處在找房子。我是跟我朋友蘿絲瑪莉．羅德在安塞多尼亞認識他們的，那時，東尼還只是個純真的男孩。我可以跟你說，沒人認為他是個暴力的人。

我以前會去布洛德摩爾醫院看他，可憐的東尼。我向你保證，那不是個令人很不愉快的地方，並不一定是個人間地獄。喔，或許有些人確實有時候會發狂，但並沒有那種精神病院吵吵嚷嚷的印象，他們看起來都像完全不會傷害別人的人。然而，那不是重點，對吧？整體來說，這件事我只跟你說喔，東尼在那裡非常快樂。

安東尼・貝克蘭致蘿絲瑪莉・羅德・鮑德溫的信函，未註明日期

布洛德摩爾醫院

親愛的蘿絲：

我的生命裡發生了很美妙的事——我的生命裡又有了陽光，我好快樂自在，我覺得好像媽咪真的從沒離開我似的。

我不再急著想離開布洛德摩爾醫院：我發現，在這裡每天都學到很多東西，我知道，一旦我準備好了，我會走的。我在這裡交了許多好朋友。

昆蟲、花草和樹木又變成宜人的景色了，我閱讀時，還是會陷入迷惘，但正漸入佳境。蘿絲，請早點寫信給我，告訴我妳的消息，我很想念妳。

東尼敬上

蘿絲瑪莉・羅德・鮑德溫

安塞多尼亞的第一棟房子是我蓋的——我和三個孩子跟我的第二任丈夫羅德先生住在那裡。他是彼得・羅德（Peter Rodd）的兄弟——你知道我說的是誰嗎？彼得長得一表人才，娶了英國作家南西・米佛（Nancy Mitford）。伊文利・渥夫（Evelyn Waugh）的小說《黑色禍害》（*Black Mischief*）中的人物

巴瑟．希爾（Basil Seal），正是以他為形象所寫的。我婆婆，我那親愛的老婆婆，揚言要上法庭告渥夫——鬧得沸沸揚揚的。渥夫在他那本書信體的小說裡，把我寫得很不堪，我的孩子都氣炸了——「媽咪，這件事妳就不能想想辦法嗎？」但是，我真的無所謂。首先，那都是謊言。他在一封寫給南西．米佛的明信片裡說：「我認為泰菲太太（Mrs. Taffy）不是個淑女。」我就是泰菲太太，因為我丈夫是瑞典古斯塔夫國王（Gustavus）的教子，且兩人同名，所以人人都稱他泰菲——泰菲．羅德（Taffy Rodd）。就可是，你要知道，我一輩子沒見過伊文利．渥夫！我很想見他，但是，我丈夫絕不會讓他進我們家。就在不久前，有個正在寫書的男的問我：「當妳讀到伊文利．渥夫說妳不是個淑女時，有何感想？」我說：「為什麼他應該要認為我是個淑女呢？我沒有要求他這麼做，就算他認為我不是，我又能怎樣？」渥夫在另一封信裡誹謗我和孩子參與演出的電影《甜蜜生活》（*La Dolce Vita*），我們當時因為沒錢才接下這部戲，我在當中飾演靈媒。

你要知道，我的公公雷諾（Lord Rennell）擔任英國駐羅馬大使多年，我們是戰後頭幾年唯一住在私人產業裡的非官方人士。我們讓帕拉佐．羅德（Palazzo Rodd）住在朱里亞街（Via Giulia），假日時，我們去安塞多尼亞的羅德宅邸。我們手頭很緊的時候，就把它租出去了。

我開發了安塞多尼亞和艾爾科雷港（Porto Ercole），這是真的，整個開發案是我開始的。我借錢給漁民蓋小公寓，然後開了一家全世界最有趣的餐廳——可惜，那餐廳現在已經不存在了。我為荷蘭皇室找到他們要的房地產，後來演變成——所有有錢的名人都來了。對我來說，那裡已被糟蹋了——我無法再回那裡了。於是，我去了土耳其，那是我生命的另一頁了。

貝克蘭夫婦寫信給我，說要在安塞多尼亞租房子，我是這樣跟他們結識的。實際上，所有的房子都租出去了，但是，我為他們找到邦孔龐吉王妃（Princess Boncompagni）的房子。當然，他們以為，那房子是那種非常漂亮、在卡達克斯或法國南部會看到的房子。但事實上，那是當地建商蓋的木造小平房。

總之，在找房子的過程裡，我都沒見過布魯克斯，而是跟他有最精采的書信往還。例如，有一天，他寫信跟我說，他不要兩個傭人，於是，我說：「你不會有兩個傭人，我為你找個廚子，就這樣。當然，她丈夫會睡在她房裡。」他回信說：「我不要她丈夫睡在我們屋裡，他若睡在我們屋裡，一定會吃我們的食物。」我回信說：「你聽好，只有一張床，他一整夜都跟老婆做愛，我跟你保證，早上只會喝杯咖啡。」我收到一封回信說：「他就算站著做愛，我也管不著，我不要他在我屋裡。」

於是，貝克蘭夫婦來了，他們幾乎是立即告訴我：「羅德太太，我們必須跟妳說，我們對這屋子非常失望，根本就不是我們想要的。」那時，我想，他們是那種在安塞多尼亞絕對不會快樂的美國人。於是，我對那孩子說，那個長得非常漂亮的孩子，像農牧之神——世間最可愛的小男孩——「東尼，」我說：「你何不上去到我家，跟我孩子見個面？」他衝出去，他父母和我則坐下把事情釐清。他回來的時候，跟芭芭拉說：「媽，他們有一個我見過最棒的藏書室——拜託，我們就住在這裡吧。」那一聲拜託就讓貝克蘭夫婦留在安塞多尼亞，大約一個月之後，我就幫他們從邦孔龐吉別墅搬到尼斯楚別墅。

一九五九年七月十八日，布魯克斯．貝克蘭致葛蘿麗亞和詹姆士．瓊斯夫婦的信函

邦孔龐吉別墅（七月二十八日以後改住尼斯楚別墅）

安塞多尼亞

親愛的詹姆士和葛蘿麗亞：

我們終於打理妥當了（你們兩個老古板！）我們找到一棟在水邊很舒適的別墅，跟皮耶．富蘭西斯柯．尼斯楚（Pieri Francesco Nistri）租的，他是大統領墨索里尼的知名友人與大戰犯，可是，我很喜歡他。結果，

我們的屋子正座落在伊楚利亞[21]遺址的大本營裡：事實上，我們上方兩百碼穿過金雀花的地方，就是柯薩城（COSA），是伊楚利亞人的要塞，後來是羅馬人的大本營，在羅馬的美國學院（American Academy）的一群考古學家在這裡已經挖掘了將近十年了。

前些天，我們從這裡的一個小島游到外海，突然起了風暴，我們及時趕回，但那小島是很值得東尼去參觀的，數以百萬計的海鷗和一種當地土生的鷓鴣在島上築巢。我認為，最令人感興趣的是這裡四周的水底考古遺跡。這裡有岩石、小島、島嶼和暗礁，隨時都會讓船隻遇難，這裡的四周海底一定有許多遇難的古希臘羅馬軍艦和商船。你們有興趣在八、九月我們大家都方便的時候來訪嗎？我會跟你們連絡。你們都還開心嗎？嬰兒還好嗎？

布魯克斯敬上

凱瑟琳．嘉德納．柯曼

那年八月，我南下去安塞多尼亞拜訪他們——他們連續接待了兩個老女人，蘇．瑞利和我。我們兩個老女人南下——我是指，蘇和我比芭芭拉年長九到十歲。反正，我住了一星期，很愉快充實的一星期——十天——就在那年夏天，本哈德親王跟他的侍從武官南下去視察正在銷售的貝佳斯（Borghese）房地產。

---

21 Etruria，義大利中西部古國。

我們乘著布魯克斯租來的義大利漁船出去野餐，一道前來的人三教九流都有。有一次，我非常生芭芭拉的氣，非常非常惱火，因為她為了炫耀，想從船頂跳水。如果沒弄好，腳滑或什麼的，頭就會碰到船緣，腦袋開花。船上還有孩子，都是年輕人，會有樣學樣。來賓裡有位義大利潛水伕——那種帶把刀潛到水裡的專業人員，他和我商討後認為，我們不喜歡芭芭拉的行為，她做的事非常危險，很魯莽。最後，我們倆說服她不要做那種事，但是，我是說，他和我兩人合力才制止了這事。布魯克斯都視若無睹似的。

有一回，我非常氣布魯克斯——也跟他說了——因為他說：「我有個非常有趣的東西要給妳看，妳要看東尼的日記嗎？他寫一個他遇見的小女孩。」我說：「我不但不要看，而且我不懂你怎麼會覺得你有權利拿你孩子最私密的東西……」但大體來說，那年夏天，他的心思似乎完全放在東尼身上。他教他浮潛——那時，浮潛剛剛興起。東尼就是個迷人的小男孩，有點過度敏感，對動物和大自然非常感興趣。他真正不喜歡的是他母親的社交圈子——或者社交生活，也許你們是這麼說的。我們大家圍坐在一起時，他會說：「我不知道為什麼妳今晚要出去，媽咪，妳看海瑞克太太」——那是我那時的身分，帕茉莉·海瑞克太太（Parmely Herrick）——「她不想去見這個、那個侯爵夫人。」

黛芙妮·海爾曼

布魯克斯和東尼兩人對那種社交生活都感到有些受不了，但芭芭拉卻變本加厲，她要見更多更多有頭銜的人——從親王、公爵到男爵，連爵士都要。

精神科醫師與安東尼·貝克蘭的諮商記錄，紐約，一九七一年三月十二日

他回憶說，他一整天獨處時最快樂。他指出：「父母帶著我到他們所有朋友的家裡，所以，我其實是在

父母那一輩人的圈子裡長大的，不是跟我自己這一輩的人成長的。」

奈姬．麥洛納斯．黑爾（Nike Mylonas Hale）

鮑伯．黑爾帶我去安塞多尼亞見貝克蘭夫婦時，我們還沒結婚，我還很年輕。布魯克斯非常愛調情，他抱著我跨過門檻，惹惱了芭芭拉。她接著就對我說：「妳何不到下面去跟東尼玩？」那時，東尼大約十二歲，我二十五歲！總之，芭芭拉一點都不喜歡我，她跟鮑伯的第一任妻子芭芭拉．黑爾是好朋友。

東尼在岩石上玩螃蟹，把牠們肢解。鮑伯認為，那種行為令人毛骨悚然，但我不那麼想。我認為，小男孩都會做那種事。當然，如今回想起來，那的確是一件非常恐怖的小插曲。

他們並沒有真正很關心東尼，我的意思是，東尼一個人在岩石上玩，是很平常的事。我想，有一件事一定令東尼非常難受，就是芭芭拉和布魯克斯極戲劇化——一直都是。兩人都充滿了戲劇張力，讓人幾乎沒辦法跟他們生活在一起。

取自約翰．飛利浦．柯翰未出版的日記

星期三。安塞多尼亞有些貧瘠，別墅都貼得太近，有時候蚊子像魔鬼，但那是個令人永難忘懷、完全異教的托斯卡尼夏天。

山丘上有一座壯麗廢朽的廟宇，海岸沿線兩個方向的景色令人驚嘆，但海瑟仍然深信，有一天上午十一點，她看到一個穿著樸素的鬼魅坐在廟宇的一堵矮牆上，於是之後很難再把她拖去那裡，不管幾點鐘都一樣。

很巧，我們抵達後兩天，芭芭拉和布魯克斯．貝克蘭夫婦、兒子東尼、他們那隻耳聾的北京狗米妮、一隻公雞和暹羅貓也現身了，住進昂托奈洛．魯佛．迪．卡拉布瑞歐親王（Prince Antonello Ruffo di Calabrio）的別墅裡，離海瑟為我倆租的別墅有幾百碼的距離。親王的姐妹剛嫁給比利時國王的兄弟亞伯特親王（Prince

Albert）。貝克蘭夫婦使我們此行大為增色，後來希夢．李普跟她兩個兒子之中的提洛（Thilo Lippe），還有酒商亞萊克西斯．李苓（Alexis Lichine）和他妻子也順道來訪。

取自《全家汽車遊歐之旅》，里奧．韓卓克．貝克蘭著，無馬年代出版社，紐約，一九〇七年

我們四周一派祥和寧靜，大自然如此清新，義大利的風景如此恬靜！可是，觸目所及，廢墟讓人想起過往那短暫的光輝燦爛，在悠長的歷史中曾經如此壯麗輝煌，那時人類的野心與力量，企圖統治這個迷人的世界一隅。

一九六〇年八月一日，芭芭拉．貝克蘭致葛蘿麗亞和詹姆士．瓊斯夫婦的信函

安塞多尼亞

親愛的葛蘿麗亞和詹姆士：

我們的床還沒有機會冷卻，這當然不是我心中所想的靜謐夏日，但很有趣。昨天，有一大群人潛水去找珍貴的珊瑚，我們差一點失去一位病懨懨的英國人——非常刺激！東尼上來時，帶了一個完整無瑕的雙耳長頸瓶，而我們撿了一大堆的碎片。你們何不馬上寫信到克勞斯特斯預定滑雪的旅館，在那裡相聚，會很好玩的。

我已經開始畫畫了，但進行得並不順利。

我們很想念你們——

芭

蘿絲瑪莉・羅德・鮑德溫

第二年夏天，也就是一九六一年，布魯克斯和芭芭拉租了我的房子，我們一起去做了一些最棒的事。早在甘迺迪家族開始大河之旅前，我們就有遊河之旅了，在義大利那些棒極了的伊楚利亞河流。好幾百萬的人前來，住在我們家——不分年紀——包括作家艾倫・穆爾黑德（Alan Moorehead）和他的妻子露西（Lucy Moorehead）。東尼好棒，我的傭人都很喜歡他，他會訓練蟋蟀以不同的調子唱歌。我記得，他回美國讀書時，送了我兩隻會用完全不同調子唱歌的蟋蟀。我簡直要發瘋了，夜晚都無法睡覺。他總是養這些動物——鷓鴣、火雞和凡是你能在外面找到的東西。他把牠們帶到樓上他的房間裡，研究牠們，畫牠們，他畫得極美。

到了第二年的夏天，芭芭拉和布魯克斯老是吵得不可開交。她很執拗，不可理喻。東尼的房間就在他們臥房的上面，所有的爭吵都聽得到。布魯克斯是芭芭拉一生情之所繫，那年夏天，他打算跟他結識的一個剛踏入社交圈的年輕女孩出走。我認為，那就是他們不快樂的開始——那最一開始的騷動。

芙蘭欣・杜・普萊西・葛瑞

當布魯克斯和芭芭拉跟我們商量，和他們在安塞多尼亞一起合租房子時，似乎是個不錯的主意，因為我在生完第一個孩子後非常疲倦，那時又懷了第二胎。克里夫和我把在康乃狄克州自己的房子租出去了，是租給一對夫妻避暑之用，他們給的租金很高。有了那筆錢，我們就能跟貝克蘭夫婦分攤租金。我是想，那也是一種休息的方式，沒有太多的責任——我們以為，我們會玩得很開心。

那是一棟非常大的房子，我們兩家都各自擁有很大的區域，還有很多的工作人員，那是蘿絲・羅德的房子，是棟鬼屋，整棟屋子都有鬼，真的。克里夫相信鬼，而且喜歡鬼。我很怕鬼，但我們兩個都感覺到有鬼。我不肯一個人進門，他一定得跟我一起。

克里夫・葛瑞

那是一棟非常奇怪的房子，走道非常長、非常暗。我敢說，大約黃昏六點鐘，你就開始感覺到這些唏唏嗖嗖的東西——我只能這麼解釋。到了晚上，晚飯後，或不管什麼時間，我們上樓到我們房間的時候，兩人都迫不及待趕快進房裡，關上門，因為有這些……這些……這些「東西」。我想，貝克蘭夫婦倆都接受那是鬼屋這件事。

我通常在黎明時分醒來，聽到絕美的阿拉伯歌曲，好像是從花園傳來的聲音。一天，我對芭芭拉說：「園丁的歌聲真好。」她說：「我們有園丁嗎？這裡沒有園丁。」我說：「那人每天大清早來花園，唱這首阿拉伯歌。」她心情大受影響。她說，蘿絲・羅德的情人是個阿拉伯人，大約六個月前在非洲失蹤了——他是替英國政府工作的特務，顯然被謀殺了——她說，是他在花園出沒的。那不是我所謂的鬼，只是我繼續聽到那首歌。

芙蘭欣・杜・普萊西・葛瑞

那棟房子正在古伊楚利亞城鎮柯薩城牆的下方，將近二十年後，我們於一九七九年住在羅馬的美國學院——那兒就是挖掘遺址的地點——我們經常和一位世界級的大考古學家兼古典學者勞倫斯・理查森（Lawrence Richardson）在一起，他是非常非常英國典型的美國人，非常斯文。那種人，那種維多利亞時代的理性主義者，你會認為，他絕對駁斥有鬼存在。

一天晚上，勞倫斯來學院晚餐，我們開始談到鬼，他說：「我親愛的，從我們一開始挖掘，我就跟他們生活在一起——柯薩到處有鬼。當然你會聽到蘿絲・羅德屋子裡有鬼的聲音！那整棟房子是個大墳場，你還指望什麼——沒有鬼嗎？」他談到凌晨兩點才離去，我想到鬼魅陰魂不散這件事，這對……這對命中無緣的夫婦，這些鬼魅現在經這位大考古學家證實了。這是一個非常有趣的暗喻象徵。

那年夏天，貝克蘭夫婦每天都乘著他們向當地漁民租來的遊艇出海。他們就坐著喝很多的酒，喋喋不休跟這個公爵夫人、那個王妃，和這個、那個的伯爵夫人閒聊。我們去了兩次，就不再去了——兩次遊船之行後，我們就完全遁入自己的殼裡了。

我們很幸運，喔，天啊，一天只要幾里拉[22]，就有個當地女孩照顧嬰兒——這是另一件我們在美國絕對負擔不起的事——還有每週兩次，我們開車去一個很棒的小鎮，叫薩托尼亞（Saturnia），那裡有能治療所有毛病、讓你睡的很香甜等療效的溫泉。

布魯克斯・貝克蘭

那是在好遠好遠的高山上，有一回正值暴風雨的時候，我們把椅子、桌子和傘都拿出來，中飯也端出來了，溫泉從地裡湧出，匯聚成一條小河，高及我們的肚臍。那時，只有一家簡單的小餐館——在一片空曠的農田上——我們在那裡的時候，從沒見過別人，我們常在月圓的晚上駕車上山。

芙蘭欣・杜・普萊西・葛瑞

那個夏天，我們也到伊楚利亞遺址所在的各地旅遊——克里夫買黑色的伊楚利亞器皿，布魯克斯則幫忙他找。我們買到博物館級的東西，花費卻極少，我們把東西包在嬰兒的尿布裡帶回來。那時，克里夫畫水彩，我也畫畫——那是我成為作家前很多年的事。

布魯克斯想寫小說或者別的東西，想寫或假裝要寫，沒人知道。可是，我的意思是，他肯定是對那

22 lira，當時的義大利貨幣單位。

個可怕的美式執念——寫小說——很熱衷，那念頭已介於著魔與偏執狂之間，認為為了證明自己，一定得寫小說。我認為，這種神經病的想法應該收入醫學字典裡。對我來說，布魯克斯似乎絕對罹患了這種病。因為，他是個浪漫的人，要寫一本浪漫的書——我認為，他想當海明威。

芭芭拉假裝要畫畫，但是，日子太忙碌沒法畫。當然了，她的忙亂都是自找的。她的車庫裡有個工作室，我們在那裡的整個夏天，她只進去過一次。她的一切行事都是往外擴展，都是針對別人而做的——想給別人留下好印象，總是呼朋引伴招待人來，都是因為她害怕面對自己，面對自我的核心、自己的重心。芭芭拉的能量完全消散殆盡。

克里夫覺得她很有趣，但我從來都不覺得，因為我認為，他有些被她的性魅力吸引了。她不是我喜歡的女性類型，我喜歡的女性是要比我更為知性取向的人，我是指像伊瑟·德·克羅塞那樣的人。我喜歡非常嚴謹的人，受不了散漫的人。跟我走得近的所有女性朋友都是比我有能力的人，我需要比我強的女性。我十分能幹，但我要比我更強的人。

那時，芭芭拉的生活裡都是派對、派對、派對——就是墨菲夫婦的模式。我的意思是，他們有點像沒有才華的墨菲夫婦。說墨菲夫婦沒有才華，其實很不厚道，因為，傑洛德·墨菲是個不錯的畫家。

克里夫·葛瑞

芭芭拉並不是個差勁的畫家，她是個非常非常有才華的人，她自認無所不能。當然，她真的什麼都做，但沒有一樣做得很好。

我一直都認為，布魯克斯極具才智。我記得，彼得·金柏好幾年後跟我說：「你認為布魯克斯會做出什麼名堂嗎？」我說：「天啊，彼得，如果布魯克斯弄不出什麼名堂，我想不出還有誰能。」你看，我仍然很看好他。我覺得他似乎非常沉著穩重，我看不出他有不理智的地方，他的想法都非常正確。

我記得那年夏天他跟我說：「我命中注定會有不幸的事發生。」我說：「你指的是什麼？」他說：「我得記住我家族的人——我祖父、父親，家族每個成員都早衰，毫無疑問，我將來就是那樣，這就是我害怕的。」但我認為，他那樣看待自己，是種很浪漫的看法。

我記得，他取笑芭芭拉攀附那些有頭銜的人，可是，我猜想，後來，他自己也很熱中此道。我是指，任何的頭銜——任何可以攀附頭銜的機會——她都立刻積極行動。有一件事一直讓芙蘭欣和我覺得很有趣——他們家的玄關入口有一張桌子，桌上有個缽，芭芭拉在裡面放了許多訪客的名片，全都放在那裡，讓人可以看見——「克洛伊公爵夫人」（Duchesse de Croy）、「李普親王」、「科羅納王妃」（Principessa de Colonna）。

芙蘭欣·杜·普萊西·葛瑞

而那些待付的帳單或寫給她在紐約的可憐母親的信，那可憐的小愛爾蘭籍母親——那些不起眼的東西——永遠都在缽底，但那些頭銜總在上面。

我老早就比克里夫先開始不喜歡他們，我想跟他們撇清關係。記得伊文利·渥夫的《一掬塵土》[23]的結尾嗎？那就是我認為布魯克斯將來的下場，正是那樣的結局。

有一回，我們在紐約金柏家裡吃晚飯，彼得談到貝克蘭夫婦的幸福好假，頗有些微詞。我說：「喔，但他們老是談他們有多幸福快樂！」他說：「我就是那個意思。」

我們在安塞多尼亞跟他們共處的那段日子，她會暗示說，他們整個夏天都沒有性方面的接觸。她的

23 *A Handful of Dust*，一九八八年曾改編為電影。

月經有些問題，一直在流血，又不肯看醫生，出血的問題讓她無法翻雲覆雨。

我不知道布魯克斯是否有在外面胡來，我是說，他可能假裝出去研究某種野生植物——他會做得極為優雅。布魯克斯一向如此——天生就很有風度，有關那種事情，他是最懂得表現出歐洲人很有教養的模樣。

可是，那個夏天，最不可置信的事出在東尼身上。我們經常跟他單獨吃晚飯，因為我懷孕，容易覺得疲倦——這次懷孕跟上一次很接近——而且社交生活讓我覺得無聊，我一輩子都是這樣，所以，黃昏時，克里夫和我大多待在家裡，因此常跟東尼在一起，因為每次他的父母外出，他就一個人留在家裡。如果我們也外出了，他就完全是一個人了。我們跟他有過最愉快的對話——他真是可愛，那年，他就要離家去埃克塞特（Exeter）住校了。

除了口吃，我看不出他有任何一絲不對勁，他的口吃時好時壞。我是說，像許多口吃的人那樣，他有時連說個一小時都沒結巴。我自己小時候就有結巴的問題，我跟他一樣——我肯定是缺少母親的關注，許多精神科醫生提出的新理論指出，結巴是要引人注意的一種策略，當然是下意識的，而唯一能顯示他大有問題的跡象就是這個。

我應該一開始就說明，我們的屋子裡塞滿了食物。我要說的是，芭芭拉是那種不知節制的女人，讓我這種天性節制儉省的法國人快抓狂了——要知道，我過過德軍占領的那種日子，嚐過飢餓的滋味，看不慣火腿肉、雞肉、可以燒烤的牛肉被扔掉或送給農民，一次不買一隻卻買三隻火雞。我是說，屋子裡食物多到你不知該怎麼辦好。

我們為六個月大的兒子從法國帶來嬰兒食品，因為法國的嬰兒食品是眾所周知的好，比美國的好多了，而義大利的嬰兒食品大家都知道沒營養。總之，我們在安塞多尼亞備有兩個月的法國嬰兒食品，裝在真空板條箱子裡——罐裝的小牛肉泥、甜菜泥、菠菜泥等。大約是七月十五日，我們注意到，我們注意到，一排排的罐頭裡很奇怪地少了一些。

幾天後，照顧我們兒子的那農家女孩跟我們說，我記得她開始哭起來——我們懂一些義大利文，能明白她說的大意——「是東尼先生，我看到他做那事，晚上嬰兒睡著後，他進來偷嬰兒食物。」

東尼偷薩迪亞斯（Thaddeus Gray）的食物來吃！而屋子裡有滿滿的食物。因為，他想作個嬰兒，他從沒作過嬰兒，他要有人像母親一樣照顧他，或者也許他想要像我們的嬰兒那樣，因為他自己的父母從沒好好養育他，也許當時我們給他的照顧勝於他們。

東尼是這整件事情的受害者，但他是最奇特的一種受害者——在看似深情與讚美的表相下，經常不斷且令人難以置信的讚美——「這孩子極有天賦……他很漂亮吧！……他的畫和詩，還有學校的作業！」我要說的是，每天下午，這孩子都被誇獎、讚美、誇獎，但實際上，他是完全被疏忽的。

我們在安塞多尼亞避暑快結束時，伊瑟．德．克羅塞來跟我們住了幾天，她立刻就看清了一切——她懂養兒育女之道，她自己就是個很好的母親，她的父母很出色——我是說，愛兒喜．伍德沃德（Elsie Woodward）是個無與倫比的母親，父親也是好得非凡，而貝克蘭夫婦教養東尼的方式，讓伊瑟大為驚駭。

一九六六年二月十七日，布魯克斯．貝克蘭致詹姆士．瓊斯的信函

紐約

親愛的詹姆士：

我擅自將伊瑟列入我的遺囑，讓她做東尼的監護人，以防萬一芭芭拉和我兩人在東尼年滿二十一歲以前都羽化登仙，你則是候補的代理人，並由美國信託公司做他財產的管理人。

幾乎沒有什麼責任，只消溫柔地握個手，遞個舒潔紙巾之類的，但法律要求所有未成年人都需要「監護

人」。東尼愛你們兩個，在古板守舊的世代裡，我想不出有其他人可以代行此事，所以有此一請。

請代向葛蘿麗亞致意

布魯克斯謹上

附記：要去奧地利滑雪勝地聖安東（St. Anton）約十天，然後回巴黎。

七、胸懷大志與堅忍不拔

通常布洛德摩爾醫院的工作人員，在看到病人有性行為時，就「把臉轉到另外一邊」。據一位護士指出：「只要不太離譜，即使白天，病房的有些區域也沒有監管得非常嚴密。每四、五十名病患，只有五名護士在值班，所以不可能所有區域都一直有人在巡邏。」

「我有個很清楚的印象，東尼在布洛德摩爾醫院確實有跟人發生關係，」麥可．亞歷山大說：「他挺高興的，所以他們一定允許他有一些性行為。」

詹姆士．芮夫還說：「東尼只跟我談他認為我贊同的事情，雖然我常在揣想實際的情況。我確實曾試過讓他談有關布洛德摩爾醫院這方面的話題，但是他非常謹慎保留。」

「醫院裡有很多同性戀的情事，」大衛．柯翰（David Cohen）在他一九八一年的《布洛德摩爾醫院》（*Brandmoor*）一書裡報導：「大體來說，這裡所發生的性活動，似乎既無歡愉可言又沒有愛。」一名病人在書中將布洛德摩爾醫院形容成「同性戀妓院」，另外一名病人解釋道：「如果沒有女人，終有一天你會爆發的。」但另外有人指出，他覺得他對另外一個病人相當溫柔，就因為「我本來就是十分溫柔的人」。

「當局在『容忍』那種情況一段時間後，有時會將情侶拆散，」柯翰細述道：「他們擔心可能被硬生生拆散的憂懼心情，使得關係更加脆弱。」

布洛德摩爾醫院當局竭盡所能指出，在兩性隔離的機構裡，無論是精神病院、監獄、或學校，同性戀是很稀鬆平常的。

精神科醫師與安東尼・貝克蘭的諮商記錄，紐約，一九七一年三月十二日

從十一歲到十四歲這段時間，在學期間他在巴黎上課，暑假就去義大利。十四歲時，他被送到新罕布夏州（New Hampshire）的菲利普・埃克塞特學院（Phillips Exeter Academy），但因為成績不佳而遭退學。

詹姆士・哈伯爾（James M. Hubball）

我是東尼唸巴克利學校時的校長，那是很久以前的事了。我依稀記得，東尼就讀埃克塞特時，發生過一件事，他被發現躲在運髒衣物的滑槽裡——是為了什麼原因，我一直不知道。我最後一次聽到他的消息是他住在倫敦。

莎拉・達菲・徹馬耶夫

他被埃克塞特開除後，那天黃昏他回到家，芭芭拉打電話給我，我們談了很久。我不知道他究竟是為什麼被踢出來，芭芭拉總是說：「他們不了解他——他是個藝術家。」

精神科醫師與安東尼・貝克蘭的諮商記錄，紐約，一九七一年三月十二日

十五歲時，他從另一所私校逃跑。

取自里奧・韓卓克・貝克蘭的私人日記，一九一〇年二月七日

喬治今天滿十五歲。我相信，我在他這個年紀時，心態跟他一樣。不同的是，他擁有比較好的求知環境，我什麼都得靠自己，尋找自己的出路，我唯一得到的幫助是我心愛母親的鼓勵。

蘇珊．泰勒（Suzanne Taylor）

東尼跟我兒子大衛都讀麻州北安多佛（North Andover）的布魯克斯學校（Brooks School），大衛知道我們夫妻倆認識貝克蘭夫婦，他告訴我們，東尼逃學去加勒比海寫詩。他說：「你們猜他帶了什麼？」全校都在傳這件事。我的意思是，他逃學去寫詩，對嗎？他帶了一把小斧頭和一支手電筒，還有我想是個繩子做的吊床。他從沒到達那裡——在機場被逮到了。

凱瑟琳．嘉德納．柯曼

有一天，我跟布魯克斯和芭芭拉一起吃中飯，東尼提著他的小旅行箱從學校回來。我要說的是，那時不是放假時間。他又從另一所學校輟學了。我對芭芭拉和布魯克斯說：「我給你們一些免費的建言。」那時，我的孩子年紀比東尼大。我說：「你們不能就讓他回家，連讓他認為他可以回家的念頭都不行。他得唸完，然後到這個學年結束時，如果還是讀不好，再換學校。」

他們叫他回房，跟他說，稍後再談。

布魯克斯．貝克蘭

當我發現，好奇的火焰與求知的決心——工作能力，對工作的信念——比方說，那種可以把東尼造就成科學家的力量全付之闕如時，我非常失望。我說不上來，那是基因還是由於他成長的價值觀所致。反正，我已把他教到超越了——在某些方面——他就讀的幾所中學數理老師的程度了。

那時，有兩件事已很明顯（對我而言，不是對他母親）：一，他夠聰明，甚至有足夠的天份，從事你能想到的任何工作。二，他是個懶骨頭。套用一種常用的說法：絕頂聰明的人可以不用打開書，就能完成一份完整的學術報告。這是謬誤的說法，事實上，非常非常聰明的人看的書比別人都多，通常如此。因此，我的兒子令我困惑不解，因為每年夏天，不管我們當時在哪裡，我上午都花時間教他，似乎將他救了回來，好讓他在秋天開學時能入學。他總是一開始時在班上名列前茅，學期結束時就吊車尾，而且學校強烈暗示他會被退學。

等他進入青春期後，也開始成為學校風紀管理上的頭痛問題——「破壞」、「不良影響」等。可是，我繼續教他，一直到他和他母親宣布，他要去唸牛津大學為止。他從來都沒能唸完高中，甚至以亞凡古農場學校那樣的學業標準，還被要求離開。

取自康乃狄克州亞凡鎮的亞凡古農場學校簡介

「胸懷大志與堅忍不拔」——對亞凡人來說，本校校訓不只是修辭學上的文字而已，更提醒本校全體師生恪遵此一生活方式，掌控我們的心性與理智。學生會發現，在亞凡，胸懷大志可以成真，而堅忍不拔是完成個人與群體目標最重要的美德。

安東尼．貝克蘭致葛蘿麗亞與詹姆士．瓊斯夫婦的信函，未註明日期

亞凡古農場學校
康乃狄克州亞凡鎮

親愛的葛蘿麗亞和詹姆士：

現在我在學校既已安頓下來，就可以寫信了。回到這裡有點不太愉快，但過了幾天，一切都覺得非常正常了，我很快就會把那些詩拿去給蘿絲．史戴隆看。這所學校真是一無是處，所以，我可能會在聖誕節離開去倫敦，去上補習學校，看看我能否參加甲級考試，還有明年能否進牛津大學。反正，至少在那之前，我可

能還得「胸懷大志與堅忍不拔」。

東尼敬上

安東尼・貝克蘭致克里斯多福・巴克（Christopher Barker）的信函，未註明日期

亞凡古農場學校
康乃狄克州亞凡鎮

親愛的克里斯多福：

這所學校是最荒謬的鬧劇，我真的不明白為什麼要來這裡，連老師都是IQ零蛋。但是，我必須撐下去。我得了支氣管炎，待在醫務室裡，無聊極了，最後我就離開了。那個可怕的護士一直用拖盤端茶和果凍來，卻不拿我的晚餐來。

我讀了一首厄尼斯特・道森（Ernest Dowson）的詩〈我不再是往日辛娜拉裙下的我〉（Non Sum Qualis Eram Bonae Sub Regno Cynarae）。

東尼敬上

亞凡古農場學校安東尼・貝克蘭備忘錄，一九六三年十月五日

你已兩度由窗戶逃離醫務室，如果你再有此衝動，儘管走吧，因為我們以後不會寬宥這種行為。

安東尼・貝克蘭致克里斯多福・巴克的信函，未註明日期

亞凡古農場學校

康乃狄克州亞藩鎮

親愛的克里斯多福：

我淋浴過後，正坐在我的房間裡聽巴哈的大鍵琴音樂，這是我在這裡主要的娛樂之一。我假裝喉嚨痛，蹺掉游泳練習。雖然升上六年級有些令人興奮，但大體來說，學校生活非常無聊。就像去年那樣，我們幾個人深夜溜出去做壞事。週末或只要可以的時候，我們會買一大堆的食物和酒。十二點最後一次晚點巡床後，我們大家都想辦法溜出宿舍（我是跳窗），躲過夜警，在小教堂會合。我們六個人從那裡，潛入森林深處（鄉下的樹林非常茂密），到我們去年蓋的小木屋，煎牛排，喝愛爾蘭咖啡，唱歌，也非常爽——哈哈。我們想辦法在管理嚴格的學校生活裡擠進一些樂趣。

真的有隻蝙蝠住在我房間裡——說得精確些，是在我衣櫥的後面。上星期三，牠突然搬進來。每天早晚，我把櫥門打開一小時，讓牠方便進出。我從不關窗，這樣牠可以輕易進進出出。可怕的是，我發現今年夏天，我的藍外套被老鼠或飛蛾或者什麼東西咬了好些個大洞。我就都穿半正式的晚宴外套去吃晚飯，也沒人說什麼，非常奇怪。

我猜想，你在普林斯頓大學，周遭有許多理了小平頭、又笨又招搖的富家子。我親愛的克里斯多福，他們是美國，清一色的兵團，多如繁星，可能非常好，但我想，也令人感到相當沮喪。

寂寞的時候，我有時會開始探索自我。人不會真正失去自我，只是遁入陰影裡……

東尼敬上

彼得・蓋保

離開巴克利學校之後，我在十歲或十一歲時，被送到邱特羅絲瑪莉中學（Choate Rosemary Hall），我在那裡是個非常壞的孩子。我被退學送到那裡，但不記得是什麼罪名——可能是因為自以為了不起吧。然後，我被送到康乃狄克州格林威治鎮（Greenwich）的某間很討厭的學校，那學校早就不存在了，我在那裡待了一陣子——那時，東尼在埃克塞特或布魯克斯——之後，我進了一所在哈特佛德（Hartford）郊外窮鄉僻壤的寄宿學校，也就是亞凡古農場學校，那裡是我被沖上岸的海灘。

很不可思議的是，開學第一天，我竟然看到東尼！我們彼此相擁——你這一向可好之類的問個沒完。在巴克利時，我們都是小孩子，東尼和我有一種孩子間常有的投契——我是說，因為彼此相熟，很有默契，又有共同的經歷，只消一點點提示，就能心領神會。可是，如今睽違三、四年，總而言之，那種默契已經不在。我有些不一樣，他也不一樣了。

最明顯的是，東尼已不再「只是另外一個孩子」了。我認為，我幼年隱隱約約感覺到他的所有聰穎和天賦，已變得更令他不知所措了。我記得在亞凡的英文作文課裡，他的字彙連老師都驚異不已。在亞凡，你若聰明，就會很突出。東尼的聰穎，是全校無人能及的。可是我認為，他在課業上並不優異。

布魯克斯．貝克蘭

我在亞凡古農場學校就讀時，那時還是個很有趣的學校，但不是一般所了解的那種教育機構。之所以會吸引我父親把我送到那裡，是因為學生可以擠牛奶、砍樹、在魚卵孵化場工作、耕田、扒掃樹葉、裝訂書籍和在木工廠工作。有些孩子帶著一批打馬球的小馬或坐飛機來，這些不是他感興趣的因素。並非所有學生後來都去唸大學——我懷疑，大多數沒唸，那些有唸的，沒幾個是去普林斯頓、哈佛和耶魯。

我在亞凡讀得很輕鬆——四分之一的時間耗在擊劍上，八分之一的時間參加團體運動，其他時間大多在研究鳥類學。我獲准就讀哈佛，原擬選擇唸中國青銅器、文化考古學、俄國歷史、法國文學、比較宗教、文獻學、文藝復興時期的玻璃吹製藝術或是從埃及到包浩司（Bauhaus）的建築學，可是因為我是貝克蘭家的人，這些「無關宏旨」的課程我都不能唸。我的應對之道就是都去旁聽，我的家人從不知道——當年，我記得，十一美元就能旁聽想聽的任何課，就是坐著聽課，看書，在課堂上大驚小怪一番，甚至參加考試，但拿不到學分。同時，為了取得主修的生化學位，我修了很繁重的課程。為什麼主修生物化學呢？天曉得！但我知道這樣會讓家人高興——或者，我該說，才不會把他們嚇壞。他們指望我做個科學家，做些光宗耀祖的事——至於我自己，就像個疏懶成性的沙皮狗一樣，毫無意願，大抵只是出於好奇。

我跟《哈佛緋紅報》[24]的編輯同住一間寢室——或者，應該說，共用麻薩諸塞樓（**Massachusetts Hall**）宿舍一間很寬敞的套房——他這個人幽默詼諧，個性像狗，而我像貓。但他這隻狗和我這隻貓，同樣具有荒謬感，我現在想起他，都還是滿懷著深厚的情誼。我們是高傲自負、新近崛起的恐怖份子，我教他如何把我們所有的棉製內衣褲變成棉火藥，如何在舍監外出追求女人的時候，把他的浴室——馬桶、浴缸、水槽——裝滿果凍，然後讓冬天冰冷的空氣從打開的浴室窗戶進來，等他昏昏欲睡回來時看好戲，還教他如何在一條棉製曬衣繩做成的棉火藥上，將內衣褲排成一列，在校警背後，用點燃的香菸頭一點，火光一閃，全部付之一炬，然後，脹紅了臉的校警來逮捕我們，因為我們在校園裡曬衣服。對了，是祖父教我用內衣褲做棉火藥的——還教我用阿摩尼亞、鉀、碘化物和碘酒製造極不穩定的炸藥——因此也間接幫我斷送了在哈佛的新鮮人生涯。

我記得，我叫人把一個裝滿鋁粉的罐頭，從麻薩諸塞樓屋頂丟下煙囪，我在一樓等著，用一根火柴點燃，那火焰衝到劍橋上方一百呎高的夜空。那些無聊又愚蠢的事，是寫不完的，我還可以繼續說下

24 *The Harvard Crimson*，由哈佛學生負責經營的日報。

去。第一學期，我大部分的創造力都用在這種無聊事情上。

於是，我被開除了。突然間，我變成一個徹底被擊垮的年輕人，不打算再見到家人和朋友。我很惶惑——真的是驚慌失措，看不到未來，我完了。榮譽、家庭——這些東西那時對我很重要，但今天，誰會顧念羞恥啊？

驕傲——有些人說是撒旦的驕傲——是影響我一生很重要的關鍵之一。一九三八年，如果我願意去尋求家人的忠告，我原可輕易就從家人那裡得到的，但我卻沒有去找他們，這就是因為驕傲。但驕傲的本質正是絕不求人，絕不承認軟弱。可以要求，不能哀求。事實上，真正的驕傲是連想都不會想到要開口的！我非常確定自己從未想過，或許有人可以幫我。

父親的反應是——可以預料得到，而且他說得對——我已「捲款潛逃」了。我帶了八百五十美元現金，是我在學校會計人員帳戶裡所有的財產，那是父親給我修生物化學課的錢，不是給我到西海岸遊蕩的，西海岸是我決定要去的地方。

我從劍橋搭灰狗巴士去舊金山，中途在紐約下車，跟住在烏龜灣（Turtle Bay）的母親和那時十八歲的妹妹道別。我沒跟母親透露，我是要「永遠」離開了，但是跟妹妹說了。她當下做了一件很衝動又很慷慨的事——給我一串養珠做的小項鍊。

在舊金山，我先住在霍爾街（Howard Street），我發現了小說家傑克．倫敦（Jack London），不久，我開始探索太平洋街（Pacific Street）和蒙哥馬利街（Montgomery Street）——那裡有知名的猴子大樓（Monkey Block），作家薩洛揚（Saroyan）住在裡頭。我從沒聽說過他，在「黑貓」酒吧（Black Cat）跟他一起喝酒，卻不知他是何許人。多年後，我們在巴黎，去朗尚（Longchamps）和奧特尤爾賭賽馬輸了錢，整晚跟詹姆士和葛蘿麗亞．瓊斯夫婦喝得大醉時，對當年的往事都還記憶猶新。當年，「黑貓」是脫衣舞孃和妓女聚集的地方，是個很亂的地方。當時在那裡所接受的教育，每天紛至沓來，使我幾乎招架不住，但是，我眼觀四面，耳聽八方。

我在那裡結識了許多非凡的人物——真正的薩洛揚和小說家史坦貝克（John Steinbeck）筆下的世界，要知道，這兩個人不是憑空就冒出來的——像所有的作家一樣，他們只是寫當時的景況，當年就是那樣。

除了他們的故事之外，我還有許多其他的。例如公爵，人稱「市場街的公爵」，是舊金山有名的一號人物，是流浪漢頭頭。他唯一的財產是一部性能優秀的凱普哈特（Capehart）自動換片電唱機，那幾乎是高傳真音響設備出現前最棒的音響，還有所有被錄製成唱片的歌劇和交響樂——這個裝置是放在一家破舊骯髒的旅館裡，他跟一個總是出海討生活的挪威水手同住在那裡。

他不要我變成像他一樣的流浪漢，為我找了份工作，在一家油漆公司做實習生，做化學分析的工作，後來沒多久就發生了許多事。一天，我收到一封與父親熟識的人寄來的信，他給了我一份工作，在印度中南部協助兩名化學工程師替邁索爾王朝大君（Maharajah of Mysore）興建一棟基礎化學廠房。寄件者是弗萊德瑞克．波普上校（Colonel Frederick Pope），是美國氰胺公司（American Cyanamid Corporation）的經理，也是化學建設公司（Chemical Construction Corporation）的總裁。

「公爵，」我問道——因為我可以跟這位公爵談，卻從來無法跟我那位「大公爵」父親談——「我該怎麼辦？我該繼續找一份夜間工作，這樣白天可以去上學，還是我該去傑克．倫敦的阿拉斯加，或是接受這位達官貴人提供的這份討人厭工作，每個月一百美元收入，在印度什麼鳥地方興建一個化學工廠？」雖然不太清楚，但我懷疑這項交易的條件之一是父親要支付我的薪水。

他毫不猶豫就說：「跟父親和好，去印度吧。」

我只能做到後半句。

林賽．傑克布斯醫生

布魯克斯．貝克蘭對兒子有敵意，有一大堆亂七八糟、混淆不清的道德教訓，似乎有意無意間在詛咒他。

他寫給我一封談東尼的信，裡面附了一張從某法文雜誌剪下來的剪報。我記得，那是一整頁的彩色卡通，有三格不同的區塊。第一格裡有個男子靜靜坐在扶手椅上看報。第二格裡有個小男孩拿著一把太空死光槍（space-ray gun），瞄準那男子，射出各種黃色的星星——彷彿七月四日國慶日煙火表演的最後一幕。最後一格只是椅子上一堆塵灰。布魯克斯．貝克蘭在卡通旁邊寫著：「有時候，這種可怕的寫實景象太接近事情的真相。」

布魯克斯．貝克蘭

最終——早在事發之前——我就看出東尼是邪惡的化身，我對他的了解比全世界任何人都多，他知道我了解——就像莎翁名劇《暴風雨》中半人半怪的奴隸卡力班（Caliban）知道魔法師普洛斯彼羅（Prospero）了解他一樣。但是，我能跟誰說呢？我會跟誰說呢？不能說的。我跟他說過——喔，我跟他說過，而且他了解。他也知道我愛他，他也愛我——而且愛得太多，他一些同性戀友人這麼說。

蘇珊．泰勒

安琪兒（Angel）每週替貝克蘭夫婦煮兩、三天的飯，我們單獨在家時，她也來個兩、三天——她的廚藝還沒好到能宴客——當然，她會跟我們說很多貝克蘭家的事。她跟我說，「我不知道東尼將來會怎麼樣，因為他父母不在家時，他會在街上認識一些年紀較大的男孩，帶他們回家。」那時，他大約十四歲。

湯瑪斯．馬奎爾醫生

東尼的第一次同性戀經驗是八歲時發生的。

取自一九七三年一月五日，英國法庭諭令針對安東尼．貝克蘭精神狀態所做的報告

安東尼在青春期階段，發現自己有同性戀癖好，在住宿學校有過身體經驗，他自認兩性對他都有吸引力。

彼得．蓋保

在亞凡讀書時，有一年聖誕節假期，我南下來到紐約，跟東尼住在一起。那時，他的父母大部分時間都住在巴黎，但在七十五街和萊辛頓大道還有一棟頂樓豪華公寓式的備用套房，有許多陽台。我們只是小孩南下去度長週末，東尼開了個派對，很小的聚會，我記得有許多非常可愛的女孩在那裡。女孩子很欣賞東尼的長相、機智、風采之類的——她們相當喜歡他。他似乎也對她們的熱情有所回應。我是說，看來，他對女孩的熱中，跟一般人一樣，肯定跟我是一樣熱中。他好像跟我們任何人一樣，也在熱烈追求一個幾乎很難追到手的女孩。他對他堂妹的一個朋友很感興趣，而我正跟他堂妹在交往。天哪，她是個性感的小女生——一頭深褐色長髮，曲線玲瓏，在康乃狄克州亞凡鎮住宿男校的寒冷冬夜裡，頗能溫暖你的心。這個女孩跟東尼建立了一種深刻的友誼，持續了六個月左右的時間。她父母住在康乃狄克州的某個地方——不知是西港（Westport）、南港（Southport）、東港（Eastport），還是北港（Northport）——有一次，我們在沒大人在家的情況下，在他們家度週末。我記得，她家光線明亮，有個大壁爐和許多石頭。我們生了火，還喝了一瓶君度橙酒（Cointreau）之類的酒，然後東倒西歪地上了床。那個年代，女孩子的兩膝都是併攏的，所以，東尼和我都不指望任何具有淫亂性質的事情會發生，女孩子也不會預期。我們最後確實進了女生的房間，那裡有兩張雙人床——東尼和他的女孩睡一張，我

和我的女孩睡另一張，我們都是穿著衣服就寢的。我們做了什麼？就只是睡覺！

我說這些的重點是，我們那時十五歲了，東尼在追女生。隔了一年左右，我開始發現，他對女生的興趣已不那麼熱中。我得想想，究竟是什麼時候我認定東尼不像個男生。有一段時期，在他青少年階段的末期，我就覺得他很中性。很可能那時他正積極地追求同性戀情——我也不知道。我說過，我們在亞凡時，基本上都是各行其是。但有這麼個傢伙，邁克．柏金斯（Mike Perkins），高個子，膚色黑，英俊得不得了，對女人極其迷戀——我是說，我認識他的許多女友。但如今回首，我有種感覺，或許他跟東尼不只是朋友。

一九六三年，安東尼．貝克蘭就讀亞凡古農場學校期間，在紐約市「艾倫」（Allen's）菜單背面寫的文字

皇家酒鬼又笑了，他還會哭的，但現在在笑。問題是「為什麼？」也許因為寂寞，像所有人一樣。也許因為畢竟他不是個酒鬼，只是一個困惑的十七歲少年，可能是個同性戀者，但覺得又不是。或許，他不知道周遭發生了什麼事，只是隱約感覺到自己內在的變化。也許，皇家酒鬼真的就是他自認的所有那些令人不愉快的東西，或者，也許他認為，基本上，他跟他所認識的自己正好相反。他甚至是清醒的，有太多洞見，卻個性不足，也缺少父母具備的那種智慧，快樂不起來——至少目前是如此。皇家酒鬼在各方面都是個充滿矛盾的人，他討厭惡劣的舉止，但自己往往很粗魯；他痛恨虛假的人，卻是虛假的化身；他愛父母，了解他們，但卻無法與他們溝通，也許因為他們的道德標準太高。如果他們的道德標準是介於他的標準與他們的中間，他們會快樂得多，而且會比較有成就。皇家酒鬼看似冷漠，因為有許多情緒。奇怪的是，當魅力不再時，人就不知何故變得陰鬱起來——別人就不再了解，而那正是你最需要人了解的時候。

有時候，皇家酒鬼喜歡把自己想成是個好人，而且去感受這種感覺，但內心裡知道自己不是，也知道為

什麼自己會去做所做的事。他跟另一個男孩相戀，但不知怎地，那是一種崇高而且幾乎是可敬的關係（這種關係，在理智上是很容易拆解的，但在情感上不然），也許在愛的範疇裡，這是他曾經驗過最美好（真正唯一）的關係。然而，他希望能再回到六歲，身邊有兄弟姐妹，還有也許要求不那麼高的父母，雖然他們在道德方面，要求絕對不算高。皇家酒鬼是個非常寂寞的青年——這是他之所以酩酊大醉與想要交許多朋友的原因，他迫切需要愛上一個他喜歡的人。

南西．柏金斯．華利斯（Nancy Perkins Wallace）

東尼跟我哥哥邁克一起逃離亞凡，去了波多黎各，輟學了好一陣子，住在海邊之類的。據我哥哥說，他們在那裡的時候，東尼有男性的戀人。我哥哥不是同性戀。

亨利．柏金斯（Henry H. Perkins）

邁克從沒告訴我有關東尼男性戀人的事，但是，我自己是很男性化的人，我哥哥知道，我不喜歡聽那種事。我只記得，他們沒錢，睡在海灘上，被跳蚤咬——他們撐了一個星期左右，然後，你知道的，就回家了，就像所有逃家的小孩一樣。那之後，邁克開始積極參與東尼的生活，在這裡和歐洲都有。

他們那些人裝腔作勢的，故作尊貴姿態。貝克蘭夫婦有一套法國式的排場，還有沙龍。東尼也有那種氣息，我認為，那就是令我哥哥著迷的地方。我想，他被蠱惑了。

鄧肯．朗寇普

根據我認識的那個女人的說法，東尼有個美國友人，名叫邁克，很不錯的一個年輕人，黑髮，我記得他非常英俊，他們常一起在林蔭大道上走。這女子常跟我講東尼在聖路易島上的生活，每天晚上都一樣——我是說，都是兩個男孩或兩個女孩跟他們回來，到東尼使用的布魯克斯那個住處。你知道，布魯克斯在島上還有一間公寓，我想是在瑞格拉提亞街（Regrattier）上——他寫作的工作室。有一段時間，東尼使用過這間工作室。

布魯克斯．貝克蘭

為了求安靜，我在瑞格拉提亞街一號租了另一間小公寓。一九六六年，我跟芭芭拉已漸漸分居了，我開始有時不時住在那裡。我會以主人的身分出席她的晚宴派對——應她要求，這樣就沒人會知道——等最後一位客人離開後，我再離開。這是她第一次了解到，我可能真的要離開她了——無論她採取什麼行動防範。她努力「循規蹈矩」，洗心革面，很令人感動。我離開她後，每思及此——那種諷刺，心疼她的努力——是我每想到她，最令我痛苦的事之一。

至於東尼，我為他感到難過，難過他是個同性戀——真的非常難過——但我沒有大多數人對這種事情會有的本能反射作用，倒是會讓我去思考像東尼這樣並非真正娘娘腔的人，為什麼會、怎麼會——除非，顯然是受其他同伴的影響而模仿——將那種行為深印在腦海裡，進而受到誤導，走上這條路。

反正，在英國——他離開亞凡之後去了英國——他結識了一些有頭銜又非常女性化的年輕人，去西服名店街薩維爾街（Savile Row）上的一家裁縫店，用記帳方式訂做了相當於現在一萬英鎊的衣服——他身無分文，可是老爹會付錢——還說，他要跟朋友一起進牛津大學。

他跟他母親為了這個了不得的請求，極力爭取，透過現已過世的萬靈教會（All Souls Church）的負責人，「一個很迷人的人」，運用了一些影響力，如此這般的。東尼連高中都沒唸完，大抵還很無知，他們似乎都沒想到，這些都是何以牛津不會樂於接受他的原因。

最後，我運用各種計謀，加上我兒子的智商分數很高，又給人一種迷人有教養的印象——我不是要說反話，在某些地方，這些東西還是有用的——總算讓牛津大學聖約翰學院（St. John's College）暫時接受了他，只要他能通過普通標準考試課程或高級標準考試課程？我記不得了——大家都認為，以他的聰明，應該只需要幾個月的時間惡補一翻之後，就可辦到。

我請了一位年輕的牛津學生來卜達克斯，我們即將在那裡避暑。他的任務是讓東尼把拉丁文學到能通過那科考試的程度，以他的法文基礎和已經具備一些聽力的西班牙文基礎，應該不至於太困難。

但這位家教很沒道德，對我坦承當時的情況已無可救藥，就走人了，什麼事都沒完成。

接著上演的就是跟爸爸媽媽一把鼻涕一把眼淚的，承諾一定改過。於是，那年秋天，多虧麥可．亞歷山大宅心仁厚，讓東尼去倫敦住，進了一家補習學校。

麥可．亞歷山大

東尼在諾丁丘街（Notting Hill Gate）那裡的戴維斯、藍與狄克學院（Davies, Laing & Dick）補習時，在我這裡住了大約六個月。他住在我家的地下室，自己照顧自己。那時算是他們父子關係最好的時候，該怎麼說呢……布魯克斯想把東尼從一個有同性戀傾向又遊手好閒的人，改造成一個有用的人。他想把他造就成一個男人——我們可以這麼說嗎？他對東尼施加了很多壓力，我必須說，當時的東尼似乎不是個理想的美國男孩。

布魯克斯．貝克蘭

長話短說，補習學校寫信告訴我，說我在浪費錢。他們說，這孩子甚至不去上輔導課，更別說做指派給他的功課。

但是，他跟那幫女性化的朋友玩得很開心。

大約這個時候，我收到一封詹姆士．瓊斯的信，責備我不讓兒子當作家。

安東尼．貝克蘭致詹姆士．瓊斯的信函，未註明日期

由麥可．亞歷山大轉交

倫敦，W. 1

親愛的詹姆士：

你可以替我看一下這些東西，給我一些建議嗎？我知道你很忙，但我已放棄去牛津的打算了，到下個月一號的時候，我就會身無分文了。我想，如果這些東西夠好，可以投稿的話，你可能知道該把稿子寄到哪裡。我想，那篇叫〈大衛．藍恩的雪夢〉的作品需要修訂。總之，告訴我你的看法，並代我向葛蘿麗亞和凱莉(Kaylie)問好。

東尼．貝克蘭敬上

附記：你能幫我找個經紀人嗎？還有〈我瘋了〉，你認為我可以讓〈受譴的裘林〉登在《紐約客》上嗎？

一九六四年十二月二十二日，詹姆士．瓊斯致安東尼．貝克蘭的信函

奧爾良河堤（quai d'Orléans）十號，巴黎第四區

親愛的東尼：

我興味盎然地讀了你的三篇故事，我認為，你寫得好極了，真的非常好。三篇我都非常喜歡，就因為寫

得好。然而，我認為，三篇都上不了《紐約客》。《紐約客》不僅是個相當封閉的雜誌社，而且對所謂《紐約客》風格的堅持與要求非常嚴格。

關於經紀人的事，我建議你打電話約我自己在倫敦的經紀人出來碰面，她的名字是荷普．拉瑞斯（Hope Leresche），她的電話是FLAxman 43.11，地址是倫敦歡騰街十一號，郵遞區號是S.W.3。荷普是很多人的經紀人，英國劇作家希樂．迪拉尼（Shelagh Delaney）是其一，是她幫助她跨出第一步的。如果她喜歡你和你的作品——我認為她會的——，她可能會協助你跨出第一步。

另一方面，想要靠寫短篇小說餬口，幾乎是不可能的。你想寫的那種故事，無論具有什麼真正的價值，很不幸地，是沒有什麼商業市場價值的。我跟你說這個，是因為這是實情，是因為我要你了解未來有什麼樣的前景。儘管如此，因為我確實非常喜歡你寄給我的故事，我願意寫信給你爸媽，告訴他們，我認為他們應該給你經濟資助——即使不很充裕，但至少能讓你生活——這樣，你可以寫作。說也奇怪，大多數的父母願意支持孩子攻讀任何專業，但學習寫作是例外。事實上，他們上次在這裡的時候，我就跟他們說了。然而，我不想寫信跟他們說，除非我萬分確定你希望我這麼做。還有，我不知道卡達克斯這個字怎麼拼寫。事實上，我甚至不確定他們現在是否在那裡。

關於那三則故事，我認為，沒有標題的第一則最接近傳統古典的短篇小說。我的意思是，確實有事情發生，男孩的確看到他母親跟那名男子，最後確實有所行動。然而，我覺得，大體來說，你顯然把這兩個事件硬生生放在故事裡，幾乎是草率帶過，不像處理故事裡其他部分時用那樣有趣和具煽情效果的細節。我覺得，結尾因此太突兀，鋪陳得不夠，發生得太快，讀者無法完全起共鳴。我也認為，那場暴風雨顯然是要公布結尾的一種手法，可以更自然些，也許可以在更早的時候就出現最初的跡象，讓它在情緒上成為這篇故事裡真實的一部分（相對於一種設計），在男孩爬到島上，看到那男子親吻他母親時，在一開始的時候，在他看到他們的時候，風吹過樹和草，發出沙沙的聲音。然後，讓情緒慢慢醞釀渲染到故事的其餘部分，直到結束。當然，這場暴風雨很容易處理得過了頭，但若能處理得很自然，沒有強調過度，我想，我提出的所有批評和這種技巧運用的突兀感覺，就會得以澄清。我也認為，男孩先前就該略為察覺到，他那美麗的媽媽並非他所希望的那樣完美，你可以把這部分跟那個天真的妹妹做對照。

雖然我覺得另外兩則故事很有趣且很感人，但就實際層面來看，都不算是短篇小說。這兩篇裡，我認為〈雪夢〉那篇比較好，雖然，我覺得，結尾有些力道不足，讓人有意猶未盡之感。〈裘林〉那篇是最弱的一篇，大抵因為故事的後半部有一種說不上來的青少年虛張聲勢的味道，雖然另外兩篇也是寫青少年的，卻沒有這種感覺。不過，我喜歡前半段那些女孩子的部分。

若要我寫信給你父母，請通知我，並請去拜訪荷普．拉瑞斯。葛蘿麗亞和我祝福你。

詹姆士．瓊斯敬上

安東尼．貝克蘭發給詹姆士．瓊斯的電報，未註明日期

剛回紐約，讀了信，謝謝鼓勵。我有需要，你能寫信給在西班牙赫羅納省（Gerona）卡達克斯的父親嗎？會去拜訪拉瑞斯太太，新年快樂，向葛蘿麗亞致意。

東尼

一九六五年二月五日，詹姆士．瓊斯致布魯克斯．貝克蘭的信函

奧爾良河堤十號，巴黎第四區

親愛的布魯克斯：

我依稀記得，我們不久就會南下去探望你們幾天，但因此刻我在樓上辦公室裡，葛蘿麗亞在樓下，電話

忙線中，我無法問她究竟是什麼時候要去。反正，那不是我此刻所要寫的。

就在我們去克勞斯特斯前不久，東尼從倫敦寄給我三篇他寫的故事，要我看了之後給他評語。我照做了，我引述一部分我的看法：

「我認為，你寫得好極了，真的非常好。三篇我都非常喜歡，就因為寫得好。然而，我認為，三篇都上不了《紐約客》……」

我所寫的字字句句都是真心誠意的，布魯克斯。我認為，東尼具有不可多得的作家特質，能讓人彷彿親眼看見且感受深刻。我認為，目前他在技巧和結構上都還不夠精煉，還無法發揮他的天份（二十世紀美國天才編輯麥克斯．柏金斯〔Max Perkins〕曾經就我的情況說過同樣的話，我猜想，我多少是在引述他的話）。總之，他需要很長一段時間來發展才華，但我真的認為，他確實有天份。我認為，他應該有機會嘗試開發這種天賦。

東尼在信中只提到，他已經打消去牛津的念頭，到這個月底前就會身無分文了。他希望，我能幫他把那三篇故事裡的一篇賣給《紐約客》。我曾經跟你和芭芭拉談過，當然明白東尼信裡的意思，能了解字裡行間的意思。我寫信給他，把三篇故事都詳細分析了，然後就繼續解釋說，想要靠寫短篇小說謀生，幾乎是不可能的事。我還提議代他寫信給你，告訴你我對他作品的看法。

我深信東尼有足夠的天份，我願意向你建議，給他一個嘗試的機會，就是寄給他足夠生活（我不是說要過得很奢侈）的費用。我明白，大多數美國家長雖然願意資助孩子八年，取得醫生的資格，但是卻不樂意資助同樣的孩子花同樣長的時間成為作家。可是，兩者需要的時間是一樣長的。令我驚訝的是，你自己就曾經努力以赴要做個作家，喜愛寫作和作家，如今卻陷於一種矛盾的處境，無法給東尼一個公平的機會，讓他自己做個作家。

我寫信給東尼時，我說，除非他希望我寫信給你，否則我不會寫的。我在克勞斯特斯時，收到他從這裡發的電報，把你在卡達克斯的地址給了我，要我寫信給你，所以我才寫這封信。

你並非很窮，沒有錢。我寫信給你，不是站在道德立場或因同情這個年輕人，而是我一生致力於寫作，每當我看到有人具有很好的寫作潛質時，只要能力所及，我總想幫助他們得到那樣的機會。我認為，你應該幫助東尼。

其實，自從兩、三年前我讀過他那幾篇早期的東西以來，他已有長足的進步。葛蘿麗亞和我向你們二位致意，我希望，我們會在五月見面——是五月嗎？

詹姆士・瓊斯敬上

一九六五年二月七日，布魯克斯・貝克蘭致詹姆士・瓊斯的信函

卡達克斯（今天氣溫六點五度）

親愛的詹姆士：

十分感謝你的來信。你宅心仁厚又善解人意，你的好是說不完的——但僅這兩項就夠我說了。

首先，我並非你認為的老頑固，也不是那麼傳統。說實在的，有關醫生和作家的看法是無可責難的，因為那正是，而且長期以來一直都是，我自己的看法。我所關心的是策略（什麼時候），而且（這說來話長）東尼現在還是個不定數，像水銀一樣隨時都會改變（我正在等他完成補習學校的課程後破繭而出，我認為他會的，然後我打算做你所建議的，運氣好的話，到那時候將比三年前更有意義。三年前，我就問過你的意見；三年前，他可能會闖禍，把在他心裡逐漸滋長的那股衝動破壞殆盡或粉碎掉。我不知道這樣三言兩語

的，是否能說得清楚）。

其次，原則上，雖然我幾乎沒有一點是贊同的（就我所知，芭芭拉和東尼兩人都不理會），但我不會破壞他母親最近為他在英國所做的種種安排，來滿足東尼。他們的愚昧會自曝其短的。東尼的決心越堅定，我覺得越好——因為（一則是）我樂見他能擺脫母親的影響，他只有藉著男性的反抗，才能做到這一點——我預期很快就會發生了。

第三，十二月的時候，我給了他這個訊號，允許他，還給了錢（你的忠告，我想了很久：我說是忠告，因為我對你的洞見，非常尊重。聽你那麼說，讓我鬆了一口氣），但我有個條件——他得認真看待這項志業，而且要有實際行動（找經紀人、努力以赴等等）他的確已做到，讓我很欣慰。（他的努力雖然無甚成果，但終歸是下了功夫）在倫敦，他給我看了他的故事，我很高興，也跟他這麼說了。多年來我已知道，無論他這一生做什麼，他都會是個作家。我這麼認定後，就都是這麼跟他說的。在這方面，我都是給他讚美和鼓勵（你可以問他）。好了，接下來我發現，他跟媽媽回到美國。再接下來，我得悉他要去看精神科醫師，然後回補習學校。我建議他離開我們——投身軍旅，擺脫掉過去，把一切置之腦後（或者選擇不要投身軍旅），遠離我們，過個幾年平靜、無聊、規律的日子。他媽媽灌輸給他滿腦子軍旅生涯殘酷可怕和墮落的思想，所以，他認為我想要懲罰他。我寫信跟他說不是的，然而，我也寫信跟他說，我不會責怪「媽媽」，接下來就看他了……他知道，我是支持他的，但他也知道，但他也知道，我要他乾脆明快地做個決定，一旦他也乾脆俐落起來，他就可以拿到回家的機票了，那是他的問題。

他害怕（又是媽媽——同性戀的恐懼）。

沒有那麼簡單的事，這種畏縮可能會把他絆住（使他永遠停滯在依賴人的嬰兒期）。我想不會，我對這孩子有很高的期望，他的頭腦跟我認識的人都一樣清晰，他神智清明。

計時器在滴答滴答地響，我知道，他的那顆小炸彈不久就要爆炸了。如果沒有爆炸——我就搞不懂了！

我的直覺從來沒有這麼不靈光的（這也不是我所習慣的）。

很抱歉跟你說這種無趣的事，但是因為你寫了這封宅心仁厚的長信，又對東尼很感興趣，我理應交代清楚。你在你家曾說過，你不確定「他能否當作家」（幾年前你說過的話），我因此決定不跟你說這些。不過，你談到的策略我頗感興趣。名為挫折的這塊生肉，現在已吃了好一段時間了，做為一種訓練的膳食，可能也沒什麼不好。我尊重寫作，我也要他尊重寫作。他不可能成為另一個詹姆士．瓊斯，也沒有人可能成為另一個詹姆士．瓊斯。但是，他若將寫作視為一種逃避或兒戲，就更不可能了。他一旦決定要寫作，就會超越他媽媽。我希望，一切都能立刻就序。

想看你的書，什麼時候看得到？我的書，我想，進行得很順利。非常愛你們兩個。

老清教徒

布魯克斯．貝克蘭

我對這一切的反應並不單純。我了解，專業寫作除了其他條件，還需要極大的自制力——膽識？——和忍受孤寂。我早就知道，除了上述的幾項外，東尼長於表達，是個「天生的作家」，他的這項天賦已令我們其他朋友印象深刻。有麥可．亞歷山大的正面影響，我也不是完全沒信心，儘管不抱很大希望。長話短說，顯然東尼在倫敦又開始跟那些同性戀朋友玩得挺開心的，但是沒有寫作。一個寫作者無論是否有做其他事情，都還是會寫作。他克制不了，是不由自主的。東尼並沒有在寫。

想到這一切實在令人氣餒，我跟他提出一項建議。如今回頭看來，我認為那是不智之舉，但當時以為可以幫助他。我跟他說，無論他寫什麼，我都論字計酬買下，設法為他校訂出版。他本來就要我替他校訂出版，所以，這次唯一新提出的就是我——相當愚蠢的——金錢上的誘因，想要讓一個作家寫東西——就是讓他別再過那種花花公子的生活，這樣我才願提供經濟資助。每天只要幾小時就夠了。

那真是個餿主意，我跟你說這個，是因為現在我會覺得好笑，好笑嗎？

接著，東尼開始變成一個不受歡迎的人——麥可．亞歷山大提出一些暗示——他在麥可那裡的寄居生活就此結束，還付了一些損害賠償。

「寫作」就此告終，本來他母親在放棄讓他做生物學家的希望後，也希望他能當作家。

伊莉莎白．威克．方德拉斯

芭芭拉一直對文學界的人極為熱中，她覺得那些人是社會競相爭取的寵兒。

波登．布洛德瓦特（Bowden Broadwater）

在我跟作家瑪莉．麥卡錫（Mary McCarthy）的那段婚姻裡，她一直認為，芭芭拉．貝克蘭很輕浮且自命不凡。我必須說，我頗為贊同。

喬治．柏尼爾（Georges Bernier）

我第一次結識芭芭拉．貝克蘭的時候，她說：「喬治，你告訴我，」——你可以想像，對我這樣一個法國人，聽到認識還不到五分鐘的人直呼我的名字，我有多驚愕——「普魯斯特是同性戀者嗎？」我必須說，我忍俊不住，因為當時正是全世界任何地方，你只要翻開一本文學附錄，都會看到有關普魯斯特的事情——普魯斯特、佛洛伊德和喬伊斯（James Joyce）是三巨頭——這個讓芭芭拉傷神的問題，當然是討論普魯斯特的人幾乎都會提出的第一個問題。

班．桑能伯格打電話告訴我，有這麼一對美國夫婦剛到巴黎，他非常希望我能認識他們。於是，幾天後，我應邀到貝克蘭家吃晚飯，一到她家，她就問我這個驚人的問題。

然後，布魯克斯開始談他兒子頭腦多麼聰明，富於想像，因為他會抓住蒼蠅，扯掉蒼蠅的一根翅膀，看牠能否平衡，然後再扯掉另一根翅膀，看牠怎麼行動——有時候還會把蒼蠅的腳弄斷，那也算是一樁有趣的事。我發現，布魯克斯的態度極為怪異。那種虐待狂的行為，在小孩子身上是頗為尋常，但很少看到一個父親認為那是件了不得的事。接著，晚飯後，那孩子就被叫出來獻寶。那天晚上，我離開他們家的時候，我對自己說，我再也不想看到那些人。

事實上，那次之後，我還見過她一回。我們兩個都是伊瑟·德·克羅塞的客人，受邀到巴黎聖母院（Notre Dame）附近一家叫做「鐘樓怪人加西莫多」（Quasimodo）的餐廳——馬賽爾·杜象也在那裡。我很欽佩馬賽爾，但他浪費時間跟芭芭拉·貝克蘭那樣的人耗在一起，讓我相當惱火。

當然，她繼續邀我去他們的晚宴，但我當時——對那種事，現在仍然是——有一套防患於未然的好辦法：瞬間冷漠。

布魯克斯·貝克蘭

我的辦法是逃避，不過有一次，在克勞斯特斯，我們兩個在一家小旅館的浴室裡裸裎著，我用腳把芭芭拉按住——大約在她胸部的部位——她則用她那堅實有力的白牙咬我的小腿肚，極盡所能用力咬。我覺得那種景況很滑稽——但我不敢把她放掉——我大笑起來，因而更惹惱她。其實，我真的很愛她。這場「架」——幾乎每晚都會吵一次，遲早的事——的起因是那天晚上我又不肯帶她去柴薩·格瑞夏納飯店（Chesa Grishuna）吃晚餐。我相信，她靜脈裡的腎上腺素，至少要半小時才會消耗掉。在那之前，她簡直就是一頭野獸，一頭怒氣沖天的美麗母老虎。三十年來，我只打過她一次——不是蓄意的。

伊莉莎白・亞契爾・貝克蘭

布魯克斯跟我說，有時候，他們在這種可怕的戰役打到一半時，他會說：「芭芭拉，我要去上廁所。」他去洗手間時，她會突然冷靜下來，耐心坐著，等他出來後，又尖叫起來。但有一次在巴黎，兩人吵得不可開交，他索性離開，去一家非常高雅的旅館。他上了床說：「謝謝老天，現在我可以清靜了。」於是開始看書，然後，突然間，衣櫥門大開，芭芭拉衝出來——「親愛的，我來了！」——兩人共度了一夜良宵。其實，他衝出家門前，跟她說了要去哪一家旅館，她就想辦法在他之前先趕到那裡，跟櫃檯說：「我是貝克蘭夫人。」他們就讓她上去了。

珮蒂・金柏・魯麥特

那樣激烈又危險的芭芭拉持續了許多年，她那輕率躁進的性子愈演愈烈。有一回，我們一起在瑞士的策馬特（Zermatt），我跟一位瑞士嚮導一起滑雪，我跟著他在奧地利的聖安東滑雪了好幾年，芭芭拉通常會過來加入我們，或者想要加入我們——她大概都是跟在我們後面。以她的滑雪技術來說，她滑得太快了——她滑雪的經驗遠比我少——滑得有點亂無章法，把腿摔斷了，情況真的很嚴重。我是說，那是非常自毀式的滑法。

但是，還不僅止於滑雪，她像著魔一樣。我們——布魯克斯和芭芭拉、海瑟和傑克・柯翰夫婦，還有我——住的那棟房子，是在一處高岡上的木屋，當時正是滿月時分。我有種感覺，芭芭拉會變成一個我們從來都想像不到的怪物。你可以看到，到了夜晚，這些變化就會出現。有幾次，她將行李箱裝好，疊在那些木橇上——接著開始哭叫哀號。我想，也許是布魯克斯出去找到她，把她拉進屋裡。

取自布魯克斯．貝克蘭未出版的《冬林散步》（*A Walk in Winter Woods*）

有多少回，他們這樣躺在策馬特的雪地裡，仰望一輪明月。她總想在月下滑雪，總是膽大妄為，他則緊跟在後——不是因為他想要去，或是他認為那是明智之舉，而是為防她受傷。她一旦打定主意要做的事，他向來都無法攔阻。

海瑟．柯翰

都是因為月亮，或滿月或新月，很多人都受月亮影響。有一個仰慕我母親的人，是我所知第一個會受月亮影響的人。他跟我們在一起，然後，突然間就發起脾氣，衝出去，有時三天都不見人影。我們在街上跟他擦身而過，他連早安、你好都不說。等月亮下山或什麼的，他會回來，好像什麼事都沒發生過一樣。我們在策馬特跟貝克蘭夫婦和珮蒂．金柏合住那棟屋子的時候，馬特洪峰（Matterhorn）就聳立在我們旁邊，我注意到，芭芭拉也受月亮影響。那種影響是突如其來的，讓她抓狂起來。

一九六三年一月十二日，布魯克斯．貝克蘭寫給妮娜．達利的明信片

溫克馬騰（Winkelmatten），瑞士策馬特
圖基諾木屋（Chalet Turquino）

摯愛的妮妮：

我只是捎個短箋，祝妳聖誕快樂。由於雪崩，火車停駛，我們花了三天才從巴黎到這裡，僕人花了五天的時間！不過，現在我們大體已安頓好了。雪多得驚人。東尼和關妮．湯馬斯現在玩得可開心呢！但起先由於停電，纜車都不能開。真希望妳在這裡——真的，這對妳會是個很好的調劑，我反倒不像妳那麼需要。

布魯克斯敬上

布魯克斯．貝克蘭

一九六三年冬天，我帶了一連串的問題到策馬特：如何把一個探險隊運送到地圖上沒有標示的熱帶崇山峻嶺裡？如何運送補給？如何防禦？如何離開？

取自《國家地理雜誌》，第一百二十六卷，第二期，一九六四年八月

這兩個紐約客跳降落傘進入祕魯險惡的維卡邦巴山山寨，憔悴的臉上流露出要率先征服地球未知領域的血脈。他們其中一位是布魯克斯．貝克蘭，四十三歲，他的比利時裔祖父是「貝克萊」的發明人，另一位是彼得．金柏，三十六歲，是金柏－薩克斯（Gimbel-Saks）百貨連鎖企業的第三代。他們放棄在曼哈頓人造叢林裡的生活，和兩名同伴在蠻荒之中跋涉，度過了八十九天非人的日子。

布魯克斯．貝克蘭

是什麼驅使我去從事這樣的旅程？以前從來沒有人用降落傘降落在接近這樣高度的地方。但是，一九六三那年還有另一個原因，那時我深深愛上一個年輕的英國女孩——她比我年輕十五歲，是我在巴黎的一個外交官朋友的女兒——我要求永遠離開芭芭拉那種激情、那種花費、那種生活方式時，引起她第一度的自殺意圖，她企圖自殺過四次。為了自由，我面臨成為謀殺者的處境，於是放棄了我的英國女孩，進入沙漠，那可以算是沙漠，因為現在我知道，芭芭拉絕不會給我自由。我知道，我會終生被那忌妒的怪獸捆鎖。於是，我把探險當做一種工作。

事實是，在我生命的那個階段，死活我都不在乎。現在仍是如此，那是一種很大的力量。很多認識我的人因此而怕我，連狗都察覺到了，都小心翼翼待我。但我覺得，這並不是傲岸——對我來說，這是失敗的明證。你會明白，那就是何以像金柏和我這樣兩個截然不同的人，會在那一陣子成為合作夥伴的

原因。

那是一種很奇怪的合夥關係——他一直都不明瞭。我的意思是，在精神層面上，我非常老，他非常年輕。最後，他覺得——也許他是——被出賣了。可能他自己有散光的問題，所以那時對我有英雄崇拜的心理。後來，他發現自己錯看了我，有種空虛感。

他那時，可能現在仍是，完全被海明威式的那種逞強作風影響，在壓力下仍要維持風度。我一直相信，真正的勇敢是知性的，而非血氣之勇。但這種海明威式的膽氣在當時是非常風行的。我這樣公開嘲笑，倒也不是因為我屬於反海明威的逍遙派陣營，我從來不是。

「老布，」彼得說，「我們一定要去那兒一趟！我們一定要去看看那個國家。」他一直是個勇於接受挑戰的人，最令他神魂顛倒的就是會面臨被那些未開化的印地安人追殺的危險。至於我，我並非逞強好勇之輩，我需要那個藉口，好一次逃離芭芭拉好幾個月。

當然，我也對一則非常有趣的四百年祕辛很著迷：印加帝國的末代皇帝阿塔瓦爾帕（Atahualpa）的兄弟印加傀儡皇帝曼科．印加（Manco Inca）和他的二十萬戰士，為逃離西班牙人，而逃到安地斯山背面進入阿塔塞瓦高地雨林（Alta Selva）時，到底發生了什麼事？

我在策馬特高崗上的木屋裡就斷定，他們一定是在維卡邦巴山脈南端的什麼地方定居下來。他們被西班牙的烏合之眾追趕，就此消失了——然後就此沉寂，沉寂了四百多年。我極喜歡這則故事。

在金柏和我寫的遠征計畫書裡——我們主要是向國家地理學會和紐約動物學會申請經費。前者的老闆是格羅斯維諾家族（Grosvenors），是我們家族的老友，而金柏那時是後者的理事——我們很謹慎地不提失落的印加城市等。那是絕對行不通的——絕對不會幫我們爭取到我們需要的經費。所以，我們寫成一份科學探險的計畫書。我的論點是——這個論點讓我們的計畫被接受了——島嶼山系是從亞馬遜平原的海平面高度升起的，上升到正好沒有冰雪的海拔高度，因此那裡的動植物群相從熱帶到北極都含括了，因為「島嶼」與在西側升起的安地斯山主脈山系分隔，各種不知名的動植物和昆蟲得以——在億萬年間——在那兒獨立發展。我的提議是，我們此行是為生物探險而去。如果我提到曼科．印加四百多年前大致在這個山系的方向消失，絕對是順便一提的。

由於我們無法將我們的生物學家送到山脈的頂峰，從此行主要目的的觀點來看，這次任務是失敗的，但在其他每一方面都是成功的。除非天公作美，讓航空攝影測量學得以派上用場，否則我們的地圖是這個地區迄今唯一精確的地圖。這個地區這麼久都未能繪製地圖的原因是，曾經進入且企圖穿越的人都無一生還——十三支遠征隊都留下他們的紀錄和屍骨，這是一個死亡之地。我們是第一支真正橫越這座山脈，生還回來述說這則故事的隊伍。

我們的探險隊也首創了一種新方法，可以深入並探索不得其門而入的地區。終於，探險隊研發出「跳傘司令官」（Para-Commander）降落傘，這是一種全新的設計，根據一種可以首次進行高海拔地區跳傘的發明研發而成。這個設計立刻成為世界各國陸軍與空軍的標準降落傘，並於一九六三年初在彼得．金柏一旁觀看下，由「高空跳傘之父」傑克斯．伊斯特（Jacques Istel）在墨西哥兩萬呎高的波波卡特佩特火山（Popocatepetl）進行首次測試。我記得非常清楚，我在我策馬特的總部收到宣布測試成功的電報。我認為，這次試跳是一萬一千呎，比以前的紀錄還高六千呎。

我沒發現曼科．印加的後裔在山上等著殺我們——還真是……太遺憾了？

終於，我們在差點被一些馬奇根加印地安人（Machiguenga Indian）謀殺後，跟他們有了友好的接觸，還把其中三人帶到文明世界。至於曼科．印加最後的——失落的——城市廢墟，我們原先猜想會在我稱為派道克山脊（Paddock's Ridge）的地方找到，但我們到那裡，從空中也看不到。不過，那裡的確就是幾年後美國探險家金．沙弗伊（Gene Savoy）發現遺址的地方。

我可以大言不慚地說，在我們四個走出這座山脈的人裡，我是唯一走得很開心的。由於我的背景，我是得其所哉。金柏厭惡透了——他的興趣、訓練並未觸及植物學和昆蟲學等領域。他只是想要出走，我則希望最好花一輩子的時間。探險隊三名飛機駕駛員之一的傑克．瓊斯（Jack Joerns）是德州人，變得非常抑鬱。只有來自達特茅斯學院（Dartmouth College）的學生彼得．雷克（Peter Lake），還保持他天生的快樂天性。他真是很棒——我想，部分是因為他對我和彼得．金柏有絕對的信心。我向他父母保證，我會帶他活著回家，我對那個承諾認真以待。他知道我會信守承諾，了解我，也相信我辦得到。至於我，我的力量部分是來自於我的個人生命一團混亂。我對於必須放棄那個英國女孩極度不快樂，我的事業也毀了。十七歲的兒子早已沉迷在毒品和雞姦裡，顯然已無可救藥了。你懂了嗎？

金柏叫我「亞哈」[25]——我們的友誼隨著這次探險也結束了。他是我最親密最珍視的朋友之一，我非常尊重他，對他有很深的情感，但卻失去了這位摯友。我幾度問他原因，但都不得其解。但是，探險就像婚姻一樣，是破壞友誼的知名劊子手。我們的決裂尤其痛苦，不僅因為我們稱得上是生死之交，而且我們從未有過意見不合——我們一向對所有的問題抱持同樣的看法，而且很快就達成解決方案。他有許多我所缺乏的天賦，而我擁有那些他所缺乏的——我們合作無間！如果我們起過爭執或意見不同，我對於我們合作關係生變的悲傷，就不值一提了。

彼得．金柏

是布魯克斯把我拖進去的——他誘騙我加入的。我的孿生兄弟大衛二十九歲時死於胃癌，從那時起，我開始很認真檢視自己的生命，認定我一直在工作的華爾街不是我要度過餘生的地方。於是，我開

25 指小說《白鯨記》裡率領船員跟巨大白鯨搏鬥的亞哈船長（Captain Ahab）。

始找些異於尋常的事來做。一九五六年七月，我二十八歲，跳水潛游到沉沒的「安德瑞亞．多瑞亞號」郵輪（Andrea Doria），立刻就受到矚目，掀起一陣小小的旋風，要是今天就會大為轟動——總之，費菲德．奧斯本邀我加入紐約動物學會的董事會。過了一陣子，美國自然歷史博物館館長邀我加入他們的董事會。

因此，當布魯克斯提出到維卡邦巴山探險的構想時，我非常興奮。我是早幾年就認識他了。我對探險感興趣，主要是從純探險的觀點出發，而布魯克斯的興趣則是出於學術／知性／考古的觀點——他要尋找最後一批印加人最後的據點所在，發掘最後的葬身之地等。即使你向我保證，沒有失落的古城，我也會去那裡——就因為要投身進入一個與世隔絕的島上，因為那就是座孤島，這是很冒險的事。那是一座海拔一萬五千呎的大島，四周是低矮的叢林。那裡是未知的世界。

由於布魯克斯跟芭芭拉在策馬特，所以我們都是用長途電話在討論計畫的，也可以說，靠大量的通信。芭芭拉滑雪時跌斷了腿，是真的斷了，傷勢很嚴重，所以布魯克斯只得——我必須說，那是個藉口，因為那就是他真正想做的：留在策馬特滑雪，由我一個人籌劃整件事情。我的意思是，他在瑞士，煩人的工作留給在這裡的人做——都是我在做。

不過，他也有功勞——他是個很優秀的地質分析師。他可以看到滿布叢林的懸崖，就說：「那裡有一處岩棚，我認為我們可以從那裡過去。」每一次都無比精準。我認為，沒有他，我們根本就去不了。

我的看法是，從科學的觀點來看，這次探險是徹底失敗——或者至少沒有成功——但從冒險探奇的角度看，是成功的。我可以說，《國家地理雜誌》的工作人員對此事是兩種看法都有。顯然，我們進入那裡長途跋涉的經歷，比雜誌社對科學探險上的失望來得重要，因為他們把此行刊載成篇幅很大的封面故事報導。

取自《國家地理雜誌》，一百二十六卷，第二期，一九六四年八月

乘降落傘進入祕魯失落的世界

撰稿：布魯克斯．貝克蘭

攝影：撰稿人與彼得．金柏

彼得．金柏和我在飛機上背著笨重的裝備僵直站著，從敞開的機門往外望，然後狐疑地望著對方。一年來的細心準備把我們帶到這決定性的一刻，置身祕魯東南部安地斯山遙遠的山脊上空……

布魯克斯．貝克蘭

那不是我在《國家地理雜誌》「生動的敘述」，我的文章——「太主觀」——全被該雜誌的槍手刪改重寫，變成給住在愛荷華州偏遠的蘇城（Sioux City）的十三歲女孩看的東西，那本了不起的雜誌每一期都是為那種人寫的。我無所謂，我過了一個很棒的夏天，大部分是由國家地理學會提供經費，我不覺得受到侮辱。

伊瑟．伍德沃德．德．克羅塞

布魯克斯要我在他為《國家地理雜誌》寫的文章刊出前看一下，裡面有一些非常好的內容，描寫得非常精采的內容，但是標點符號很糟糕，到處都有拼字錯誤，所以我做了一些修訂——只是英文裡一些很小、很簡單的東西，我寫在另外一張紙上。然後，我正好要跟芭芭拉見面，就交給她說：「把這個交給布魯克斯，我做了些修訂。」我真的是煞費苦心，但芭芭拉很惱火，她說：「我想都不敢想要把這個拿給他

看，妳千萬別提這事！只要跟他說很棒就好了，別讓他氣餒。」她把那張紙撕了，我心情非常壞，搞不懂……但從這事看得出來，她多麼保護他，老是告訴他，他是個天才，這一切都是為了將他留住。

你知道嗎，芭芭拉跟一個西班牙人有婚外情，全都是為了讓布魯克斯了解，她比他認為的要更具有魅力。她告訴我，她在紐約認識他的，就在婚姻情況非常不順利的時候。她突然發現——她一直不知道——布魯克斯到處瞎混，物色其他女人。後來，她發現，他有外遇，對象是一個英國女孩。她根本就不喜歡她的西班牙朋友——很快就膩了，但她佯裝要離開布魯克斯，跟他私奔。她還告訴我，布魯克斯求她不要走，他非常感動之類的。我認為，她要跟那西班牙人私奔，把人家給嚇壞了——他聽到那威脅後，就逃之夭夭了。

她可能跟他上過一次床。你也知道，她基本上是個愛爾蘭天主教徒，在非常嚴格的天主教信仰下成長的。但是，我認為，她後來開始跟經常泡在咖啡館的人在一起，但都是那種比較知性的，而且她可能也有一些錯誤的佛洛伊德觀念，但基本上她是極為正派的。

布魯克斯・貝克蘭

芭芭拉跟我說，她的西班牙情人，很諷刺的，是個物理學家，沒有錢讓她過養尊處優的日子。我提議，如果她願意離開我和他結婚，我一年給她一萬兩千美元，大約相當於今天的七萬兩千美元，算是我給他們兩人的結婚禮物。芭芭拉知道，我是當真的，我不會食言的。她告訴我，可是，他連車都停不好，而且她不喜歡他的腳，所以我就放棄了。

芭芭拉・貝克蘭致葛蘿麗亞和詹姆士・瓊斯夫婦的信函，未註明日期

紐約

我非常想念的瓊斯夫婦：

有好多事情要跟你們說——我覺得，我又掉回陷阱裡了，但我已開始有些樂在其中了。我們剛抵達時，東尼和我陷入一種沮喪的情緒裡。我想念你們，還有巴黎，那裡有某種人倫秩序，但老朋友既已開始相聚，我開始有點高興起來，可是，我的天啊，這是多麼沒人情味的城市啊！

布魯克斯還在叢林裡披荊斬棘地闖盪，每天的進度只有兩公里——揮動著長刀，殺出一條路來，可能非常辛苦。同時，我經常跟我的西班牙男友見面，但我已越來越沒勁了。他有一種溫暖和溫柔，非常令人動心。我認為，他在兩、三個星期的時間裡對我的了解，勝於布魯克斯在二十年的婚姻裡對我的了解。但最後，那感覺變得沉重。我想，我寧可跟一個陌生人上床——經歷了二十年婚姻，我丈夫依舊是個陌生人！

總之，我已決定二月回巴黎——不管怎麼樣——我打算今秋嘗試做些事情，很像向上掙扎要穿過水泥院子的植物，但或許會開出一朵小花。

剛在「派維龍」餐廳（Pavillon）跟班．桑能伯格和一些義大利人等，吃過一頓很精緻的午餐回來。日子很開心——我是新來乍到的！其實，我發現，人必須一直懷著剛到而非離別的心情過日子，就可預見社交上會有所斬獲，我打算培養這樣的心態來迎接白髮蒼蒼的歲月。

獻上我的親吻和擁抱。凱莉還好嗎？我依然看到她在陽台上望著我們駕車離開的小臉，她在我腦中的影像還很清晰，彷彿就在我的懷中，代我吻她。

芭

取自約翰．飛利浦．柯翰未出版的日記

星期二。我們參加班．桑能伯格在深夜舉辦的一場內容很豐富的派對，他是個難得的摯友，博學多聞，擁有鐵路大亨史戴維森特．費雪（Stuyvesant Fish）位在格拉莫西公園的房子，那是紐約設計得最好的房子之

一，裡面有驚人的畫作和銅版畫，更別提包括艾希溫和希夢．李普夫婦、查爾斯和海倫．羅洛夫婦、吉爾伯特和波麗．卡恩夫婦（Gilbert and Polly Kahn）在內的數百名賓客，還有落單且狂熱的芭芭拉．貝克蘭。

彼得．金柏

有一回在傑克．柯翰家裡，芭芭拉把手臂勾著我的頸了，想要把我摔倒在地上，強迫我乖乖聽命——她生我的氣，因為有一件事情，我跟她意見不同。她就那樣勾著我，我也沒把她甩開，推她或什麼的。我十分生氣，只想讓她自取其辱。最後，她開始咯咯傻笑起來，因為她明白那情況實在荒謬。

我再跟你說一些為什麼我覺得被布魯克斯占便宜的原因。他不只是在探險隊臨出發前才現身——我是說，正好來幫我完成準備工作的最後一部分，並接受跳傘訓練——探險結束後，他馬上就做什麼呢？就是又前往歐洲，丟下我去收拾善後。天啊，收拾善後！你很難想像——《國家地理雜誌》要的資料，把裝備還給提供給我們的人，填寫報告，就是很多很忙的事情。可是，真的，他就是那樣的人。他從沒問過我，為什麼我對我們的合夥關係會有那樣的感受。如今回首，我想，他的確幫了我一個忙，因為我這輩子從那之後，就不再是個特別容易被人占便宜的人了。

彼得．雷克

在我們這支探險隊裡，布魯克斯就像神一樣。不，說真的，有那麼幾分鐘，他還真是個神。在我們探險進入三分之二的路途時，彼得．金柏、傑克．瓊斯和我正從一條河裡取水來喝，突然被一些印地安人偷襲。他們帶著弓箭，從我們後面偷偷過來，顯然是要殺我們的——他們以為我們是邪靈什麼的。這時，布魯克斯從後面過來，把他們嚇了一跳。這些印地安人臉上無毛，一頭筆直的長髮，個子很矮。突然間冒出個布魯克斯——高挑、禿頭、留著灰鬍子。大約一年後，我們收到一封傳教士寄來的信說，那些印地安人以為布魯克斯是某種神祇，所以饒了我們。

布魯克斯．貝克蘭

把你一箭射死的那個敵人，往往是個素昧平生的人。

我只殺過一個人——在德國，背靠著橋邊一棵樹的老人。那時原子彈還沒投擲到廣島，但我想，已經在漢堡（Hamburg）、德勒斯登（Dresden）和科隆（Colonge）發生可怕的大轟炸。關於蓋世太保頭子希姆萊（Himmler）的毒氣室，我們清純的年輕人還一無所知。我已打定主意，如果被派去開戰鬥轟炸機，去炸「可能目標」——就是法國和德國的城鎮——我會設法炸包心菜和馬鈴薯，不要炸年輕的母親和小孩。

他正在看報，戴著一頂圓頂硬禮帽。我們在「攻擊」那座橋，我的四座翼炮一連發出的點五〇口徑子彈，在我還沒看到他之前，就擊中他了，是誤殺的，他的圓頂禮帽在橋上緩緩滾動。這事就發生在大戰結束之前。

我還在為那老人難過。

取自《紐約時報》〈財經專家談安地斯山探險〉（Financier Tells of Trek in Andes），約翰．席比利（John Sibley）撰文，一九六三年十二月二日

兩名紐約投資銀行家布魯克斯．貝克蘭和彼得．金柏，經過艱辛的九十天探險，穿過以前從未有人去過的祕魯安地斯山脈蠻荒之地，回到朝九晚五平淡無奇的辦公室生涯……

為什麼有人要去探險呢？「我不知道，」貝克蘭先生沉思道：「我是那種總是要將車子開上泥土小路的人。」

彼得・蓋保

那時，東尼和我還在學校讀書，可是，我們決定別的都不要，只想要一道去探險。有何不可？我們是兩個健康活躍的十七歲少年，於是，我們提出這個想法，公然向他父親挑明——「你覺得這主意如何：我跟著你們，跟你和金柏先生一起跳傘？」我們花很多時間，幻想著那樣有多好玩，冒險實在有趣——我是說，東尼的父親根本就是個任性妄為不負責任的人，總之，關於他的反應，我記得最清楚的是，他顯然缺乏興致——不是對我們參與的事，不過，當然，負責任的父母怎麼可能對那種事熱中？而是，他甚至懶得搭理我們。他沒說：「我不認為這想法有任何新意，因為……」，或者「不錯，這個很棒的主意，可是……」他只說不行，就此定案。

一九六三年後，我只見過東尼幾次。我們真的是各奔前程，我是說，我去唸大學了。七〇年代初，我在街上碰到他外婆達利太太，她把東尼在英國的地址給了我。

海瑟・柯翰

我常去布洛德摩爾醫院看他。他在那裡的頭幾年，我沒法去，因為我住在愛爾蘭，全心投入我的針織衣物事業上，我孩子在英格蘭讀書，我連去探望他們的時間都沒有。但是，我們一賣掉在愛爾蘭的房子，搬到倫敦去住，我就開始定期去看東尼，因為我愛他，因為我記憶中的他，還是那個在安塞多尼亞非常溫和的孩子。傑克從不跟我去，他有幽閉恐懼症——害怕被鎖在狹小空間裡。

布洛德摩爾醫院吸引我的是，你無法分辨誰是監犯，誰是訪客，因為犯人都穿平常的衣服。一張桌子坐了兩個男的，我就問自己，哪一個是瘋子？鈴聲一響，表示探訪時間結束，我就站起來看哪些是監犯，因為他們經由一道門離開，訪客從另一道門出去。我幾乎從沒猜對過！這令我十分著迷，於是我認定我們都是瘋子。

東尼告訴我，他在布洛德摩爾醫院抓狂過一次，因為他對有件事很惱火，他在單人牢房裡關了好幾天。他還說，他被打過一次，我記不得為什麼。但有一件不錯的事情，他在那裡交了一個非常好的朋友，我猜想是戀人。我想，那個朋友沒有父母或親人，是頗令人傷感的——沒人會傷腦筋要把他弄出來。因為，在布洛德摩爾醫院，如果沒人一直想辦法把你弄出去，你就沒希望了。我記得東尼說過，如果他離開布洛德摩爾醫院，他會非常想念他的朋友。

有一回，我在女兒歐迪妮（Ondine Cohane）回學校途中時，順路帶她去看東尼——她在威爾特郡（Wiltshire）一所名叫「采邑之家」（Manor House）的寄宿學校就讀。是她想跟我去，雖然當時她才八歲。傑克和我跟她說了發生的事——我是說，她在成長過程中，一直都知道東尼殺了他母親。

歐迪妮．柯翰

那裡有很多鏗鏘噹啷的聲響，我永遠不會忘記那些門在我們身後大聲關上的聲音。我喜歡他，他人不錯，但我沒跟他談很多，因為我為了要返校的事不高興，所以只是聽著。他談到他的院友——與他住同一房的人——還有他們可以做的事，他跟我們說那些規定。我媽跟他說，我喜歡動物。於是，他跟我說他小時候養的雞，他以前如何帶著雞到處去的事。我為他感到難過，我不喜歡去想他關在那些門後面的事。他後來寫信給我媽，說我是個頗憂愁的小女孩，但我主要是因為要回學校才傷心的。

海瑟．柯翰

一天，我決定我應該帶兒子亞歷山大去看東尼。事實上，亞歷山大是芭芭拉的教子。要知道，他正值非常容易受影響的年紀——十七歲——在伊頓公學（Eton）就讀，你也知道，周遭有吸毒和各種亂七八糟的事。所以，我想這是個非常好的主意，帶他去看看如果吸毒，會有什麼後果。

威利．德瑞珀

我在新罕布夏州的聖保羅中學（St. Paul's School）就讀時，東尼會從巴黎寄印度大麻給我，放在信封裡，用錫箔紙包著。那時的情況跟現在完全不一樣，一九六三年，私立中學裡連大麻都沒人知道。真的，沒人知道，完全沒概念。可是，後來大麻菸和所有的迷幻藥開始以非常具創意的方式使用起來。他的父母從歐洲回來幾個月時，有時會在東漢普敦租房子，東尼和我會在那裡的海灘上假裝是海龜。那時只是吸大麻，只是偶爾吸食——我們不是老菸槍之類的人。我是說，你不能把那跟現在的人吸大麻扯在一起，我們根本不是大夥兒聚在一起抽的。

亞歷山大．柯翰（Alexander Cohane）

有個星期天，我們從倫敦開車南下，媽咪和我，只有我們兩個。我們經過大門，然後，他走進來，走進訪客的會客室。他比我高，大約六呎，長得相當好看。我的意思是，如果他是在外頭，走在街上，可能會是個很英俊的男子。我們坐下，就開始談起來。我們給他一包香菸，還有很多蘋果和柳橙，就是些好吃的東西——就是我們在英國稱為「塞牙縫的食物」的東西。

我們一定是跟他談了大約三小時，他一直在說，跟我們說殺他母親的每一個細節。我真希望我有帶錄音機，因為，我從沒認識過任何殺過人的人。他說，她把他搞得煩透了——就是做些讓他很惱火的事——他就拿起廚房裡的刀，說：「妳毀了我一生，我成了個廢人。」

他跟我們說：「待在這裡，使我人生的很多方面都毀了。」他說，外面的鄉野，只能望著，不能置身其間，簡直是無可救藥的絕望與灰心氣餒。然後，我記得非常清楚，他說：「我覺得我媽一直都在我身邊，我好愛她，每一棵樹上都有她。」

八、財產

東尼·貝克蘭在布洛德摩爾醫院待了三年後，開始揣想自己是否會獲准離開。「他表現出很大的進步，」蜜娃·斯文卡－齊林斯基說：「大體而言，他聽起來挺通情達理的，他甚至開始考慮，如果出去，他可以做些什麼。他告訴我，他想，也許他會教書。」

但是，即便東尼可能覺得比較好了，有關他出院的法律障礙還是很大。在布洛德摩爾醫院，平均住院時間是六、七年，但有些病人——東尼是其中之一——在那裡是受禁制令約束的，使他幾乎不可能離開。東尼的情況，不僅馬奎爾醫生必須相信他已完全痊癒，而且內政部長也得同意，他出院是符合社會以及病人的最大利益。像東尼這麼複雜的案例，卡在官僚的繁文縟節多年，不是不尋常的。

「我有個病人在這裡已經十七年了，」馬奎爾醫生指出：「有時候，一個病人可能需要待個二十年。」根據布洛德摩爾醫院的一位前任院長的說法：「病人出院有一半都是非常安全的，但問題是要知道是哪一半的病人。」事實上，布洛德摩爾醫院近七百五十名病人中，平均每年有一百零四人出院。

一九七六年初，東尼告訴一位訪客：「如果我可以去看葛林醫生，不用住院的話，我會想去紐約。」那年，葛林醫生和葛林太太探視過東尼後，他們跟布洛德摩爾醫院當局詳細討論過他做復健牽涉到的實際困難：他沒有願意為他承擔責任的親人——除了達利太太外，但她已年邁體弱。

一九七六年二月九日，東尼·貝克蘭致蜜娃·斯文卡－齊林斯基的信函

布洛德摩爾醫院

親愛的蜜娃：

我發現了佛教，在我對生命的態度上有極大的幫助。以前，我一直在追求東西，從未得到長久的滿足，最後總是感到失望。現在我已不再攫取與依戀世界和腦子的想法與觀念，我感覺到前所未有的自由與平靜。我已完全不再強迫自己去做事情，現在當事情發生時，只是接受。「自我」這個可怕的大侏儒，像一個幼稚的暴君挾制著生命，永遠在裝模作樣、揣想和受苦，現在像《綠野仙蹤》裡的壞巫婆一樣漸漸消散。我希望有更多人能親近這美妙的佛法，這真是萬靈丹，能止息一切的痛苦。

我會寫信給我叔叔福萊德．貝克蘭，他是精神科醫生，請他替我寫信給這裡的醫生，看看我是否能得到一些治療。我現在覺得比妳上一次來的時候好多了，覺得我很快就會康復。

我要告訴妳我做的一些夢。第一個是，我在一次很強烈的宗教經驗裡，感到回家的願望。第二個是，我在一間印度山谷的旅館裡下冰雹時，赤身裸體的——彷彿沒有人在意我的赤裸，我最後又穿上衣服。然後，我夢到芭芭拉．黑爾把我的頸子後面切開，好讓我呼吸。接著，我夢到，我在加餐飯，這樣我才能回家。我想，妳一定了解我所說的家的意義。最後，我夢見跟妮妮在巴黎，為我的婚禮選購衣服。

我必須就此停筆了——除了我的夢以外，實在乏善可陳。我在半夜把那些寫下來——因為沒有燈，所以，有時候到了早上，我很難辨識所寫的東西。

東尼敬上

邁可．艾德華茲（Michael Edwards）

我們在巴黎來往的大抵是同一批人，等時機成熟時，我決定搬回倫敦，他們——尤其是芭芭拉——要租我在波旁堤道（quai de Bourbon）四十五號的公寓。那時，他們在巴貝德瑞街已住了四、五年。我已將公寓租給了別人，但是等公寓又空出來時，就租給了他們——我要說，租金不高——不過有個條件，就是當我自己有需要時，如果我需要在那裡開派對時，可以住在那裡，那天晚上他們要有打算讓出來。這個安排對我們大家都行得通，而且我必須說，他們在那裡住了好一陣，挺快樂的。房子是安東尼．白貝斯可親王（Prince Antoine Bibesco）的，他是普魯斯特的好友。我記得，這點令芭芭拉很高興。

我的公寓是那棟房子的樓中樓，非常適合我，但是我的意思是，對他們來說，他們兩個整天住在那裡，就稍嫌小了點，雖然我認為，大部分是她住在那裡。布魯克斯只是有時候住那裡，東尼偶爾也睡那裡，但就我所知，他不常在家。

公寓有三房——有一個相當大的客廳，然後旁邊有個小房間，芭芭拉用來當臥房——至少我認為，在經過一段適當的時間之後，她這麼做了——然後，樓上有個小房間，在浴室後面，浴室全部是裝飾藝術風格。這棟公寓精采之處是位置絕佳——往外望，三面都可看到塞納河，很棒的景觀，尤其是從浴室往外看，那裡是視野最佳的位置。

邁可．艾德華茲致芭芭拉．貝克蘭的信函，一九六五年六月十五日

親愛的芭芭拉：

謝謝妳留下的各式字條和附記，我上週末在公寓發現貼得到處都是。我同意妳的看法，餐廳已經裝修得非常好，我好像越來越不想念餐廳的餐桌了。小房間的布料應該挺搭配的，我希望不會跟罩子的紅色不協調。我知道裝修工作下週會完工。

我希望妳在墨西哥一切都順利，雖然我猜那裡不太可能勝過六月好天氣的巴黎，但我不想讓妳感到心情鬱悶。

邁可謹上

一九六五年七月十三日，芭芭拉．貝克蘭致邁可．艾德華茲的信函

台波茲蘭（Tepoztlán），莫雷洛斯州（Morelos），墨西哥

親愛的邁可：

你說得對極了！我的心渴想著巴黎，對我來說，那是我的家，但布魯克斯現已決定，八月份我們會把公寓轉租出去。當然，卡蘿萊娜會留下來照顧新房客。布魯克斯沒料到，有人會請他和一個年輕的法國探險家去猶加敦半島（Yucatán）上的金塔納羅奧（Quintana Roo）廢墟。他認為，這次行程太有趣，不容錯失。

我會試著用八月份房客的房租來裝修廚房。化妝間裝修的結果如何？

墨西哥美得像夢一樣，我們有一大票的僕傭，在住過歐洲後，覺得這裡一切都非常祥和寧靜。

芭芭拉敬上

強尼．范克克

我在墨西哥碰到他們。我在街上走著走著，就看到東尼——那頭紅髮！很有趣。我好幾年沒看到他，他認不出我來了。我攔住他，於是我們就這樣重逢了。

東尼身邊有兩個男朋友，不知是美國人還是英國人，都是金髮碧眼的，我記得的就這些了。東尼正好有一些大麻，我們大家就在那家高聳在大街之上的旅館房間裡，一起沉醉在興奮快感之中。我記得，那裡沒有窗戶，只有玻璃拉門，對著十五層樓之下的大街敞開。我們就坐在那麼高的門邊抽大麻，聊在鱈魚角的往日美好時光。

貝克蘭夫婦住在他們朋友那裡，那個朋友有個非常美麗的牧場，而我去那裡探望他們。大部分時間，我只是在游泳池附近晃，聊聊天等，聊貝克蘭先生旅行等等的事，還有貝克蘭太太在巴黎的生活。

一九六五年八月二十日，芭芭拉·貝克蘭致邁可·艾德華茲的信函

藍山湖，艾地朗代克山脈
貝克蘭營地

親愛的邁可：

我的計畫是回到巴黎，再住在我打算住很長一段時間的公寓裡——至少住到雪季來臨。我一抵達後，廚房是我要處理的事情之一。

我們在這裡，一家三口都在，跟我母親和貝克蘭家族的另外三十六個成員經常划船、散步、滑水——非常愉快。不過，現在這裡冷得很，完全無法與外界通訊，昨夜一場大風暴後，所有線路都不通了。

拜託，拜託，請你打理一下浴室掉了的瓷磚好嗎？我實在受不了那個缺口了。

很快就會跟你見面。

芭芭拉敬上

附記：我母親、東尼和我明天將前往紐約，我將住在東七十五街兩個星期左右。我記得，我是從十五日開始承租的。

伊莉莎白·亞契爾·貝克蘭

芭芭拉以前只要一有機會，都會把她的頂樓豪華公寓租出去，為的就是錢。有一段時間，她出租給我——論夜算的。我跟一個非常有勢力的大生意人有段戀情，他已婚，我在城裡沒有住所，我想要為他製造一種很好的氣氛，那裡當然正是這樣。於是，她以一晚一百美元租給我，她就去住在她的手帕交愛

蜜莉·史丁夫利那裡。

伊莉莎白·布羅

我的一個朋友——一個非常惡毒的女人，她真的非常不喜歡芭芭拉——把她家稱為情婦公寓。那是個男人可以引女人就範的地方，那些東西她都一應俱全——架子上那本大書，有彩色插圖，永遠打開在某一頁，那面很棒的鏡子，所有的裝潢，還有他們用來開精采晚宴派對的陽台。但那不是生活的地方，根本就不是個家。

布魯克斯·貝克蘭致邁可·艾德華茲的信，未註明日期

波旁堤道四十五號

親愛的邁可：

你知道的，我最近想在巴黎購屋，正在找適合的房子（不然就回美國，買個鄉下房子，可能在東漢普敦附近），要大到可以做真正居家之用，不是臨時住宿的地方。我們還沒找到價格合理的房子，或者有那種若要長期旅居異國的人想要的迷人、空氣好、採光好、安靜和地點佳等條件的房子——即便是在巴黎也沒找到。芭芭拉和我急於在明年把這個居住問題一次搞定。

布魯克斯謹上

芭芭拉·貝克蘭致葛蘿麗亞和詹姆士·瓊斯夫婦的信函，未註明日期

卡達克斯

親愛的瓊斯夫婦：

明天我們要去普拉德（Prades）聽西班牙大提琴泰斗卡薩爾斯（Casals）演奏——星期三前往馬拉加（Málaga）一週——之後，我們加入希臘友人，坐他們的遊艇，環遊伊比薩島（Ibiza）和福曼塔拉島（Formentera）。

我們將於月底離開這裡去蘇格蘭，住在席菲德伯爵夫人（Countess Seafield）妮娜家裡——蘇格蘭大部分都是她的——然後乘車南下倫敦……我預計，大約十五日會在去瑞士途中經過巴黎，你們會在那裡嗎？

愛你們兩個——

想念你們的芭

取自《全家汽車遊歐之旅》，里奧．韓卓克．貝克蘭著，無馬年代出版社，紐約，一九〇七年

大部分的時候，旅行的人會想要說服自己相信，他們是在享受人生，而事實上，他們只是到處花錢，越花越多，卻得不到很大的滿足，要不就是不斷一個國家接一個國家地趕，想要尋找快樂，卻得不到快樂。我認識這樣的人，他們只要在一個城市，就被無聊厭倦所困，被迫搬到別的地方，那一再折磨他們的無聊厭煩，如影隨形緊跟著，速度之快，一如火車和汽車奔馳的速度。這樣的人通常最後會發現，擁有設備非常講究的旅館的歐洲兩、三個大首府，最合他們那異常的心態。

芭芭拉．寇帝斯

布魯克斯從沒提供一個穩定的住所給芭芭拉，從他們賣掉在七十一街的房子後，就只有小小的住處——當然，都是很優雅的小屋子，但是，沒有東尼的房間，完全沒有東尼的空間——他們住過的地方都是如此，他連個像樣的臥房都沒有。布魯克斯和芭芭拉經常吵架——那是他們唯一的溝通方式。東尼有一次對我說：「我爸媽都是非常年輕的人。」我認為，若撇開東方的宗教觀不談的話，那是極為公允的說法——他的確比父母都來得成熟。芭芭拉真的喜歡大吵大鬧，如果有人說了不中聽的話，或是她不喜歡別人說話的方式，她覺得非得賞對方一記耳光，或把威士忌酒潑在對方臉上，然後衝入黑夜裡。當然，每次布魯克斯揚言要離開她和別的女人在一起，她就要自殺。

芭芭拉．貝克蘭致葛蘿麗亞和詹姆士．瓊斯夫婦的信函，未註明日期

波旁堤道四十五號

親愛的瓊斯夫婦：

我不知道我是否能像你們多次為我所做的那樣，展現我對你們的友誼與愛（我根本就不好意思去想）。總之，多謝了——我猜想，是月圓的關係吧，因為外面沒有什麼會比那更糟！

我愛你們倆。

芭

一九六五年十月十四日，布魯克斯．貝克蘭致葛蘿麗亞和詹姆士．瓊斯夫婦的信函

瑞格拉提亞街一號

親愛的詹姆士和葛蘿麗亞：

我想，那天晚上你們兩位為芭芭拉所做的，不用我再告訴你們我對此事的想法。我知道，你們兩個都愛她，真的輪不到我來道謝。要不是這是長期以來頭一遭我覺得已無計可施了，我是不會麻煩你們的。我沒

法一個人面對一切，所以，這也是很自私的。但說也奇怪，當我想到在巴黎我可以向誰求助時，只有你們二位，這是頭一次在這個城市裡我覺得如此寂寞。因此，不論你們對我有什麼看法，我必須跟你們說清楚我對你們的看法。我知道，你們幾乎是這世上唯一兩個芭芭拉不會介意知曉她行徑的人——是我可以求助而不會傷她自尊的人。我也是這麼認為的。

第二天將近中午時，芭坐在床上，像亞歷山大征服歐亞兩洲時的姿態，但卻是一臉的羞赧神情。但她每多得逞一次，情況就更形危險。如果富蘭克林再多放幾次風箏，他就會變成脆皮烤乳豬。有朝一日，芭芭拉若真的相信利用別人的好心腸（或歉疚心理）來遂行己意，她會失算的。他們都是這樣的，她並非自以為是的那樣聰明，一半都不及，我憂心的是這點，還有她對東尼的影響，他還年輕得很，脫不了身。

總之，謝了。

布魯克斯

一九六六年六月二十五日，布魯克斯．貝克蘭致邁可．艾德華茲的信函

墨西哥

親愛的邁可：

很快又要出發去叢林了，我想到，你可以提前用幾個月的租金。

芭芭拉和東尼這個星期要往北飛，在東漢普敦海濱避暑。我七月三日去祕魯的首都利馬（Lima）兩個星期，去跟海關交涉，然後出發再深入未知的蠻荒之地。

布魯克斯謹上

一九六六年七月十日，芭芭拉·貝克蘭致邁可·艾德華茲的信函

紐約

親愛的邁可：

隨信附上給你付瓦斯費、電費、電話費等的支票。

布魯克斯星期天前往祕魯，東尼、我媽和我被安頓在東漢普敦——很愉快，但實在都太熟悉了，不過海灘除外，海灘棒極了。

芭芭拉敬上

佛蘭西絲卡·德瑞柏·林克

有一次在東漢普敦我爸媽家裡，東尼想要把自己塗成藍色。他突發奇想，要把每個人都塗成藍色，那種很美的藍色，還有你會看到這些藍色的人出現在最時尚的場合，大家都會想要變成藍色——會有寫著「大家一起藍！」的牌子。於是，他去買了一些染料，然後進到浴缸裡，想要把全身弄成藍色。可是，他走出浴缸後，身上卻是斑斑駁駁的藍綠色。接下來，我們去海邊，他在身上披滿了海草，我們在沙上漫步，他是海神——非常投入地扮演著海神。後來，我們一整夜不睡放音樂聽，真是迷人，那時他還是很有創造力。我是說，我們都認為東尼就像個神祇。

取自一九七三年一月五日，英國法庭諭令針對安東尼·貝克蘭精神狀態所做的報告

他對接受自己是個非常特別的人這件事，幾乎不太會感到不安。他在倫敦上補習學校期間，看了四個月的精神分析師。這是他最後一次上學，輟學後，過著漫無目標的生活，寫作、畫畫，在印度和尼泊爾等各種

地方住過，很多時間是在西班牙布拉瓦海岸的卡達克斯度過，四處旅遊，並無預定的行程。

芭芭拉．貝克蘭致葛蘿麗亞和詹姆士．瓊斯夫婦的信函，未註明日期

卡達克斯

親愛的瓊斯夫婦：

我們終於抵達了，巴黎的奧斯特立茲火車站（Gare d'Austerlitz）是個屠宰場——天啊，一大堆法國人、德國人、美國人、猶太人、黑人，所有人都來了，我厭惡透了。根本沒法找到行李搬運員，自己又提不動行李箱，一個好心的「火車車輪檢驗員」幫了忙，把我安置在頭等車廂裡！

獻上我對兩位的愛

芭

凱倫．拉德凱

卡達克斯離巴黎不遠，你去奧斯特立茲火車站，搭夜班火車，第二天早上九點半就到了波港（Portbou），再轉搭計程車，十點就到了卡達克斯——你了解我的意思嗎？

當年，卡達克斯真是不同凡響。我記得，我第一眼看到的是一個女孩騎著白馬，行經市中心，一頭美麗的金色長髮在身後飛揚。那是洛娜．莫法特（Lorna Moffat），東尼的好朋友——他以前老是帶她到我家。

我們在卡達克斯必定會做的事就是，我們每天都野餐，有很棒的雞肉和所有這些好極了的西班牙沙拉——像是鷹嘴豆拌鮪魚。我的野餐很有名，我在戶外生火煮飯。我在海灘上撿木頭，是在那種偏遠地

區的海灘，那裡百里香一叢叢地長，所以，只消把雞肉和百里香扔到小火上，就可煮出好吃的東西。下午五點回家，打個小盹，然後十點外出晚餐——我們過的就是那種日子。

路易絲·鄧肯（Louise Duncan）

每天的生活就是十點或十一點起來，去兩家咖啡廳的其中一家，讓臉曬曬太陽，把前一晚的宿醉清除乾淨，然後四點左右搖搖晃晃回到山上吃午餐，然後再晃下來到另一家咖啡廳。

凱倫·拉德凱

「麥里敦」（Meliton's）是你下棋的咖啡廳，我兒子以前常跟杜象下棋。他很小，才九歲，在那裡學了很多下棋的技巧。藝術家雷曼（Man Ray）以前也常來探訪杜象，他棋也下得很好。

所以，那裡形成一個小團體，這一部分非常好，但另一部分我就受不了了——卡達克斯有很多精神不正常的地方，整個鎮污穢不潔。

我第一次到卡達克斯，是為《時尚雜誌》去拍攝希臘女星美蓮娜·梅高麗（Melina Mercouri），她在那裡拍電影。黛安娜·佛瑞蘭（Diana Vreeland）那時是《時尚雜誌》的總編輯，她跟我說（你也知道她有多棒）：「拍美蓮娜在海灘上穿著泳裝，達利把一個個蛋型的紅寶石和綠寶石放在她手裡。」於是，美蓮娜跟我說：「親愛的，我絕不能穿那些泳裝，我可不是碧姬·芭杜[26]。」於是，我只得去見達利，看他是否願意配合。我跟他見過一次面，是一九五一年在威尼斯的拉比亞宮（Palazzo Labia），當

26 Brigitte Bardot，引領比基尼流行的模特兒、演員。

時法國知名室內設計師夏爾・德・貝斯特古（Charles de Beistegui）在那裡舉行大型化妝舞會，我為《哈潑時尚》雜誌拍攝舞會照片——英國時尚攝影大師西瑟・畢敦則為《時尚雜誌》拍攝。那時達利十分迷人，人很好，我也不太會形容——就像個完全正常的人。現在，當然，他墮落到近乎——天哪，我不知道是什麼了——是希特勒。

於是，我去他在邑格港（Port Lligat）的家——那是跟卡達克斯一樣的村落，到那裡會經過卡達克斯的公墓，當年要開過泥土路。達利的房子很有趣，十分老舊。我走進去時，他給我一些粉紅色的香檳，他說：「跟我來，我帶妳去看我的工作室。」他帶我看那間碩大又奇怪的房間，幾乎有點八角型。他說：「這裡就是我手淫的地方。」他以為，我會被嚇著，但是我就是不予理會。

達利建立了整個村子的生活風氣。

芭芭拉・貝克蘭致葛蘿麗亞和詹姆士・瓊斯夫婦的信函，未註明日期

卡達克斯

親愛的詹姆士和葛蘿麗亞：

除了那些討厭所有人並對我們大家下咒的本地人外，這個地方很超現實，非常虛假。道德低落，很糟糕，又偽善，整個已到了無以復加的地步——瘸子上船下船時，協助她的是她那吃軟飯的丈夫的情婦。這兩個女人，那丈夫都討厭，每天晚上都想要攻擊孩子的褓姆。那褓姆是東尼的女朋友，什麼都跟他講。法國畫家巴爾杜斯（Balthus）的象徵充斥著，還有哄騙欺詐和尋歡作樂，棒極了！

我在海裡游泳，思考著自殺，想我必須做些什麼來證明什麼，而我甚至不知道那是什麼！

總之，這是典型的地中海之夏，不是我這種人的夏天，我需要北國涼爽的霧與潮汐讓我清醒。

芭

艾兒莎・莫塔（Elsa Mottar）

整件事情簡直是不可思議——你就是不知道拿芭芭拉如何是好。你絕不會知道接下來會發生什麼，所以，只要她出現，大家就會不高興。她和布魯克斯總是彼此躲開對方，然後又復合，那是一種完全糾纏不清的關係，你永遠都搞不懂。我的意思是，你不知道他們到底是真的對對方有興趣，還是只因為東尼才在一起的。

喬治・史丁夫利（George Staempfli）

我記得在芭芭拉・寇帝斯家發生過一件事，她的臥房外有個陽台，她都在那裡開派對的——從那裡觀賞海港的景致很棒。有一天晚上，布魯克斯在那裡，芭芭拉・貝克蘭突然在樓下出現，衝進屋裡，他只好由屋頂逃跑——真的是爬屋頂！還有一天晚上，芭芭拉・貝克蘭被發現裸體在卡達克斯街上四處晃。

布魯克斯・貝克蘭

芭芭拉・寇帝斯和我在她家陽台上一起喝咖啡，我們聽到樓下嘈雜的聲音，芭芭拉強行闖入，打從寇帝斯家的女傭努莉（Nuri）身旁經過，衝到樓上。我預料，如果芭芭拉找到我在那裡，一定會大吵大鬧，為了避開這個混亂的場面，我躍過陽台欄杆，往下跳到隔鄰屋子的陽台上。我跳下去時，一定是非常輕巧，因為我很驚訝，我發現——隔壁的房子跟我剛離開的房子格局完全一樣——有一對法國夫婦在床上睡得很熟。我確信，貝克蘭太太一開始在隔壁陽台上大聲說話，他們就會醒來。我只能希望，他們能了解我的困境，不要把我交出來。兩個芭芭拉爭執得很大聲——其實是貝克蘭太太那一方很大聲，因為芭芭拉・寇帝斯一直保持淑女的冷靜風度——但這對夫妻都沒醒來。

從沒人看過芭芭拉・貝克蘭裸體在卡達克斯街上亂跑，但是有人看到她穿著睡袍在許多小鎮跑，找那逃跑的丈夫。除了東尼和我自己之外，鮮少有人知道，芭芭拉在盛怒時，只有肢體衝突才能讓她滿足。如果你害怕——或不願——傷害她，你就得逃離她。因為我愛她，我有時候覺得這些午夜的追逐很有趣——但不是一直如此。這麼多年下來，她讓我感到很難為情又心力交瘁。

黛芙妮・海爾曼

我去探望慈善家莉莉・奧金克露斯（Lily Auchincloss），她在卡達克斯租了棟房子。我看到布魯克斯在一輛敞篷汽車裡，雙手抱頭，彷彿很絕望的樣子。他只是坐在已停妥的車裡，就在他們租的住處外。他對我說：「請上去跟芭芭拉說說話，我沒辦法。」我敲門時，起初，她以為我是布魯克斯，不讓我進去。但是，當她明白是我以後，就讓我進去，說：「幫我拿杯酒來，布魯克斯不肯幫我拿酒。」她當時處在一種非常乖僻的狀態下，但是，後來，那年夏天稍晚的時候，我跟他們倆一起去野餐了幾回，情況已比較和緩了。

提洛・馮・瓦茲多夫

還記得法國作家法朗斯瓦・雷（François Rey）寫的那本《機器鋼琴》（*Piano Mécanique*）嗎？後來還有拍成電影。那本書真是糟糕，但書中確實呈現了六〇年代中晚期的卡達克斯，融合了法國的聖托佩斯（Saint-Tropez）和電影《甜蜜生活》中的羅馬。對一個在那種年紀非常容易受影響的孩子，那時的卡達克斯正是最糟糕的地方。

絲兒薇・貝克蘭・斯基拉

我在一九六七年夏天第一次見到東尼時，他正跟卡達克斯的一個年輕男子相戀——傑克・庫柏，是男人中的尤物。傑克是那種會在小鎮中心停下來，在身上抹油的人，身邊總有一群年輕男子——東尼．金納（Tony Kinna）、恩斯特．馮．韋德（Ernst von Wedel）之類的人。

東尼是個——這麼說好了——教養很好的小男孩，他跟一群衣衫襤褸的人廝混在一起。在卡達克斯，大家都打成一片——平日過著規律生活的人，到了夏天，突然間，跟與自己大異其趣的人在一起，非常刺激有趣，是一大樂事。對啦！

所以，東尼跟與自己不同類的人在一起，當然，他們從他那裡弄到許多錢，他完全被傑克．庫柏迷住了。

伊莉莎白．布羅

我聽說，卡達克斯有個人對他有很大的影響力，我想，很可能，這就是東尼精神崩潰的開始。

皮可．杭登

傑克．庫柏在卡達克斯一帶是眾所周知，被稱作「黑傑克」，是個非常英俊的澳洲人。最早的時候，他因為成了一個叫愛麗卡．史凡森（Erika Svenssen）的女子的愛人而為人所知。或許可以這麼說，那女的算是卡達克斯的性感女神，而他是黑王子。他個子高挑，皮膚黝黑，左耳戴個銀耳環，所到之處都穿著洗得泛白的牛仔褲和阿富汗皮帶，不穿襯衫，卡達克斯的每個女人都對他的美和男子氣概驚歎不已。緊接著就是傑克．庫柏和東尼．貝克蘭要好起來——讓愛麗卡懊惱不已。

愛麗卡．史凡森

那時我在卡達克斯九年了，而且你知道嗎？那是我最喜愛的一個夏天。那年夏天是如此不同凡響。

我那時的年紀，讓我以為自己還是二十一歲。我還沒進入另外一個世代，我還以為我還沒有。

傑克像個惡魔，他有一種企圖控制人的心機，有一種控制人的魔力，總是引起不可置信的忌妒之類的事情——使人反目相向。他搬進那個農場，那個沒人住的農場。他有一堆跟班，都是些奇奇怪怪的人。他們沉迷於迷幻蘑菇和毒品，甚至進展到鑽研那些東西——他是從書本還是什麼東西上面弄到的，我就不得而知了，但我知道，他一直跟一些人接觸，一些很神祕的人。我認為，他在練法術。他在背心外面戴著小骨頭之類的東西，某種小骨頭。我會問他那些是什麼，但他就是不肯告訴我，只說那些是「我的神奇護身符」之類的話，我以前從沒看過那樣排列的骨頭——那種組合起來的方式。他戴著那些骨頭，在背心外面晃呀晃的。他一直戴著，他身邊形形色色的人都死了，有一個是年輕男孩。我記得，他身邊的三個人死了。我認為，他給他們下了咒。

傑克是達利的朋友，兩人一起拍電影——那種達利風格的電影，裡面有天使和怪獸在一起，魔鬼掌控了天使，可是，天使獲得最後勝利。

傑克也有極好的一面，就是天真、有趣和可愛，具有一種正向的魔力。

我記得傑克和我與安東尼．貝克蘭初相識的情景，我還記得我們第一次看到他的畫面——他的雀斑和那頭紅髮，陽光照在他身上——他的身形和整個情景。就連此刻，我都可以看到他在我面前。

芭芭拉．寇帝斯

有一天，東尼對我說：「妳得辦個野餐活動。」那時，他根本就無所事事，人說，遊手好閒，魔鬼上門。於是，我們去海邊野餐。有個一身黑皮衣的男子，彷彿東尼的剋星，來到海邊，拿毒品給東尼吸，東尼成了他的傀儡，任由他擺布。他就開始吸毒了——他跟這個男的去了摩洛哥，他們帶了有毒植物顛茄回來。他自己把整個吃下去，立刻變得軟弱無力，不停抽搐。

皮可．杭登

東尼和傑克從摩洛哥回來的途中來我家，帶了天曉得多少公斤的毒品。我爸媽不在家，傑克和東尼在廚房裡製作大麻布朗尼蛋糕，把整個屋子搞得都是那味道。每個人——我妹妹、兄弟米西卡、女傭、小狗——都吃了好多，多到我爸媽回來時，每個人都還完全飄飄欲仙的。傑克和東尼卻已經走了，他們住在一起，那棟房子一度是杜象的，就在水邊，是棟平房。

那年夏天稍晚的時候，我在麥里敦，傑克進來，把六、七片仙人掌葉放在桌上，就放在我的酒杯旁邊。我問他為什麼隨身帶著仙人掌葉，他說，要拿來搞。我說：「少唬我了！」他說：「我示範給你看。」他走開，從吧台那裡拿了一把刀，在一片葉子的底部劃了一個口，然後抓起我的手，把葉子套進我的手腕，再把它拉出來，然後又把它套進去。

一天，我們的門鈴響了，東尼在門口。他驚慌失措跑到樓上，直衝到正坐在椅子上的我爸那裡，躲在椅子後面。我爸說：「東尼，你從後面出來，坐下，規矩一點。」他說：「你得救救我，傑克．庫柏在找我！如果他來，就說我不在這裡——拜託！」還真準，就在那一刻，傑克．庫柏在樓下大街上扯著嗓子尖叫著：「東——尼」是那種真的非常誘惑、春情蕩漾的叫聲，東尼全身顫抖。當然，我爸向下面喊道：「東尼現在不在這裡。」傑克就離開了。

傑克．庫柏

啊，卡達克斯是個有點荒涼的村子，是個有岩石、石頭的城鎮，到處都有一種很特別的感覺。去那裡的人通常在過了一段非常短的時間後，有時候是到那裡的第二天，會經歷到非常強烈的奇特感覺，有相當多的人會變得非常煩亂，有種受困的感覺。我記得，達利以前說過，是地下的什麼東西，會讓男人了無生氣，使他們非常惴惴不安。卡達克斯那裡有某種很大而奇特的能量，我認為，那是我見過最特別的小鎮之一。

人人叫我黑傑克，我想，是因為我穿黑色的衣服。我以前交往過的一個女孩——其實，我的第一次迷幻經驗就是她給我的——她說我應該把我所有的衣服扔掉，只穿黑色和銀色，我也不知道為什麼，結果就是那樣。朋友把我所有的衣服拿到跳蚤市場——把我所有的斜紋軟呢衣服和那類衣服都丟了。許多年來，我真的只穿黑色和銀色。

那時我跟愛麗卡．史凡森在一起，我們坐在小咖啡廳的陽台上，就在我們後面，有人對愛麗卡說了幾句話，這人坐在安東尼．貝克蘭的旁邊，那是我第一次見到安東尼。那之後，我經常跟他見面，後來，我們一起去摩洛哥，再後來，我們倆在卡達克斯給自己弄了個小屋子。

那時，安東尼在練極限瑜珈（extreme yoga）。冬天時，他會赤裸著坐在打開的窗戶前，練習呼吸——先由一個鼻孔，然後另一個鼻孔——照著影片「西藏度亡經」（The Tibetan Book of the Dead）做。他常畫畫，總是畫老鷹的眼睛，那隻鷹眼常常畫了又畫。他有一次把它畫在我們屋子的牆上，我想，那已經被別人畫的東西蓋過去了。

一天，他因吸毒而昏昏沉沉的，就到山裡散步，當時颳風下雨的。他回來時，因為剛剛在狂風大雨裡散步，情緒非常高亢。他說，他要到朋友家淋浴洗個澡，因為我們屋裡沒有熱水，天氣很冷。於是，我說沒問題。他出去洗澡時，他媽從瑞士過來了。她說：「我是安東尼．貝克蘭的母親，我來帶他走。」我嚇了一大跳，不知道是怎麼回事。她又說：「我來帶他走。」然後，她說：「他的東西放哪裡？」她只拿了幾件他的東西，甚至不是他真正經常使用的東西，只拿了零星的雜物。「我現在要帶東尼走，」她繼續說道：「我們今天就離開，我剛到，馬上要走，東尼和我今天就走。」然後，她就在路那頭消失了，去他正在淋浴的地方。她把他帶回瑞士，然後去那個島——馬約卡島。我再也沒看過安東尼，直到他進了布洛德摩爾醫院。

芭芭拉・寇帝斯

我看到東尼的情況後，就打電話給在瑞士格斯達（Gstaad）的芭芭拉，她回到卡達克斯把他帶走。布魯克斯在西班牙的伊比薩島，不願過來。第二天，就是她原打算帶東尼跟她回格斯達的次日，我在去巴塞隆納的途中，在一家咖啡館停下來——我看到芭芭拉租來的車從往瑞士的反方向回來。她們的確前一天就出發了，但結果東尼護照沒帶在身邊，芭芭拉在邊境對當局說：「我兒子不需要護照。」我的意思是，連芭芭拉都得承認，自己相當唐突——又踢又吐口水之類的。反正，他們母子倆被一輛囚車載走，在加泰隆尼亞區（Catolonia）那一頭的省會赫羅納的監獄裡過了一夜——東尼在男監裡，她在女監裡。「喔，迷人的監獄！」芭芭拉說：「十足的愉快！」接著，她說了一句我永遠不會忘記的話，那話給我一種揮之不去的恐懼感。她很驕傲地告訴我，他們戴著手銬被帶走時，她對東尼說：「你現在，親愛的，終於——跟媽咪銬在一起了！」

九、喊停

一九七七年，由關心東尼・貝克蘭的朋友組成的非正式委員會，開始調查讓他重獲自由的可能性。委員會成員有海瑟與傑克・柯翰夫婦、麥可・亞歷山大、蜜娃・斯文卡－齊林斯基和雨果・蒙尼－庫次。蒙尼－庫次家族掌控倫敦僅服務高階客戶的庫次銀行（Coutts Bank），他的妻子金娣是貝克蘭家族的老友蘿絲瑪莉・羅德・鮑德溫的女兒。

東尼的嬸嬸伊莉莎白・亞契爾・貝克蘭當時住在倫敦，她不願加入委員會。她說：「幫東尼的人都認為，他的暴力在殺他母親的時候都消耗殆盡，但東尼的叔叔，我的前夫福萊德・貝克蘭，一直以來的看法剛好相反。他曾對我說：『胡說，東尼會殺別人，他極為危險，永遠都是如此，所以絕對不要想把他弄出布洛德摩爾醫院。』」

在這個非正式的委員會裡，只有蜜娃・斯文卡－齊林斯基明白，如果東尼從布洛德摩爾醫院出來並遣送回國後，替他選擇醫院時要很審慎。「我相信，」她指出，「東尼跟他母親之間有很典型的愛恨糾纏關係，他的病絕對只跟他母親有關聯。在看他在布洛德摩爾醫院那麼些年後，我相信他的病不會再犯。」

一九七六年五月十四日，布洛德摩爾特別醫院院方訪客檔案

訪客姓名：妮娜・達利太太

與病患關係：外婆

概要：認為他的樣子和行為比去年好很多。無論在英國還是美國，除了外婆外，沒有人有意願，為其福祉著想，資助他出院，或是準備在他身上花一分錢，而外婆經濟又不寬裕。她被告知，東尼出院日期尚未確定。

布魯克斯．貝克蘭

我有理由相信，在布洛德摩爾醫院安祥寧靜的環境下，東尼的神智總有一天會清醒。他在那裡有朋友，他一再告訴我，他在那裡很快樂。

許多有他症狀的人，在年過四十之後——不知怎地，那原因就像精神官能症同樣費解——漸漸變成冷靜平和的人了，我希望會有這麼一天。偶爾，他還是會寫出帶有暴力偏執心態的信，我就把信轉寄給他的醫生。那些信令我憂心——不是擔心我自己，而是擔心他，因為有些跟高層有關係的英國和美國的朋友，正設法讓他掙脫囹圄。他們這種感情用事的善心舉動的確可行，但結果卻是可悲的。我反對他們為了打開牢籠，把這隻才華洋溢的老鷹放出來所做的一切積極又不切實際的努力。我擔心，這隻老鷹很快就會飛撲下來，侵襲無助的獵物。

一九七七年五月二十四日，布洛德摩爾特別醫院院方訪客檔案

訪客姓名：妮娜．達利太太

與病患關係：外婆

概要：看到達利太太在候客室裡，她更虛弱了，坐在輪椅上。

一九七七年六月三日，布洛德摩爾特別醫院院方訪客檔案

訪客姓名：麥可．亞歷山大

與病患關係：無血親關係

概要：從十二歲起就認識東尼．貝克蘭，在殺人事件發生前後，與其家人非常親近。亞歷山大先生鼎力相助，言詞明確，機敏鋒利，願盡其所能提供協助，尤其是若需爭取遣送回國。

一九七七年十一月三日，安東尼．貝克蘭致蜜娃．斯文卡－齊林斯基的信函

布洛德摩爾醫院

親愛的蜜娃：

我非常希望不用太久就能出院。我有些夢要告訴你。第一個是，跟一個很要好的朋友在一起，他在蓋房子，我記得看著他把粉紅色的灰泥塗抹在牆上。第二個夢是，我又會飛了，我把麥可．亞歷山大家裡的一隻鳥放了——後來，我們變成兄弟。接下來，我夢到有個男的指控我和法國反抗組織受勳英雄若內．泰亞（René Teillard）彼此認罪：我覺得這跟法國大革命前的日子有關。我最後一個夢是，父親跟絲兒薇住在山上的別墅裡，他責罵我，但後來又原諒我了。

現在，我努力在做事情時，不要粗心大意，要更謹慎一些。

祝福妳一切順利。

東尼敬上

一九六七年十月十四日，芭芭拉．貝克蘭致邁可．艾德華茲的信函

親愛的邁可：

有兩件重要事項：卡蘿萊娜（Carolina）說，你二十五日要來。我準備了一個廚子，不知你是否要她為你做晚餐？她是個天使，非常好——會做一道很棒的咖哩配杏仁、無花果和香蕉的料理，還有其他菜餚。我從那家很棒的店叫了一份雪酪，我先吃了燻鮭魚，是很好吃的一餐——有了卡蘿萊娜，我們可以做十四份。

星期三晚上，我請馬賽爾和蒂妮．杜象夫婦來吃了頓便飯。十五日星期天有晚宴，東尼會跟友人一起來！真開心！！

鄧肯·朗寇普

我記得芭芭拉跟我說過，東尼有個女朋友，她很喜歡那女孩，提到她時，都叫她「紅胸知更鳥」[27]，只是開玩笑的啦——我的意思是，芭芭拉就是有那種興致。她說：「喔，東尼有女朋友了，那不是很好嗎？」

絲兒薇·貝克蘭·斯基拉

跟父母說有女朋友，比說有男朋友要來得容易些。當他們問：「你今晚在哪裡？」說「我跟絲兒薇在一起」比說「我跟傑克在一起」要容易。我可以很誠實地說，東尼利用我當掩護——一個煙幕彈，掩護他生活裡所有不能見天日的事情。我是指他那些男朋友，他沒辦法好好把他們介紹給父母。

那年夏天在卡達克斯避暑過後，我們回到巴黎——我是指，東尼回來，我也回來——我接到他一通電話，他說，請來我家吃晚飯。我想，兩個不開心的父母……我從沒見過他父母。

布魯克斯·貝克蘭

東尼請絲兒薇當他的「女朋友」，從一開始就是個藉口，想要掩飾他跟傑克·庫柏的戀情。就在我們從蘇格蘭回來前，一個朋友在我們波旁堤道四十五號的家，發現他跟傑克·庫柏同床共枕。起初，友人以為，他跟一個女孩上床。那位公寓管理員——勞倫特太太（Madame Laurant）——很震驚，問我，貝克蘭太太和我是否知道我們回來前家裡發生的事。

反正，當東尼要帶絲兒薇回家見他口中所說的「不同凡響」的父母時，她很好奇，所以就同意了。

27 Robin Redbreast，是廣受英國人喜愛的小鳥。

後來，當「布魯克斯偷了東尼女友」的說法，在一幫無聊人的生活裡掀起軒然大波後——當然，是芭芭拉在興風作浪的，為了「證明」她兒子不是同性戀，還有她的丈夫是個惡棍——東尼獲得同情，甚至還因為沒有否認而形同獲得一紙行事正派的護身符。雖然絲兒薇和我都知道真相，但他不在乎。

絲兒薇．貝克蘭．斯基拉

我那時相當年輕，也許比我的實際年齡要年輕。我看到布魯克斯，心想，他是我見過最瀟灑的男人。我看到芭芭拉，心想，她是我見過最漂亮的女人。通常，一對夫妻，都是一個非常俊美，然後身邊配一個癩蝦蟆，但他們兩個都非常耀眼。我當然絕不會想到，布魯克斯會注意到我，因為對我來說，他是個大人，他四十七歲了，已婚，如此而已。

他們開始每天邀我去吃晚飯，我是用餐時那個「年輕的好女孩」之類的等等。

布魯克斯和芭芭拉之間有一幕非常像電影《靈慾春宵》（*Who's Afraid of Virginia Woolf?*）裡的把戲——在大庭廣眾下是很糗的把戲，他會為一點小事，把她弄得落淚。我的意思是，他們不會太離譜，但她會眼眶含淚，他就說：「你看，她含淚的模樣多好看，她含淚的模樣不是很美嗎？」類似這樣的事情，讓我覺得我是《危險關係》[28]裡的一角，他們想對我做什麼啊，這兩個人。我覺得自己好像他們手裡的傀儡。

---

28 *Les Liaisons Dangereuses*，法國作家拉克洛（Pierre Choderlos de Laclos）一七八二年的小說作品，故事敘述巴黎社交圈名人梅黛夫人和瓦爾蒙之間所進行的男女愛情遊戲。

鄧肯．朗寇普

「紅胸知更鳥」，或者管她姓什麼的，跟我住在同一家旅館，也就是位在里耳市（Lille）聖路易街（Saint-Louis）的聖路易飯店（Hôtel Saint-Louis）。我以為，東尼有拜訪的特權，但有一天，我看到他敲她的門，以一種乞求的腔調，要求讓他進去，這樣求了很長一段時間，但門始終未開，我記得，他離開了。但我的確曾有一天看到布魯克斯在那裡，令我頗為訝異。

布魯克斯．貝克蘭致邁可．艾德華茲的信函，未註明日期

我親愛的：

我猜想，你像以往那樣在世界各地奔波吧？我一個人在這裡過幾天單身漢的生活，芭芭拉跟一群精力充沛的女性在瑞士滑雪。

布魯克斯謹上

絲兒薇．貝克蘭．斯基拉

芭芭拉沒法在任何一個地方久待，那時是十月，然後十一月，十一月很無聊，於是，她決定非去滑雪不可。就在她離開去滑雪的時候，布魯克斯終於打電話給我。我不敢相信，因為那是別具意義的。在聖路易島上，我們一起外出晚餐。我必須承認，我們相處愉快。我們談話……他說話時，令我著迷，我可以跟你說——那天晚上，我肯定是陷入情網了。

那之後，我很快就不再做那家人的朋友了，我受不了，因為一方面，我愛上布魯克斯，另一方面，芭芭拉喜歡我，她企圖撮合東尼跟我——談戀愛的事。她以為，我會把東尼列為未來好丈夫的人選。她不斷告訴我，總有一天，東尼會成為非常有錢的青年。

她不知道我和布魯克斯的事，當然，她也不想知道。不僅如此，我認為，她覺得我肯定是不需要當心的人。

一九六七年十一月二十七日，芭芭拉．貝克蘭致邁可．艾德華茲的信函

波旁堤道四十五號

最親愛的邁可：

我們正在做一連串的決定——我們應該在馬約卡島買大塊土地，在上面蓋房子，還是應該在卡達克斯的波爾多－格洛茲（Bordeaux-Groults）旁邊蓋一棟小房子——那似乎是個對我們有致命吸引力的地方！我們跟我媽將在那裡過聖誕節，在愛蜜莉．史丁夫利家裡——非常舒適，非常昂貴，我媽要搭機來巴塞隆納與我們會合。東尼已經在那裡了，他的小知更鳥絲兒薇也會跟麥可．亞歷山大一起來，應該會非常快樂的。

永遠摯愛的芭芭拉

麥可．亞歷山大

那年聖誕節我跟他們一起過，東尼帶絲兒薇來做客。起先，她是「他的」女友。但事實上，布魯克斯將她搶過來了。我認為，換手的速度相當快，而且我認為，我在那裡的時候，這事就一直在進展。

一九六八年二月二日，邁可．艾德華茲致芭芭拉．貝克蘭的信函

親愛的芭芭拉：

知道妳的鐘已送回來，都已恢復正常，妳一定會很高興。我下次去巴黎時，會帶過去的。說到這裡，我

臨時想到二月二十四日的週末，妳可以讓我知道妳滑雪的計畫嗎？

葛蘿麗亞・瓊斯

二月二十四日，芭芭拉企圖自殺，我一整天陪著她——她在整理去克勞斯特斯的行李，很快樂，她的朋友都跑進跑出的。克洛伊是她的好友，人很好，就是幫她照顧狗的人，她的名字是克洛伊公主（Princesse de Croy）。

然後，七點鐘的時候——我想，火車是七點半出發去克勞斯特斯——電話響了，是芭芭拉，她說：「我要去滑——滑——雪。」然後就一片沉默，我知道事情不妙了，我就是知道，我尖叫道：「芭芭拉，妳怎麼了？妳怎麼了？」然後，我就衝出去——大約，三條街的距離——她打扮得很漂亮，穿著睡衣和美麗的米色袍子——完全不省人事，彷彿死了。我真的以為她死了，想要尖叫，但叫不出來，沒有聲音。於是，我開始跳來跳去，讓樓下的太太聽到，終於，我可以叫出來了。然後，我撥電話到家裡，對我女兒凱莉說：「叫爸爸儘快過來。」接著，樓下的太太跑上來，我們打電話給在西堤島（Île de la Cité）的公立神居醫院（Hôtel-Dieu），就在轉角附近，我們也打電話給在訥伊（Neuilly）的美國醫院，他們說，他們也已上路了。但神居醫院立刻就到了那裡，醫生跑進來說：「沒有心跳——沒有反應。」於是，他用針戳她——我想，是戳她胸腔——相信我，我不知道——然後，等詹姆士到了，我倆跟她一起進救護車。

取自《春花日日紅》，詹姆士・瓊斯著，戴樂柯特出版社（Delacorte Press），紐約，一九七一年

那晚，她又打電話給我，大約八點十五分的時候……

她的聲音有一種很特別的單調感覺，一種平淡。

「露薏莎？露薏莎？露薏莎？妳還好嗎？」我說。

「嗯，還好。」她說：「嗯，還好，嗯，還好，我很好，我要去瑞士。」

「妳要什麼？」我追問道：「瑞士？」

「喔，是啊。」她說：「瑞士……聖莫里茨（St. Moritz）。什麼人都碰得到，至少，都是有來頭的人，還可以滑雪，可以從那裡的山頂上滑下來。你知道的，就從山頂上下來，永遠飄浮在空中，我要去滑雪。」

「露薏莎，」我說：「露薏莎？妳要去滑雪？」

「喔，是啊，」她說：「喔，是啊，我要去滑雪，我要去滑雪，傑克。喔，很美，滑雪。就從山頂上下來，底下什麼都沒有，只有純潔的白雪，純潔，雪白。沒有邪惡，沒有泥土，沒有骯髒。幾個小村落，忠實的村民愛他們的母牛和田地，不想殺戮……喔，是啊，我要去滑雪，傑克。再見……」她掛上電話，電話裡一片冰冷死寂。

我慌了起來，不知道她瘋了還是怎麼回事，但我本能知道，有不好的事發生了……我一直衝到三條街外他們的公寓。

那景象很糟糕，很難看的景象。就在她掛了電話後，我跑到那裡的那段時間裡，她已不省人事，女傭已發現她……

她沒鎖上前門，所以我可以闖進去。她連那點都先想好了嗎？當時我是這麼想的。後來，當我看到她服用的藥物，我就改變想法了。

為了自殺，她盛裝打扮，穿著她最透明、最輕薄的袍子……的確是她會做的。底下是一件質地細緻的白胸罩，可以看到像兩顆黑眼睛的黑奶頭，下面是一件非常短又低腰的內褲，明顯看得到那一叢三角形的深色部位……

我把耳朵湊到她的口鼻，就算還有氣息，也是非常淺而輕了……床頭几上，有一大瓶阿斯匹靈全都空了，一大片錫箔包裝的安眠藥也空了，上面八、九顆都沒了，還有一瓶Nembutal鎮靜催眠藥也空了。我已注意到，在她旁邊，在長沙發旁邊的地板上，有一個玻璃杯和喝了一半的伏特加酒瓶。顯然，她已服下足以讓一整個軍隊致命的東西，我就是這時候改變了對沒鎖門的想法。

一名法國醫生……攜著黑包包衝進公寓，顯然，他住在轉角附近，那個忠心的葡萄牙人去接他了……

「她的心臟停了，」他說：「我不知道停了多久，我要給她打一針新星奈佛林（Neosynepheraine），可能會讓心臟跳動，但是我們必須儘快把她送到醫院……如果她的心臟停了超過四、五分鐘，就算我們把她救活，腦部可能會嚴重受損。」……

醫生在替露薏莎做急救。突然間，我一肚子火。我們為什麼要救她呢？我想。如果這個笨女人要尋死，何不讓她死呢？……我想走到那張大沙發，把她翻身過來，踢她那已沒了知覺的屁股。她怎麼這樣對待我們，她怎能這樣？

邁可・艾德華茲

那天晚上，我原本打算要去那裡的。因此，我不認為她打算在那個時候自殺，因為她可以選擇別的時候，這樣比較不會發生自殺未遂的情況。我的意思是，她那晚在等我。我從倫敦搭機過去看她，我們要討論公寓的事——換窗簾之類的——我的飛機晚到了。我終於趕到波旁堤道四十五號的時候，看到管理員福朗斯瓦太太（Madame François），她說：「夫人死了。夫人死了。」我上去，她躺在那裡，在地毯上，很像《柴特頓之死》（*The Death of Chatterton*）那幅畫，一臉蒼白。葛蘿麗亞和詹姆士・瓊斯在那裡，救護人員正要把她抬走，送到神居醫院。

葛蘿麗亞·瓊斯

他們把她送進醫院，在給她洗胃時，醫生走出來，他說：「情況很糟。」他還說：「她到底吃下了什麼？」他叫我儘快回她住處，把每個瓶子都帶來，所有瓶瓶罐罐，所以我就去了。

尚·達克斯醫生（Dr. Jean Dax）

她服下大量Nembutal鎮靜催眠藥，那是很不好的藥物，還有伏特加酒。

葛蘿麗亞·瓊斯

我不曉得，大概有八天的時間，情況非常糟糕，真是糟糕。她是在——叫做恢復室，每個人都用玻璃罩罩著，她是在——你們怎麼說的？加護病房？全身插著管子，這個美麗的紅髮女子，赤身裸體的，罩在玻璃罩下面，連陰部都是紅的——她的陰毛真的是紅的！那麼白皙，那麼美麗，看到她那個樣子，真是難過。

取自《春花日日紅》，詹姆士·瓊斯著，戴樂柯特出版社，紐約，一九七一年

我以前從沒到過神居醫院裡面，醫院面對著巴黎聖母院廣場（Place du Parvis Notre-Dame），就在巴黎聖母院前面。以前有人犯了罪，就在那裡被五馬分屍。刺殺亨利四世的人，就是在那裡被那樣分屍的。神居醫院有一種中世紀建築的味道，至少從外觀看起來。我相信，這家醫院在很久以前設立時，是一家產科醫院……

他們跟我說，她的情況非常嚴重。她還活著，在新的加護病房裡，但並沒有任何恢復的跡象……

不知何故，好像這個病例被加護病房所有年輕護士和醫生，視為個人的一個挑戰……

他們把她一絲不掛地放在塑膠帳篷裡，一名年輕護士經常駐守在那裡。露薏莎的身體（我真懷疑那是露薏莎）經常大量出汗，護士不斷替她擦拭。兩個鼻孔都插著管子，兩臂被綁在床上。左臂上方吊著點滴瓶，針用膠帶貼好插在手臂的血管裡。如果我曾經對她奶頭和陰毛有過好奇，也不必再多想了。

詹姆士・瓊斯

詹姆士・瓊斯致安東尼・貝克蘭的電報，未註明日期

下午一點四十五分

東尼・貝克蘭，西班牙卡達克斯，立刻打電話給我。

克萊門特・畢德・伍德（Clement Biddle Wood）

詹姆士打電話給我說：「你知道我怎麼樣可以聯絡上布魯克斯嗎？」我說：「出了什麼事？」當然，他跟我說了。我說：「也許他在銀行有留下信件轉寄地址。」接著詹姆士說：「摩根銀行跟你熟到什麼程度？」我說：「我在那裡有個很好的朋友，是副總裁什麼的。」於是，我去找他，我說：「我得趕快找到布魯克斯・貝克蘭。」他說：「可是，他留下非常明確的指示，不得將他的行蹤透露給任何人。」於是，我說：「發生了這樣的事……」他說：「好吧，這種情況下，我們就告訴你哪裡可以聯絡上他，但銀行與此事無關。如果要打電話給他，你來打，不能由第三者打。」於是，是我打電話到羅馬，而非詹姆士・瓊斯——雖然我跟布魯克斯・貝克蘭不熟——詹姆士稍後才跟他聯絡。我說：「你聽好，布魯克斯，我知道這侵犯了你的隱私，但芭芭拉企圖自殺。」他說：「喔，天啊——又來了！克萊門特，」他說：「這是她第四次做這種事了，每次都跟我玩這種花招，這就是我不留地址的原因之一，顯然是在要脅同情，她要我飛奔回去，但這一次我不打算讓步。」我說：「聽著，我認為不只是要博取

你的同情，因為她若是存心如此，布魯克斯，就不會像現在做過頭了，因為她幾乎快死了。」我把我知道的詳情說給他聽，告訴他說，她昏迷不醒。他說：「好吧，如果她死了，你知道我在哪裡。」我感到心寒，我說：「布魯克斯，拜託，我了解你對這事的感受，但我認為你大可來這裡，因為他們真的認為她可能會死。」他說——這次真的讓我心寒不已——他說：「我認識芭芭拉的時候，她什麼也不是，只是個紅髮的愛爾蘭小鬼，我把她從歌舞隊中揀選出來。」這種話都說出來了，真的沒什麼好再說的了。

布魯克斯．貝克蘭

芭芭拉第四次也是最後一次「自殺」的消息通知給我時，是一九六八年二月我正要跟絲兒薇去遠東的途中，在羅馬的怡東飯店（Hotel Excelsior）停留。芭芭拉以為我還在巴黎，會像以往那樣迅速趕過去。那一招這次不管用了，部分是因為我不在那裡，另外也因為絲兒薇打電話給神居醫院，跟主治大夫談過後獲知，芭芭拉已脫離險境，但我知道可能會有永久性的腦部損傷。後來，詹姆士．瓊斯在電話上跟我說：「她已昏迷三十六小時了。」但葛蘿麗亞把電話拿過去跟我說，我一定得回去，我對她說，我絕不再回應那樣的要脅，這一次我絕不回去。

尚．達克斯醫生

她昏迷了二十四小時，我認為，在接下來的大約二十四小時裡，已逐漸脫離昏迷狀態，沒有腦部損傷的跡象。

一九六八年二月二十七日，布魯克斯．貝克蘭致葛蘿麗亞與詹姆士．瓊斯的信函

齋浦（Jaipur）與烏代浦（Udaip），印度

蘭花王宮飯店（Rambagh Palace）

親愛的詹姆士與葛蘿麗亞：

我於星期天離開羅馬前，打電話到神居醫院。護理長將芭芭拉的情形對我做了詳細的報告，向我保證，反正從她服下的劑量看來，現在幾乎沒有危險了。

我寫這信要說明三件事。（一）感謝你和葛蘿麗亞，你們比芭芭拉在巴黎的其他友人要來得頭腦清楚，而且通情達理得多——大多是女性的友人，因此我相信，對這件宛若電視劇的情節，她們難免會有些歇斯底里地興奮。就我而言，正如我跟你說過的，芭芭拉使用浪漫（與非浪漫）暴力的伎倆，已到了黔驢技窮的地步了。第二件事：她對大小事情都可用蠻力得逞的信念是根深蒂固的，從侍者到總理都領教過。二十五年來，我必須經常不斷應付那種事情。雖然，這一次的「肇因」可能很嚴重，但有些時候，她甚至連計畫要去哪裡吃晚餐，都會用更暴烈的手段來威脅。令我自己和別人都驚訝的是，我不為所動，儘管如此，絲毫沒有少愛她一分。我會有這樣的反應，是因為有其他事情的某些證據相當清楚地告訴我，我不是「她生命裡唯一可能的男人」——也就是說，她對我的吸引力一點都不像她對女性友人那樣天長地久的。

第三，芭芭拉從不把她處境（或任何事情）的全部真相告訴她的電視觀眾，毫無疑問，她也沒告訴你，除了她從我這裡固定拿到的錢外，她每個月還從出租紐約公寓得到八百五十美元——就是我在決定這件事到此行回來期間還有五千一百美元。她可以（也的確）把我給她的錢揮霍掉，但從來不曾像她謊稱的那樣缺錢。她有很多錢可以花在食物、酒和玩樂上——不需支付其他費用，因為我自己會打理所有基本開銷。因為她對簡單的成本會計，幾乎有一種病態的無能（因此，對任何規劃也是如此），她對自己揮霍了多少錢在衣服和其他東西上，遠遠超過多少合理的預算額度，她都毫無概念。她對凡事都缺少實際的了解，沒有可以分辨願望與事實、理想與現實、可以與可能（在任何合夥關係裡都很重要）的基本能力，這是造成我們彼此生活裡很多無力感的關鍵，她自己有時候也會抱怨。這使我極不樂意與她認真計畫任何事情——甚至覺得，無論跟她做什麼事，不知怎地，都會搞砸或又被歪曲成老調重彈——可是，我不願去想那些事，我自己也不是聖人。

我不是「拋棄」芭芭拉，我只是不再為她花招百出的戲碼（任何戲碼）隨時待命，我還有也許十年尚未衰老的人生，我現在也要為自己著想，我要自私一點。就我所知，從任何邏輯來看，這並不表示她的人生就完了。其他男人也有人生要過，許多人也有情婦。如果每次白大梧[26]一走人，所有的妻子都吞藥，美國很快就會人口銳減。

最後，就如我在電話上跟你說的，我對原子蒼蠅拍很厭煩了，我認為，只要你一開始使用原子武器——即便只是殺一隻蒼蠅——而且，既然沒有更強的武器可用，接下來也無法退而求其次了。通俗劇的問題也在於此——高潮在第一幕裡都用完了。[29]

因為這點，我知道芭芭拉很危險（即使不是現在，以後也會）。可是，我又能怎麼樣呢，不情不願做她的管家兼舞伴，還是得先發制人及早抽身？可是，憑什麼我該這樣呢？

如果有任何新發展，摩根銀行會跟我聯絡。但是我希望，身為芭的朋友，你們會跟她明說，現在該解除核武了，這種事情遲早會把男人逼到完全無動於衷。她宣稱生來就是天主教徒，也被教養成一個天主教徒，她在這種說法還具有煽情的社會價值時這麼說的。她需要的，不是跟精神科醫生，而是跟一個舊式的愛爾蘭好牧師做自我省察，牧師會用舊式的倫理觀問她：「有什麼問題嗎？」——那種倫理觀（也許）是在她一九四〇年去好萊塢之前，而約翰．傑柯布．艾斯特還沒對她展開熱烈追求時所了解的。在那之後就只剩下

29 Dagwood，美國漫畫《白朗黛》（*Blondie*）裡面的男主角，也就是白朗黛的丈夫。

表面功夫了。當然，我也是助紂為虐的人。

祝福你和葛蘿麗亞

布魯克斯謹上

葛蘿麗亞・瓊斯

她甦醒的時候，薇姬妮亞・詹柏斯、伊瑟・德・克羅塞和我都在一旁，還有達克斯醫生，他是我們大家的醫生。大約一個星期後，薇姬妮亞、伊瑟和我將她送到美國醫院，是在市區另外一頭，她在那裡住了六個星期，她的身體狀況真是糟糕。「我要我先生」——那是她在美國醫院說的第一句話。她跟每個願意聽她說話的人不斷說——「我要我先生」。那個雜種，他在那裡？她寫信給他——一封封的信，寫個不停，她以往都能用信將他喚回來。

一九六八年三月十二日，布魯克斯・貝克蘭致詹姆士・瓊斯的信函

親愛的詹姆士：

自從我在羅馬跟你講電話以來，正好兩個星期了。

在印度，我收到芭芭拉寫過最感傷的一些信，是在神居醫院和她後來去的美國醫院寫的。這些信是摩根銀行轉交給我，之後就音訊全無了，因為我的行程中間距離相當大，我沒法將它縮短——變動太快了。但是，我非常擔心芭，若能從你和葛蘿麗亞那裡得到令人振奮的片言隻字，我會很高興的——像是一些客觀、能讓我信服的事情，並由認識她且愛她的人寫的。我承認自己被她的信深深感動。我當然會受感動，但我的決定還是沒變。我非常愛她。

我給摩根銀行的下一個轉寄地址是三月三十一日機場的起飛資訊（日期、航空公司和班機）——所以，

你們可以寫信給我，由他們轉交，屆時我會得到你們的消息。

勞煩你們二位了，我非常感激。

布魯克斯謹上

葛蘿麗亞．瓊斯

芭芭拉也寫信給戴高樂總統和夫人——尤其是戴高樂夫人，因為芭芭拉說，她知道她會了解的。我們大家都陪著她——伊瑟、薇姬妮亞和我。她住在很好的個人病房，美國醫院是非常美侖美奐的。

芭芭拉．貝克蘭致葛蘿麗亞和詹姆士．瓊斯的信函，未註明日期

訥伊

美國醫院

心愛的葛蘿麗亞——和吉姆：

我要怎麼樣才足以表達我對你們的感謝？等我真的很高興死裡逃生了，我會找到方法的。你們讓我離開神居醫院——那可怕的地方——讓我不致發瘋。我要找到布魯克斯或寫信給他，告訴他我很過意不去，讓我所愛的人焦慮痛苦。如果他要走，我沒有權利留住他，但是我要再跟他見一面，因為他是在盛怒下離開我的。我們之間的許多問題都是我的錯，我現在明白了。也許如果他真的回來，我可以證明給他看，絕對不會指責他。

我多麼高興你們擔憂我、關心我，來探望我的情況。看到我窗外的藍天和樹木，開始覺得與周遭休戚與共，就夠了。我雖深愛布魯克斯，但愛得還不夠，沒讓他有機會快樂地離開，為此我很自責。

達克斯甚至不讓我穿自己的睡袍——或是打電話。謝謝老天，我還能寫，否則我會發瘋！這樣的孤立也許對某些人很好，但卻讓我胡思亂想些不快樂的事，是一種懲罰。

感謝你們多年來為我做的一切，你們兩個對我非常仁慈，但我卻這麼可惡。但是，我有心要鑽研「如何贏得朋友，讓友誼長存」——真的珍惜他們——開玩笑的啦。但我打算努力修正個性上非常嚴重的缺點。情況允許的時候，請來看我。我需要止汗劑、髮捲和護膚霜——這些卡蘿萊娜都有。

這裡比神居醫院好多了！多諷刺啊！但那些護士不是非常溫和的人。我想，如果我們整天拿針猛戳人，擦他們的屁股，看著他們死去，我們也溫和不起來的。

沒有一個醫生跟我耗上五分鐘的，其中一個是精神科醫生。我要怎麼支付這筆費用，恐怕只有天知道了。

快點來——

芭

保羅．勒費

我每天到訥伊的美國醫院探望她，她的朋友以前都輪流在她床邊，每天一個人，為了引誘她吃東西，會將他們的廚子做的好吃東西拿給她。至於我，就住在世界著名的魚子醬批發商裴卓鮮（Petrossian）商店隔壁，我可以帶給她一片燻鮭魚或幾粒新鮮的魚子醬。我們的努力很少見效，她會把盤子推開說：「很好吃……你們大家都好好。」

她喜歡跟我細述她的痛苦，我可以跟你說，她的話就是溫柔的愛。她似乎一點也不恨布魯克斯遺棄她，只是一再說：「我只要偶爾見見他，如果我無法偶爾看看他，我沒法活。」真令人心碎。對了，我也教過布魯克斯法文，從那時起就再也沒教過他了，我決心再也不要見他。我一聽說他飛到遠東和之後那些戲劇化的事件，我當下就做了那個決定。一九七三年二月，他從布列塔尼一個村子寫信給我，問我是否考處和他的新婚妻子見面，她——我引述他的話——沒有受到芭芭拉老友善待，這封信我一直沒回。

伊瑟．伍德沃德．德．克羅塞

她甦醒時的情緒，跟她自殺時一模一樣——全然的心灰意冷，因為她找不到布魯克斯。我認為，她沒有再以其他方式尋短是個奇蹟，但或許人不會做那種事。我的意思是，這種意圖並沒解決眼前的問題。我覺得，她變得好像完全發狂了，葛蘿麗亞也是這麼覺得。她丈夫寫的那些書裡，其中一本把這一切都寫進去了。

取自《春花日日紅》，詹姆士．瓊斯著，戴樂柯特出版社，紐約，一九七一年

我打了通電話給在羅馬的哈利……「露薏莎在醫院，」我說。

「喔？是嗎？怎麼回事？」哈利說。

我開始惱火了。「自殺未遂。」我說……

電話那頭停頓了。「我想，她若死了，我就得回來了，是嗎？」

「如果你要把她埋葬起來，就得回來。」我很生氣地說：「我知道這總不該由我來做吧。」

「喔，有人會做的，」他說：「伊迪絲．德．尚布洛樂，你打電話給伊迪絲了嗎？」

「沒，還沒，」我說：「我不想張揚。」

「就打給她吧，打電話給伊迪絲，她是個好心人，喜歡做好事。」……

他叫我打電話給伊迪絲．德．尚布洛樂，我打了。我頭一回是在他們家跟伊迪絲晤面，之後經常在她家跟她吃晚飯，是盛大的晚宴，總是非常正式，有八到十二人不等。伊迪絲是個非同凡響的人，是美國富婆之一，嫁給某個一貧如洗的法國伯爵，跟他生了四個兒子……她說話時，是我聽過把母音A拉得最大的人，一雙眼睛閃閃發光。

我們一起走過橋，經過巴黎聖母院到神居醫院……

我們走進去，穿過一排排病床，病人都一副朽壞不堪、行將就木的模樣，她說：「這不是很棒嗎？極有效率。」

我一時為之語塞，有她在那裡，我覺得全然無能。

「露薏莎，」她在床邊說，掀起塑膠氧氣罩的一邊。「我們不能再胡鬧下去了，必須振作起來，我知道妳可以的。」她把氧氣罩放下。「我們過一會兒再跟她說，先讓她心裡有譜。我相信她聽得見我們說話，潛意識裡。」……

哈利還是堅持不回來，除非露薏莎真的死了。即便那時，他也不是絕對確定會……

他們用救護車將露薏莎轉到在訥伊的美國醫院，整件事情由我們認識的法國醫生處理，他在那裡工作且在美國受過訓練。我們大家，包括伊迪絲，都是找他看診……他的名字是達克斯……要親自跟露薏莎一起坐車出去，我覺得力有未逮，但伊迪絲．德．尚布洛樂跟她一起同車……

我跟美國醫院醫生談過……「她的情況極為嚴重，」他平靜地說：「只差沒死而已。」

取自《時代雜誌》的《春花日日紅》書評，提莫西．富特（Timothy Foote）撰文，一九七一年二月二十二日

哈利的妻子露薏莎是本書受害者之一，在她自殺未遂後，瓊斯把她寫成形同植物人一般……若讓她繼續活下去，過尋常的家庭生活，是一種更真實且殘酷的命運。

布魯克斯．貝克蘭

小說家是食人肉的，為了自己專業的目的，可以吃朋友的肉——詹姆士．瓊斯一向如此。我沒法讀《春花日日紅》——那是垃圾。我是唯一知道整個真相——因此也是唯一的真相——又還健在的人，還有絲兒薇。真相，當深入了解後，總是比小說來得宏大。在其深處——唯有那裡——現實不僅看似在模仿藝術，而且超越藝術。

取自《週六評論》（*Saturday Review*）的《春花日日紅》書評，約翰．奧卓奇（John W. Aldridge）撰文，一九七一年二月十三日

瓊斯顯然深信人類很容易相信別人，即使這是合情合理的，也不能真的指望我們相信書中所說的。以他賦予書中人物的知性與老練世故，他們應該絕少會有這樣的行徑。

絲兒薇．貝克蘭．斯基拉

我們正是在二月二十四日一起離開的，她就是在那天自殺。以前每一次布魯克斯想要離開她，她就做這種事。第一次是在山上的營地，在艾地朗代克山上——她吞藥，他只好趕緊划著小船，過了湖，送她到醫生那裡。

山謬爾．泰勒（Samuel Taylor）

我記得六〇年代有一天晚上，我和妻子蘇珊在貝克蘭家吃晚飯——潔西卡．坦迪和修姆．克羅寧也在那裡——芭芭拉說：「猜猜今天早上五點我在哪裡？」我們說：「在哪裡？」她說：「在貝爾維醫院（Bellevue Hospital）。」她給我們看她手腕上的繃帶，一副非常開心的樣子——非常高興的模樣。

南西・柏金斯・華利斯

我兄弟邁可有一次救過芭芭拉一命，他在卡達克斯住在芭芭拉和東尼那裡。她服下過量的藥劑，他們只好開車載她，對她大喊大叫，讓她保持清醒——連夜瘋狂開車到布拉瓦海岸一家醫院。

絲兒薇・貝克蘭・斯基拉

巴黎是第四次，布魯克斯簡直……他沒法……他不得不離開她。那並不表示他不愛她，他是愛她的。她求他回去時，我真害怕他會回去。大家都認為，布魯克斯又在逢場作戲了，他四十七歲了，他會回去的。但我現在知道，他永遠不會回到她身邊，絕對不會——因為她太強悍，她是那種會把你呼吸的空氣都搶走的人——借過去用，任你氣喘吁吁，你就是沒法跟她共同生活。芭芭拉不計一切要留住他——如果一個男人要離開你，你吞下一百顆鎮靜催眠藥，那是確保他不離開你的一個好辦法。

伊莉莎白・布羅

絲兒薇也自殺過。我是說，事情真荒謬，但可能發生過，我相信發生過。據芭芭拉說，絲兒薇曾服下很多藥片，被送進醫院。這件事發生後，布魯克斯和芭芭拉有一天晚上徹夜未眠長談，決定繼續攜手共度人生和他們的婚姻，永遠在一起，彼此真的都愛對方。然後，醫院來了一通電話，絲兒薇打的一通絕望的電話說，她要見布魯克斯。布魯克斯說：「芭芭拉，我想我真的應該去一趟醫院，我會馬上回來。」他去了醫院後，芭芭拉就再也沒見過他了。他跟絲兒薇離開醫院，逃到羅馬去了。

芭芭拉・貝克蘭致葛蘿麗亞和詹姆士・瓊斯的信函，未註明日期

美國醫院

心愛的葛蘿麗亞和詹姆士：

沒有你們，我該怎麼辦？他不會回來的，他是那種一旦愛上就愛得很深的人，他只會越來越喜歡這個女孩——她先是想得到東尼，不成後，就盯上布魯克斯。他太老實，無法看清她的底細。雖然我無意要污衊她對他的感情，但我認為，她是自私自利的。前兩次，我放下自尊去跟他說抱歉，挽回了婚姻。這一次，我更沒有尊嚴了，真的認為，我所經歷的已經改變了我。他必須不見一面就走，因為他若見了我，會因太愛我而無法把我像五花大綁的待宰豬那樣丟了不管。我覺得，只要我能跟他一談，一切就會沒事的。

自從春天以來，我都沒見過我的西班牙情郎。那時，也只是吃個午飯，告訴他我要結束那段關係。對我來說，他還不及布魯克斯頭上的毛髮來得重要呢！哎呀——還不及布魯克斯頭上的一根汗毛。

自問題出在，現在大家都知道了。如果我覺得丟臉，他一定覺得更丟臉，這會讓他不願回到我身邊。

自她生病時，我敦促他去診所看她，這樣如果真的發生什麼重大的事，他不會自責。她不讓他見我，還厚臉皮寫了一封虛情假意的信給我說，她只要他幾個月。我現在找不到那封信了——可能醫生拿去了。

自我知道，旅行既迷人又新奇，他不會回來的。可是，詹姆士，請你告訴他，任何時候，只要他要我，提早幾個小時通知，我都會去見他，好嗎？

自等我離開這裡，我要南下去馬約卡島，因為那是我們攜手重建人生的一個機會——跟我們的兒子。

自我不會跟任何人提那女孩的事，讓他們去猜，我只說布魯克斯去了印度。但是，一旦出院，我就無法面對任何人了。沒有布或東尼，活著對我就沒有意義了。

自請你們抽空來看我——

愛你們的芭

附記：我住院三天的帳單就超過一百美元——我必須離開這裡！我會身無分文的。

詹姆士，他會在信中告訴你，他愛得瘋狂之類的話。但那天我們談了四十個小時，能擺脫那段關係，他覺得如釋重負。他說，她沒有想像力，終究會讓他覺得無趣。他說，跟我在一起，他從來沒有一刻是枯燥的。他說，他喜歡她愛上他的感覺，還有她在性方面的新鮮感。她有兩個孩子，顯然沒有經濟後盾。我很敬重布魯克斯，可以學習控制我天性裡惡的一面，讓他以他一直想要的方式愛我。請告訴他，他應該回到我身邊，他需要建言。

布魯克斯．貝克蘭

芭芭拉和我談了一整夜——她跟我說到一件事：「但是等你老了，誰來照顧你呢？」最後，我的確跟她說，我不會照原先計畫那樣離開。我做那個決定，是想到絲兒薇的青春年少和芭芭拉的年紀——絲兒薇二十七歲，芭芭拉四十六，那個年紀人生要重新來過不容易。我當然不是想到我自己！我當然從未對芭芭拉詆毀過絲兒薇，最後讓我照原訂計畫進行的原因是，芭芭拉不停惡意攻擊絲兒薇——還有我——那時，我明白了，她會沒完沒了要我一輩子為這段戀情「付出代價」，一切都不會變，這是我的最後一次機會。

克萊門特．畢德．伍德

芭芭拉在美國醫院時，發生了一件非常奇怪的事。我太太潔西（Jessie）——對了，她的母親，作家露易絲．德．薇慕韓（Louise de Vilmorin），是芭芭拉的朋友——正在我們公寓裡插花，我母親的那個刻花玻璃大花瓶好端端地就在她手中裂開了，她的手腕被割破，正巧是血管被割破。我臨時做了一個止血帶，趕緊送她到美國醫院。我們走進去的時候——潔西扶著她綁了繃帶的手腕，血濕透了繃帶，流到地上——芭芭拉正走過來，身旁是伊瑟・德・克羅塞。芭芭拉那時正在辦出院手續，看到潔西，就說：「喔，我可憐的潔西！喔，親愛的！這我完全了解。」——你知道，想當然耳的認定是自殺未遂，潔西割腕。伊瑟說：「不是，不是，芭芭拉，妳不要杞人憂天——潔西沒事。」然後，推著她走了。還真他媽的巧。像這種事就不能放進小說裡。

葛蘿麗亞・瓊斯

她好一點後，過來跟我們住在那棟我們和克萊門特與潔西・伍德夫婦合租的房子裡，是在盧貝隆山區（Lubéron）一處叫拉寇斯堤（La Coste）的地方。她自己開車去那裡，所以身體狀況還不錯。那是復活節的時候。

克萊門特・畢德・伍德

芭芭拉跟我們住了幾天，身體還非常孱弱，但她強打起精神，努力表現出經得起打擊的模樣，不想拿她的問題煩我們。當然，我們都很擔憂她會當場又故技重施，她知道我們為此而擔心。可是，我也覺得，她想再振作起來，重新來過。

一九六八年四月二十三日，布魯克斯・貝克蘭致邁可・艾德華茲的信函

親愛的邁可：

我非常懷疑，九月一日過後芭和我會復合，而且風暴都會過去的可能性。但是，我想，我這個想法，你應該別透露出去才好。我可能得去美國一陣子，但是，巴黎已成了我的家。

布魯克斯謹上

附記：我即將前往泰國，你的信剛寄到我尼泊爾這裡，摩根銀行會一直將信件轉交給我。

芭芭拉·貝克蘭致邁可·艾德華茲的信函，未註明日期

親愛的邁可：

我希望，公寓一切都好，我已到卡達克斯與東尼會合。他要我來，自從一週前抵達後，他一直待我很溫柔，經常不斷給我關懷。這似乎是目前這種處境下，我能做的最好的事。我們聽音樂、讀書、不跟人見面、散步、游泳和四處探索，我覺得自己又開始復元了。我似乎在這裡日漸復元——總之，跟兒子在一起，我很快樂。

我們租了艾薇·馮·瑞波（Avie von Ripper）在馬約卡島上的房子，為期兩個月——從六月十五日到八月十五日。房子看來很舒服，可以提供我們一個避難所，直到我知道要做什麼為止。目前，和好的可能性——雖然我仍想要和好——似乎很低。我想，我可能會於八月十五日去紐約，收回在那裡的公寓。我在那裡重建生活比較容易，或許我可以找到有趣的工作來做。

我將到巴黎看卡蘿萊娜，把我的事情釐清。有人告訴我，我必須與律師諮商，因為布在財務上沒有善待我。我的存款很少，只有這棟房子，已告訴布的律師，他必須付房子的錢。

我不認為，他和我能再共同生活，除非我們都改變。我希望在往後這幾個月裡，能重新找回我的創造力與更美好的自己，安安靜靜跟東尼、我媽和我的動物一起工作和生活。從布魯克斯目前的行徑，我可以看出來，他正漸漸失去善良的自我，在這段動盪的期間，對東尼造成非常大的傷害，我不能冒險再經歷這樣的毀滅與暴力。正如哲學家海德格（Martin Heidegger）說過的：「最可怕的已經發生了。」——確實發生了，現在是重新開始的時候。

獻上滿滿的愛

芭芭拉

一九六八年八月二十三日，布魯克斯．貝克蘭致邁可．艾德華茲的信函

親愛的邁可：

正如你所知，芭芭拉已回紐約了，東尼在途經巴黎時，住了一段時間，不長不短，（我想像）剛好把波旁堤道四十五號搞得亂七八糟後，繼續前往法蘭克福，從那裡出發到新德里等地，跟我會合，他明天抵達。

絲兒薇．貝克蘭．斯基拉

我已回到法國看我的孩子，他們暑假跟我父母住。我帶了一張布魯克斯的匯票，要帶東尼到印度。我跟摩根銀行安排好了，所以東尼可以來拿他的機票——我們將搭同一班飛機一起離開。我在登機門等，他一直沒來。後來，我們發現，他拿了機票，改了行程，去了愛爾蘭，跟他一個卡達克斯的朋友恩斯特．馮．韋德在一起。

布魯克斯．貝克蘭致邁可．艾德華茲的信函，未註明日期

邁可：

我不知道芭和我最後會有什麼樣的結果——但無論是什麼，我想都需要一些時間才能解決——也許還要六個月，我無法預料，但我們不會回到以前那樣的生活了。我希望，我們彼此會常見面，再一起分享生命裡的某些（最好的）面向——但整件事情：但願不會如此。

布魯克斯謹上

一九六八年九月十六日，芭芭拉．貝克蘭致邁可．艾德華茲的信函

紐約

親愛的邁可：

布要回來，上週跟他的律師群和堂兄會談，聽取他的建議，我自己也有幾項要提出的——其中一項包括在某個地方買個像樣的房子——等著瞧吧。

紐約讓人開心，我非常喜歡我的公寓和這裡的生活。每個週末都出城去，有兩個令人興奮的工作機會——一個是替安迪．沃荷工作，另一個是替導演梅索斯兄弟（Albert and David Maysles）。

照布魯克斯信中所說，他若打算放手波旁堤道四十五號，我可能要自己留著，剛付了地毯帳單和燈罩帳單，這些東西自五月以來都跟著我。

芭芭拉敬上

一九六八年九月二十三日，邁可．艾德華茲致布魯克斯．貝克蘭的信函

親愛的布魯克斯：

等簾子和芭芭拉的其他畫拿下來後，所有的牆壁都必須補好重漆。還有，她心愛的四隻腳朋友在沙發上和椅子上造成的破壞也需要修理，但另一方面，芭芭拉最近才花了許多錢在這棟房子上，買了一張很好的新地毯，跟我各出一半錢買新簾子，所以我建議我們就此打住。

一九六八年十月十五日，布魯克斯．貝克蘭致邁可．艾德華茲的信函

喀什米爾，印度

親愛的邁可：

關於我們的未來，在這件事上，芭芭拉和我仍然僵持著。我非常懷疑，我們是否還會再住在波旁堤道

四十五號。以下的話是我傾心說與你聽的，請勿外洩：我心依然繫念著她，我想她對我也是如此，但我們在一起的生活，在大眾看不到的時候，一向都是相當暴力，且長久以來在品味、風格和策略上都有競爭與衝突（在各個方面，其中包括在教養兒子這件事上，最為嚴重，或許也最為悲慘；如今兒子已無可救藥了），我終於受夠了。她比我強（在某些方面），她可以這樣繼續過下去，但很久以前，我就看到我們必須分開的日子會來到，正式分開的時日——就是我疲倦已極和憤怒到極點的時候。她是個光彩奪目又可愛的女人，不是她的錯，也不是我的錯，我想——我們只是一起在同樣的四面牆裡，製造了太多的激情，我們住過的所有的四面牆裡！

天曉得，就算我還會再有一個家，要等到什麼時候呢？

我們在巴黎的老朋友，現在大部分都認為我是一個卑鄙、下流、粗魯、沒用、可惡、不折不扣的無賴，我從遠東偶爾捎來表示友好的信件，他們都不屑於回應。所以，對所有「正派」的人來說，我是「如同死了一般」（我並不驚訝，人喜愛爭鬥——別人的爭鬥——喜歡偏袒助陣，只要拳頭不是落在他們身上就好。街頭每有爭執，都很快會引來圍觀的群眾）。

布魯克斯謹上

附記：我就要離開喀什米爾，你若能幫忙，連這個地點都請保密，我不勝感激。

一九六八年十一月四日，邁可．艾德華茲致布魯克斯．貝克蘭的信函

親愛的布魯克斯：

芭芭拉前些天打電話給我，急於知道你在哪裡，你是否會回紐約，特別是因為她聽到傳言說，你的衣服將會寄回那裡。我跟她說，我收到你的音訊，但無法透露你計劃在可預見的未來回美國。

關於你的衣服，務必讓卡蘿萊娜拿到你工作室去。如果你要把衣服留在波旁堤道，也不必擔心。就如我在上一封信告訴你的，因為卡蘿萊娜時不時會小題大作一番，所以那些衣物不會有任何損壞，芭芭拉的其他傢俱也是一樣。

一九六九年一月六日，芭芭拉・貝克蘭致葛蘿麗亞和詹姆士・瓊斯的信函

巴塞隆納
麗池飯店

心愛的兩位：

十五日晚上，我將會在巴黎，想在十五或十六日跟你們共進晚餐，請你們捎個短簡到在聖莫里茨（St. Moritz）的飯店好嗎？

我自十二月十六日起，經由加勒比海來到西班牙後，就一直在這裡。我和東尼在卡達克斯共度聖誕節後，他來馬約卡島跟我住了五天，他愛死了這個地方了。布已逃回泰國了，大家都說他狼狽不堪。我現在請了路易斯・奈瑟做我的律師，快樂多了。

急著想見兩位和孩子們，如果沒時間寫信，就等著見我吧。只會在巴黎待三天清理公寓——

獻上擁抱和吻
芭

十、巡遊

一九七八年，東尼．貝克蘭在布洛德摩爾醫院五年後，院方仍然認為他的病情「嚴重」，不宜出院。但是，他的友人組成的非正式委員會繼續努力爭取讓他出院。

蜜娃．斯文卡－齊林斯基覺得，東尼應該待在一個可以接受一對一定期治療的地方，她建議安排至中途之家。可是，東尼反對這個主意——他說，他出院後要獨立自主。「我不斷告訴他，」她說：「如果他想要離開那裡，就得行事理智。我告訴他：『別跟馬奎爾醫生說，你一旦自由了，就要獨立。』他離開這個地方回到現實生活裡，總得有個過渡階段。」

蜜娃．斯文卡－齊林斯基親自探尋了當東尼遣返回國時進行照護的各種方案。「我問我自己一些問題，例如：他的臨床狀況究竟如何？他在被送回紐約前，英國有任何他可以居住作為過渡期的地方嗎？他真的能在醫院或中途之家以外的地方正常生活嗎？有人能說服他讓別人處理他在美國的金錢嗎？」

那年來探訪的人說，東尼的兩眼似乎很茫然。這個令人憂心的現象，是馬奎爾醫生不願認真考慮非正式委員會所提要求的諸多原因之一。「本院是為有暴力傾向的病人設計的，」他解釋道：「一旦他們的行為還過得去，我們一定會把他們送到安全措施不那麼嚴密的地方，這是我處理東尼個案所遵循的邏輯。」

二月間，美國駐倫敦大使館的一位領事官首次到布洛德摩爾醫院探視，來評估東尼．貝克蘭的情況，他前後來探視了十一次。在領事館工作的莎拉．費雪（Sarah Fischer）回憶道：「那位精神科醫生似乎非常關心東尼，認為他回到美國會比較開心——他希望是在一所類似布洛德摩爾醫院的醫療院所裡。」

領事官談一九七八年二月十日探視東尼・貝克蘭的情形

我在布洛德摩爾醫院「大廳」與貝克蘭先生晤談甚歡，他看起來很開心滿足，沒有什麼重大的抱怨不滿。他說，他的醫生曾提到將他送回美國的事，但他所知不多。

領事官談一九七八年三月十日探視東尼・貝克蘭的情形

我這次去探視貝克蘭先生，我倆談得頗為起勁。他表示，他健康「頗佳」，精神很好，雖然他說，由於他那間病房的病患，在醒著的時候都沒有機會做任何有實質意義的事，他在布洛德摩爾醫院處於一種「植物人狀態」。不過，他覺得，布洛德摩爾醫院待他一如可以預期得那樣好了。我們談話結束後，他跟兩名警衛閒聊。對所有有關各造來說，他們的閒談似乎頗為友善和愉快。

布洛德摩爾特別醫院院方的訪客檔案，一九七八年五月三日

訪客姓名：蜜娃・斯文卡－齊林斯基太太

與病患關係：朋友

概要：一如以往，她以一副官方權威的態度，口齒敏捷、喋喋不休地討論東尼的需要，而事實上，她除了是東尼家人的「朋友」外，在這件個案裡是毫無立場可言的。她打算從財務觀點著眼，找出在紐約有哪些醫院是東尼可能比較可以負擔得起的，找出那些醫院的名稱和地址，並承諾不久的將來會致電告知這些細節。

一九七八年八月三十日，東尼・貝克蘭致蜜娃・斯文卡－齊林斯基的信函

親愛的蜜娃：

首先，我只是想要告訴妳，過去這五年來，妳來探視我，對我具有多麼重大的意義。我做了一個非常有

趣的夢，是有關妳帶來看我的那位人很好的帕拉薇琪妮王妃（Princess Pallavicini）的夢。

我正在學習有關宇宙本質的各式各樣有趣的新事物。除了有幾天很熱外，天氣相較而言都頗為涼爽。我覺得已準備好面對這個世界了，我對待在這裡感到非常厭倦了，非常希望他們會讓我出去。我們有個很好很棒的朋友，名叫伊瑟．德．克羅塞，剛寄了些錢給麥可．亞歷山大，想要幫忙把我弄出去。

我想要回馬約卡島，我們在那裡的房子「美麗華別墅」有個美麗的老花園，還有一個小教堂和迴廊。那兒有非常老的棕櫚樹，是一百多年前帶過去的，沿著山腰上上下下都是塔樓或眺望台，太陽落入一望無際的藍色海洋的景色，真的是永遠無法忘懷的美景。我一生中最快樂的歲月，大多是在那裡度過的，主要是有馬約卡的那戶農民的陪伴，他們住在樓下，照料那塊土地。

羅伯特．格雷夫斯住在附近的迪亞（Deyá），我住在那裡時開始跟他熟起來的。他跟我說，我的詩很好，給了我很大的鼓勵。我現在每天都很開心地在做白日夢，夢想著等我回到那裡時，我要在花園和迴廊做些什麼，屋子要如何修繕，讓它能再舒服一些。

敬愛的東尼

一九六九年八月二十八日，芭芭拉．貝克蘭致邁可．艾德華茲的信函

瓦爾德摩莎，馬約卡島

美麗華別墅

邁可親愛的：

我和東尼同住一棟房子——奧地利皇太子路易．薩爾瓦多大公（Archduke Luis Salvador）在瓦爾德摩莎的老宅，我們在這裡十分開心，我希望能永遠保有這房子。這屋子其實是他的女兒給我們的，她要我們住在這裡。

我錯失了在巴黎的一間很漂亮的高級公寓，正打算去看在倫敦凱德根廣場的另一棟公寓，可是，我們的貓咪好友可愛的伍斯先生該怎麼辦呢？

我將於十一月回紐約，試著解決跟布魯克斯的事情，他不肯跟我離婚。帳單（他沒付的）還是沒付，他給我的那一丁點錢，只夠付清這裡的開銷。我從紐約收來的所有租金，直接給了我的律師們，由於布拒絕溝通，他們也辦不了任何事。同時，他也跑到這裡來住了，就在這條路的那一頭。想想看，十誡裡有一條是「愛你的鄰居」！算了，我會努力——即使，有時候，這似乎是最大的諷刺。

布魯克斯・貝克蘭

我要離婚，我不同意的是她的條件：「你擁有的每一分錢，我都要拿，你這個混蛋！」她認為，路易斯・奈瑟會為她處理這事。

絲兒薇・貝克蘭・斯基拉

印度之後，我們去了馬約卡島，你知道，就像冬季度小月那樣。布魯克斯過去一直都很喜愛馬約卡——他曾計劃跟芭芭拉在那裡蓋一棟大房子。

她不知道我們在那裡。然後，有一天，我們出發要去伊比薩島——搭飛機不過就是半小時的航程——結果我們在機場碰到誰了——卡達克斯來的恩斯特・馮・韋德，當年可是非常的英俊，修飾的可光鮮耀眼，諸如此類的。他說：「布魯克斯——我的天！你在這裡做啥？我這一向都住在芭芭拉和東尼那裡，芭芭拉剛載我到機場！」布魯克斯就說：「好了，別張揚！你要是見到她，什麼都別說。」當然，恩斯特不但沒守口如瓶，反而衝出去找芭芭拉。沒過多久，廣播器就傳出：「貝克蘭太太要見貝克蘭先生」的聲音。我們聽到後就決定，好吧，慘了，我們的行李已上了飛機，不過，我們不打算去拿了，我們要回家去，因為我們要擺脫掉她。我們以為，她會在登機門等我們。可是，我必須說，芭芭拉非常了解布魯克斯。她知道，他會離開機場，回到車上，於是，她就在外面的停車場等他。當兩人照面時，布魯克斯說——他一向如此，現在仍是，對芭芭拉的外貌非常引以傲，不過，她已經發胖了；於是，他說——「妳的模樣並不年輕了，芭芭拉。」她說：「你看起來有一百歲了！」從那一刻起，他們就大吵起來。我就走開，回到車上——我不想聽。你要知道，芭芭拉曾在說到我的時候，對布魯克斯講過「把那個東西給我拿走！」——那樣的話。不過，那很正常，很正常。因此，接下來在那之後，我們各自回自己的家，芭芭拉回到迪亞，布魯克斯和我回到我們在附近的村子。但是，現在芭芭拉當然知道我們也住在同一個島上。

後來，東尼來看我們，他住了幾天。這是我和布魯克斯一道離開後，我第一次見到他，非常不自在，非常難受。他在花盆裡給布魯克斯留了字條，我發現一個——上面寫著：「爸，拜託，爸，回到媽咪身邊，她很不快樂。」他的行為舉止像個八歲的小孩——我是指，他厭惡我的樣子。

他從沒從布洛德摩爾醫院寫信給我，但有提到我，他寫給他父親的每一封信裡，我都存在。喔，是啊，我是要為一切負起責任的那個壞女人；我害死他母親，我害死大家。

有一陣子，布魯克斯一直都贊成將來要讓東尼出院。可是，後來，他開始收到那些十分嚇人的信件。東尼說，他出來後，他第一個要殺的人就是我。

一九七八年十二月，美國駐英大使金曼・卜斯特二世（Kingman Brewster, Jr.）拍發給美國國務卿賽魯士・凡斯（Cyrus R. Vance）的電報

十二月二十日至布洛德摩爾醫院例行探訪東尼・貝克蘭發現他身體健康精神尚佳無甚抱怨

卜斯特

海倫．狄蘭尼

弒母事件六年後，正是我們駐倫敦的大使館開始調查東尼在布洛德摩爾醫院狀況的時候，一位名叫鄧妮兒（Nell Dunn）的英國作家——她已經寫了一本名叫《苦命母牛》（*Poor Cow*）的暢銷書，一、兩年前在百老匯推出一齣舞台劇，我想是叫《正宗浴室》（*Steaming*）——出版了一本書名為《獨生子》（*The Only Child*）的小說，顯然是以貝克蘭家族的故事為本的。她根本就不認識他們，只是在報上讀到這樁悲劇事件。我想，她也可能認識那些認識這家人的人。反正，在她的書裡，布魯克斯是「丹尼爾」（Daniel），芭芭拉是「綺瑟」（Esther），東尼是「皮爾士」（Piers）。

取材自鄧妮兒所著《獨生子》，喬納森卡柏圖書公司（Jonathan Cape Ltd.），一九七八年於倫敦出版

她跟丹尼爾的關係是需要、迷戀和戰爭，跟皮爾士就不同，是很美妙的、出奇不意的，他放學後，跟他坐在沙發上——窗外的光線漸暗，貓咪在有結飾的地毯上睡著了——她感到心頭泛起一絲愉悅的感覺——是她跟別人在一起時從來不曾感受到的愉悅。

「妳一直想操控我的生活。」

「我不想操控你的生活，我只是想要把凡事都替你弄得很美好，我只是要你快樂。喔，來這裡，皮爾士，抱著我，安慰我……我好痛，好痛，痛到要死了……請救救我！」

「我也好痛，媽媽。」

「那麼，過來這裡，我們互相安慰，抱著彼此，直到入睡。把我抱在你懷裡，皮爾士。」

「我想，其實，我母親一直都是我一生之所愛，可是，她從沒給我我所需要的，幫助我做我自己，相信對我重要的事和對她重要的事，兩者是一般重要的，這樣的信念。還有，從我大約十二歲起，我父親就不喜

歡我了，他對我很失望。我們沒有共同的東西，卻被鋼繩捆綁在一起，好像不是被愛與快樂凝聚在一起。」

絲兒薇・貝克蘭・斯基拉

布魯克斯去布洛德摩爾醫院看東尼，第一次是我叫他去的。我認為，有個孩子在監獄裡，卻不去看他，這實在是太令人無法接受了。我唸啊、唸啊、唸啊地，他終於去了。

可是，我不應該說我叫他去的，因為一個不想去的人還是不會去的。他在第一次去看他後說——不過，你一定要了解，這是一個受到很大傷害而非一個傲慢自大的人所說的——他回來後告訴我：「東尼說話帶著一種很可怕的倫敦腔。」布魯克斯是個很戲劇化、很懂得展示魅力和諸如此類特質的人，如果他的兒子突然說話帶著倫敦腔，可就大有問題了。那表示他的孩子已經變得多麼疏離，這個孩子甚至已不再是他的孩子了，無法再溝通了。

布魯克斯・貝克蘭

一見面不久，東尼就談倫敦的齊普賽街（Cheapside）了，他這麼快就受到影響，我感到忐忑不安。

東尼・貝克蘭致蜜娃・斯文卡－齊林斯基的信函，未註明日期

布洛德摩爾醫院

親愛的蜜娃——

我父親出奇不意地來看我，看到他很好，但並不如我希望的那樣好——然而，他會跟他的妻子再來，他們計劃在附近的旅館住幾天，每天來看我。我心中有好多想要表達的，有好多的情感要傾訴，妳不明白的。

請見諒，這封短簡字跡潦草。

獻上我所有的愛

東尼

一九七八年十二月十七日，東尼・貝克蘭致詹姆士・芮夫的信函

布洛德摩爾醫院

親愛的詹姆士——

目前我覺得身心無比的舒泰——我的外婆妮妮會對我非常滿意的。

我想，你可能非常忙碌，這應是你沒寫信的原因。

我有種感覺，等我出院的時候，我將會大有作為，可是，我還是不知道那要到什麼時候。我竭誠希望，那時你能撥冗到瓦爾德摩莎跟我一敘。

東尼敬上

一九六九年九月十二日，芭芭拉・貝克蘭致邁可・艾德華茲的信函

瓦爾德摩莎，馬約卡島

美麗華別墅

親愛的邁可：

我希望你能來此一訪。六月間，我跟你在法國南部的一位鄰居乘船巡遊希臘島嶼，柏尼・符霖（Benard

Pfriem）——是個好人，一定要去探訪他。

寫信給我！

芭芭拉敬啟

柏納德・符霖

那是兩個星期的航程，愛蜜莉・史丁夫利租了一艘大遊艇，我們在雅典與船會合，從那裡出發前往島嶼。我們去了羅帝士島（Rhodes），但沒到克里特島（Crete），我們去了北部諸島。我差點沒去——我正要開始在莎拉勞倫斯學院教一門藝術課程，我在猶豫，因為我要工作。可是，我那位要去的建築師朋友彼得・杭登（Peter Harnden）開始生我的氣了，因為我竟然想要放棄像這樣的機會。當時，我們大家都不明白，彼得的肺癌正要發作。那之後不久，他的一個肺就切除了。然後，另一個肺也得了癌症，當然——那是一、兩年後的事——於是，他動了第二次手術。然後，他就死了。後來，他的妻子蜜西死於白血病，她也參加了這次巡遊。

另外，愛蜜莉有個朋友，我記不得這人的名字了——瘦高個子，畫些小幅的風景畫，在西班牙有棟房子，他是整個海上遊程裡唯一乏味無趣的人。他無所事事，什麼都不做，連用餐時都不說話。他現在也死了。

此外，還有山姆・格林，是愛蜜莉非常非常好的朋友，其實，是他替愛蜜莉安排租遊艇的。到那次巡遊的時候，我跟他已非常熟了。他總是在愛蜜莉的紐約公寓那兒，為她辦了許多聚會——你知道的，跟沃荷和勞森伯格（Rauschenberg）和賈斯柏・強斯等人。他很好玩、有趣、喜愛閒聊。

當然，還有芭芭拉，我以前沒見過她。我極喜歡她，她很活潑，有幾分瑪麗・蓮夢露那樣興奮的神采——我認為，甚至還有那樣的肉感。

我們一共七個人，船上的工作人員約有十四人。

山姆和芭芭拉的關係就是從那次遊艇之旅開始的。當然，那時，芭芭拉已是自由之身了——她的丈夫已離開她了。事實上，山姆和我是船上唯一合格的男性，她對談一段戀愛是十分欣喜的，那是她迫切需要的。她總是觸碰你，大笑，施展她的魅力，如此這般的。

只有兩間雙人客艙——當然，愛蜜莉和她丈夫住在主客艙，彼得和蜜西．杭登住較小的那間。另外，靠邊有兩間相連的房間，芭芭拉住一間，山姆和我丟硬幣決定誰住另一間——住在芭芭拉的隔壁——結果山姆贏了。

那之後，芭芭拉和山姆就一直在一起。兩人都愛游泳，每次我們停泊下來，他們就一起游很長的距離。一路都很好玩，有各種遊樂活動，很溫暖。喔，有時候，芭芭拉會激起一場很認真的討論，無論是有關政治或是我記不得的別的話題，不過，她可是暢所欲言的。反正，她似乎很開心，我認為她看起來容光煥發的。我們停靠碼頭時，我們三個就下船到有傳統希臘曼陀琳絃樂器演奏的小館，或者管你們怎麼叫的，喝酒跳舞。

有時後，芭芭拉會談到東尼。她總說，她要我跟他見面。一天晚上，她告訴我，她曾跟他上床。她非常誠實——她說，她這麼做，是要戒掉他同性戀的習癖。她說到這件事時，彷彿她的作法是一種治療性的行為。

我記得，有一回，我和她一起散步，她握著我的手臂，跟我說，山姆吸引她，是因為他有很多地方讓她想起東尼。「他們長得很像，氣息相似」——她是這麼說的。我想，她是為了何以她跟山姆而不是跟我談這段戀情，有點向我致歉的意味，因為我們多少有點無傷大雅的在調情。

後來，在遊艇之旅結束後，她和山姆一起離開去會東尼去了。

山姆．格林

那次旅行可是個怪人之旅，芭芭拉是唯一不怪的人。她美麗、活潑、想像力豐富、令人很興奮，每次我轉過一個角落，或走到甲板一處安靜黑暗的地方，她都在那裡。

哦，她算得上是個妙佳人。我一直在想，在我成長的歲月裡，一直都有那些附庸風雅和滿嘴頭銜的事情，而且持續了很長很長的時間。我二十九歲那年遇見她——我猜，她那時大約四十七吧——我還沒有很多人生閱歷，我是費城那間小而有趣的當代藝術館館長。我是說，我以前從沒乘坐過遊艇！

在遊程中，我得悉她正走出與丈夫那段不愉快的遭遇。我們變成朋友，我認為，我們的關係僅止於此而已。我的意思是，我不想跟一個渴望談個戀愛的女人發展一段持續的戀情。

她告訴我，她在馬約卡島有棟大房子。她說：「你一定要來。」而且很方便——我想，我有十天左右的時間可以消磨。她再三地跟我說東尼的事，他多好、多有靈性，他有點徬徨困惑，他沒有一個像我這樣有趣的人來影響他，拜託我來看看他，你知道的，多少幫他一把。不過，我對看馬約卡那棟豪宅的興趣比較高。

在船上時，她把那棟房子說成皇宮似的，不得了的宮殿。它原是一座破落的大莊園，叫做「美麗華別墅」，座落在一處很棒的懸崖上，距海平面約兩千呎——擁有全島最佳的景觀。莊園裡還有一座十三世紀的小禮拜堂和很正式但已雜草蔓生的花園。我的意思是，那是一座破敗的莊園。芭芭拉就以與它原有價值——就是一文不值——相當的價碼將它租下，我是說，一個月一百塊錢之類的租金。然後，她將服伺他們的瑪麗亞和她丈夫塞巴斯欽這一家子的好人，哄騙得既供應食物，又做牛做馬的——卻從不付錢給他們！

我在那裡的時候，她對我的占有慾變得非常強。我離開後所到的每一處，她的信件都紛至沓來。

一九六九年八月十五日，芭芭拉．貝克蘭致山姆．格林的信函

瓦爾德摩莎，馬約卡島

美麗華別墅

心愛的山姆──

我們多麼想念有你陪伴的愉悅，快點回來。

你離開的那晚，晚霞是一片金黃和淡紫的色調，還起風了，萬物似乎都很憂傷。可是，第二天清早，我們卜了一卦，上面說，一位「友人」不久會飄洋過海來我們這裡，我們的能量匯聚加增後，就能克服軟弱。

東尼十分喜歡你，我很高興，我也喜歡你。我希望，他能找到方向──也許你能幫他找到。謝謝你帶來的所有不可思議的東西和大麻煙。我非常高興，我參加了這次遊艇之旅，你說的對──現在一切都不大一樣了，人生會永遠一樣嗎？

東尼去了迪亞，伍斯老是肚子餓，大家都不明白你為什麼離去，請告訴我們。

芭芭拉敬上

一九六九年八月十五日，山姆．格林致芭芭拉．貝克蘭的信函

法國聖托佩斯

親愛的芭芭拉：

哦，我當然希望，自我離開馬約卡後，一切都已塵埃落定了。我已開始過我自己的生活了，而且正在享受這樣的生活。我從波馬（Palma）到尼斯（Nice），在當地附近的一家旅館過了很棒的一夜。次日，我抵達

東尼．理查森位在聖托佩斯上方的小村子，計劃在那裡再待一個星期。然後，我要去雅典，跟塞絲里．羅斯希德（Cecile de Rothschild）一同展開巡遊。

明天，我一個人去尚內．摩如（Jeanne Moreau）吃午飯。

我們的相聚非常奇怪，是不是？我啥事都沒做，只是在思考。老天爺幫幫忙，這是什麼樣的處境啊！合薩德侯爵和田納西．威廉之力都沒法說得清。大麻提高覺察意識的功效，只是更強化了可能產生的後果。起風的那晚，我起來了五次，去把門閂好。在那美麗的地方，那寧靜、著了魔般、美好的地方——一想到被我攪擾了！我是真的害怕。

任誰都會不由自主地會去愛東尼，他所承受的重擔似乎太大了。我希望，他有力量撐住，直到有人來把它從他身上卸下。布魯克斯如此卑微，不能幫助他，真是悲哀——因為布魯克斯是他所需要的。

當我想到他所留下的沮喪，我就想要殺人。但是，布魯克斯終究還是他自己的問題，不是別人的。我所能提供給你的是喜愛與一些瞭解，請笑納，愛有許多種。

山姆

一九六九年八月二十二日，芭芭拉．貝克蘭致山姆．格林的信函

瓦爾德摩莎，馬約卡島

美麗華別墅

心愛的山姆——

昨天收到你的信，這是我跟你在一起最快樂的三天（也許是四天），你是個愉快又可愛的同伴，東尼和我都極喜愛有你作伴。我很抱歉，你有壓迫感，覺得受到攻擊（不然為什麼鎖上——閂上！——你的門？）

在這個屋子裡——我們的屋子裡，沒人會打擾你，或強行將你不想給或接受的禮物加諸於你。我們在一起的時光，既非田納西．威廉的短劇，也不是會令人喚起薩德侯爵的驚世駭俗之作——只是以真正古典美好的方式，演出一則非常古老的神話。因為我們是本世紀飽經滄桑的人，無法真正的自由，這樣或許比較好，因為我們有些人的靈魂很脆弱，壓力就會很大。我不要你自責，我和東尼都愛你，你千萬不可把一件（即便是非傳統的）美好的事情，拿老佛洛伊德那套陳腐齷齪的理論來看待。

如果東尼愛上一位美麗又有才氣的女孩，我會比較快樂。我要他經歷婚姻、為人父、和可以存在於男女之間的真正非同凡響的合諧、合適與互補。我曾經擁有過，那是罕見的美好事情。也許他必須先經歷其他的友誼——我不知道。總之，他已二十二歲了，必須以他自己的方式開創前程。我只能提供他愛與信心，這也是我努力在做的。

你若想要回來——就請回來，你若覺得我們的處境太「緊張」了，就跟我實話實說。

你非常誠實，山姆，有你這樣一個朋友，是我的喜悅。你是個好朋友，我相信，你將永遠是我的朋友。你也可以做東尼的朋友——你可以幫助他，他值得的。

無論我曾經擁有過什麼，都被我魯莽任性地虛擲揮霍了，但是，我仍然擁有愛的能力。我想，你愛我（以你的那種方式），正如你曾用那樣有智慧的方式說過的，愛有許多種——施與受都是好的，所以，不要煩惱。

與我們保持連絡，也許你應該休一年假，來住這裡？

總之，謝謝你的來信——謝謝你將我認為我這個人所擁有能施與人的最美好的牽引了出來。

我們想念你——貝蒂．布羅（Betty Blow）現在在這裡，但是，這跟有你作伴是不一樣的。我們在一起時，是如此寧靜快樂，不需要別人，那是一段很特別的時光。

務必要寫信。

芭芭拉敬上

一九六九年八月二十四日，安東尼．貝克蘭致山姆．格林的信函

瓦爾德摩莎，馬約卡島
美麗華別墅

親愛的山姆——

我有很多事想問你和告訴你，但是，說也奇怪，每當我提筆坐下來，我的思緒似乎就飄然遠走了。不過，我會努力嘗試的。我希望，也許你能幫助我。我明白，我必須做的，是跟愛另外一個人有關的事，由於我從來都不曾為女人所吸引，這表示，一定得是個男人了。我想，我的發展大抵在嬰兒期的階段就停滯了，也許是要讓我能夠繼續發展某種思維，否則我就無法持續下去。總之，我正在思索現在我要如何才能改變此一現象。我真的認為，我無法再繼續下去多久了。問題出在，當我受到屈辱時，我不再感到非常的熱情，我覺得那是挺自然的。請原諒我提這些個人的事，可是，我非得跟一個人討論不可，我相信你了解的。只要我覺得不開心、不愉快、心情不好，所有這些糟透的情歌都讓我有這樣的感覺——「寶貝兒，你為什麼離開我，」那些鬼扯蛋——讓我想要聽那些尖叫哀求的聲音、要我感到很值得且美好到要去碰觸另外一個人，都是很困難的。

我現在在這個門口已經站了很久了，可是，我自己什麼事都做不了——我一有動靜，所得到的就是恍然大悟、驚恐的目光。我什麼也不能說——我一開口，聲音的音調就不對，人們就很尷尬地微笑。

當然了，我想要做英雄，但是，我明白了，這很幼稚。就是這樣——我從來就擺脫不了某種很可怕的虛榮念頭或想要炫耀的幼稚衝動，因此，我不願從事因我自己的愚昧，可能會傷害別人的任何事情。拜託寫信到這裡給我——這封信很多都是胡言亂語，但我希望有些是有道理的。

敬愛的東尼

附記：我想要自由。如果我能割捨慾望，我就能自由。如果我能割捨記憶，就可以割捨愛的慾望。

又記：必須繼續做個壞人，同時又非常清楚，這樣是多麼沒有必要的事，是很可怕的。

一九六九年八月二十五日，安東尼·貝克蘭致山姆·格林的信函

瓦爾德摩莎，馬約卡島

美麗華別墅

親愛的山姆——

請不要理會那封愚昧的信——在灰心沮喪下寫的，從沒打算付寄的。我希望，你不致因此而感到尷尬為難。小心眼的自我辯白，讓我走上這條應該避免的道路。

有人給了我一些挺不錯的大麻。昨晚，我們在小禮拜堂的石桌旁吸食，有一種飄飄欲仙之感：所有的動物都出現了，狗狗班吉（Benjie）被樹上貓咪的古怪行為給嚇得不敢出聲。我還發現一個人在山上不知什麼地方種了極好的大麻，售價簡直是微不足道。我因感冒完全不能活動，這是我四年來頭一次感冒，無法決定是否要在這裡還是去倫敦過冬。

貝蒂·布羅帶著她的塔羅牌來了，所以現在不像你剛離開時那樣寂寞了。

東尼敬上

伊莉莎白·布羅

那年夏天，我跟芭芭拉和東尼共度了一個月。他們住在那棟非同凡響的別墅裡——沒有電話，沒有電，每天晚上，我們會點上許多蠟燭，就著燭光用餐。

我在那裡的第一個星期，陽光燦爛，我和芭芭拉會爬下岩石——對我來說，彷彿要往下爬上一哩，幾乎像走聖母峰的下山路程。我想，連一條小徑都沒。我們只得在岩石間和橄欖樹間往下走，一直一直往下走，因為別墅位在海角的最高處。然後，我們往上爬回來——聖母峰的上坡路——一邊大笑說話。

可是，有些晚上，在餐廳裡會有一些奇怪的對話，我就像個旁觀者一樣——他們會談一些事情……換言之，幾乎像在說另外一種語言，只有他們才了解這種特別的語言——是他們自己很親密的東尼—芭芭拉語言，是他們發明的，你知道，他們發展和繼續發揚的語言，就像他倆在展開一趟幻想之旅，我無法跟進。他們並沒有把妳忘掉，因為他們會對妳微笑，也許試著要把妳帶進談話裡——「妳不這麼認為嗎？」這樣的問話。我是說，他們把我納入其中——他們是有愛心、溫和的人，他們把我納入其中——不過，我沒法聽懂他們究竟在談什麼。

一天下午，我到這條路再上去一點路的旅館游泳，旅館裡有個游泳池。東尼跟我一起來，我躺著曬太陽時，他坐在我旁邊，跟我說了一個很長很長很長的故事，是關於在卡達克斯時發生在他身上的事，牽涉到各式各樣神祕奇怪的事情。對我來說，完全就像幻想一樣，就像去了月球又回來似的——他說，他曾經做過那件事，可是，那事簡直就是幻想，不可能是真的。然而，對他來說是真的，對他是非常真實的。那件事牽涉到某個男的——現在，我開始記得了——某個非常具有影響力、非常有支配慾的男性。東尼覺得，對他來說，那人就像個救世主一樣。

我在那裡的那個月裡，芭芭拉極力為東尼的詩作大肆宣揚，她到處拿著他的詩給像羅伯特．格雷夫斯那樣的人看。我認為，東尼真的很討厭她那樣極力誇讚他的詩作。我是說，她一開始談他的詩，他就變得完全麻木起來，他會閉口不語，而她——她會跑去拿出更多的詩作！我覺得，芭芭拉最終是要透過東尼來過她自己的人生，其實，他是她所有才華與藝術修為的一個工具。現在，凡事都完全以東尼為焦點，他就像個四處走動的機器人，做她叫他做的，甚至因為她而創作。

一九七八年，安東尼．貝克蘭在布洛德摩爾特別醫院寫的詩

我看到一顆星
可是是個白晝

我母親的手
讓它生長

它是個黑色的星
嵌在白色的天空
那顆星多麼溫和

如今她將魔鬼的爪
編織成
一個籃子

伊莉莎白．布羅

一方面，他絕對恨她，另一方面，他又絕對愛慕她——世間不會有像她那樣的人。我記得在馬約卡島的一個晚上，她在陽台上，在外面的岩石上，請一些客人吃晚飯，東尼說：「妳知道，當我望著我媽的時候，我幾乎看到她周身有個光環或一種光輝。」芭芭拉確是容光煥發，真的——她覺得，她剛在遊艇上結識的山姆．格林，就是「那位」了，山姆就是她的真命天子。她完全是滿腦子不切實際的幻想

——他有趣、和善、有愛心、有真情，好極了——換句話說，具備了所有布魯克斯沒有的。她說，他是她一生中曾經相與過最棒的人。

一九六九年八月二十六日，山姆・格林致芭芭拉・貝克蘭和安東尼・貝克蘭的信函

雅典

親愛的芭芭拉和東尼：

我回到雅典，驚訝不已，收到你們如雪片般飛來的信件。

我最近的遊輪之旅頗為單調無趣，塞絲里・羅斯希德為她的四位客人租了一艘雙桅帆船，她兄弟亞藍（Alain）的那艘雙桅帆船「嘉達號」（Ziata）一路都陪著我們，那是我見過——顯然也是其他人見過——最漂亮的遊艇。我們在土耳其沿岸探索那極其壯觀的廢墟遺址。我們看到妳的朋友蘿絲・羅德・鮑德溫的船有一回與我們擦身而過，但是，我始終沒能與她見面。我們最後到了可怕的高斯（Kos），在那裡又參觀了廢墟遺址。但是，滿坑滿谷的觀光客，鳥兒都飛跑了，逃往人煙更罕見的地方——芭芭拉，少了妳，那裡就失了魔力。

我記得我們在美麗華共度的那幾天，至今都滿心溫暖。那天夜晚，我閂上門，是要把危險留在室內，不是將它趕出去。管它的，我們再來一回！

嘉寶將來住在塞絲里這兒，我要離開，去倫敦住在西瑟・畢敦那裡。

獻上鮮花與愛

山姆

附記：東尼，寫一封信給你外婆，謝謝她送的浴袍——儘管很邋遢。

一九六九年九月五日，安東尼·貝克蘭致妮妮·達利的信函

美麗華別墅
瓦爾德摩莎，馬約卡島

親愛的妮妮——

謝謝妳送的可愛的和服——完全合身，我急需一件。我很好，金娣·蒙尼-庫次和家人今天來野餐，所以我是倉促間寫這封信的。瑪麗亞問候妳。漸悟的過程是什麼？除了爸若行為欠佳，一定表示他心情不佳外——我不懂爸。

獻上許多的愛，最親愛的妮妮
東

一九六九年九月五日，安東尼·貝克蘭致山姆·格林的信函

美麗華別墅
瓦爾德摩莎，馬約卡島

親愛的山姆——

收到你的信真好：我們已開始認為，鄉下屋子要人命的結構將你完全吞噬了，你就永遠消失在那道綠色粗毛呢的門那頭了；事實上，我們擔心，你已完全淪陷在波爾特葡萄酒和斯提爾頓乾酪裡了。你可以想像，

我們收到你的來信，知道即便身陷鶯鶯燕燕的龍潭虎穴裡，你都安然無恙，我們有多麼寬心。好個清朗的日子：在這晴好的秋光裡，松樹像爆炸似的漫山遍野的綠了開來，正洩漏了它們的空洞貧乏。我給外婆寫信了，瑪麗亞向你致意，問你何時回來。她討厭我們的上一批客人，不過，很可能因為他們住了近一個月，離去時什麼都沒留給她，是那種咚—咚—咚—腳步聲很重又砰地關上門的客人。

你吃過大蒜三明治嗎？好極了。我午餐剛吃了一個。拿大約十片大蒜、一些花園裡長的那種很奇怪的植物、一些乾酪和一個生洋蔥，就可以做出這樣巨大無比又好吃的不得了的三明治。

除了這台很棒的、可以讓寫作輕鬆容易得多的打字機外，我的生日平靜無事地度過了。我喜愛白紙黑字，媽咪在她目前的處境下，還給我這樣一個可愛的禮物，實在是令人敬愛。我寫信給父親，提到我們的談話，還提醒他，他答應要給她一些錢的；可是，沒有回音。我從沒想到，人生會變得如此怪異。

東尼

芭芭拉·貝克蘭致山姆·格林的信函，未註明日期

巴黎

煩請伍德沃德·德·克羅塞夫人轉交

心愛的山姆——

午夜前幾分鐘——我的生日。芳華幾許？不關你的事！

瑪麗亞·海瑞曼（Maria Harriman）死了，因此，我跟朋友在蘭伯特飯店（Hôtel Lambert）的生日午宴就取消了。伊瑟已經請了一些人來這裡，蒂妮·馬蒂絲·杜象，也在其中。我會代你問候她。

但願我能有幾許平安，忘掉我那沒完沒了的煩惱——大多是財務方的——幾天也好！試過賣一些珠寶首

飾，可是，出的價很荒謬。

伊瑟不斷提醒我，我已年華老大了（她也誇大其辭），否則我會認真考慮另一個最古老的行業！

我正在馬約卡蓋馬廄，採月付方式付款——馬廄將會很完美，養上兩匹馬。我還打算在壓榨橄欖的老機房裡蓋傭人的住處。這地方一個人住太大——也許你會想跟我分租共住？你若不想，我打算另找別人——一個有錢的人。

伊瑟這裡非常寧靜，貓咪伍斯先生可有福了——好像並不想念美麗華別墅，被餵養得很好。牠是個老朋友，但還不足以做我的伴。

東尼現在迷失了——在倫敦下層社會的通道間爬行穿梭，我猜想。

你的計劃或人在何處，你都隻字不提。我獲悉，你跟友人西瑟·畢敦在鐸多尼（Dordogne）遊覽，所以，我會把這封信寄給他。我不知道你有何打算，山姆，可是我要你知道，我一點都不喜歡——我想要知道哪裡可以連繫上你。我想要你去探問凱德根廣場的公寓，看來好像下個月我或許可以把事情搞定，東尼非常喜歡那公寓。

芭芭拉敬上

伊瑟·伍德沃德·德·克羅塞

我會告訴你，我那時為了幫芭芭拉解決她所有問題的努力。她想要賺些錢，好繼續維持她以往的生活水準，於是，她想出這個弄三棟公寓的主意——紐約、巴黎和倫敦。她打算租下兩棟，自己住一棟，你知道，輪流著住。在紐約的頂樓小公寓，一個月租金是八百五十塊錢，她會把它連同傢俱一起以一千五百塊錢轉租掉，在巴黎也如法泡製。是山姆·格林的主意，要她也把倫敦凱德根廣場他一些朋友所擁有的公寓買下來，但是，她要買的可是租約快到期的東西——售價大約是一萬元。那是在通貨膨脹——或者經濟大恐慌——開始之前的事，我不記得是哪一個，她正要布置那房子，然後以高價出租。哦，對我來說，那簡直是瘋狂。

首先，她絕對不該去賺錢，她大有權利讓丈夫撫養。布魯克斯沒有固定給她錢，那正是我想要幫忙的地方——我打電話給處理他財務的人，我說：「你得按時寄錢給芭芭拉——她若有固定的錢，會讓她比較穩定。」

那樣都不奏效後，我跟芭芭拉說：「我打算給妳一萬塊錢，有了這筆錢，妳就去把欠紐約離婚律師的錢付清，這樣，他才會替妳把一切搞定，因為律師喜歡人家付他錢。倫敦這棟公寓，就算了，因為實在荒謬。」我跟她解釋得非常清楚，把錢放在倫敦這個投機買賣上，不會給她帶來什麼好處的。

你會以為，她應該明白，這會解決她所有的問題——那樣輕而易舉。根本就不是那麼回事！她硬是我行我素——她去買了凱德根廣場的公寓，還把我列為可以證明她財務能力的人，你能想像嗎！我收到屋主們寄來的一封信，要我擔保她有很多錢。我的意思是，我在為這棟大而無當的房子付錢啊！我把信摺起來，附加上一個字條寄給芭芭拉，字條上說：「妳可以寫信給這些人，告訴他們，我死了，因為我肯定不會擔保妳有償付能力的。」於是，你會以為，她會有些不好意思，對不對？根本就沒！她來巴黎住我這兒的時候，她把整件事情當個小玩笑，她說：「妳真好玩，伊瑟！妳真是個怪胎！想想看，我寫信給他們說妳死了！」這可是非比尋常的膽大妄為——你知道，真是到死都改不了。於是，她就放手去進行這個投資計劃，要不是她已遇害，我不知道這事該怎麼收拾。

一九六九年十一月二十七日，芭芭拉．貝克蘭致山姆．格林的信函

倫敦，W.1

煩請邁可．艾德華茲轉交

心愛的山姆——

昨晚抵達這裡，今晨跟我媽談過，她正在報上登廣告，所以，也許我可以不必回去，就能租掉在紐約的公寓。

布魯克斯真是可怕，把我這個月的津貼減了三分之一，我在伊瑟家得知這消息的。她十分生氣，提議借我一萬五千塊錢——我接受了一萬元的借款，這樣，等我回去作戰時，至少我是有備而來的。這是在我們結婚紀念日那天，我發給他一封以「從前」這樣的字眼開始的電報後發生的。總之，伊瑟是不是可敬可愛啊——我的朋友們實在令我很感動，我實在不知該如何表達。

還有，這件事你會覺得很有趣的——伊瑟接到塞絲里·羅斯希德來英國做客的邀請，這是二十五年來的頭一遭。她和塞絲里兩人一道吃晚餐，晚餐的內容除了湯和魚外，還有一連串的問題、打探、臆測等等跟我有關的種種！

塞絲里告訴伊瑟：「我聽說，山姆正跟那個女人來往！」

今天又去看凱德根廣場的公寓了。

許多的愛

芭芭拉敬上

一九七〇年二月十三日，芭芭拉·貝克蘭拍發給山姆·格林的電報

情人節我送你一個小—小—小—小娃兒　　我的愛　芭芭拉

伊莉莎白·布羅

哦，起初是他的娃兒——她要懷山姆·格林的孩子。她已四十多歲了，四十好幾，近五十了！好

吧，這是有可能的，但可能性不大，我真的很為她擔心。然後，她又把山姆的孩子改成只是一個娃兒。我—我的天啊，我是說真格的。你若解讀她那十分混淆、興奮莫名的談話，這可真是世間僅見的第二個聖靈懷胎。哦，於是，我可真正緊張起來了。

一九七〇年三月二十一日，芭芭拉．貝克蘭致山姆．格林的信函

倫敦，W.1

親愛的山姆——

我在正在讀肯尼斯．克拉克（Kenneth Clark），在一本講費耳福教（Fairford Church）和教堂窗戶的書裡，看到一個有關摩西的燃燒灌木叢的有趣定義。好像是說，那樹叢表示神性臨在和燃燒卻不會燒盡的意義，表示聖母瑪利亞在成為神子之母後的身體。但是，灌木叢起火和這個有很大的差異，不是嗎，山姆？

芭芭拉

絲兒薇．貝克蘭．斯基拉

她起先假稱，她懷了山姆的孩子，然後又說是聖靈懷胎或者管他什麼名堂的，這樣給人一種很模糊的浪漫感覺，你若要這麼說的話。我認為純是寂寞所致，她已不再踏實了，因為布魯克斯一直都是她賴以穩定的那個人。這是何以他離開時這麼擔心她的原因，因為他知道，他是唯一能讓她不惹麻煩的人。

伊莉莎白．布羅

她去了一個地方——到外地或者出國去了，我記不得了——我正巧去看妮妮，我在想她是否知道懷孕的事，我想，也許我們應該談一談這事，可是，接著，我又想，該談嗎？反正，後來，芭芭拉自己就

不再談那件事。她又忙起來了，忙著裝潢在倫敦的新公寓。

一九七〇年五月四日，芭芭拉．貝克蘭致山姆．格林的信函

倫敦，S. W. 1
凱德根廣場八十一號

心愛的山姆——

昨晚能跟你說上話，真好。你是我所能信賴的人（我是指，你給了我信心），反正，我已買了公寓，正在進行裝潢，進度很快——所有的電都整理就序了，我設計和製作的長沙發，（非常漂亮的）照片已掛好了，窗簾清乾淨了，餐桌上了黑漆（正要出門去付這筆費用），明天要買放在樓上的植物和一棵樹。

明天我那美麗的鋼床會送來！此刻，我正坐在床墊上，四周一大堆雜亂的紙頭——提醒自己的字條、要做的家務事、一些想法等等的。床墊上是一張非常漂亮的床單，是我祖母做的，給我一種最非同凡響的舒適快慰感——彷彿她的手就在我的臉頰上。臥室的壁紙好可愛。

我已把樓上房間的隔間打掉，看起來棒極了。我也正在拆樓梯的欄杆——我有個很漂亮的陶瓷花器，拿它來換掉那可怕的螺旋梯中柱——用我那兩張十九世紀的鋼製公園長椅做屏障。

我經常在清晨四、五點的時候，會想到為什麼我在做這些俗不可耐的事情，我衷心希望能有寧靜和沉思的空間，來進行我的小說。

聆聽雨聲該是一種無上的喜悅……感受到時間的存在——就是屬於自己的時間。我想到一件事，就是腦子的神經鍵越複雜，曲線就越能通向無限——因為愛因斯坦不是說過，無限是由許多小點構成的，這些小點密集凝聚成一種指數曲線？

我但願能看到你，我的本體有兩半，一半是你，另一半是東尼。我想念你們兩個，還有我所有的朋友，我受不了中下階層的英國人——店主的卑躬屈膝、毫無效率和駭人的勢利眼。我真的不喜歡英國人，我對人的厭惡，最多就是這樣了。我相信，我的凱爾特血統（Celtic blood）了解是怎麼回事。

我只是希望，我買這棟公寓，未鑄成大錯。若真如此，我寧可去整修美麗華別墅，等你（也許！）現身——我是個無可救藥的樂觀主義者。

在馬約卡島，我的腦海不斷迴響著一首歌的副歌：「世界末日就是這樣——只是世界末日並不是那樣——世界還沒走到末路。

這是我獻給你內心深處的一個——發自我的內心深處。

芭芭拉敬上

附記：山姆，謝謝你的百般鼓勵——敦促——我買下這棟公寓，這會是個成功的投資——我感覺得到！

一九七〇年五月十五日，安東尼．貝克蘭致山姆．格林的信函

瓦爾德摩莎，馬約卡島

美麗華別墅

親愛的山姆——

生日快樂——媽咪寫信告訴我，你的生日就在最近這段時間。這裡很美，但是，我們跟一大串忿怒的砌磚工人間有點麻煩，馬夫沒付他們錢，馬夫聲稱媽咪沒付他錢，媽咪說她付給他了。

前些日子有一天，我在釣魚，我去找了媽媽在隔壁農場扔掉的耳環，我找不著，因為我完全不知道她當

時坐在哪裡——她說：「在某棵樹下。」於是，我要她給我一張地圖，因為把你給她的那麼漂亮的耳環弄丟了，實在是很可惜的事。

我告訴瑪麗亞，我在寫信給你，她要我代為問候。我正很努力地用在波馬買的粘土做小動物和一些東西。

東尼敬上

一九七〇年六月二十日，芭芭拉·貝克蘭致山姆·格林的信函

瓦爾德摩莎，馬約卡島
美麗華別墅

心愛的山姆——

我可以請你幫我兩個忙嗎？凱德根廣場八十一號負責管理事務的租客透納太太告訴我，有一位養哈巴狗的女士，我打電話給她，她有一隻我非常想要的紅色小母狗。你要是能看看牠的父母，估量一下牠們的身形大小和素質，我會「感激不盡」（伊莉莎這麼說的）。她會把貨帶給你——只要打通電話就行。

還有，東尼很想把一些蘇格蘭風笛送給一位西班牙友人，這一帶以前好像有人吹風笛，在克立福街（Clifford St.）十四號A座的店裡可以找到。

芭芭拉敬上

附記：有人在賣阿拉伯種馬霸波卡（Baborca），我很想買，可是，等我裝修完倫敦的公寓，只剩下兩百二十九美元了，要撐到七月一日——勉為其難，湊和著用！不過，公寓的錢我將只欠一千塊了，九月就可還給妙麗·墨菲和我媽了——接下來是愛蜜莉·史丁夫利，然後是伊瑟！你行乞托缽的碗有多大？

一九七〇年六月二十五日，山姆．格林致芭芭拉．貝克蘭的信函

請西瑟．畢敦轉交
索爾茲伯里（Salisbury），英格蘭

親愛的芭芭拉：

說到福氣！逃離紐約是我經歷過最棒的事，妳會發現我是個全新的、更迷人的人，最快再過一個星期，妳可能就會看到了。

我星期天抵達，才知道西瑟在醫院裡。所以，我有好幾天的時間得自己一個人打發日子。

我將在星期五或星期六抵達波馬，我期盼著見妳、東尼和美麗華別墅。我會帶一隻風笛去那裡，不是哈巴狗。妳得自己去拿妳那隻有毛病的東西，此外，我對狗一無所知，會搞砸那差事。

山姆敬上

一九七〇年七月二十八日，芭芭拉．貝克蘭致山姆．格林的信函

瓦爾德摩莎，馬約卡島
美麗華別墅

親愛的山姆——

很遺憾，我們錯失了見面的機會，沒能道別。伊瑟這一向心情一直很糟（都是我的錯），想要去看修道院，我沒法拒絕。挺有趣的，我忘了時間。反正，我想你這幾天還不會離開，無法想像我怎麼會沒看到你在房子和海灘之間。總之，我們去海灘的時候，確實看到東尼，但沒停留。他似乎出了車禍，正努力把凹進去

的擋泥板弄平，可是，那是雨果．蒙尼—庫次的車子。東尼不僅沒獲允使用那車子，而且他也沒有駕照。他若再出個車禍，我怕他就慘了，可能會關個幾年。你若對他有任何影響力，可以跟他指出，未經適當許可，擅自使用他人的財物和可能犯法的危險性！

他已獲通知，將於八月二十二日出庭——被控攜帶違禁品。我希望雨果將會在這裡——或者東尼的父親——不過，我想，雨果會比較好。我非常擔心他，希望你能回來幾天，這樣我可以跟你討論他。

我很遺憾把你扯進這些事情裡，還是正好相反呢？總之，無論我的愛價值幾許，你擁有我全部的愛，我的愛似乎卻帶來了失序、眼淚和悲傷。有時候，我覺得，我丟下了自己的判斷能力，任由命運主宰——或上帝或什麼的。總之，我似乎無力掌控，也許這樣最好。我還是找不到你要我不可以搞丟的綠耳環，這比任何事都來得令我心煩——我到處都找過了。耳環不是在隔鄰的農場，就是在橄欖樹林裡。親愛的山姆，我們共度的那段時光既奇異又美好。

芭芭拉

附記：東尼把他的顯微鏡和打字機給人了！他的錢都到哪裡去了？他一定也給人了。這種行為應該給他鼓勵嗎？我知道，他已是個成年人，但是，我不能一直地為他保釋，因為我壓根兒就拿不出這筆錢——那個他送了打字機的男孩，連打字都不會！

艾勒斯特爾．瑞德

一九七〇年夏天，我在波馬大街上遇到芭芭拉，我住在山上，一個位在山裡頭、名叫加利里亞（Galilea）的村子裡。一九六二年她在馬拉加（Málaga）街上大聲叫住我之後，我就沒見過她——當時她與布魯克斯和東尼造訪伊瑟．克羅塞在那裡的住處——那是我最後一次看到他們一家人。接下來，我就聽伊瑟的母親愛兒喜・伍德沃德說，布魯克斯和芭芭拉分手了。那天在波馬，芭芭拉跟我說了布魯克斯遺棄她的痛苦事件的始末。幾天後，我上山去看她。東尼不在那裡，但後來，他們兩人駕車來加利里亞拜訪我，我們在賓館吃午餐，從那時起，東尼就將他寫的詩寄給我。我那時所做的，就是非常有耐心地跟他指出技巧方面的事，給他一些書看。

但是，接著，突然間，他開始改絃更張，寫起散文了——大約一頁長的小篇散文。有些真的挺怪誕的，彷彿是某個鉅作的片段，可是，我想像不出是從什麼作品或打哪裡來的，因為他的詩大抵是田園風格的，而且你會認為是習作性質的。突然間，我明白，東尼的內心裡另有一番非常野蠻的風景。

我開始看到，他受到環境嚴重的摧殘。於是，我明白了，布魯克斯／芭芭拉的事情已經離棄了他……把他拋棄了，將他遺棄，讓他停滯了。

當然，芭芭拉這廂對事情解讀的版本，總是非常正面的。你知道的，她是個粉飾太平的和事佬。

那年夏天，我又折返回去了，可是，過了幾個夏天後，我發現，我原先以為只是可以理解的紛紛擾擾，原來要遠比那來得嚴重很多——那時正在全面瓦解，真正全盤進入分崩離析的狀態。我的意思是，你所看到的是很可怕的狀況。

一九七〇年八月二十二日，芭芭拉・貝克蘭致山姆・格林的信函

瓦爾德摩莎，馬約卡島

美麗華別墅

親愛的山姆——

東尼今天收到一張罰鍰西班牙幣一百二十元的罰單和警告，我沒跟他去波馬，但是，我們的騎師去了。

布魯克斯．貝克蘭從沒現身過——東尼惹了這些禍，他似乎也不關心。總之，我想，你可能會關心。

我非常累，上個月，清晨五點起來，餵馬吃飽喝水，清洗馬廄，花園除雜草澆花，餵貓，做早餐，準備三餐，開車二十哩去買菜，再開二十哩回來做中飯，讀詩，聽音樂，洗餐具，洗廚房地板，打掃屋子，清理浴室，整理我的床，看風景，修剪花木，插花，寫信，付帳單，記帳，走一千呎下去到海邊，游一下泳，再回來，準備雞尾酒，做晚餐，為了晚宴而打扮光鮮亮麗，與人攀談，娛樂賓客，丟下餐盤不管了，只有天曉得，等我終於上床時，我都做了些什麼！總之，我累了，要去（我希望是下個星期）卡達克斯幾天，再從那裡到馬拉加的伊瑟家裡（同時這裡的工作仍在進行）休息。

希望你玩得愉快——伊瑟說，她聽說，那會是非常無聊的遊程。

這是我給你的最後一封信！

芭芭拉敬上

伊瑟．伍德沃德．德．克羅塞

之前的那個月，我一直跟她住在懸崖上那棟可怕的房子裡，我在卡達克斯碰到咪咪．柯翰，就是傑克在海瑟之前的妻子。她說：「妳一定要去馬約卡看芭芭拉。」你要知道，咪咪剛去過那裡。她說，情況非常糟糕。她跟我說，她跟芭芭拉怎樣在那棟房子四周散步，她在花園裡看到的第一樣東西是張椅子，一張破椅子。她說：「那張椅子怎麼會放在花埔裡？」芭芭拉說：「喔，別理會，東尼放在那兒的。」別理會！然後，她們參觀屋子裡，在通往地窖的梯階上有部打字機——砸壞的，砸得稀巴爛！咪咪說：「我的天，那是什麼？」「喔，別理會。東尼為了什麼事生氣，把它扔在那裡。」

於是，我去看她了。我到達的時候，麥可．亞歷山大也在那裡，餐桌已擺好，準備在陽台上共度美好的黃昏。可是，晚餐吃到一半，芭芭拉為了一件事抓狂起來，大罵我們——我的意思是，像個瘋子似的！你知道，說些罵人的話：「你們這些可惡又該死的笨蛋！」你知道，人抓狂時說的那些話——我曾在巴士上看到人像那樣尖叫。芭芭拉在月光下，嚎啕大哭地跑出去，跑到花園裡。我們努力勸她回到屋子裡來就寢，我什麼方法都試了——甚至用非常嚴厲的態度——你知道，什麼方法都用盡了。然後，我精疲力盡，就放棄了，她就待在外面的曠野裡。當我離開要去睡覺時，聽到麥可．亞歷山大在跟東尼說話。他說：「東尼，不要有歉疚感。」東尼被所發生的事擾得心神不寧。

第二天早上，我正在清理——一大堆髒碗盤餐具，三、四十個盤子——芭芭拉大搖大擺地進來，說：「妳不需要做這個的。」我決定不理她——我打算讓她見識一下我的脾氣。於是，板著一張臉。她就是不理會這種事情，你知道——一副漫不經心地模樣。我想，過了一陣子，我就心軟了。我們從沒提過前一晚的事情，你曉得的，你絕不會提這些可怕的事情。

一九七〇年八月二十四日，芭芭拉．貝克蘭致山姆．格林的信函

瓦爾德摩莎，馬約卡島

美麗華別墅

山姆——

東尼說，你告訴他，我是你見過最不可理喻的女人。我認為，這樣跟一個年輕人談他的母親，是很不妥當的！

芭芭拉

十一、反彈

一九七九年，東尼·貝克蘭的用藥量漸漸減少了，直到他達到當局認為「相當有理性，相當講理」的地步。馬奎爾醫生還是不贊成在無法保證他可獲得定期後續照護的情況下，讓他出院的主意。當東尼自己獲悉，他住在私人療養所的費用可能高達——五萬塊錢，而且每年持續增加——時，他告訴馬奎爾醫生：「不行——我沒錢。」

美國駐倫敦大使館一位官員繼續監視東尼，國務院一份有關三月二十日探訪的文件記載著：「貝克蘭看起來身體健康，心情頗好。」另一份註明日期為六月八日的文件則說：「貝克蘭說，醫生告訴他，他可望再過幾個月就出院了。」可是，另外一份在五個月後的十一月十三日探訪的文件卻提到，東尼·貝克蘭只能指望「在不久的將來不確定的時間」出院。

一九七〇年九月九日，安東尼·貝克蘭致山姆·格林的明信片

親愛的山姆——

我現在飛往馬約卡的飛機上，我和現在在布列塔尼的父親敘談過——很好的轉變。我想念你，常想到你。或許，我們不久就可見面？你瘋瘋顛顛的朋友向你致意。

東尼

附記：我那聖潔的母親還好嗎？

一九七〇年九月十八日，芭芭拉．貝克蘭致山姆．格林的信函

法國

法國輪，橫渡大西洋

心愛的山姆——

我剛度過一個美好無比的上午，從六點工作到下午一點十五分，寫完我的小說，哈哈大笑——有些地方非常好笑。在我決定是否要出版前，你最好先看一下，裡面沒有一個字不是真的。

這艘船是一級棒的，從我上船到現在，已吃了價值一千塊錢的魚子醬，所有的酒都是免費的！除了繆斯女神外，我沒跟任何人說過話——繆斯女神可是個非常有意思的傢伙。今晚要跟一位在船上的老朋友喝雞尾酒——娃倫蒂娜（Valentina），我們該談嘉寶嗎？我該提你的名字嗎？我不肯上鉤，玩得很開心，我的新衣服把他們給迷死了！我穿上這些衣裳可漂亮呢。請賒賬為你自己買一些——日後再付錢。

請寫個短簡給在馬約卡的東尼，他愛你，我知道，收到你的信，他會很開心。

一如以往，我的計劃還不清楚——要看這本書、離婚、我的財務狀況等等而定，希望有人能在後面這件事上幫我。由於我不繳稅，我的收入頗豐，等四月倫敦的公寓又租掉後，收入還會增加。不過，無論有多少進帳，似乎全都會花出去。如果我這本書有賺錢，我會相當富裕。

你已經讀過春和冬的部份，但還沒看過秋和夏的部份。夏算是總結，你的角色就是出現在這一部份。我想知道，你是否認為這樣的處理太坦白了，出版商是否會接受，你是否有任何反對意見。我比較喜歡不用化名或改變名字。你可以了解，我渴望你能核可，因為一旦我確定，你和東尼都不反對這樣坦白的處理，我就可以進行必要的步驟，將稿子交出去出版了。同時，所有的稿子都在這裡了，請讓我知道你的想法。我無法

判斷結構是否穩當，四部份是否首尾呼應。任何建議，我都感激。

芭芭拉敬上

一九七〇年十月十五日，山姆．格林致芭芭拉．貝克蘭的信函

火島，紐約

親愛的芭芭拉：

很抱歉，拖了很久才寫這封信。當然，我同意讓這本書出版，獻上最大的祝福——也就是說，如果妳能找到一位出版商。我非常懷疑妳能找到——撇開內容不談——內容尚未完成。我的印象是，這不僅是初稿，而且妳在打完字後，甚至都沒再讀過——幾乎每一頁都有許多瑕疵和冗贅。

至於內容：我想不出有誰會對一個在各國遊走、揮霍無度、放縱任性、亂吵亂鬧的瘋子的行徑感興趣。我是指這本書的最後一部份，妳一定要了解，因為前面的那些部份非常動人有趣、文筆優美洗練。第一部份和最後一部分兩者之間的風格每況愈下，很難相信兩者是出自同一個人的手筆。而且，在一開始時，作者還有若干客觀的角度，同時對人物性格和其他角色的需要有相當的洞見；在第二部份裡，除了並不犀利的價值判斷外，就乏善可陳了：「她是個可愛的人」——哇，這透露給讀者的訊息可多了！這些評論的深度大約就是了解隨便哪一個人所需要的。

主要的主題似乎是西班牙當局迫害一名女子，因為她在西班牙做客，卻不肯入境隨俗，依從他們生活方式的那套成規。她在西班牙——和世界各地——四處晃蕩，要求每個她所遇見的人加以注目，或者無論她的當下需求是什麼，她不僅要求服務——而且還要優質的服務。她拿什麼回報給人呢？只有金錢，還頗為吝嗇，給的並不很多。

也許女主角自己若是對——至少對那些與她有感情牽連或血緣關係的人的需要和關切——有些微的顧念，她就會想到，人來世上一遭，是要互相幫助，而非只是予取予求的。

也許，妳應該將此書重寫為一札記——因為它正是如此，對觀察的隨手紀錄——沒有任何的描述（大部分的描述都是只有妳關心的事——事實上，妳唯一關心讀者的就是穿插在漫談之間很奇怪的「我們會見分曉的」），試著找出何以過去這些年妳的生活如此痛苦。如果妳覺得，自己仍然是對的，都是別人的錯，那麼就請繼續依然故我吧。

這是一封很不留情的信，因為妳要我提供意見，我就直接了當地給妳意見——沒有滿足你的幻想。我希望，妳了解我是關心妳的，這就是何以我要花費這番心思的原因。

山姆敬上

安納托・卜若雅

她有一陣子來上我在新學院大學的寫作課，她是我們班唯一的貴婦人——就像凡德比爾特夫人走進課堂一樣。她有一些才華，但不夠努力——她只是想把東西丟出去，就此一舉成名。

史帝芬・亞隆森（Steven M. L. Aronson）

有人告訴芭芭拉，我是那一季出版界聰穎的青年才俊。於是，她在我們初相識的時候，就拿她的小說來逗弄我。我在紐約的時候，由一位我們共同的朋友將我引介給她，就在她的客廳，那位朋友帶我去參加她一直在舉辦的那些聚會。

她的公寓有點像叢林，我記得客廳——燈光照明的方式很有趣，似乎頗具異國風味又很浪漫，所有的陽台都可以向外望俯瞰一切。我記得我第一眼看到芭芭拉的情景：眾人環繞簇擁著，她那黃褐色的頭向後仰著，簡直就是個磁鐵。她對朋友很慷慨，對全然陌生的人（我！）也十分大膽，你不會輕易就猜想到，她是個走投無路的女人。

從那晚起，她就成了我的朋友。後來，等東尼從馬約卡回來，她就把東尼帶進我的生活裡。她在東漢普敦海灘租了一個小屋，我們三個會在小屋度過舒適又悠然平靜的週末——直到週日清晨，她拿著《時代雜誌》闖進我的房間，遞給我幾個版頁，然後橫躺在我床上看起雜誌。我不知什麼時候抬起頭來，看到東尼站在門口。我永遠不會忘記他那張扭曲的臉，一臉無法理解的忿怒表情。芭芭拉沒告訴我他們過往比較重要的一些事情，但後來，等我終於讀了她的稿子後，我就了解是什麼樣的妒忌造成那樣的忿怒。

那次事件後的幾個星期，她來參加在我紐約公寓舉行的晚宴，穿著一件用成千上萬根小羽毛做成的黑色晚禮服。事後好幾天，那些羽毛不斷冒出來——從沙發後面，椅子下面。我把一根羽毛寄給她，附上一張字條。「我笑個不停，」她回信道：「會永遠珍藏這根羽毛。」不過，從那時起——她當時過著一種像吉普賽人那樣瘋狂的生活，在幾乎每一封她寄給我的信裡——她都附寄一根那件晚禮服的羽毛：多到那晚禮服的羽毛一定都被拔光了。

在一封蓋了倫敦郵戳、時間為一九七二年十一月十七日的信裡，就是她遇害的那天，她說：「東尼有點進步了——喔！但是，好沉重啊！」她邀請我到凱德根廣場跟他倆共度聖誕節。照往常那樣，有根羽毛附寄在信封裡：「但願這是下金蛋的鵝身上的毛！除了飛，我還能拿羽毛做什麼呢？」等那根羽毛越過大西洋時，她已死了六天了，那是「她強韌的翅膀最後一次美麗的振翼飛翔」。真是很傷感！我的意思是，還有什麼更悲傷的事——沒有了鳥的羽毛。

如果芭芭拉還活著，她現在會是個完全超乎我想像的女人。事實上，就在我坐下來讀她小說的那天晚上，我明白她已經是那樣了。

那部小說部份是幻想，部份是告白，部份是對褻瀆之愛的頌歌。像芭芭拉那樣一個孤芳自賞的人物，她在寫那本小說的時候，已經很清楚地意識到，她是在創造自己的傳奇故事了。

我記得最清楚的是定名為「夏」的那部份，裡面的女主角和她的兒子以及兩人的一位男性朋友，出航到一處遭污染的海洋。起先是母親引誘兒子，然後她勾引那個朋友。後來，她撞見兒子和那朋友一起在床上。「放過他吧！我兒子不是同性戀的！」她尖叫道：「他跟我在一起時，性功能非常好。我不會讓像你這樣同性戀的小男人，毀了我所成就的一切。」那小說很瘋狂，很混亂不清。不過，儘管或者正因為它那明顯病態的內容，小說具有一種力量，某種令人很沮喪氣餒的力道。

艾倫．史旺（Ellen Schwamm）

你是沒法分辨芭芭拉——她的真實與想像的界線似乎有點模糊，或者是可以隨興適度移動的。我們是上同一門寫作課的，我記得她聲稱自己是詹姆士．瓊斯一部小說裡的女主角。

芙蘭欣．杜．普萊西．葛瑞

芭芭拉的小說絕對是很糟糕的，我記得她來康乃迪克州我們家住的時候，給我們看了兩、三章。我們告訴她還需要多加努力，她就那樣瞪著我們！她開始攻擊我寫的東西——我剛在《紐約客》上發表了〈女家庭教師〉（Governess），後來成為我的小說《情人與暴君》（*Lovers and Tyrants*）的第一章。她說：「那是個狗屎。妳敢批評我？詹姆士．瓊斯認為，我的作品很有天賦。」

詹姆士．瓊斯致芭芭拉．貝克蘭的信函，未註明日期

奧爾良河堤十號，巴黎第四區

親愛的芭芭拉：

我把妳寫的故事稿子附寄在這封信裡還給妳，我只能說，我必須以看待專業作家的態度來對待，要不就根本不看了。我對這個故事的感覺是，根本就沒寫好。我發覺，以這樣的風格寫這樣的素材，太激昂熱烈了。就這些角色來說，我不認為這樣的解決辦法是可信的。

關於妳提到妳已完成的小說，目前我當然無法說什麼。不過，如果風格完全類似這個故事或這個片段，我會把這種風格大幅降溫。我當然樂意為戴樂柯特出版社先讀為快，但是，若跟妳寄給我的這篇是同樣性質的，我幾乎可以向妳擔保，那裡的編輯們不會接受的。

葛蘿麗亞將會寫信給妳，談東尼和所有其他的事情。永遠衷心的祝福。

詹姆士．瓊斯敬啟

伊莉莎白．威克．方德拉斯

在東漢普敦的一個週末，芭芭拉來吃晚飯。飯後，我們在我的冬季大客廳裡圍著火爐坐下，她大聲地讀她的稿子給我們聽，她十分興奮與熱中。我記得有很天馬行空的意象——有條紋的牆壁倒下壓在她身上，或者是她隨著水流漂到海裡，四周都是載浮載沉的岩石，就像夢境一樣，都是一個身陷危機的人的奇怪的胡言亂語——你可以看見問題與絕望。

修．拉吉醫生（Dr. E. Hugh Luckey）

芭芭拉．貝克蘭決定要讀她的小說來娛樂大家的那個星期六晚上，我在伊莉莎白．方德拉斯家裡做客。大約唸了一個小時，我坐在那裡無聊死了，要不是顧著伊莉莎白，我可能就去就寢了。

雙日出版公司（Doubleday & Company）董事會主席約翰．薩金特（John Sargent）也在場。你知道，是伊莉莎白安排的，她是史上最了不起的媒婆——想要幫助她所有的朋友。

哦，我了解這種遊戲。當芭芭拉．貝克蘭拿出那個稿子，我就知道怎麼回事了——她對我是否喜歡不感興趣，她只關心約翰．薩金特是否會喜歡。我記得在誦讀的過程裡，他臉上的神情。

約翰．薩金特

一直唸啊唸啊的唸，我們沒法叫停。

她遇害後，我常寄一些東西到精神病院給東尼，不是書——他們不讓我寄書，我只能寄不具爭議性的東西，例如，襯衫和衣服。他會寫些小謝函。

一九七九年十一月二十日，安東尼．貝克蘭致詹姆士．芮夫的信函

布洛德摩爾醫院

親愛的詹姆士：

等我離開這裡，安頓好自己，無論何時，身在何處，我想我會開始認真地寫作。我認為，我有可以寫好幾本書的有趣素材，我會樂在將它們形諸於文字。

我恐怕，我會對這裡大部分的人非常失望：如今我已心思清明、頭腦清楚了，就不再將他們視為有趣的人物了，反倒覺得他們是道德淪喪的人，他們真是這樣——蠢到無法從痛苦與不快樂中學習。他們會永遠繼續用頭去撞牆，儼然不知有門可行。

我渴望能有風趣的談話和同伴：這裡的日行常規非常無聊，總是同樣的老生常談。經過這麼多年後，連最迷人的同伴都開始令人感到厭煩了：我說的不是真正的朋友。我覺得很荒謬的是，我必須在美國接受更

多治療精神病這樣胡說八道的東西。我的問題完全是心靈上的，是源自我在很久以前犯的一個錯。現在我了解，那根本就不是個錯：錯誤會生出很多的好。但是，我真的覺得，「醫生們」對於身、心、靈的看法是極度地簡單、醜陋與悽慘的。

說真的，這個世間的醫生、生意人、工人、演員等等，都只是受少數先生女士們的意志控制的機器人罷了。我並不認為，大眾都是墮落或可憐或類似那樣的，只是他們並非「真正」的人，雖然他們此刻控制了我的生活，聖母瑪利亞，我既不會讓他們來煩我，根本也不把他們當一回事的。

我要寫的書裡，有一本是有關人類的白蟻聚落，我認為其實真是這樣的。或者，也許，我乾脆就不寫——我要等著瞧。總之，詹姆士，寄上我最誠摯的祝福，一定要代我問候令堂。

永遠愛你的東尼

一九七一年一月八日，安東尼・貝克蘭致芭芭拉・貝克蘭的信函

瓦爾德摩莎，馬約卡島
美麗華別墅

最親愛的媽媽：

收到妳四天前發來邀請我去紐約的電報，我今天回覆，如有必要，我會來，但寧可不去，因為我在這裡真的很快樂。如果有時我寫些很絕望的信，只是因為無法更快就去，我很失望和沮喪：前些日子的某個晚上，我在下棋，我很清楚地看到自己想贏、想自欺的貪念，把自己給蒙蔽了；我看到我的靈魂平靜超然地在進行安排（棋局，像一滴水銀），如此一來，只要我感覺對了，就能下對棋著。至於妳所說有關知識份子的事，我對能否找到許多像瑪麗亞和塞巴斯欽——他們是我在美麗華別墅這裡的家人——那樣的人品與素質的

人，抱持懷疑的態度。反正，思維正是我想要擺脫的：我們的時代的、千古以來的、藝術的、科學的和文學的相對的真假，對我都不具意義；至少在目前，他們對我和我單純的心，都是毒藥。也許有一天，我很快就能而且也願意，冒險一探泥沼，不過，到那時候，也許一切都不再是相對於彼此了，而是相對於那唯一超自然的存在了。我想，妳不會了解我跟我在這裡的家人生活得有多密切了。

妳所說有關肉體之愛的事，毫無疑問都是對的。但是，由於我們的身體是我們的靈魂對生命慾望的反射，我的內心驅使著我要去碰觸和愛另一個人。反正，我知道愛與肉慾的不同，所以，我想我不需要擔憂。不要陷在過往的幻影或其他類似這樣的事情裡，我一直陷在這樣的景況裡，斷斷續續地有兩年了。我發現，那帶給我很大的壓力（是心智上的，那是一隻迷途的羊），想要以徒勞無益的方式，將正向四面八方流洩的液體的各個部份整合起來。這些年來，妳指責我抽菸，我抽菸只是因為一個理由。我從未體驗過妳所說的「純然的歡愉」，我相信就是莎士比亞所謂的「愚昧的放縱」，就是色慾。我體驗過了，但無法稱其為歡愉，只能說是在放蹤的海洋裡痛苦無望的呻吟。

我很高興，妳明白了，我去年告訴過妳有關自殺的事是真的。我們基於愛所說的一切都是真的。

東尼

蜜娃．斯文卡－齊林斯基

芭芭拉邀請我在紐約吃晚飯慶祝，因為東尼從西班牙回家了，她還邀請了蒂妮．杜象和伊莉莎白．方德拉斯。在吃晚飯的時候，芭芭拉跟東尼爭論起來，她跟他說了些令他不太愉快的話，於是，東尼就離開餐桌，我們結束了這頓飯。然後，他又來了，從冰桶裡拿了冰塊，把冰放在她的洋裝裡，她開始大笑起來。接著，他進了自己的房間，幾分鐘後，沒穿衣服出來——全身精光的，赤身裸體的。

伊莉莎白．威克．方德拉斯

他就從公寓的這頭裸奔向另一頭——我想，他是以對角線的方向跑的。他一定只是想引母親的注意，芭芭拉認為有點好笑。

布蘭登．基爾

我對東尼沒有什麼印象；他總是給我一種非常模糊的感覺，幾乎不說話的。我想，我跟他沒講過十句話，他就像個跑龍套的小角色，像個行屍走肉。

愛莉娜．華德

對我來說，東尼完全是不存在的。這是否因為他母親在那裡……她不在場的時候，我就從沒見過他，所以，她不在時，他是什麼模樣，我就不知道了——他可能是個非常不一樣的人。

凱瑟琳．嘉德納．柯曼

他真的是十分奇特，但你知道，在六〇年代，我們見過許多煩躁不安的年輕人，但是，他們都浪子回頭了。

莎拉．達菲．徹馬耶夫

一天下午，他出現在我屋子前——我已經有大概九年沒見過他了——他讀了一個他寫的故事，我永遠都不會忘記，因為他是個藝術家，布魯克斯不是，芭芭拉不是，東尼才是。

那個故事是講他在芭芭拉那棟豪華公寓裡一天的生活，他講了在那個屋子裡的那一天，描述了每一件事情——你進去時大廳旁的小房間，那個有大理石地板、芭芭拉用裝飾性的枝狀大燭台整修過的圓形大廳，她那張鋪著豹皮的床。他描寫她在平鍋裡炒午飯要吃的豬肝，她如何在一天結束時外出吃晚餐，盛裝打扮——他描寫她的皮草和所有的裝扮——在她走出大門後，故事的最後一行說：「我覺得自己渺小到還不如一顆白扁豆。」

伊莉莎白・布羅

在九〇年代後期，有一年春天，芭芭拉把東尼送進第五街的國立美術學院（National Academy School of Fine Arts）。她邀我去吃晚飯，她對他說的第一件事是：「我要你把上課時畫的畫作拿給貝蒂看。」他幾乎是愣住了，不肯去。於是，她去了，拿了一大堆的作品選輯，開始展示給我看。那些畫非常奇怪——是些看起來不像是人的人像畫，我的意思是，那些畫有一種非人的特質，還有一種嬰幼兒的特質。她把畫展開，她會說：「是不是很棒！」之類的話。我抬眼看看東尼，他只是……呆呆的，呆若木雞。

絲兒薇亞・羅亨（Sylvia Lochan）

我是國立美術學院的註冊主任，有幾個學生下樓到我的辦公室來，他們有點不安，因為安東尼・貝克蘭對任何人或任何事都沒有反應，好像只是活在自己的世界裡似的。他們說，全班正在畫一幅靜物畫——我想是花和水果——他的畫布上卻是人，血從旁邊滴下來。

我上樓去到教室，走過去跟他談。他坐著，我彎下身靠近他，我說：「那幅畫非常有趣。」對我來到跟前，就在他前面，毫無反應——他望著前方發愣。然後他轉過來，我看到他把鼻子塗成紅色。我走出教室，下樓打電話給他母親說，我想，她應該立刻過來接他。她來了——我記得是個非常漂亮的女人。那是我最後一次看到他。對我來說，很明顯的，他當時心緒非常紊亂。當然，如今回首，我認為，他居然沒有送進什麼醫院，真是令人非常訝異。

伊莉莎白・布羅

芭芭拉打電話跟我說，發生了fracas——那時，她說話時老是夾帶那些法文字眼。「美術學院發生了一件吵架事件，」她說：「沒什麼啦，真的沒什麼——我只要把他領出來就好了。」

病患摘要，安東尼・貝克蘭，私人精神病診所，紐約市，一九七一年

病患：安東尼・貝克蘭

住院日期：一九七一年五月二十一日

年齡：二十五（一九四六年八月二十八日出生）

婚姻狀況：單身

職業：學生

病情主訴：貝克蘭先生入院時，有恐懼、妄想、幻覺的症狀，有吸毒與無法履行日常生活功能的嚴重病史。

現在病症：貝克蘭先生的病史一直都不穩定，很難確知其現在病症始於何時。他自稱大約七年前跟母親同住時（雖然病患父母三年前才離異，在離異前已經常各自住在歐洲各地）開始吸毒（迷幻藥、大麻、安非他命），病患自述他是在三年前父母離異時，開始有生活日益混亂失序的現象。那時，病患父親離開母親，與病患以前的女性友人同居。據稱，病患的母親企圖自殺，病患從此就陷入一下子生父母的氣，一下子又覺得自己要為父母離異負責的抑鬱與罪疚的痛苦折磨中。雖然病患的父親經濟上很寬裕，他是靠祖產維生的，但只提供妻子和兒子極少的財務資助。過去三個月來，病患和母親似乎過著到處碰壁的日子，發現自己無法適

應因為新的財務狀況勢必得做的實際改變。病患自己吸毒的情況日益嚴重，跟一批激進、頗具藝術氣質、未來的富豪小開們廝混。他的母親認定，她的兒子是個「不為人了解的天才」，生來就不該在這個病態的社會「勞苦工作」的人。她如今已發現，對他的混亂失序已無可奈何了，而且也沒法控制他那不切實際的生活方式和異想天開的思緒。貝克蘭太太也不理會現實的環境，滿腦子就著眼在出席社交聚會的事情上。病患入院時，是跟在格林威治村一些嬉皮朋友以及跟母親在母親的公寓兩邊輪流著住的。他發現，他很難擺脫那些朋友的影響與連帶的責任，因此，他變得益發地瑟縮，設法要限制自己與他們的互動，藉此明白自己的有限。導致他入院的事件是他自稱在入院前兩天的夜晚，當他穿過中央公園時，遭人追趕攻擊。他在回憶那段噩夢般的記憶時說，他被兩名手持警棍的警察追擊，最後在恐懼和驚慌下抵達母親的公寓。雖然病患在抵達那裡後，可以連睡二十四小時以上，他母親說，但一醒來，還是極為驚惶、妄想、恐懼和產生幻覺。此外，他似乎非常煩亂，母親害怕他可能會攻擊她，因此，安排讓他住院。

精神狀態檢查：病患是個身材高挑的青年，一頭紅色長髮，衣著時髦，神色狂亂不安，用字遣詞和口音有造就淑女名媛的女校特質。病患談了很多父母的事，以一種很誇大的態度，詳細說明打算讓父母和好。他談到自己和母親時，彷彿兩人是一個團隊似的，他念茲在茲第一個要詢問的就是何時能打電話給母親。有鑑於病患過去與現在的環境，兩者可能都很不穩定，我們認為，院方唯一能做的就是幫助他重建，走出目前狂亂不安的狀態。

住院期間（一九七一年五月二十一日至一九七一年七月二日）：從一開始，病患在院內的情況就很紛擾不安。貝克蘭太太似乎對兒子最古怪和異常的言詞，都採取同一陣線的立場，對她認為工作人員的心胸狹隘與武斷，不能苟同。她說院內的電話都遭竊聽，對兒子自稱是上帝的言論，迫不及待地要辯解。病患與其他病人和院方工作人員互動時，態度不是很依賴黏人就是桀傲不遜。大部份的時候，他都待在他的房間裡，按時收聽印度音樂。任何企圖限制他異常行為的作法，他都以可怕與忿怒的厭惡對待。在病患整個住院期間，母親打來許多電話，態度既忿怒又苛刻。最後，儘管醫院工作人員強烈建議不可，病患母親簽名讓病患出院。
出院日期：一九七一年七月二日
出院狀況：略有改善
預後：不佳

一九七一年七月三日，芭芭拉．貝克蘭致歐林（Orin Vanderbilt Lehman）與溫蒂．凡德比爾特．雷曼（Wendy Vanderbilt Lehman）的信函

紐約

親愛的溫蒂與歐林——

謝謝你們為我和你們的醫生友人安排了時間——他對我的幫助很大。東尼昨天出院，醫院承擔所有的費用——他們做的真是漂亮，甚至可以說是極為寬大為懷。我問他們，東尼出院是否因為我們付不起帳單（東尼的信託保管人不肯侵犯他的信託，而布魯克斯拒絕付錢），他們向我保證並非如此，而是因為他大有進步，他們很滿意他正在逐漸恢復之中。

再次多謝。

芭芭拉敬上

溫蒂．凡德比爾特．雷曼

我對芭芭拉．貝克蘭的了解可能不比對其他人多，但在我記憶中，對她有一種同情，那是對其他多數人所沒有的。她打電話問我，是否聽說過有任何可以幫助東尼的人。我真的很同情她，我總覺得，在

人的表相之下，還有個海綿般很大的三度空間。

我記得，在她寫給我們那封信之後的什麼時候，她走進那家大概是六〇年代位在第三街的愛爾蘭酒吧莫瑞阿提（P. J. Moriarty's）——挺不錯的店——那時，我和歐林看完戲後正在吃晚飯。她坐在桌旁，有點煩亂或者喝醉了。我想，我記得她把一杯酒弄灑了，我為她感到有點不好意思——我的意思是，我知道有些不對勁。你知道你會有那種感覺，你幾乎不想看清楚，因為你不希望是那樣的。

克里夫．葛瑞

那年夏天，她打過幾次電話給我們，我們並沒跟她見面。可是，有一天，我和芙蘭欣跟人相約在卡布里島（Isle of Capri）餐廳見面，看到芭芭拉也在那裡，一個人在吃中飯，這很不像她的作風。她看起來頭髮蓬亂，像個很不快樂、被生活擊倒的女人，吃相不雅，舉止非常奇怪。

一九七一年七月三日，芭芭拉．貝克蘭致山姆．格林的信函

紐約

心愛的山姆——

東尼昨天出院了，但是，因為他所服用藥物的關係，極為怕光，我們決定放棄在長島度週末。反正，他也承受不了往返勞頓和人們晃進晃出的折騰，所以，我們在這裡的公寓享受平靜美好的日子，他幫我做些雜事——大部份是在陽台上做園藝，清潔地板（醫生說要給他許多工作）。

他在跟我共度的這些天裡，仍在服用劑量非常大的藥物，這些藥已經是在逐漸遞減之中了。醫生告訴我，他的病不是繼發性的——也就是說，包含藥物等所引發——而是原發性的，也就是說，是遺傳性的。但

是，他們對他的聰慧和領悟力印象深刻，大談著大有希望云云。

總之，他非常盼望能見到你——他身體還很虛弱，無法見許多朋友，因此，一次只能見一兩個人。

芭芭拉敬上

山姆．格林

那年夏天，芭芭拉開始出奇不意地就來造訪了。她會在凌晨兩點時，出現在西六十八街我的公寓，猛敲大門。有一次，她赤腳走過中央公園。凌晨兩點的時候，我就是不想有不速之客——東尼也是，隨時想來就來。

「我一定要見你。」她會說：「是非常重要的事，開門！我要跟你說發生的事。」——你知道，無論是什麼緊急事故。有好幾次，我不肯開門，她就在我公寓外面的走廊過夜，到了清晨就會離去。有一次，我打開門，說：「別這樣！離開這裡，我得一大早起來——我有個非常重要的約會。請妳這就回家，這兒有五塊錢，給妳搭計程車！」我記得，我抓起她的頭髮，推她，這是唯一一次我推過人的。她走下樓梯時絆倒了，或者怎麼了。

一九七一年七月二十三日，芭芭拉．貝克蘭致山姆．格林的信函

紐約

心愛的山姆——

我找到你的打火機了——你去年搞丟的那個，還在猶豫是否要親自送過去給你，因為年歲漸長，我的頭髮似乎益發稀疏起來！我們上次相遇時，好多頭髮都掉在你的門檻上，我擔不起再次造訪的風險——不過，我會

非常樂意見到你。所以，你若覺得可以施捨給我幾分鐘安靜的時間，我會安排在你方便的時候跟你見面。

你要我把你的打火機放在哪裡？

芭芭拉敬上

亨利．柏金斯

我兄弟邁克是東尼在亞凡古農場學校時最好的朋友，跟東尼一同在巴克利學校就讀的邁可．諾瑞（Michael Nouri），他現在是個演員——是《閃舞》（*Flashdance*）裡的名角——還有雀珂．德瑞珀和我，一道去看東尼。他不在家，但貝克蘭太太在家，她說：「嗨，快進來，東尼一會兒就會回來了。」她問我們是否想來點酒，我們說：「哦，當然好。」我們大夥正在談話，突然間，她就，你知道，拿著她那杯酒，丟進壁爐裡，用一種最令人驚豔的方式，把頭髮往後一甩——我不知道……還有誰會做得更棒呢，就屬洛琳．白考兒（Lauren Bacall）了，你知道。我開始大笑起來，因為，你知道，我以為有什麼我沒領會過來的事情，但是，我注意到，我的兄弟根本就沒笑。於是，為了改變氣氛，我開始問她有關茶几上那個打火機的事。我說：「這個東西非常吸引人，是什麼東西？雪花石膏？看起來像個枴杖糖。」她望著我說：「吃啊！」我以為我聽錯了，然後，她又說了一次，開始尖叫起來：「吃啊，可惡，吃啊，吃啊，吃啊！」我們就跑掉了。

一九七一年八月十二日，芭芭拉．貝克蘭致山姆．格林的信函

紐約

清晨五點

抱歉必須寫信給你，我想聽你解釋為什麼那天晚上對我那麼惱火。我在你門口等了三個小時，要求那個，還有一杯水。是有水，到處都有水，但沒有一滴可喝，除了陽台上油漆罐邊上的水，嚐起來有鉛的味道。你非常的不客氣，我連謝謝你照顧貓咪伍斯先生的機會都沒有。

我真的開始覺得，你其實根本不喜歡我，山姆。我覺得這是令人完全無法相信的事——我跟你在一起時，非常開心，通常那樣的愉悅是雙向的。我還得再等一年，你才會來吃晚飯嗎？我不會放棄設法見你的。

那天晚上在彼得．金柏家看到瑪莉索——模樣很迷人——可是，山姆，有些人是以徒步走過的方式旅行的，有些人是以穿越時空的方式旅行的，兩者是不同的旅行——都有效果。我認為，後者也許比較困難——社會關係是箇中關鍵。

你若不打電話給我，我會很傷心的。如果不可能再見到你，我可能將離開紐約。我似乎只有跟你在一起才能輕鬆自在，我很難過，你又生我的氣，我還是不明白為什麼。我並不想要煩你纏你，可是，你是我所認識，除了布魯克斯以外，唯一我真正喜歡卻又不理睬我的人——連布魯克斯都並未真正那樣對待過我！然而，我已決定，我寧可自作自受，也不願被他迫害。我正在想辦法讓他把我跟他結婚時所擁有的所有資金還給我，其他什麼都不要，以此換取一紙離婚證書！我還沒有他的音訊，他的律師也不跟我的律師溝通。

永誌不渝

芭芭拉

山謬爾．帕克曼．蕭

我是在黛芙妮．海爾曼家結識芭芭拉的，她當時有另外一個律師，她對那律師不滿意，有人曾跟她說過：「妳何不試試山姆．蕭？」離婚案件我接的比較少，一部分原因是我不喜歡離婚案件——你的客戶都是處於最焦慮的狀態，鮮少能達成讓大家都開心的解決辦法。因此，我並不特別想接收她做客戶，是因為她用了點撒嬌的手腕而促成的。她說：「喔，拜託接下吧。」又這又那，如此這般的，我就說好吧。

我在初識芭芭拉大約一年後見到東尼，也是在黛芙妮家裡。那以後，我想，我見他的次數不超過三、四次。我第一次見到他時，覺得他相當漂亮。我並沒有真的跟他說上話，但的確有個印象，他很奇怪。第二次是在芭芭拉家裡大家都站著用餐的午宴上見到他的，那次我跟他談了十或十五分鐘的時間，覺得他相當討人喜歡又有趣——想像力很豐富。

再接下來我看到他時——哦，他痛毆他外婆，芭芭拉打電話到我辦公室給我，大約是傍晚六點鐘。那時，我已對東尼的問題知道很多了，我說：「你何不打電話給他的精神病醫師？」她說，她太心煩，煩到沒想到，拜託我立刻過去。於是，我說，當然，我會去。我跳進一輛計程車，到了那裡，妮妮在芭芭拉那棟大樓樓下的大廳裡，她似乎頗為冷靜。我說：「怎麼回事？」她說：「東尼想要打我。」接著，芭芭拉下來了，我說：「哦，我們到底要怎麼辦啊？」她說：「我怕他怕的要死。」我說：「妳打電話給賈斯丁．葛林醫生了嗎？」她說：「沒有。你打給他好嗎？」於是，我出去使用在角落的公用電話，打給葛林醫生，他說：「我不打算過去，不管我跟東尼的關係怎麼樣，我不要因為好像站在他母親那邊而受到波及或破壞。如果他非常暴力，就報警，他們會來把他帶走。」所以，他是不管用的。我跟芭芭拉上樓去，妮妮搭計程車離開，回她自己的公寓了。東尼在客廳裡，一副心煩意亂的模樣，但我覺得他看似並不兇暴。於是，我坐下，與他閒聊，芭芭拉就在那裡。我認為，他在那裡過夜，對她是非常危險的事，我想把東尼帶離那裡，但並不想由我來帶他到任何地方去，我只是想讓他去隨便什麼地方，到朋友家，或給他自己在什麼地方找個房間。我們在那裡坐了很長的時間，我努力要說服他該離開，最後我決定，讓他離開那裡最好的辦法，就是帶他們出去到什麼地方吃晚飯，然後在那裡想個辦法。他們說好，我說，我要先去小解。

於是，我去了浴室。等我出來，芭芭拉已躺在客廳的地上——顯然是不省人事。我想，她甚至可能死了。我跪下去查看她是否還活著，我摸她的脈博，沒什麼動靜。東尼站在她身旁，臉上是非常奇怪的扭曲表情，我叫他去拿些水來。於是，他去拿了一杯水，我弄了些水在手絹上，把手絹放在她額頭上，她並未甦醒。我說：「東尼，我們得立刻叫醫生來。」我還跪在那裡，手還在摸她的脈博。接下來，我感覺到一下痛擊，我不知道我不省人事有多久。我想，他是用手杖擊打我的，因為地上有根枴杖——一根有節瘤的大枴杖。他從他站立的高處，用那枴杖朝我鼻子上一揮而下。

我醒來時，真的是嚇得要死。我明白了，他想要把我打死。我站起來，芭芭拉還是不省人事，我想或許已死了。東尼仍然站在那裡，一臉的凶暴。我想，我得殺了他，否則他會殺了我。於是，我跟他扭打起來，我們在地上翻滾，我想，該死的，這真是個糟糕的死法。他非常強壯——我不知道他怎麼會這麼壯，因為我不認為他做過任何值得一提的健身運動。

我最後把他逼到角落，讓他的背抵著牆，我的右腳抵著他的胯部，我抓住他不動，可是，那時，我因為這一番力搏，也許是被他的杖擊驚嚇之故，已經全身顫抖虛弱，我知道，我無法那樣抵住他很久。我把手往上伸去摸鼻子——就像一袋彈珠似的，我覺得彷彿整個鼻子都斷裂破碎了——我說：「天啊，東尼，你真的把我的鼻子給毀了，我怕你把你媽給殺了。聽著，你行行好，去拿條毛巾，用冷水弄濕。」你要曉得，我要讓他冷靜下來，因為我繼續這樣打下去，他會把我打死的。於是，他走進廚房，拿了條毛巾，用冷水淋濕毛巾，將毛巾拿給我，我把毛巾放在鼻子上。

這時，芭芭拉正爬起來，她總算沒事了。可是，我冷得發抖——你知道，當人休克時的那種狀態，禁不住地顫抖——我把她拉到一邊，我說：「我跟你說，我跟東尼說話的時候，妳去報警。」然後，我對東尼說：「過來，幫我在壁爐裡生個火，好嗎——我在這裡抖得不行。」於是，他找了一些木頭，把紙放在下面，點燃，我們坐在爐火旁，十分鐘後，芭芭拉跟警察進來了。

他們將他帶走。他非常心甘情願地、很冷靜地走了——沒有掙扎，沒有咒罵。警方已派了一輛救護車在樓下等他。芭芭拉也跟著東尼一起去了大都會醫院（Metropolitan Hospital），是位在九十七街與第一大道上的一家公立醫院。

我搭了一輛計程車尾隨在後，為了確定一切都沒問題——東尼會交到適當的人手裡。後來我去看他，他很平靜。

接下來，我去就醫，檢查我的鼻子。他們說鼻梁斷了，將它固定後縫好，幾天之後我動了手術。那位整形外科醫師——一位名叫史密斯的傢伙——的醫術十分高明，我的鼻子看起來與原來的一模一樣，感覺也一樣，說起話來聲音也一樣。

第二天，我就把整份離婚檔案交還給芭芭拉，到此為止——我不知道自己是否會再見到芭芭拉。他們把東尼留在大都會醫院裡大約五、六週，警方問我是否要控告東尼，我說不要。

一九七三年一月五日，英國法庭諭令就安東尼．貝克蘭精神狀態所做的報告

一九七一年，他被送進大都會醫院精神病急診病房，診斷結果是「精神分裂症，屬單純型，有性格障礙因子」，預後「相當良好」。曾嘗試將他送進在紐哈芬（New Haven）的私人精神病院湯普金斯醫療中心（Tompkins Institute），但父親不願出錢，計劃只好作罷。

威利．毛瑞斯

那兩個人！我老是感覺會惹大禍的，我真的這麼覺得——這對母子就是不正。我永遠不會忘記她在東漢普敦舉辦的一次晚宴，是七一年的晚秋——我記得我那隻黑色的拉布拉多獵犬剛死，我還很哀慟。我跟妙麗．墨菲一起去的，最奇怪的事情發生了——晚餐後，芭芭拉突然對我發飆！毫沒來由的。我的言行舉止都中規中矩的，但是，她卻叫我離開她家。我大吃一驚，其他客人都尷尬不已。突如其來，就

像密西西比的雷雨似的。於是，妙麗和我就離開了。

可是，第二天早上——我記得很清楚——兒子從他們家走到在喬治卡湖的妙麗家來，送了一張芭芭拉寫的道歉字條，是張非常溫馨的字條。我隨手寫了一張回條，叫她不要放在心上。

接著，又發生了一件很有趣的事。索爾．史坦柏格也參加了那次晚宴，我猜想，他也對這個小事件非常的震驚，因為他很好心地給了我——幾天後，他把它們拿過來——他為我畫的兩幅很美的水彩畫，題名為《耶珠河》（*Yazoo*）。那是我的家鄉，在密西西比州。他將其中一幅取名為《耶珠河之冬》（*Yazoo in the Winter*），另一幅為《耶珠河之春》（*Yazoo in the Spring*）。不過，索爾是個真君子，他沒提那個事件。

伊莉莎白．威克．方德拉斯

秋冬兩季的週末，芭芭拉和東尼都在海灘上的小屋度過的。我很擔心她，有一次，她把跟理查．赫爾借來的車停在蒙滔克高速公路（Montauk Highway）上，卻停在不該停的一邊——面向著車流。車被拖走了，她必須到東漢普敦警察局去處理這事。警佐正坐在一張放在高處的桌子後，芭芭拉說：「你從那上面給我下來！這到底是什麼地方？」然後，等他下來了，她說：「哦，拿枝鉛筆來，把這個寫下來！」警佐說：「我在這裡沒法寫，我需要桌子才能寫——而且，我的鉛筆在上面那裡。」

最後，我打電話給保羅．格林伍德（Paul Greenwood），他是個警員，以前偶爾兼差開車送我去紐約，芭芭拉去警察局的那天，他就在局裡。我說：「我只是要帶你去看芭芭拉．貝克蘭的屋子在哪裡，以防萬一我必須叫你趕快趕去那裡。」

保羅·格林伍德

她為車子的事進來的時候，我是值班的警佐。她非常、非常、非常的情緒化，心情非常煩亂，你知道，她繼續用那種鄙夷的態度對待那裡的每一個人，給我們好看，她真的是大吵大鬧。她穿了一件很古怪的長禮服。我們根本沒機會說話，都是她在講——侮辱每一個人。我們只有聽的份，讓她把心中不快倒個乾淨——當人們那麼激動的時候，我們讓他們說個痛快，然後，他們會冷靜下來，再跟他們講道理。

我想，她當時是跟兒子一起的，但不是很確定。她是嫁進貝克蘭家的，對吧？貝克蘭就是那個最初發明貝克萊的那人，對嗎？哦，她那德性還真像那種不可一世的勢利人家出來的，你知道——非常傲慢的一個人，我認為。

葛蘿麗亞·瓊斯

我想，那年冬天我最後一次見到芭芭拉，在長島。她看起來很邋遢——對芭芭拉來說，算是衣衫襤褸的，她一向都是穿那些很棒的皮草和很美麗的禮服和香奈兒的，你知道。

絲兒薇·貝克蘭·斯基拉

你必須了解，芭芭拉一向都是個大美人。她的姿色漸衰，丈夫離開她，投入一個比她年輕很多的女人的懷抱裡。她會寫信給布魯克斯說：「我去看醫生，他對我感到很驚豔。他認為我的軀體才三十來歲。」或者說：「我的姿色仍然讓路人為之駐足。」我記得她那麼形容的，她對這點非常之眷戀——戀戀不捨的，緊抓著不放。

福萊德瑞克·柯姆斯（Frederick Combs）

我不斷地聽大家說她有多美，然後，湯姆·狄羅邀我去她在東漢普敦家裡小酌一番——我記得是隆冬時節。兒子也在那裡，他就坐在爐火邊，我們正在交談，你知道，完全是很平常的談話。突然間，他從椅子上跳起來，衝向他母親，到了離她只有幾呎的距離，我的意思是，他臉上扭曲的神情，一切都很難令人置信——一臉憎恨的神情。然後，他就突然停住，回到火爐邊的椅子，我記得是張搖椅。那一刻真是嚇人。可是，她的反應好像什麼都沒發生似的，倒像是更急著要安撫我們似的，你知道，就是讓談話再繼續進行。我記得，後來她告訴我們，那天下午，他在壁爐裡燒傢俱。想想看，自己是個陌生人，跟這樣的人坐在一起，聽他們在談燒傢俱，彷彿只是在說你的酒還要加冰塊嗎，你知道。真的是若無其事的。

多明尼克·唐恩（Dominick Dunne）

我是在芭芭拉來參加我製作的一部電影的甄試時結識她的，一定是在一九七一或七二年吧。甄試結束後，她留下來討論這部影片。那之後，我見過她幾次。有一回，我替她從她倫敦的公寓拿東西，她在紐約要用的，我想是頂貂皮帽子。我跟她並不非常熟，但我有幾個朋友跟她走得非常近，我聽過東尼攻擊她的事情，特別是他在他們東漢普敦家裡攻擊母親的那次，我的朋友在場。當時這個事件大抵遭到駁斥——「他並不是真的有意的」之類的說法——但是，在他真的殺了她之後，如今回首，就變得很恐怖了。

一九八二年，我自己的女兒朵明妮可（Dominique Dunne）遭前男友攻擊謀殺。她後來變得很怕他，跟他斷絕了關係。那不是他頭一次攻擊她——已有兩次前例，令我們所有的人，我太太、兒子和我揮之不去和必須忍受的是，我們都沒想到會發生謀殺事件。我們就是沒想到，那男的會殺人。後來，當一切都已太遲的時候，所有的警訊才清楚起來。

理查．赫爾 我和我太太以前常在週末開車送芭芭拉和東尼出去到東漢普敦，他們沒有車子或者其他的交通工具。我記得，有一天，我們正要離開——我們星期五都在一點左右離開——芭芭拉把我拉到一邊，說：「理查，東尼不大對勁，他停藥了，不過，不用擔心，因為我會叫他再服藥的。」

一路上在車子裡，他都在唱著那些很有趣的兒歌，你知道，自己唱給自己聽。於是，等我們到他們家時，我把芭芭拉拉到旁邊，說：「芭芭拉，你們兩個今晚在我們家過夜，這樣才是明智之舉。我不喜歡妳在東尼不大對勁的時候，一個人在這裡的屋子裡。」她說：「一點都別擔心，他會沒事的。」我說：「妳明天一大早就打電話給我好嗎？」她說：「理查，我以前已經經歷過一百次這樣的事了。」第二天早上，她真的打來了：「喔，我們吃了一頓愉快的晚餐。」——你知道。

那天晚上，他們來小酌一番。我們坐在火爐邊，他循規蹈矩的。他相當喜歡我們的屋子，因為是一棟很大的東漢普敦的老房子，建於一七九六年。他相當喜歡整個建築的概念，我認為，他對那屋子很有感覺，他覺得十分寧靜。他似乎完全能夠自制，直到芭芭拉說：「我帶來一些東尼畫的很好的素描。」那時，他對她的態度變得十分敵對起來，可是，她非常得宜地將他安撫下來。

那個星期一大清早，芭芭拉．黑爾打電話給我，告訴我前一天晚上在她家發生的事。我鬆了一口氣，在我家沒發生這種事，因為我會報警的，你要明白，芭芭拉．貝克蘭會為此永遠不再跟我說話。

大衛．米德 嚴格說來，在這整件事情裡，我是最不相干的人。當時，我跟貝克蘭家的老友傑克與咪咪．柯翰的女兒黛德芮．柯翰（Deirdre Cohane）是夫妻。說實話，我記不得我們是怎麼去東漢普敦的，我猜想是開車去的——還是我們搭火車的？不是，我們一定是開著租來的車出去的。我們怎麼到那裡的，我記不清楚了。關於我們怎麼回來的，我倒是很肯定——魂飛魄散。

那是一九七二年一月，那天天氣真是惡劣，颳風下雪的。芭芭拉的屋子就在海灘上，大海簡直要把那房子沖到海濱的沙丘上。我們正要去芭芭拉．黑爾家吃晚飯。

這是我第一次跟芭芭拉．黑爾見面，我猜想，我們到那裡的時候，大約是七點，晚餐還沒完全準備好，我和芭芭拉．貝克蘭正坐在廚房的餐桌旁喝酒談話。我們喝了第一杯酒，然後喝第二杯，氣氛非常愉快——毫無問題。我們在談各種各樣一般性的事情，不過，我記得特別清楚，當事情開始發生時，我們談的是什麼——我們在談歐洲建築，是我完全不懂的話題，但我自以為我懂一些。換言之，我是大言不慚。突然間，芭芭拉．貝克蘭出其不意地說：「天哪，你不知道你在胡說些什麼！」這是我頭一回見她生氣或對任何事情發火，她真的是狠狠地批我，不遺餘力地抨擊我。我對談話內容記得那麼清楚，就是因為我努力地要弄清楚，我究竟說了什麼讓她如此生氣。當我努力要把事情搞清楚時——也可以說是，努力地回憶當時的情景——她還是在繼續攻擊我。我想，也許是酒過三巡後發作的，你知道。

東尼在客廳裡，但是，他聽到母親的嗓門因忿怒而大聲起來時，他衝進來，對她說：「妳不知道妳在說什麼！」他就像替我擋架似的，也扯高了嗓門，聲音很高亢很忿怒。那時，我已經無關緊要了。他指責她是妓女，她罵他是同性戀，你知道——我記得，她用「同性戀」這三個字眼。「你還能跟女人幹什麼？」她說。大概是那樣的話。這時，他從流理台上拿起一個蛋，砸在她臉上。然後，她拿東西扔他，變得飆悍起來——「你這樣對我，不是個混球嗎！」

然後，他拿了把刀子，揮舞著刀子嘲弄她。她挺胸向前，說：「你敢！」就像那樣。這時，我打算要插手了。我緊盯著刀子，他其實並沒有注意到我，他的兩眼全神貫注在她身上，非常生氣，整個情況就像很低俗的好萊塢爛片。我的意思是，他們兩個針鋒相對，憎恨如電擊般強烈，真的是一觸即發。

他舉起刀，我立刻去抓他的手腕，扭他手腕，把刀奪下。他甚至不知道我把刀奪下了，甚至沒察覺我的存在！她還在說：「你敢！你敢！」兩人還是怒目相向。然後，他把手伸向她的喉嚨，開始掐她的喉嚨。他把她摔在地上，我擠到兩人中間，我們都摔倒了——三個人全都摔倒了——其實是滾到廚房門外的雪地上。

哦，我最後把他揪開，他進了屋裡，她站了起來，我向她走過去，我說：「妳沒事吧？」她在發抖，很歇斯底里，使力打了我一耳光，說：「我恨你，我恨你，我恨你！」坐進汽車，開車離去。回到屋裡，我開始全身顫抖。於是，我喝了幾杯白蘭地。東尼宣布，他要就寢了，在芭芭拉．黑爾家。他已完全又平靜下來了。

於是，我和黛德芮也在芭芭拉．黑爾家留宿過夜。那個晚上，我唯一想做的事是儘快地喝得酩酊大醉，我做到了。第二天早上，我下樓時，東尼已經坐在餐桌旁，芭芭拉．黑爾正在做早餐。那天天氣很好，風和日麗，於是，我對他說：「早餐後，我想跟你談談，我們何不去散步，走久一點。」我們去了——到處都走遍了。我告訴他，我真的認為，他應該離開母親，他們兩個在互相折磨，他說他十分同意，那樣是不好的。我以為，我已經說了一些很有道理的重點，你知道的，有點打動了他，我們回到屋裡。正當我們走進門裡，電話響了，黛德芮拿起電話，是芭芭拉．貝克蘭。黛德芮說：「嗨，芭芭拉，妳好嗎？在，東尼在這裡。」她把電話交給東尼，他去接聽：「哦—哦，哦—哦，好的。」他掛了電話，當然，我和黛德芮立刻過去，我們說：「她說什麼，她說什麼？」他只是非常平靜地說：「她半小時候會過來接我。」他走開了。半小時後，她來接他，把他載走了，當然，一副若無其事的模樣。

芭芭拉．黑爾

整個屋子一片凌亂，我一想到，我讓東尼在這裡過夜！我不知道我哪來的膽。我不知道，我只是這麼做了。

伊莉莎白·布羅

我在麥迪遜街（Madison Avenue）和六十四街上的衛克菲爾書店（Wakefield Bookstore）工作，就在兒童動物園附近，我的朋友都會順便過來看我。有一天，芭芭拉·黑爾搖搖晃晃地進來，描述了她跟芭芭拉和東尼在東漢普敦發生的一幕可怕的情景。她說：「我沒法再跟他們來往了，絕不再來往了——太過分了。」她才離開書店，芭芭拉·貝克蘭就進來了，說：「我剛在芭芭拉·黑爾家吃過最愉快的一頓晚餐，我要買本書送她當禮物。妳建議買什麼好？」

那之後，我有好幾個月沒她的音訊，不過，然後，那年夏天的時候，我收到從馬約卡寄來的明信片說：「親愛的貝蒂，這個夏天，我十分想念妳。我和東尼一直想到妳，但願妳在這裡，他好多了。」

後來，我聽妮妮說，她去跟他們住了一陣子，那裡的情況非常糟糕。一天晚上，她和芭芭拉顯然得逃離屋子，他們坐在汽車裡，嚇得要死。

十二、出擊

一九七九年年尾，布洛德摩爾醫院院方人員為東尼·貝克蘭的個案，與英國國際社會服務部連絡。一名「資深的跨國個案工作人員」回憶道：「我們研究了一些方案，因為來自某方面非常明確的壓力，要貝克蘭離開布洛德摩爾醫院。」

當然，壓力是來自朋友組成的非正式委員會。「要找個地方將東尼送到當地的機構，實在是曠日持久，」麥可·亞歷山大說：「我想，我不斷施壓，讓馬奎爾醫生頗為惱火。」

不久，倫敦美國大使館一位工作人員在報告中指出：「布洛德摩爾醫院似乎快要做成決定，讓東尼·貝克蘭出院，他大約六週後就可以回到美國。」的確，那時已經以他的名義提出護照申請。

馬奎爾醫生認為，東尼住院很久，他獨自在美國生活，不可能重新適應良好，對此頗為關切，並通知大使館，布洛德摩爾醫院無法心安理得地向內政部建議，東尼出院，勢必需要「一段社會復健期」。

委員會接下來收到的消息，因此不是他們期待的同意說法，而是含糊其詞的「目前貝克蘭尚無法出院」。

一九七二年七月十八日，芭芭拉·貝克蘭致山姆·格林的信函

瓦爾德摩莎，馬約卡島

美麗華別墅

山姆——

看在老天爺的份上，拿起筆來，寫幾個字給我。我正卯足全勁解決一些非常重大的問題，我需要鼓舞，

這是你比任何人都能做得更好的——所以……

我有一些很美麗的米色絲質窗簾，是你給我的，我從沒用過。用在這裡太華麗了，會把窗框的作工遮住，你要我把它們寄回去嗎？你可以用在你的臥室裡，請告訴我你的想法。

布魯克斯想要斷絕給我的資助，藉此逼我接受一項殘酷卑鄙的協議。除了這件事和東尼的問題外，我在這裡很幸福快樂。

艾薇若的姪女菲莉絲．海瑞曼．梅森在我這裡做客，已經有三星期了，她有付錢給我，她來真好——也讓我的經濟能撐下去。她非常喜歡東尼，完全了解問題所在。不知道她離開後，我該怎麼辦。我們這裡非常偏遠，我只有禱告。

他好了一些，不過，沒有服藥，說藥讓他變得遲鈍，但這個地方很美又寧靜，似乎對他有幫助。

芭芭拉敬上

菲莉絲．海瑞曼．梅森

我單獨跟她在一起時很開心，跟他單獨一起時很快樂，但他們兩人在一起時……那年夏天，我有好幾次都在想，再也待不下去了。有一天晚上，我們去羅伯特．格雷夫斯家吃晚飯，芭芭拉盛裝打扮，戴上一串串的珍珠。回家時正是月滿時分，她在超速疾駛——她說，東尼在煩她，她要回家。警察攔住我們，她說：「你們得把他關進監獄裡。」他們往車內一看，說：「喔，安東尼，是你！」他們顯然很喜歡他。

那一整個夏天，他都吸毒。芭芭拉在他的抽屜裡找到藥丸，就大吵大鬧——然後，他也大吵大鬧起來。

還有一回，我坐在汽車的後座，東尼把前面的座椅往後挪，壓在我的腳上。芭芭拉說：「你要跟菲莉絲說對不起。」她一副高高在上的姿態，好像他是個兩歲的小孩似的。他有沒說抱歉，已無關緊要了

——我的腳很痛。

我在那裡住了一個半星期後，她得買日用的雜貨用品了，於是，我給了她三百塊錢。她給了我一張欠條，我根本就沒指望她這麼做。我想，她到處欠錢。

她也偷我的錢——她或東尼。我想是芭芭拉，真的。我去了希臘幾天，等我回到馬約卡，我的皮夾不見了。我沒帶在身上，因為裡面有美金，我在那裡用不著——我總會留一些美金，因為我回紐約時，要從機場搭計程車。我起先並不知道，直到整理行囊要回家時，才發現皮夾不見了。裡面不止有美金，還有許多我的身份證件。而且，那個皮夾也極為精緻，我後來一直沒法再找到像那樣的皮夾。

我在希臘時，芭芭拉也試穿過我所有的衣服。

那年夏天，她還是一直在大宴賓客。一天晚上，她開了一個很盛大的晚宴派對，餐廳裡有一盞美麗的吊燈，上面的罩杯裡有蠟油。她叫東尼把吊燈放下來——你知道，燈是吊在繩子上的——他是把燈放下來了，但把繩子放了，吊燈落下砸了，發出很大的聲音。她指責他故意的，蠟油和玻璃濺撒的到處都是，芭芭拉身著華服，趴在地上，清理蠟油。其他賓客都還沒到，他們還在來這裡的山路上。

那年夏天，東尼有一輛摩托車，好幾哩外就能聽到他騎過來的聲音。我們會聽到這輛討厭的摩托車從山上開過來的聲音，芭芭拉就說：「喔，我的天，他來了！」我的心就往下沉——我們的心就往下沉。

他有一部錄音機，他會在陽台上不斷重複地播放韋瓦第的《四季》，芭芭拉叫他關掉，一場爭吵就此展開。

有一天晚上，詩人艾勒斯特爾．瑞德來吃晚飯，他跟我說：「喔——，這裡不是那麼好吧，是嗎？」我說：「沒錯！」我告訴他——我好高興能有個說話的人，我一直都憋在心裡。

艾勒斯特爾・瑞德

我在回程的路上順道中途去看芭芭拉——哦，我跟你說說那年夏天最諷刺的故事。波赫士（Jorge Luis Borges）在西班牙，他來馬約卡休息個兩三天，發給我一封電報——我常翻譯他的作品，我們是朋友。於是，我南下去波馬看他，他跟瑪利亞・柯達瑪（María Kodama）一起，她都隨行照顧他。他跟我說了他剛去看格雷夫斯的朝聖之旅。格雷夫斯的妻子貝芮兒（Beryl Graves）領著已全盲的波赫士走進她丈夫躺著的房間，後者已完全老耄昏弱了，什麼都不知道了。她牽著眼盲的波赫士的手，跟毫無知覺的格雷夫斯的手放在一起，他們就此握了手。這就是波赫士和格雷夫斯的晤面：誰也沒見著誰。

這是發生在迪亞山上的事情，格雷夫斯一直把那裡視為神聖的村莊，的確是經過慎選的，因為「迪亞」在拉丁文裡的意思是「女神」——因此，你知道，可以說是他無比浪漫的夏日。夏天一直是馬約卡的重頭戲，夏季是重頭好戲。

我到了芭芭拉家裡，菲莉絲・梅森說一直都有很可怕的事情，我不知道她在說些什麼，直到吃晚飯的時候，只有菲莉絲、我、芭芭拉和東尼。芭芭拉開始揶揄東尼，說她知道他不想跟她在一起等等的話。最後，他站了起來，拿了一個酒瓶，砸在牆上。我被這突如其來的舉動嚇壞了，芭芭拉大笑起來，似乎大感快慰，彷彿她想要從他身上得到的反應得逞了。於是，我明白了，他們被困鎖在一種彼此無止盡地相互傷害的依存關係裡——兩人都賴此存活。我和菲莉絲——就是在這頓晚飯裡，我頭一遭想到——好像已成了旁觀者了。

一九七三年一月五日，取材自英國法院諭令對安東尼・貝克蘭精神狀態所做的報告

他說，在馬約卡島上，他有過神祕經驗。他和母親心念相通，兩人的意念相互撞擊，整間屋子都為之震動。他們後來認為，住在那裡會很不安全。

西西莉亞・布雷納（Cecelia Brebner）

根據安東尼的說法，他們在馬約卡島上的最後那個夏天，兩人都吸毒，她會做出最駭人聽聞的不堪之舉。

艾勒斯特爾・瑞德

我還是不認為有暴力動機的一方是東尼，我覺得是芭芭拉。那天晚上，我感覺到芭芭拉的那種絕望。幾星期後，我在迪亞的一個晚宴上見到他們——那時一定已是八月初了。芭芭拉立刻向我走過來，開始說將起來。她說了很多，發狂似的，一吐為快，都在抱怨——她打算如何處理，要做什麼，接下來要去哪裡，這些都是問題。但是，她想做的事都沒常性。

東尼在另外一個房間下棋，那是東尼與迪亞的人唯一有明顯互動的事情。後來，和東尼下棋的那人走進我們的房間，他說，東尼轉過身去面對著牆壁，就坐在那裡，完全陷入僵直型精神分裂症的狀態，他就那樣一個人緊張兮兮地坐了一整晚。我向在場的其他人詢問有關東尼的事，他們說正因為那樣，他們才找他下棋——讓東尼從自我封閉的世界中走出來，讓他跟別人有所接觸。迪亞的這些人，縱使自身可能也很瘋狂，但卻接納東尼，一直容忍他，就像小村莊的人一向很包容村子裡的怪胎那樣。我的意思是，東尼精神錯亂這件事大抵是人人接受的事實。然後，人們開始議論紛紛——我開始聽到流言——你知道，芭芭拉和東尼，就是芭芭拉和東尼發生性關係的事。

我把芭芭拉拉到一邊，私下問她。她的態度非常謙遜，她說，她不知道該怎麼辦。我說：「妳得帶東尼去看醫生，我認識一個真的能處理這種事情的人。」我把在倫敦執業的林賽・傑克布斯醫生推薦給她。

一九七三年一月五日，取材自英國法院諭令對安東尼．貝克蘭精神狀態所做的報告

他和母親來到倫敦，於一九七二年十月看了林賽．傑克布斯醫生。醫生的印象是，病患有精神分裂症，他的母親並未按時給他服用處方所開的鎮靜劑。她告訴醫生，他相當平靜，但總是為父母即將離婚以及自己無法與父親經常保持連繫而備感困擾。

海瑟．柯翰

芭芭拉在凱德根廣場的公寓正在進行粉刷，她在倫敦的時候，需要有個住宿地方。她問我和傑克，我們從愛爾蘭過來時都住在哪裡。我們總是住在一處名叫「十一個凱德根花園」（Eleven Cadogan Gardens）的地方，是一家私人旅館，是個供住宿和早餐、很整潔漂亮的地方。那裡有個相當凶悍的男子，名叫李德先生（Mr. Reeder），他負責客人出入的把關工作，並經營管理那地方。哦，有一回，我們抵達後，李德先生立刻說：「你們的朋友在這裡，姓貝克的，我報警了。」我們嚇了一跳，說：「哦，我們不認識姓貝克的人，不可能是我們的朋友。」可是，等我們上樓到了我們的房間，傑克說：「我在想，『貝克』會不會是『貝克蘭』。」於是，我們下樓，鼓起勇氣問李德先生：「有沒有可能是『貝克蘭』？」他說：「是啊，就是那個姓。」於是，我們說：「哦，出了什麼事？」原來，東尼在走廊上，想把一枝筆插進芭芭拉的眼睛裡。

一九七二年十月二十三日，芭芭拉．貝克蘭致山姆．格林的信

倫敦，S. W. 1

凱德根廣場八十一號

親愛的山姆——

再過幾分鐘，布魯克斯就要從布列塔尼抵達了——麥可．亞歷山大會在機場與他晤面。我希望，他能在東尼的問題上，幫我一些忙——東尼的情況不太好。無論如何，再過幾天，應該會有個解決辦法。

我不想讓自己跟他關在這裡，他這一向相當暴力的——不只對我，對飛機上的空服員，侍者等等都是。

我正設法與丹麗伯爵夫人（Countess of Darnley）商量，為他安排住處，伯爵夫人住在倫敦外圍地區——如果他同意繼續留在這裡，接受治療。他正在看倫敦最好的醫生，是全世界最好的醫生之一。

一如往日，我正在為這個問題努力，但終於看到一絲可能解決問題的希望。

我沒在電話上跟你說這事，因為你已非常關心又心地仁厚，我不好意思再把我的朋友們捲入我的問題裡。

但是，謝謝老天，我有朋友，他們全都很好——尤其是你、麥可．亞歷山大和蘇．金尼斯（Sue Guinness）。

芭芭拉敬上

附記：我發現，這棟公寓無懈可擊，非常氣派堂皇。

吉姆．勞伯森

芭芭拉向我和尼爾．哈特利——我們是共同持有的——買下凱德根廣場的公寓。山姆．格林曾說過：「我認識一個人，她正在找房子，讓我給你們介紹一下。」在倫敦的每一個人都想要這棟公寓，因為真的非常棒，但是，她說：「我付現金。」她同意給我們三張支票，每張間隔一兩個星期。我們把第一張存入銀行，開了支票，結果跳票了！我立刻找到她，她說她很抱歉，給我們另一張支票——這一張兌現了。過了一會兒，她捎來了我們見過最大塊的魚子醬來。我猜想，那塊魚子醬可能有十五磅，是英國百年老店佛特農百貨（Fortnum）的東西，裝在一個藍色大錫罐裡。我打電話給我認識的每一個人，我是指，每一個我真的很喜歡而對方又對魚子醬萬分著迷的人，你知道，我跟他們說，過來吧。

她這麼做，是非常好心又極為豪奢的舉動——你要知道，尤其是在她的鼎盛日子已成過去的時候。在交易完成後，我很少看到她，因為那個兒子簡直就是個禍患，他們倆就像是整批交易似的，不能掛單的。我的確邀請他倆來我新居舉行的幾次派對，其中一次，東尼過來告訴我，他有多喜歡我，他發現對我頗有好感。然後，第二天，他打電話來說，我們可以吃個中飯嗎？我說：「不行，今天不行。」他說：「哦，哪一天呢？」最後，我敲定了一個日子。

我帶他到國王路上一家叫雅瑞秀沙（Arethusa）的地方，那地方現在已倒閉了，是個名叫阿瓦洛（Alvaro）的時髦傢伙擁有並經營的，是個名聲非常不好的夜總會，一派六〇年代快活逍遙的流風，因此，那裡的人不會輕易就被嚇到的，無論如何，你是不會去多留意的——總是擠滿各種大小聯盟的名人。於是，我們就座了。我說：「你好嗎？」東尼說：「我真是一蹋糊塗。」我說：「怎麼了？」他說：「哦，唉……」他說：「我可以坦白跟你說嗎？」我說：「可以，我是說，東尼……」他說：「我真的想要把你當個可信賴的朋友。」我說：「哦，東尼，我們彼此都還談不上了解啊。」我的意思是，我就是不想跟他有任何友誼，說老實話，因為他似乎太像個已經在滴答滴答響的定時炸彈，你知道，從任何一個你能想像的層面來看，都不是我會感興趣的人。他說：「哦，呃，現在的情況是，我跟我媽發生了關係。」

我記得我說：「喔，少來——你跟你媽的關係確實非常親密，那很好。」之類的話。他說：「不是，不是，不是！我跟我媽上床！」他說得好大聲，在雅瑞秀沙，那裡相當忙碌擾嚷，那裡的人說話相當大聲——反正對英國來說是這樣的——因此，有幾個人轉過頭來。你知道，我就說：「放輕鬆點，東尼。」他說：「哦，就是這樣。我不知道該怎麼辦——我感到很絕望。」我說：「如果你對這事感到絕望，真是糟糕。老實說，我認為，只要是不傷害與這種關係不相干的人，任何事情都是沒問題的。」然後，他又說了，他說：「你不明白我在跟你說什麼嗎？」我說：「東尼，你為什麼要告訴我這件事？我很遺憾，發生了這種事，讓你很苦惱。但是，你知道，你若不想再繼續這樣下去，那就讓它停止。」然後，他變得十分歇斯底里起來，令人非常尷尬——事實上，非常可怕。

重點是，我真的不要聽這種事情，你知道，把他家裡的醜事一股腦地倒給我聽，我不想要在我身為會員的俱樂部裡聽這種事。

說也奇怪，那時，我知道另一對有亂倫關係的母子，他們的關係倒是相當成功的。對了，這是我個人所知道的唯一兩個母子亂倫的個案。母子倆都跟我說了這樁戀情，他們絲毫沒為這事感到苦惱，事實上，對此還頗覺有趣。我是指，他們最後成了非常好的朋友——他們是淺嚐即止。你知道，我只是在想，這是極為諷刺的事——只是突然想到，在大約六個月的時間裡，我竟然知道兩件這種事情，都是我並不特別想知道的。

於是，反正我就告訴他，我以為，如果他不跟母親住在一起，他的生活會單純得多。他說：「我要去哪裡？我要做什麼？」我說：「這個世界到處都有地方可去，你有自己的錢嗎？」他說，他其實還沒有。我說：「哦，哦，東尼，你可以做一件這個世上許多人在做的事——你可以找個工作。」他說：「你是什麼意思？」我說：「去找份他媽的工作啊，去巴黎，在那裡找份工作——回美國去，隨便做些什麼。」我說，倫敦也有許多人，他或許可以跟他們商量，安排在什麼地方合租公寓。我說，跟母親住在一起的壓力顯然太大，他應該跟母親保持時間與空間的距離。

我們仍在餐廳裡，在這家俱樂部裡，我是說，雖然他不是真的在大叫，但已非常接近了。最後我說——因為，事實上我是指，領班的服務生和一干人等都在對我側目了——：「聽著，東尼，也許我們應該去散個步。」他說：「為什麼？」我說：「你要知道，這不是我想要繼續在這裡討論的事。」

他跟我說的，以及我所聽到的，都是真的。對於這一點，我心中絕無一絲疑問——絲毫都沒有。通常，我是個相當具有懷疑精神的人。我是指，他說這件事時十分激動。

我知道，那之後，他跟母親的關係繼續持續下去，因為他後來又打電話給我，他說：「喔，天啊，這件事似乎還在繼續發展。」我記得自己說：「東尼，你知道，一個巴掌拍不響。」

富．克拉森．凱爾（F. Clason Kyle）

原來，我是在芭芭拉死前不到一個月才結識她和東尼的。我最早是在為維多利亞協會（Victorian Society）舉辦的派對上結識她的，我在該協會的美國董事會任職。

我在倫敦停留兩個半月，撰寫有關倫敦別具特色的旅遊勝地的一系列概覽文章，那時整個行程正要結束。要不是我在加緊趕工，拍攝我需要的所有照片，我可能會有多一些時間給貝克蘭母子倆，而且我也急著在感恩節以前回到在喬治亞州科倫巴斯（Columbus）的家裡。總之，我非常高興結識芭芭拉，問她是否有興趣參加一場有關愛爾蘭的喬治王時代建築的演講。那是我英裔的老友戴斯蒙．金尼斯（Desmond Guinness）閣下和格林爵士（Knight of Glin）戴斯蒙．費茲傑羅（Desmond Fitzgerald）共同主講的，這場雙人演講預定幾天後的晚上在愛爾蘭俱樂部舉行，俱樂部就在伊頓廣場（Eaton Square）外。她說，她很樂意參加。她果然來了，帶著兒子一起來。

看到他，我很驚訝，因為我當然沒邀請他，甚至都不知道他的存在。但是，既然如此，人越多越開心，演講因此又多了一位來賓。

接下來，我是在幾天後的晚上看到芭芭拉，我邀請她和東尼跟我在史隆街上的卡爾登大飯店的排骨廳（Rib Room）共進晚餐。這家餐廳除了肉做得好，離貝克蘭母子的凱德根廣場公寓和我在威爾頓廣場（Wilton Place）的公寓都很方便。

回想起來，晚餐進行得很順利。芭芭拉請我去看他們的頂樓公寓，喝個睡前酒。我們走過去的時候，在晚餐時相對顯得很安靜的東尼，突然開口了，開始告訴我——我猜想，因為我是個新聞從業人員——他寫的一些東西。他問我是否願意看一下，他說是個有關兔子還是某種動物的神祕故事，我不記得究竟是哪一種動物。

在他們那美不勝收的公寓裡，我和芭芭拉一邊啜飲著白蘭地，一邊進行熱烈的談話，約有一個小時。東尼一到家，就跟我道了晚安，彬彬有禮地說他晚餐吃得很愉快。我認為他是吃得很開心，我也同樣很誠心誠意地回應道，盼望能看到他的故事。

沒想到，從我們下面的廚房那裡傳來非常吵鬧的聲音，芭芭拉似乎不予理會，直到東尼——只穿著針織的短內褲—出現在客廳裡，揮舞著一把大菜刀。他在客廳四處大叫大嚷，瘋狂地比著各種手勢，但始終沒有對我們做出任何威脅的舉動。然後，他就消失了，就像他出現時那樣突兀。然而，底下還是繼續有喧鬧騷動的聲音。

我用比較含蓄一點的說法來形容我當時的感受，我真是驚愕不已。芭芭拉始終是不為所動，沉著鎮定，她悄聲解釋道，他最近曾威脅要殺她。「我不怕他。」她說了不止一次。

我說：「也許我應該走了，我在這裡顯然讓他不高興。」我很快就認定，東尼嫉妒我跟他母親在一起，或者是她跟我在一起——三個人嫌擠了些。我還沒走呢，電話就響了，我聽到芭芭拉為這樣的騷動向同棟大樓裡的另一位房客道歉。

然後，她帶我走下四、五段樓梯，一邊要我不必擔憂她的安全，並回絕我提出的庇護建議。一名身穿浴袍和睡衣的年老紳士，站在一處樓梯平台上他的門口前。他說：「貝克蘭太太，不能再這樣下去了，這樣子吵鬧，我沒法睡覺。」我想，他還說了些擔心她安全的話。她向他——還有我——保證，東尼正在接受治療，不會有事的。

艾勒斯特爾・瑞德

當我聽到，林賽・傑克布斯醫生同意看東尼，要接下這個病例時，我想，就像是如釋重負一般，因為他在接受身陷危機邊緣的人，並讓他們重現生機這方面，是個享有盛名的醫生。

林賽・傑克布斯醫生

我在分別看過安東尼・貝克蘭和他母親幾次後，就打電話給喬爾西警察局告訴他們，我認為凱德根廣場八十一號那兒會出事的，他們可否在那裡派駐個警衛。負責的警官說，除非真的出事，否則他們是無能為力的。

一九七二年十一月十五日，就是弒母案發生前的兩天，我同時看了安東尼和他母親，兩人都願意讓他入院就醫，我已經安排了十一月二十日星期一的床位。

富・克拉森・凱爾

除了在我回美國不久前的某一天在騎士橋（Knightsbridge）那次之外，東尼拿著菜刀在公寓到處亂跑的那天晚上，正是我最後一次看到芭芭拉。我坐在計程車裡，她在人行道上走著，裹在一件短斗篷裡，拎著幾個購物袋。我向她揮手，她也跟我揮手，但是，我不確定她是否認出我來——她那種揮手的方式，就是向經過的汽車裡伸出的一隻友善的手回應的方式，同時我有種不舒服的感覺，也許那樣的招呼其實是針對她左邊兩呎外正在漫步的某個陌生人而發的。

蘇・金尼斯

我在他殺了芭芭拉兩天前見過她——事實上，我在倫敦他們的公寓裡跟兩人一起吃中飯，東尼肯定是處於一種非常奇怪的狀態。他把他的鞋子和所有衣服都塗上金色的星星，他就坐在那裡，兩臂交疊胸前，前後來回地搖晃著。我跟芭芭拉說：「千萬要小心。」你知道，她說：「他絕對不會傷害我的。」

哦，我直覺就知道，情況並非如此，因為每當她把她的公寓租出去時，都是跟我住在肯辛頓廣場（Kensington Square）的。有一回，東尼在晚宴派對進行到中途時，不知從哪裡冒了出來。他跑上樓，拿了她的護照，把它撕碎，然後把好些東西扔到排水管裡，隨後進了餐廳，侮辱她，說要殺她——在許多人前面。反正，我把他趕到屋外——我想，他是住在麥可．亞歷山大替他安排的某家旅館。

第二天，他回來了，他說他要去看肯羅素演的《群魔》（*The Devils*）——你記得那部電影嗎？我和芭芭拉同意跟他一起去看。看完後，他變得非常奇怪——他坐在電影院的樓梯上來回地搖晃著。芭芭拉當然是非常擔憂，說她不想單獨跟他一起。所幸，他離開了。

但第二天，他打電話來要找他母親。我說，她已離開了，那不是實話——她剛去美國大使館去領取新護照了。他說：「喔，我知道了。」然後，我就出去購物了。等我二十分鐘後回來，我發現芭芭拉躺在人行道上，頭下墊了一件捲起來的雨衣，一邊的頭髮少了一大片——神色非常惶惑。一個相當好的男子站在她旁邊——事實上，是他把自己的雨衣給了她的。

東尼在窗口——我屋子的窗口——尖叫大喊著，他要給大家好看，凡是挨近來的人，都要給他們好看——他說，他要殺掉所有女人，他有一把切肉刀。

在我出門時所發生的事情是這樣的：東尼跑來，而我們的管家讓他進門——畢竟，他是住在我家的一位老朋友的兒子，進出我家已有多年，你要知道，管家並不明白芭芭拉不要見他。因此，當芭芭拉從大使館回來時，他正在等她，就撲了上去。顯然，他追著她滿屋子跑，她從前門跑出去，衝下台階，他追上了她，揪住她的頭髮，想要把她拖進廣場，把她扔到汽車前面。她攀著大門不放，他把大門來來回回地用力碰撞她的大姆指。

當我看到她躺在那裡，我就沿路跑過去，從果菜店裡打電話報警。警察帶著警犬抵達——這時，我想已有大約三、四十個人站在屋外了，嚷著裡面有個瘋子。東尼看到警察，就溜到屋後，沿著花園，穿過好幾條街，跑掉了。

然後，救護車來了，我跟芭芭拉坐救護車到肯辛頓的聖查爾斯醫院（St. Charles's Hospital），她的情況實在是非常不妙。大姆指有三處斷裂，在那裡住了幾天。她在病床上對我說：「只要能救東尼，任何痛苦都值得。」

我想，大約是二十四小時後，他們在他旅館房間裡抓到他。他被送進牢房——他們要以殺人未遂罪告他。他只在那裡待了四十八小時，因為我找了二位精神科醫師簽名讓他進了在洛罕普敦（Roehampton）的普萊爾利（Priory）私人醫院。然後，我連絡上布魯克斯，他跟絲兒薇在布列塔尼，我叫他來英國。我說：「你聽好了，你兒子情況非常糟糕，他必須接受治療。」你知道，他說：「那只是鬧著玩的。」——他就是這麼說的。我說：「布魯克斯，不是鬧著玩的。你不在場，你沒見到發生的事，你沒看到他怎麼對待芭芭拉的。」

哦，反正，不久，東尼就離開普萊爾利了。

我想，自從我在卡達克斯初識他時，他就很危險了，他在那裡被一幫非常奇怪的嬉皮給控制了。我不會忘記他坐在公寓裡，全身衣服鞋子都塗上金色星星的情景，就在他弒母前的兩天。我記得，那天是星期三的晚上，我必須去巴黎。等我星期六上午回來，那新聞已經充斥在各家報紙版面。

我反對麥可．亞歷山大與海瑟．柯翰和其他人將他弄出布洛德摩爾醫院，我不認為那是個非常好的主意。

第三部

紐約

一、遣送回國

布洛德摩爾醫院以前的病人曾表示，他們在出院後，會想念已經習慣的秩序井然有約束的生活，有時候甚至還會喜歡那種生活。等東尼．貝克蘭要出院的時候，他也會覺得外面的生活很混亂並有威脅感嗎？

自他最後一次看到紐約市到現在，八年來已大有改變了，但他要回去的原來社區倒是大抵還是老樣子，只是新開了幾家很流行的商店、精品店和餐廳。

布魯克斯．貝克蘭

一旦倫敦的高層人士發揮了影響力，東尼獲准出院，他有三個選擇：一、既然他被認為無礙，他出院後，交由某個善心人士監護，經常接受私人的就醫治療；二、他轉到像紐約的裴恩．惠特尼（Payne Whitney）精神病療治所那樣的地方，我把那地方戲稱為頭大無腦的診所，惹惱了一些人；三、他直接去在美國相當於布洛德摩爾醫院一樣的地方——也就是，一所州立的醫療機構。

這三種選擇顯然都很愚蠢——第一和第二個就是我力有未逮的，遠遠超過我的財力所能負擔的，以至於到了荒謬的地步；第三種選擇則太悲慘，不必考慮。

事實上，至少就我所知，世上沒有一個像布洛德摩爾醫院這樣的地方。令外國訪客印象很深刻的首要幾件事就是，那裡是彬彬有禮的人對圍牆內那些受到嚴重傷害的人——或者是不幸天生有病的人——有一種溫柔、慈愛、悲憫和文明的關懷。東尼在那裡很快樂——只要老虎睡著了，老虎的確是睡著的，直到馬奎爾醫生——我相信，受到來自上級要求把所有外國病患遣送回國的壓力——開始把讓老虎安眠的藥取消了。於是，老虎醒了！

我開始收到一連串東尼寄來的很暴力——顯然很偏執的——信件，其中一封我寄給我那當精神科醫生的弟弟作為範例。我當時與絲兒薇分居，住在義大利。我從義大利打電話給馬奎爾醫生，我告訴他——我後來又發電報再次強調——讓東尼出院絕對是不負責任的作法，我會把自從東尼不再服用那些「降低怒火的藥」之後，我不斷收到的信件複本寄給他，然後，我又把我以前說過和寫過的再說了一遍：我很樂意每年致贈禮物給英國政府，所贈之禮會超過補償他們照料我兒子的所費。

湯瑪斯・馬奎爾醫生

布魯克斯・貝克蘭跟我說過付錢的事，但是，當然，你是不能為公立醫院的任何人付錢的，那裡沒有私人的病患。

我想，他認為，我是想把東尼弄走，我們認為他是國家的負擔——他有類似那樣的想法。但是，實際上當然不是這樣，因為在英國，我們是要留住病人——不只是布洛德摩爾醫院，而是所有的醫院。我們身為醫生，絕對沒有受到施壓，把病人送到別的地方，除非他們已復元到能夠出院的地步，或者我們認為，他們在自己的文化環境裡會恢復得更好。

一九七九年八月九日，倫敦，湯瑪斯・馬奎爾醫生致衛生與社會安全部副部長的信函

布洛德摩爾醫院

副部長先生，

我謹此建議將安東尼・貝克蘭遣送回其祖國美國，他的卷宗又多又複雜，但我挑選了某些醫療報告和其他通信紀錄，附寄於信內，是截至一九七四年十月二十二日在法院聽證會就其精神狀態評估為止的資料，詳

述其病史與治療狀況。

他在一九七五年間，雖然做了很積極的物理治療，但精神病大抵仍是老樣子。我那時曾寫過：「他呈現的是慢性精神分裂症的症狀，情緒反應遲鈍，對事物的興趣模糊且流於表層化，對自己精神病的嚴重性與會造成無法正常運作的情況不察。他會對其他病人說出惡毒又有敵意的話，令人惱怒。目前，他的精神病比較顯著的症狀是靠藥物控制的。」

他的疾病逐漸獲得控制，已能參加對其有益的小組心理治療。然而，現階段，他還無法進行任何職能治療，但自從那時起，他已能安然從事娛樂性的繪畫。據稱，他以往在這方面確實表現得比一般人更有天份。

一九七九年初，護理人員讚揚他在進行正常社交方面的能力不斷增加，他以往的敵意、苦毒和憤恨業已緩和，在病房裡能夠與人合作與提供協助。我的心理諮商治療同事注意到，他在積極參與治療方面的意願有明顯進步，他現在對自身處境的現實狀況，表現出真正的洞悉與理解。

就是這個時候，我開始減輕他的用藥量，以便確知他的精神病是否已緩解，他現在已經將近六個月沒有服藥了：他不間斷地持續進步。長久以來，他一直要求遣送回國，我已努力在打聽在紐約為他安置住院這方面的資訊。

由於他犯案的性質，且基於他有精神病以及當動機不良時無法領悟與合作的事實，又因他以往有吸毒的癖好，在安排他住院時，務必需要某種程度的安全與監管，以確保他不會潛逃，並繼續治療與復健。

基於以上考量，我正式提出建議，現在應將安東尼．貝克蘭遣送至紐約的醫院，讓他在自己的文化裡與親友身邊，他的復健可以在更切合實際的情況下進行。

刑事精神病諮商醫師

湯瑪斯．馬奎爾敬啟

艾思沛·威基（Elspeth Wilkie）

我當時在倫敦美國大使館擔任領事，東尼·貝克蘭遣返事件只是一件例行性的公事——就是在辦公桌上交辦的文書工作。最後，因為公務繁多或者只是因他對治療反應良好，於是同意讓他回美國。我們要做的就是確定透過國務院可以為他安排轉送到美國——例如，他必須有兩名護衛。我們也要求布洛德摩爾醫院當局表示，知悉他進入美國一家類似的醫療機構——也就是說，收容刑事精神病患的機構。

我確知，布洛德摩爾醫院一定要先確定病患沒事了，才會讓他們出院。我的意思是，英國人若是隨便把人放到紐約街頭或其他地方晃蕩，他們會有罪惡感的。

麥可·亞歷山大

醫生們說他可以出院的，所以，你看，我沒有介入那方面的事情。我只跟他們說：「你們既已說他可以出院，就讓他出院，別讓他閒耗在這裡。」

以前每次我去看他，都得向他一再保證：「現在不會再等多久了——只要保持冷靜，別給他們任何把事情惡化的理由，我們正盡力為你努力。」我必須說，他非常地冷靜自持。

一九七九年八月十四日，東尼·貝克蘭致詹姆士·芮夫的信函

布洛德摩爾醫院

親愛的詹姆士，

麥可·亞歷山大要去內政大臣那兒，促請加速處理我離開這裡的事情。他人真是好：他一直都是個好朋友。

你賣房子的事進行得如何？我外婆代問你好。她上次在這裡的時候，我發現她已年紀老邁了——她非常

羸弱，我覺得我必須早點跟她住在一起。她還有幻覺：她非常好笑——顯然，她幻想她的姐妹跟她住在一起——為她而多買食物之類的舉動，若是她在用餐時沒來，就認為她躲到床下了！她住在這裡的村子裡時，一天深夜，她去上廁所的路上，看到一大截燈火通明的巴洛克式樓梯，從大廳盤旋而上。她還幻想，我的一個年輕的表兄弟跟她睡，她在半夜下床，好讓出多一點位子給他。這些事都很好笑，但也相當令人憂心。

我爸的年輕妻子二月離開他了，投入一個年輕的美國雕刻家懷抱，是他將這人介紹給她的，他為此事非常沮喪，寫給我很多傷心欲絕的長信。我和他現在是很好的朋友，我計劃去看他，盼望能跟他共度一些時日——他有一艘小漁船和一棟迷人的屋子，就在卡達克斯的水上，那裡的山巒和丘陵很美，適合漫步。他的妻子和美國情人這個月底要去他那裡住——相當怪異的事。

你的工作如何？剛讀了《火山下》（*Under the Volcano*）——很好笑又恐怖——作者描寫墨西哥描寫得這麼好——我不知道你是否去過那裡。

收到在土耳其的蘿絲瑪莉．羅德．鮑德溫寄來的一封長信——可能也會去那裡，計劃，計劃，計劃，計劃——沒什麼別的事可做，我想，只有等了。你若能來訪，至為歡迎。

東尼敬上

詹姆士．芮夫

我最後一次探訪東尼是在我的印度行之前，他正處在他是否會出院的忐忑不安的階段。情況真是糟糕，因為在他出院前，要讓他出院的說法在一年半前就開始了，等待是一件很折磨人的事。我記得他跟我說，他正在等一位大使館的人來探訪，他對這事是抱著勢在必行的態度——我的意思是，你可以想見的！他不斷地閉起眼睛，搜尋字眼。但他後來寫信給我說，事情進行得很順利，他感到如釋重負。

雖然東尼相當喜歡馬奎爾醫生，他有時候會把他視為在阻攔他重獲自由的人。我有一回寫信給馬奎爾醫生，問他我能幫得上什麼忙，他始終沒回信。蜜娃是一直在跟馬奎爾連絡的人——她真的為東尼的事努力不懈，你知道，就像隻小獵狗卯上一隻大老鼠。無論什麼困難，她就是不罷休。

東尼．貝克蘭致蜜娃．斯文卡－齊林斯基的信函，未註明日期

布洛德摩爾醫院

親愛的蜜娃，

詹姆士昨天閃電式地來探訪了十分鐘，看到他真好。他告訴我，妳仍在全力支持我。我認為，你真是超好的。我剛寫信給我叔父福萊德．貝克蘭，問他是否能幫我進紐約的醫院——由於現在我已好了，希望我不必在那裡待很久。我的醫生們計劃在「幾個月」內送我回國，馬奎爾醫生正在等那些繁瑣的公文程序通過，事情進展得好慢。

離開布洛德摩爾將會很痛苦（我知道，這是很難相信的），我已經非常習慣這裡的生活了。不過，回家還是很好的，對我來說，生活將會是全新的面貌。

東尼敬上

蜜娃．斯文卡－齊林斯基

我在一九七九年末探視他的時候，他告訴我，他只想去紐約跟外婆住在一起。他跟我說：「我愛妮，我想要伺候她，為她做飯，為她做每一件事。」

那時，我見了馬奎爾醫生，跟他有過非常友善的對話。他告訴我，東尼有進步，但我不想就此任由他在紐約到處走動，我要替他找個中途之家。

一九八〇年二月五日，傑・波恩（J. W. Bone）致蜜娃・斯文卡－齊林斯基的信函

布洛德摩爾醫院

親愛的齊林斯基太太，

本院業已達成一致決定，由於目前在美國的現況，有關精神治療與私人治療費用過鉅，東尼勢必得在沒有法定監管的情況下遣返美國。當然，本院對東尼抵達紐約後，將面臨的情況感到擔憂。他強烈表示，希望與外婆達利太太同住。事實上，我們覺得此舉可能並不妥當。因此，您若能提供給我，任何可能提供東尼住宿與支持的其家族成員或朋友的訊息，我會十分感激。

靜候回音。

資深社工傑・波恩敬啟

一九八〇年三月七日，國務卿賽魯士・凡斯由華府拍發給倫敦美國大使館的電報

衛生教育與福利部建議在初步要求紐約提供社會服務一事方面，他們獲悉由於空間有限的問題，近期內無法獲得中途之家機構收容，在獲得安置前，最好建議安置在紐約的醫院裡，衛生教育與福利部還建議，應由英國的醫院直接提出將貝克蘭安置在中途之家的要求。

凡斯

湯瑪斯・馬奎爾醫生

我已替東尼安排了去「李奇蒙愛群利民會」中途之家（Richmond Fellowship），一切都安排好了。

羅伯特・歐倫斯坦（Robert Orenstein）

我是愛群利民會的副主任，貝克蘭這個名字依稀有點印象，但是，我比較有印象的是當時的情況——這個從英國來的人殺了他母親。我們絕少收到轉介殺人犯的案例，我們可能收到他的申請函，但我們接受有那種暴力病史病患的可能性，是微乎其微的。

英格・曼（Inge Mahn）

我無從知曉可能有過什麼樣的連繫，但在我們這裡收到的申請小檔案卡片裡，我沒看到安東尼・貝克蘭的名字。

一九八〇年二月五日，安東尼・貝克蘭致蜜娃・斯文卡－齊林斯基的信函

布洛德摩爾醫院

親愛的蜜娃：

麥可・亞歷山大正在為我出院的事努力催促加把勁呢，現在看來彷彿再過幾個星期，我就可以回到紐約了！你可以想像得到，我很開心。我將會有全新與新奇的生活，我想我會大為歡喜的。我想像著自己在飛機上，痛快暢飲，知道七年的監禁將漸漸淡入遠方。那將是極樂的天堂，最棒的是，等我抵達時，將不再有警衛隨行，不必再去醫院了。我多麼盼望見到妳。

東尼敬上

麥可．亞歷山大

東尼住在布洛德摩爾醫院最後那段時間裡，我曾與他討論他父親，討論了很久。我很喜歡布魯克斯，雖然我的確認為，他在整個事件裡沒有扮演他的角色。我想，原因是這件事太……他自己承受不了，真的。你要曉得，他覺得東尼是個災區，他無法消受。他不夠堅強，要不就是他有他自己的心理問題。總之，他就是做不到。而且，他也沒去做。

我努力說服他，等東尼出來時，親自去迎接他，可能的話，讓他住下來，諸如此類的。可是，布魯克斯不願配合──那時，他相當不快樂，因為絲兒薇跟那個年輕男人要好。

還有個很確切的傳言，就是那個家族希望東尼關在那裡，這樣他們才能控制他的遺產。

布魯克斯．貝克蘭

濫好人俱樂部會員或者有其他人散佈一則謠言，說我「要東尼留在布洛德摩爾醫院，為了要弄他的錢」。哈！人的卑劣真是沒完沒了。無論我兒子是健康、生病或死亡，我都不可能得到任何錢財上的利益。

蜜娃．斯文卡－齊林斯基

那時，布魯克斯大抵是置身事外的，但他的弟弟精神科醫生福萊德，在三月中左右的時候，寫了一封措辭非常強硬的信給馬奎爾醫生表示，他要糾正許多不實的消息，這樣馬奎爾才不會對東尼回國後所面臨的真實情況心存幻想。他提到，就他所知，東尼在紐約沒有幾個與他同齡的朋友，那裡年紀較長的友人在剛開始時可能會齊心協力給予的幫助是什麼，但沒有一個人能夠提供他住處或照顧他。福萊德還告訴馬奎爾，布洛德摩爾醫院太仰仗妮妮，妮妮年事已大，自己都需要一位住在家裡的護士，這表示，她那間小公寓裡其實已無多餘房間給東尼住了。他還說，其他家族成員也無法提供住宿，除非是最短期的臨時性質——他自己的母親海勒威爾太太，就是東尼的祖母，這時也已八十多歲了。她很同情，但從來都不像妮妮那樣與東尼很親近。

福萊德還告訴馬奎爾，布洛德摩爾醫院說東尼不會對任何人造成財務負擔，是不對的。他斬釘截鐵地說明，自一九八一年後，東尼的信託資產裡不會再有資金給他了。

一九八〇年三月二十七日，湯瑪斯．馬奎爾醫生致蜜娃．斯文卡－齊林斯基的信函

布洛德摩爾醫院

親愛的斯文卡－齊林斯基太太，

謝謝妳最近寄來有關上述病人的信函，我也收到東尼父親、福萊德瑞克．貝克蘭醫生、達利太太、麥可．亞歷山大和其他人的來信——都是最近寄來的，因此，我是在這樣的情況下寫信給妳的。

雖然東尼的家族成員表示關切他的福祉，但沒有人準備提供他居家住宿的環境或者任何個人的監管。那些對他還有興趣的朋友，為數相當的多，似乎並不了解，他回到紐約後，將立刻需要支援性的協助。

自一九七九年十一月，你探尋他對醫療照護的需求，我們的談話即持續至今。然而，自那時起，東尼雖已有許多個月都未服藥，都未出現任何症狀。在十一月以前，我一直在思考他遣返後在紐約住院治療的問題，已有數月之久。但我們談話至今，大約已過了五個月，他都持續安然無恙，這表示他已無需住院治療。現在只要有熱心且具同情心的社會監管，就足以幫助他順利地再度融入社會。這表示要有人在機場接他，護送他到已經安排妥當的住處，這個單位或這個人也應該準備好要協助他應對日常的各種問題，他在庇護環境裡待了這麼久，這些問題不可避免地會層出不窮的。

福萊德瑞克．貝克蘭醫生已經指出，東尼對財務方面的事務是多麼的無能。他擔憂，東尼的資產很快

就會散盡，這一點我當然是非常清楚的。的確，我早就把他的財務方面的事務交由法定的律師事務所全權管理，對他的花費實行相當嚴格的管制。我相信，他的資產在美國投資所得的收入，應該也施行類似的管理——如果能妥為安排的話。

東尼抵達紐約後，能否獲得社會援助，你能幫忙提供這方面的消息嗎？一旦我確信，這樣充分的後援業已備妥，隨時可以幫助他，我就可以進行安排遣返他的事宜。

多謝你的幫忙。

湯瑪斯．馬奎爾敬啟

一九八〇年三月三十日，國務卿賽魯士．凡斯由華府拍發給倫敦美國大使館的電報

國務院接到東尼．貝克蘭叔父福萊德瑞克．貝克蘭醫生三月二十四日的電話告知，他已接獲布洛德摩爾醫院精神諮商師馬奎爾醫生通知，東尼將出院，約兩週後驅逐出境，貝克蘭醫生頗為關切，因為他希望能為安東尼安排住入美國境內醫院，因為美國國內無人能將安東尼接到家裡親自照料，英國的醫療報告已指出，病人還不夠穩定，無法在正常且無監管的情況下自理生活。

醫院人員建議貝克蘭醫生，安東尼在返回紐約的班機上，需要兩名醫療護衛人員陪同。

凡斯

蜜娃．斯文卡－齊林斯基

有個女子冒出來，後來帶他回紐約。她說，她是那個家族的友人，但這些年來我從沒聽說過這個女子。我不知道她是誰，那年四月，她來到英國探視他。

海瑟．柯翰

我們對她根本就一無所知，當她就那樣出現時，你知道，我和麥可．亞歷山大對彼此說：「搞什麼鬼？她是誰啊？」我們管她叫「神祕女子」。

一九八〇年四月二十九日，布洛德摩爾特別醫院院方訪客檔案

訪客姓名：西西莉亞．布雷納

與病患關係：家族友人

概要：對病患背景知之甚詳，對貝克蘭家族的古怪癖性及其在參與東尼康復一事的態度，完全知曉。她討論了東尼返回紐約和初期再度融入家族社交生活的事，似乎是參與東尼出院事宜的一大群難搞的親友中，最明理的成員。

西西莉亞．布雷納

我過去跟東尼的祖母柯妮莉亞．海勒威爾非常友好，現在仍是如此。芭芭拉遇害後不久，因為她知道我有個女兒住得離布洛德摩爾醫院很近，就跟我說：「你若去英國，可以幫我帶個東西給東尼嗎？」就是這樣開始的。

第一次是我女兒開車載我去那裡的，我跟她說：「我在這裡要跟一名男子見面，他殺了他母親，我不知道要怎麼應對。」她說：「妳要我跟妳進去嗎，媽咪？」我說，好的。

總之，一九八〇年我在倫敦時，柯妮莉亞跟我說：「他們要讓東尼出院，他們可能已經讓他出院了。」我打電話到布洛德摩爾醫院，他們說沒有，他們還沒有。然後，我收到一個名叫海瑟．柯翰的女子發來的一封很神祕的電報——我總是收到神祕的電報！——說，內政部建議讓東尼出院，我可以護送

他回來嗎？我說，哦，我想不行，因為雖然我正要離開倫敦，我是要去多倫多，你要知道，不是紐約。然而，有人向我施壓。後來，湯瑪斯・馬奎爾醫生跟我面談了四小時，我問他：「萬一我要做這件事，會有什麼後續的效應？」他說：「他是個精神分裂症病患，但待之以愛與關懷，他可能可以恢復或多或少的正常生活。」他說，他已為東尼安排了去紐約的中途之家。我說：「為什麼他自己的父親不能帶他呢？」馬奎爾答道：「他的婚姻正有問題。」哦，當然了！他娶了東尼的女友，整個情況非常複雜。

我跟一個名叫麥可・亞歷山大的男子碰頭，我相信是個作家，他說：「他在布洛德摩爾醫院已經八年了——他應該現在就遣送回國！」我的感覺也是如此，所以，我同意帶他。東尼獲悉我要帶他回家時，極為欣喜。

我那時住在瑪莉・克雷頓夫人（Lady Mary Clayton）在肯辛頓宮（Kensington Palace）的家裡，她說：「西莉亞，我認為這事不妥，但我會問丹麥的喬治王子（Prince George of Denmark）。」他認為，這樣做是非常有愛心的助人之舉，於是，我就上了飛機了。

一九八〇年四月九日，伊瑟・伍德沃德・德・克羅塞寄給安東尼・貝克蘭的明信片

巴黎

親愛的東尼，

收到麥可・亞歷山大拍發的電報，說你安好，不久可以返回紐約和回到你外婆身邊。將她的地址寄給我，我搞丟了。

我真的希望，你在紐約市能過得很好，也許可以在鄉間找個安靜舒適的小窩，過著快樂的日子。

擁抱

伊瑟

海瑟．柯翰

就在東尼出院前，我帶希夢和艾希溫．李普去布洛德摩爾醫院看他，因為他們跟芭芭拉很熟，也跟布魯克斯很熟，認識許多許多年了。你知道，我真的可以把所有的錢放在桌上，說：「我知道，他殺母親這事已是過去的事了，他絕不會再犯的。」但是，我們開車回倫敦時，希夢說，她認為，他的眼睛裡有一種很瘋狂的神情。她一直說那件事，我則一直說：「不，我不這麼認為。我認為，你會看到他沒事的。」

一九八〇年四月十七日，安東尼．貝克蘭致福萊德瑞克．貝克蘭的信函

布洛德摩爾醫院

親愛的福萊德，

我很感激你幫我的忙，昨天見到馬奎爾醫生：他告訴我，他一直跟你有連繫。他還說，你曾問他許多跟我的案例有關的問題，他都拒絕回答。說實話，福萊德，我有點討厭你這種病態的好奇心，我母親死後，你連起碼的禮貌都沒，沒寫過一個字條給我。這聽來好像不是真的，對嗎？

我經常跟我父親連絡，他計劃要幫助我。我們的信件對彼此都是靈感與快樂的來源，他似乎勤奮不懈地在寫一本書——我也計劃要寫一本，我可能為它定名為「莎士比亞續作」。

我已洗心革面了，在布洛德摩爾醫院的經驗對我至為可貴，我必須跟各式各樣的人共同生活，都是我在尋常生活裡從未遇到過的人，必須接受他們真實或不實的面貌。我學會了某種修為，日後對我會有幫助。照現在的情況看來，我可能再過幾個星期就在紐約了。

東尼謹識

一九八〇年五月七日，布洛德摩爾特別醫院院方訪客檔案

訪客姓名：斯文卡—齊林斯基太太

與病患關係：友人

概要：在去波蘭探親途中順道來訪。她提到，一位紐約的精神科醫師波特瑙醫生（Dr. Stanley L. Portnow），有興趣在東尼返回紐約後需要支援的初期幫助他。寄給波特瑙醫生的信也獲得允諾。齊林斯基太太相信，安東尼實際上可以跟外婆妮妮住一段短時間，即便只供膳宿和基本的地址。

史坦立．波特瑙醫生

東尼．貝克蘭還在英國時，一位女士來拜訪我，聲稱她非常想要把他帶回美國，唯一能讓英國的醫院讓他出院的辦法是，如果他們能放心，他在紐約有精神科醫生為他做後續的治療。我說，我很樂意為他做評估，無論什麼原因，如果我自己不能照顧他，我會為他安排合適的轉介治療。然後又談到我去英國替他做檢查，那個建議也是這位女士提出的，但英國之行從未兌現，我再沒收到她的音訊了。

一九八〇年五月二十日，美國駐英大使金曼．卜斯特二世由倫敦美國大使館發給華府國務卿賽魯士．凡斯的電報

一九八〇年五月二日，領事官員第十一次探訪，貝克蘭身心安泰，領事官員也與馬奎爾醫生晤談，貝克蘭的醫生，貝克蘭的家人顯然無法或不願協助他重返美國，貝克蘭不會自願入美國醫院就醫，馬奎爾醫生說，貝克蘭不需要住院就醫，只需安排至中途之家類型的機構數週，重新適應社會生活，馬奎爾醫生說他會通知大使館。

大使館會將馬奎爾醫生所做的所有安排通知國務院，大使館知悉，由於貝克蘭犯案性質，美國家人希望

獲知所有安排。

卜斯特

一九八〇年六月二十日，美國駐英大使金曼．卜斯特二世發給華府國際刑警組織的電報

急電

根據一九八〇年六月十七日國務次卿簽署的命令，東尼．貝克蘭獲釋出院

卜斯特

麥可．亞歷山大

即使內政部其實已批准東尼出院一事，仍有相當多的繁文褥節要辦，在那段時間裡，他必須待在布洛德摩爾醫院，拘禁在裡面。你知道，我們都以為，在布洛德摩爾醫院那最後幾個星期，他情緒非常平穩。他看起來極好。

傑克．庫柏

當我獲悉安東尼要出來了，我哭了，這是長久以來我第一次哭。我覺得，這可是非比尋常的事。我覺得，至少，我可以很高興，我親愛的朋友又找到他生命裡自由的空間了，因為你要知道，我以前是帶頭的——在卡達克斯，在摩洛哥，在巴黎。我無意做個領袖，只是我似乎具有凝聚眾人的能力。然後，突然間，我就陷入這種精神崩潰的狀態。

一九八〇年七月十八日，安東尼・貝克蘭致傑克・庫柏的信函

布洛德摩爾醫院

親愛又高貴的黑皮膚友人，

許多的回憶如潮水般湧來──在達利家，那次漫步向大海，你穿著你的豹外套，吸食了蘑菇迷幻藥──在摩洛哥的合一、純美和自由，丹吉爾（Tangiers）長滿綠草的山坡上藍色的鳶尾，我知道你還會再那樣的。記得我們是騎師，和所有那一切所代表的意義──真、美、自由與智慧──所有美與滿足的源頭。只要你求，它們就能幫助你。

別被物質科技世界給混淆或影響了──一切都來自我們的心，心只是個機器──最美的一個──一如你那受損的腦。你的心更勝於腦，再過不多久就會修復那個工具。我也記得我還是個頑皮的孩子時，你向我走來，雖然我還沒見過你在鱈魚角沙丘上矮小的海松間的身形，和在義大利，和我這一輩子。你很勇敢，所有目前的陰霾晦暗，把它置之腦後──加上自我了解，就能了以善加利用。記住，時間是種錯覺──所有的點，時間裡的瞬間，與無限的過去、無限的未來都是等距的──每一個瞬間都是個星星，創造了將所有其他瞬間連結起來的過去與未來──存在的核心。現在，把你受損的思維能力用在你周遭基本的時間與空間的物質世界上，耐心地觀察，找出何以這個機器──這個連續體──能夠運作，你就能將自己從困境中解脫出來。凡所發生的，必有個理由。找出原因，去了解它，這是第一步。如果你得去復健中心，別害怕──你會遇到可能會幫助你的人，這將是個轉變。回到你父親的家裡對你無益，你會覺得與這個世界越來越隔絕。要奮戰！

看看我。我多年來飽嚐寂寞與背井離鄉之苦，在我們共處的那段歲月如此，其後的歲月也是如此。我可以說，我才剛剛找到真正的自我和快樂。如果我沒下定決心奮力一搏──為我的神和我的生命一搏，我的人

生早已變成一場傷感的悲劇。你也會這麼做的，我們都得曾經迷失過，才能永遠不再迷失。

我將於星期一正午十二點前往紐約，將住在我外婆妮妮家。你的一切，她都知道，會要我代她問候你。別擔心，我會像你常寫信給我那樣，經常寫信給你。我知道，你會很快就擺脫這個的。

我們之中有某些人，可以察覺到周遭正在發生的每一件事情，過去與未來的——如果你明白自己目前很無助又容易受騙上當，他們會幫助並保護你的。

我的祝福像箭一般直接射入你的內心，一如你曾經寄予我的，我也將我最誠摯的關懷寄給你。

東尼

一九八〇年七月二十一日，湯瑪斯．馬奎爾醫生致蜜娃．斯文卡－齊林斯基的信函

布洛德摩爾醫院

親愛的斯文卡－齊林斯基太太，

我很高興可以告訴妳，安東尼．貝克蘭今天已獲釋出院，將在中午從倫敦搭機飛往紐約。他將由家族友人布雷納太太陪同，布雷納太太會保證讓他在一抵達後與家人會合。我們做了一個暫時的安排，他將在不久的將來參加紐約的「李奇蒙愛群利民會」，若與波特瑙醫生連繫，他可以監督東尼的病情。然而，由於東尼在美國並無法律義務必須進行任何法定治療療程，這些安排將完全是自願性質的。您若希望取得此案的連繫管道，最好是透過他外婆達利太太。

他目前並未服用任何藥物，且已完全獲得緩解，已有許多個月都十分穩定，因此預後相當的好。

我要在此表達我誠摯的謝意，感謝妳的熱誠與協助，並以此結束此信。

刑事精神病諮商醫師
湯瑪斯．馬奎爾敬啟

海瑟・柯翰

東尼在倫敦機場被交給了西西莉亞・布雷納，上了飛機，條件是他永遠不再回英國。當他真正離開的時候，我有點害怕，就因為，你知道，在說服醫生們讓他出院這件事上，我還起了相當的作用。

西西莉亞・布雷納

我以為，我是要帶他到紐約去一個中途之家。但是，我與布洛德摩爾醫院院方人士在機場會合時——在最後一刻——他們把他交給我時，他們說：「全都改變了，我們試著打電話到肯辛頓宮連絡妳，但妳已離開了，瑪莉夫人不知道我們到哪裡可以找到妳。東尼・貝克蘭要直接到他外婆妮娜・達利太太那裡。」好吧。

在飛機上，他開始談他如何殺了母親，鉅細靡遺。他說：「西莉亞，媽咪出門的時候，她的一個朋友打電話來。她回來後說，她不想見她，可是，我已經告訴她這個朋友那天晚上過來，媽媽就對我尖叫。」然後，他說，他向她扔了個東西。然後，他說，她衝進廚房，在一張紙上寫了個字條，給正在燙衣服的西班牙女傭，於是，他就拿起切肉用的餐刀刺她。他說：「媽媽快死了。我跪下來，把她的臉轉向我，問道：『妳叫什麼名字？妳是誰？』」他說：「但是，沒關係，因為我和媽咪是一體，真的無關緊要了。」我說：「哦，東尼，現在有什麼打算？你認為你可以適應紐約的生活嗎？」「喔，可以的。」他說：「我要照顧妮妮，為她做飯，為她做些了不起的事情。」我說，很好。

二、重新定位

蘇珊·藍儂（Susan Lannan）

我們聽到安東尼·貝克蘭已經出院的消息時，英國國際社會服務部仍在調查他在美國復健的事，我們很憂慮。

西西莉亞·布雷納

於是，我們抵達了，那天紐約的氣溫是三十三度三。東尼說：「妳知道嗎，西莉亞？——紐約沒有變，還是一樣。」他真是好——他照料所有的行李，我們坐進計程車的時候，他說：「我想要停一下，買些花給妮妮，可是，我身上沒錢。」我說：「我有錢。」於是，他買了一大束花給她。

雪莉·考克絲（Shirley Cox）

妮妮在接到那通電話前，都不知道東尼要來。我相信是來之前的一天接到電話的，說他次日會到這裡。我順道過去取她的郵件時，她那麼跟我說的。我住在她那棟大樓裡，處理她所有的帳單和她所有的事務——我已經做了許多年了。

麗娜·理查斯（Lena Richards）

達利太太臀部跌斷了，需要全天候的看護。我是週末的護士，但是，星期一下午，東尼和布雷納太太從機場進來時，我還在那裡。她要知道都做了什麼安排，誰負責照料東尼，當妮妮和我說沒人，她簡直不敢相信。

我覺得，他看起來有點冷漠，但我不知道他有什麼問題。妮妮從沒說過任何事，除了好的一面外，她從沒說過任何有關他的事。

西西莉亞．布雷納

我們抵達妮妮在七十四街的公寓，直接進入臥房去看她。那兒有一幅巨幅的芭芭拉．貝克蘭的畫像，東尼看到了，他說：「妮妮，把它拿下來！」她說：「喔，不行，東尼，這是我最喜愛、最喜愛的媽咪畫像。」「拿下來！」他說。我看到他臉上的神情，我知道我做錯了事。

湯瑪斯．馬奎爾醫生

我問心無愧，我花了相當於正常工作量十倍的工夫，讓東尼回到美國。我竭盡所能，試過一切辦法，為他找適當的照護。

布魯克斯．貝克蘭

我那時就很同情馬奎爾，現在依然如此。你可能會認為我會怪他，我並不責怪他。我努力安慰他，我並不認識他——了解他會有什麼樣的感受，也了解若是我會有什麼樣的感受。

雪莉．考克絲

妮妮後來告訴我，他走進來的那一霎那，她就知道他還沒好。後來，我自己也看出來了，我第一個念頭是：「我要打電話給福萊德・貝克蘭。」但妮妮說：「不行，不行，不行，不行！答應我，你不會這麼做。答應我你不打電話！你是我的朋友，答應我。」

伊瑟・伍德沃德・德・克羅塞

當他寫信給我，說他要回他外婆的住處時——你要知道，那是他孩提時代渡過許多快樂歲月的地方，是他就讀巴克利學校下午放學後常去的地方——我就跟自己說，這孩子會覺得那公寓非常小的。後來，妮妮告訴我，她可以立刻就看出來，他覺得有壓迫感——而且更糟糕的是，也非常熱——因此，她提議他們立刻出去，就在第一天晚上，在轉角那裡吃晚餐。

布魯克斯・貝克蘭

湊巧我跟東尼大約同時回美國，我先去我表弟貝克蘭・羅爾和他妻子凱特在羅德島的家裡住，他可能是我最老的朋友了。羅爾一家的好客和其他的美德，是大為知名的：是個喜愛社交的大家族，他們家總是擠滿孩子和客人。我有好多年沒見到他們，沒呼吸過那瘋瘋癲癲的空氣了，在那裡，那很大的重負似乎就離我而去了一陣子。

我想，我到布勞克島還不到一個星期，就接到一通電話——屋子裡每個人都在傾聽——是東尼打來的，他剛抵達妮妮家裡。他說，他想來那個有滿屋子孩子的快樂之家。我拒絕了。

克萊門特・畢德・伍德

我想，布魯克斯很怕看到東尼，惟恐東尼可能會攻擊他。

布魯克斯．貝克蘭

我並不是為自己而擔憂，我的悲觀主義使我對恐懼有免疫力，即使現在，我對我的智力與體力都有某種信心。但是，我了解我的老虎，我甚至都沒問羅爾家的人是否願意接待他，我只說不行，隨著那一聲「不行」，我就更惡名昭彰了。

喔，沒錯，他常想要攻擊我——我看到他眼裡流露出那種慾望，但卻從沒動手過——他只打女人。我曾在馬約卡，在羅伯特．古利（Robert Goulet）位於福納路茲（Fornalutx）的家裡跟他說過：「你或許發瘋了，你是發瘋了，但也有發了瘋的聖人——醫院裡多的是溫和的基督——也有發了瘋的人面獸心，你屬於後者。」有件事情我表示反對，他蹲在我面前，緊握著拳頭，一臉要殺人的模樣。可是，我個頭比他大，我沒像可憐的山姆．蕭那樣跪在地上！我若是轉過身來，而他又有武器的話，他會把我殺了。東尼從不攻擊裝備與他一樣或比他強壯的人——他要是敢的話，例如，他要是敢跟我對幹的話……

西西莉亞．布雷納

我住在附近六十九街喬琪特．克林格（Georgette Klinger）家，她去歐洲旅行，我替她照顧她那隻小獅子狗大約三個月。我每天打電話給妮妮，她總是說：「他沒事，西莉亞。」有一天，我說：「對了，我想過去看他。」於是，我帶他出去吃晚飯，他看起來相當明理，也許有一點奇怪，但顯然沒有狂躁。

雪莉．考克絲

東尼答應他會每天去拿妮妮的早餐，你知道，她告訴我，東尼住在那兒，她的護士就沒法在那裡過夜，空間就是不夠。這表示，妮妮夜間若要起來去如廁之類的，就沒有看護。

我知道，他沒替她弄早餐，因為護士早上會到，他還在床上。妮妮告訴我，他整夜不睡，放唱片聽。哦，我想，這是可以理解的。你知道，被關了那麼久，現在有了自由，可以做所有以前不能做的事。可是，他是在小公寓裡，在一棟很小的公寓大樓裡，兩邊和四周的住戶都得早起去工作，所以，妮妮知道，如果那樣的大聲持續超過兩、三天，鄰居就會抱怨，她很害怕。因此，她說，她要求他把音量關小，他根本不理她。

山姆．格林

他一到紐約，就打電話給我。好險，是我助理巴特（Bart Gorin）接的。東尼說，他急著要見我，我是他唯一的朋友，他要我替他弄些毒品，好讓他過一下癮。巴特告訴他，我出國了。

有時候，你就是得保護自己。我的意思是，我們當然應該要對東尼好，要寬懷大量——他經歷了很可怕的考驗，需要友情和原諒，但我就是不想再那麼做了。

湯姆．狄羅

東尼跟巴特要我的電話號碼，巴特打電話警告我，東尼要找我。我的意思是，我的號碼電話簿裡有，但是，你知道，對貝克蘭家的人來說，除非是從別人那裡要來的號碼，不然電話號碼是不存在的。巴特說，東尼告訴他：「湯－湯－湯－湯－湯姆從－從來都不了解我為什麼殺－殺－殺了媽－媽咪。」

巴特．葛林

我剛開始替山姆．格林工作的時候，他就告訴我，可能將來有一天，有個叫東尼．貝克蘭的人會打電話來，我就胡謅個理由把他打發掉。我猜想，大家都心裡有數，東尼早晚會回來的，但我們從來都不知道究竟是什麼時候。所以，反正，那天天氣很熱，他就打電話來了。山姆去了火島，但我說：

「哎，東尼，山姆在新加坡。」或者類似那樣的地方。然後，他就問我是否知道他，我就裝傻，他說：「你不知道我是誰？」我說不知道。然後，他就語氣相當平淡地告訴我，他殺了他母親。我說：「你現在打算怎麼辦？有什麼計劃？」他說：「哦，我外婆達利太太是這一向以來唯一一直支持我的人，事實上，她是把我從那個可怕的地方弄出來的人。她現在已是個老人家了，我要讓她在風燭殘年裡儘可能地快樂。」我記得非常清楚。然後他問我，是否願意跟他去購物，因為他的衣服都是冬季的，從英國帶來的，外面是夏季。我說，我週末要離開，他說：「我可以星期一打電話給你嗎？」我說沒問題，我再也沒跟他說過話。

葛蘿麗亞・瓊斯

在他從紐約打電話來之前，我不知道他們已經放他出來了。他先打給妙麗・墨菲，然後打給我。他說，他想出來到長島拜訪我，我現在住在長島。我簡直是嚇壞了，那時詹姆士已過世了，於是，我打電話給歐文・蕭（Irwin Shaw）。若是詹姆士還在，我是不會麻煩他的。歐文說：「妳不能讓他過來。」我說：「哦，天啊，我們得想個辦法。」歐文跟貝克蘭家不那麼熟──我猜想，他非常聰明，他跟整個事情都保持距離，非常聰明。他跟我說：「完全不要插手，你就是不知道會……你身邊有孩子和其他的事。」於是，我給東尼回電說，我家都住滿了，你知道，確實是住滿了。

克萊門特・畢德・伍德

我和潔西去歐洲避暑回來，東尼來電時，我們正在東漢普敦拜訪妙麗・墨菲。他說：「妙麗，我在紐約，熱的像蒸籠一樣。」正是異於尋常的熱浪來襲──我的意思是，即便是七月。他說：「我被困在這個小公寓裡跟外婆在一起，到處都有我媽的照片，她的骨灰放在壁爐台上的一個罈子裡，我快要發瘋了，我一定得離開市區。」顯然，他希望妙麗會邀請他去長島，她並沒邀請他。然後，他說：「也許我可以在郊外什麼地方替我外婆和我自己找些房間。」妙麗說：「全都滿了。」這在夏季當然都是事實。於是，他接著說道：「哦，我若能找到任何可以住的地方，我可能就會出來，我會打電話給妳。」妙麗非常煩惱，她跟我們說：「這孩子是個殺人的瘋子，他不該單獨一個人跟他外婆在那公寓裡，但我當然不要他來這裡，黏著我，把我當他母親一樣。」

菲莉絲．海瑞曼．梅森

那個星期有一天，我想我在六十九街街上看到他，我嚇壞了，因為我怕他會把我當成是芭芭拉。

若內．尚．泰亞

我在萊辛頓大道看到東尼，我是他那美麗的祖母海勒威爾太太早年的朋友。我正要去買報紙，突然間，我看到他在那裡，我說：「東尼，你在這裡做什麼？我真高興，你回來了。」他說：「我要買雙鞋子。」我說：「可是，要買鞋，你應該去亞歷山大鞋店。」「喔，」他說：「我不曉得，我一直都在英國。」於是，我們聊了起來。我說，我要他來吃晚飯。第二天，他來了，都沒事。

在他母親遇害前一年，他和他母親前往倫敦時，我邀他們吃晚餐，我給他們一些蛙腿，因為他們很國際化，而我自己是法國人。我又給了他蛙腿，跟他當初離開時同樣的晚餐。

我們在一張小橋牌桌上吃飯，我把那橋牌桌布置得很漂亮，靠近電話，緊挨著一些舉重用的啞鈴。啞鈴在我腳旁的地上，以防不測，因為自從那天晚上他去英國後，我就沒見過他了，以防現在會有不測，因為他有一度精神失常，因此我準備了電話和啞鈴。

我問的所有問題，他都沒有不樂意回答的樣子。首先，我問他是怎麼一回事，他告訴我他是怎麼把母親殺了。他可以絲毫不帶情緒地告訴我，他如何把刀子刺入她的胸膛。我跟他說：「你既然回來這裡了，你需要朋友，你需要看醫生。」「我不需要看任何醫生。」他說。我說：「可是，葛林醫生是你從年輕時起就是你的朋友，我確信，他看到你會很高興，他甚至跑去英國看你。」

我第一次說到「醫生」時，他的臉色都變了。可是，等我說「葛林醫生」時，一切就沒事了，我們吃完了晚飯。我說：「你可以再來找我，你有我的電話號碼。」他就離開了。

雪莉·考克絲

星期三和星期四，他在這裡的第三天和第四天，他把他母親的所有照片和一些蠟燭，放在妮妮客廳一個五斗櫃上——把它安置成一個祭台。

西西莉亞·布雷納

顯然，他放的是最恐怖的音樂，還有芭芭拉的那些照片和黑色的蠟燭，他在進行一種安魂彌撒。

麗娜·理查斯

他在的時候，我神經很緊張，因為我不知道會發生什麼事——我沒個準。其實，他話不多。我注意到，他對任何事似乎都沒什麼耐心。顯然，一整個星期，他電話一直用的很多，喝了所有的酒——妮妮說：「他非喝不可。」於是，他叫了更多。星期六我到那兒的時候，他要我替他到商店去為他買書寫紙。我覺得奇怪，為什麼他自己不能出去買。我告訴他，時候還早，我還不想出去。於是，他終究還是去了，我要他替我買份報紙，但他忘了。他回來後，蜷縮在一張椅子裡，睡了很久。

西西莉亞．布雷納

星期六下午近傍晚時分，我過去跟東尼和妮妮喝茶。我一到那裡，護士就招手叫我進臥房。她說，妮妮要跟我說話。妮妮告訴我：「我好怕他，西莉亞。」我說：「哦，妮妮，這個時候，我不知道該如何給妳意見，我不知道我們能否報警，因為他還沒犯下重罪。」等我回到客廳後，東尼對我說：「我不舒服，西莉亞。」我說：「哦，東尼，告訴我──說清楚，你是精神方面不舒服，還是身體不舒服？」他說：「我凌晨三點醒來。」我說：「哦，我也是，是時差造成的，時差反應，每天都會漸漸好轉的。你若需要我，你知道我在哪裡。」他擁抱著我，說：「喔，我愛妳，西莉亞，我愛妳。」我說：「哦，東尼，要證明你有愛心，我只要你對妮妮好一點，證明給他們看，你可以再度融入正常的社會。」他說：「好的，好的，我會，我會。」於是，我說，很好。

麗娜．理查斯

那個星期六，我沒為妮妮準備晚餐，因為他說他要做。他甚至告訴她，他要替她做什麼。然後，我想是有人打電話來，請他們出去吃晚飯。反正，我離開了。

但那天晚上，我後來打電話要知道她是否無恙，她說她沒事。我知道，她不會說她有事的。但我認為，她確實不對勁。

福萊德瑞克．貝克蘭醫生

那天晚上，我跟他們一起吃晚飯，他抵達後的那個星期六。他似乎頗為緊張，但也並不是特別地緊張──當然，有時我也見過他非常緊張。精神病學有一些大問題，其中之一就是預測行為的有限性。另一個大問題是，一個人可能看起來很緊張，任何事情都可能引發這種緊張，如果這人什麼都不願跟你說，那又會造成另一個問題。

提洛·馮·瓦茲多夫

東尼在紐約打電話給我，我告訴我的祕書：「不接，不接——告訴他，我沒空。」我幾天前才到紐約的，在蘇富比剛開始一份新工作，剛開始新的生活。電話打來的時候，我正在跟我部門的工作人員召開第一次會議。我最後一次見到東尼，是在他殺害芭芭拉前的那晚，她在凱德根廣場開的派對裡。他在布洛德摩爾醫院的那段時間裡，我根本就沒跟他連絡過。

他在紐約無法用電話找到我，就寫一封信給我，說他對我在安塞多尼亞的那段記憶還很深刻，說現在他只想要照顧他的外婆，說他在紐約沒有同齡的朋友，非常想看我，我們可否見個面。

我是星期天晚上收到信的——我週末到鄉間去了——頗為感動。我打電話去，打了又打，一直沒有人接。我無法想像，怎會沒有人接，因為我知道，他外婆已快要九十歲，那裡勢必得有人照顧她。

三、攻擊

麗娜．理查斯

星期天，我在上午九點大概過了幾分鐘後來的，東尼沒有馬上替我開門。我自己沒有鑰匙，我把我的鑰匙給他了。等他終於來到門口——他穿著被剪短的褲子——他說：「麗娜，快！叫警察！」還是救護車，或類似那樣的意思。「我剛刺殺了我外婆。」他沒動，我嚇壞了，所以，我沒進去。我掉頭沿樓梯往下跑——我穿著高跟鞋——我跑到街角，報了警。然後，我在妮妮的公寓大樓外等他們來，等他們來了，我帶他們上去。

約瑟夫．齊尼亞警官（Sergeant Joseph Chinea）

我們接到一一九電話，我和我的夥伴約翰．麥加比（John McCabe）進入在東七十四街的公寓時，他從臥室跑出來衝向我們，說：「她不會死的！」我們可以聽到他外婆在尖叫，我抓住他的襯衫，拉他，他從我身旁跑掉了。麥加比是個結實的人，抓住他，他沒掙扎，他一再地說：「她不會死的，刀子進不去！她一直尖叫！我搞不懂。」

我跑進臥室，看到這位羸弱的老太太躺在牆邊。床頭几打翻了，她在角落裡，看起來彷彿她想要掙脫他。她穿著一件光滑的緞料睡袍，血剛透過睡袍流出來，並沒有全部滲透。她還在尖叫，但一看到我，就開始平靜下來。他正在進行攻擊時，護士就到了，她可能救了這女人一命。

我們一到達後，救護車就來了，然後，增援的員警也來了。她在接受救援時，神志都很清楚，說到她外孫一整個星期，每天二十四小時都一直在講電話和放音樂，整夜不睡，把她母親的骨灰放在一張桌子中央，喃喃自語。

取自與安東尼．貝克蘭的精神病診斷性會談，一九八〇年，紐約市

我外婆幫助我，把我帶回紐約。我跟她住了一星期，但日子很不好過。我整夜睡不著，吃不下飯。我覺得，外婆不肯跟我有身體接觸，眼睛也不看我。我的眼睛裡有什麼東西，讓別人不願跟我面對面相見。我猜想，如果那表示想跟外婆有性行為，我可能是想要跟她有性行為。那個星期結束時，我知道，跟她在一起，我會不快樂。我就打電話給航空公司，要搭機去馬約卡或英國，但外婆是個非常神祕的女人，想要阻撓我打那些電話。我一直聽到有聲音，包括我外婆在我腦子裡講話的聲音，但卻聽不清楚她的聲音，因為周遭有噪音，我的聲音不斷干擾我。那些聲音有些是我認識的人，有些不是，聽起來像機器的聲音，跟我反駁，真的對我構成很大的干擾。這些聲音告訴我，我是救世主，我是撒旦，是天使，是皇室成員。有時候，它們說，我是個骯髒的小男人、壞女人、或者是條狗，它們也給我有益的訊息。我一直聽到這些聲音，也聽到音樂，那音樂讓我振作起來。

我和外婆在她的臥室裡，但她不肯閉嘴，一直講啊、講啊地、講個不停，不讓我打電話。然後，我把電話從臥室的一頭朝她扔過去，她摔了下來。她摔下來後，我非常難過。我不想讓她跌斷骨頭住院，受更多苦，於是，為了要幫助她，我衝到廚房，從抽屜裡拿了一把小刀，回去，刺了她的胸部。我要把她殺掉，好讓她解脫——不是因為我很生氣，只是要她解脫，不受我的過錯造成的影響，不必承受她當時所受之苦，以及自我十三歲起就開始忍受的痛苦。

這事會發生，全因外婆不肯跟我有身體的接觸，我也不能跟任何人有同性戀的關係。

我用刀刺她後，護士來到門口，她一定已經叫了救護車。

麗娜．理查斯

我不明白他怎麼會沒將她刺死，那一刀刀的傷口！她在醫院裡唯一說的話是，她希望沒有人知道。她要知道是否大家都知道了，那就是她的反應——她不想要任何人知道這事，她不要張揚。

葛蘿麗亞．瓊斯

有人立刻打了電話，你知道——打給很多人，每個人。

克里夫．葛瑞

我在收音機裡聽到WINS電台，得知他刺殺外婆這個消息。

西西莉亞．布雷納

他根本就沒吃藥，我想，可能那就是問題所在。但你知道，其實，關鍵在布洛德摩爾醫院做錯了——他們犯了許多錯。他們只把他當成是個精神分裂症患者，事實上，他是個有妄想症的殺人狂。你知道，我第一天帶他到妮妮那裡時，她跟我說：「看看這張東尼跟他的貓合照的可愛照片。」我這輩子從沒見過像那隻貓那樣嚇成那模樣的！

布魯克斯．貝克蘭

那張照片是在維德隆（Verderonne）拍攝的，就是瑪莉．麥卡錫後來跟她上一任丈夫住的地方。東尼那時大約十一歲，攝影師要他抱住那隻貓，可是，貓不見得肯受拘束，那個一眼奇大的怪人蹲下來，跟東尼說：「抱住！」，把貓嚇著了。其實，東尼絕對是個很能哄動物的能手。

約翰．麥加比警官（已退休）

他看來不像個有暴力傾向的人。他告訴我，外婆顯然一再叨唸個不停，把他給惹惱了。

妮娜．達利

是早上，我想，我們一起吃的早餐。我跟他非常親近，他無時無刻不是跟我在一起，我從沒想到，他會變成那樣。我不知道是怎麼發生的，我無法想像，就是突如其來的，沒錯，就是那樣，就是那樣發生的，很難預料的。

他以前很有愛心的，我為他傷透了心，這種事情怎麼會發生在我身上？你知道。然後，我記起來了，這事也發生在芭芭拉身上——我知道她有多麼愛他，我們兩個都一樣地愛他。我受不了，太離譜了，有可能很危險的，幾乎讓我丟了性命。我並不覺得很痛，我並不感到很傷痛，因為我非常愛他。

約瑟夫．齊尼亞警官

達利太太告訴我們，他霸佔了她的公寓。然後，護士跟我們透露了許多事情，她指給我們看那些骨灰，跟我們說他古怪的行徑——音樂放得很大聲，把公寓搞得一團糟，叫每個人閉嘴，不要跟他說話。一個星期下來，他變得非常焦躁不安，整夜不睡，在祭拜。

他說他外婆很嘮叨。「妮妮跟我媽完全一個樣，」他說：「嘮叨，煩我，經常要跟我說話。」然後，他告訴我們，他殺了他母親——我記得聽到這事時，我震驚不已。他自己把那消息透露給我們的。「我剛從英國來這裡。」他說：「因我殺了我媽，他們把我羈留在那裡。」大家都面面相覷。「我媽一直來煩我，我最後再也受不了了。但是，要解決她很容易——一刀下去，就解決了。我只刺了她一下，就解決了。可是，我一直刺妮妮，她就是不死。」顯然，當時的情形是，每一刀刺下去，都刺中骨頭，刀就歪到一邊了。

紐約市警察局，調查證據，清單

物證：一把棕色有柄刀子，刀身長約五吋，沾滿血跡。

上述記載為警方取得的物品清單全部內容。

布魯克斯・貝克蘭

世界上只有一個人會笨到又慷慨到，要那個放出來的老虎住在她屋子裡。因為她的好心，她幾乎丟了性命——東尼要求到羅德島看我，遭我拒絕後幾天，他外婆反對他用他母親的骨灰搞巫毒的儀式，他就又踢又打那小老太太，幾乎把她刺死。

我把他從三歲起我所收到的他的每一封信和每一幅畫都保存起來——不只是因為情感因素，也是出於預感。但是，當我獲知他刺殺外婆後，我把我所擁有的他的每一樣東西都毀了。

西西莉亞・布雷納

他在布洛德摩爾醫院，為他那同父異母的小弟弟製做了最最可怕的玩具——顯然，那些玩具怪異恐怖到，他父親立刻把它們都扔掉了。他的畫——除了為我畫的一幅相當精緻的外，全都恐怖到極點，無一例外——綠色的背景，白色巨大的心上插了一把劍，滴著血。他說，他把這些畫藏起來，不讓守衛看見。後來，我在他為妮娜・達利做的盒子上看到同樣的主題。

約瑟夫・齊尼亞警官

我們立刻明白，我們面對的是一個有情緒障礙的人。只要把他控制好就行了——讓這樣的人戴上手銬，可能會讓他們變得很暴力，然後，我們必須用暴力對付他們，所以，我們讓他待在客廳裡，但讓他在客廳走動。客廳塞滿了東西，因為他的東西都在那裡——行李箱，他的音樂。他睡在長沙發上——上面有鋪蓋等寢具，沒有整理。我記得，那是一間非常小的公寓，我記得當時心想：「一個人有那樣的錢」，你知道。他那些東西——他擺出來的東西——裡還有照片，顯然，他在英國的時候，曾接觸過密教之類的東西，我覺得是那樣。總之，你看得出來，客廳已經完全變成他的了。

一九八〇年七月三十日，美國駐英大使金曼・卜斯特二世發給華府國務卿賽魯士・凡斯的電報

貝克蘭先生已經返美，英方認為他的案子業已結案　卜斯特

湯瑪斯・馬奎爾醫生

他一踏上飛機，就不受英國管轄。但是，當美國領事館無法接受對他的管轄權時，我非常失望——我問過了，他們說沒辦法，沒人願接受對他的法律責任。一旦他上了飛機，基本上，他就是個自由人了。

蘿絲瑪莉・羅德・鮑德溫

麥可・亞歷山大說，他這輩子再也不會去想辦法把任何人從監獄裡弄出來了，永遠不會，永遠都不。

麥可・亞歷山大

我不覺得我有任何責任，另一方面，我認為，你可以說，我像大家一樣，都被東尼矇蔽了。

約瑟夫・齊尼亞警官

在開往第十九管區去進行匯報的巡邏車裡，他一直在談他的外婆。我們抵達後，我們問他是否知道他在哪裡，他說：「知道，我在警察局。」「你知道你做了什麼嗎？」我們問他。「知道，當然知道。」刑警麥林斯基（Terence McLinskey）是偵訊他的刑警之一——我們有三個人在匯報室裡跟他在一起——觸到他的痛處了。基本上，他做的事就是用問題轟他，東尼立刻就狂躁不安起來。「我外婆嘮叨我，」他說：「我媽嘮叨我，為什麼他們要嘮叨我？我不喜歡人嘮叨我。」我們馬上就停下來了，我們意識到這傢伙要對我們發飆了。

泰倫斯・麥林斯基

我可以想像他當時的情緒：「我要坐監牢了嗎？他們要把我處死嗎？」他疲憊不堪，很邋遢。我只是在做每天例行的工作，身為刑警，你得靠小聰明過日子，要靠溝通技巧。你可以做了不起的事情——不是懲罰性的，而是指引人去該去的機構。我要幫助東尼・貝克蘭找到平靜——我要幫助他找到個人的救贖，無論如何，我想要逐步建立起他覺得自己是值得拯救的信心。我的意思是，他正巧是個殺了母親，後來又企圖殺外婆的同性戀者。

我不知道這個可憐的傢伙，是否找到這些來龍去脈的答案。

取自與安東尼·貝克蘭的精神病診斷性會談，一九八〇年，紐約市

我打算要讀許多宗教書籍，它們啟發我的覺知，讓我充滿愛與力量和屬天的心智，而且都是以音樂的形式呈現。

取自約瑟夫·齊尼亞警佐的值班日誌，一九八〇年七月二十七日

去曼哈頓中央拘留所，上午十一點零三分抵達，被告完全承認導致攻擊與實際進行攻擊的事件。

供詞：在告知其法定權利前——「我用刀刺她，她不斷地嘮叨，我要她別嘮叨。我拿電話向她扔過去，但她繼續嘮叨，所以，我拿刀刺她。我去求救。」

供詞：在告知其法定權利後——「我刺了她五刀，我要她快點死，但她就是不死，真是可怕，我討厭這樣的情況。」

西西莉亞·布雷納是這家人的朋友，在十九管區接受晤談。她說，她要自願做見證，證實貝克蘭有精神錯亂。

下午十二點二十三分與被告離開中央拘留所，下午十二點三十二分去矯正觀護署開始辦理手續。

下午三點十五分去曼哈頓刑事法庭一三一室，等候文件與傳訊。

取自警方檔案

外婆受傷狀況：胸腔、手臂和手部多處（八處）刺傷；鎖骨骨折；肋骨多處骨折（四到五根），造成呼吸困難；擦傷與磨傷。現在住在李諾克斯山丘醫院（Lenox Hill Hospital）。

其他家族成員擔憂性命有危險，要求將其還押。

受害人可能不願提起訴訟，告訴一名員警，她仍然愛他。

取自與安東尼．貝克蘭的精神病診斷性會談，一九八〇年，紐約市

喔，我外婆活下來了，她真有辦法，我什麼都不知道，但是，別管她了，我們談談同性戀關係吧。

我不打算打電話給醫院，去了解她的情況——我為什麼要打電話給她？她一直透過她擁有的異能跟我說話。

取自約瑟夫．齊尼亞警佐的值班日誌，一九八〇年七月二十七日

晚上九點，被告被羈押等候七月二十八日上午的傳訊。

取自紐約郡紐約市刑事法庭，紐約州控告被告安東尼．貝克蘭傳訊內容，一九八〇年七月二十八日

法庭：下令進行精神病檢查，精神病隔離管理；進行監視，防範自殺。

一九八〇年七月二十九日，《紐約時報》標題

前病患二度刺殺傷人，已遭羈押

一九八〇年七月二十九日，紐約《每日新聞》標題

被告當年殺害母親服刑後，如今又被控刺殺外婆

一九八〇年七月二十九日，倫敦《每日快報》標題

布洛德摩爾醫院病患獲釋後，被控在美謀殺未遂

福萊德瑞克．貝克蘭醫生

東尼離開布洛德摩爾醫院後，沒有安排適當的後續治療計劃，這與我的看法和建議是完全背道而馳的。最後會有問題，我並不訝異。

取自《布洛德摩爾醫院》，作者大衛．柯翰，心理學新聞出版社，一九八〇年，倫敦

如果以前的病患犯罪，艦隊街交相指責的忿怒聲浪，震天價響，且來勢洶洶。一九八〇年，《即時》(*Now*) 雜誌刊登了一份有關布洛德摩爾醫院「災難」的檔案資料，指出二十個前病患獲釋後犯下暴行的案例。

麥可．亞歷山大

倫敦的報紙為東尼所發生的事，強烈撻伐馬奎爾醫生。東尼被此間媒體描寫為「布洛德摩爾醫院的瘋樵夫」，你知道，就是「瘋樵夫又出擊了」那樣的調調。我為這事與報紙連繫後，我說：「拜託，這個案子不能用這種方式報導。在那種情況下，馬奎爾醫生所做的完全是正確的。」我力有未逮，他們堅持他們的說法。

派屈克．麥格拉斯（Dr. Patrick G. McGrath）醫生致蜜娃．斯文卡－齊林斯基的信函，未註明日期

親愛的斯文卡－齊林斯基太太：

我收到妳的信和《紐約時報》的剪報，也收到安東尼父親的來信。我要立刻表示，我們大家在這裡聽到達利太太被安東尼所傷後，有多麼的哀傷，但從報導上看到她會復元後，我們稍感安慰。

我確實希望，包括安東尼在內的他們全家人，都能從這次事件裡恢復過來。你說的對，這次事件確是個

災難。

醫院院長派屈克．麥格拉斯敬啟

湯瑪斯．馬奎爾醫生致西西莉亞．布雷納的信函，未註明日期

布洛德摩爾醫院

親愛的布雷納太太：

非常感激妳的來信，提供給我這些悲劇事件的細節。說也奇怪，雖然我預料，他目前的護理人員會提出需要他的醫療報告與病史的要求，但沒有人跟我有進一步的連繫。我在想，你是否知悉後續的事件，可以捎給我，因為我當然是極有興趣藉由我的過失吸取教訓。

刑事精神病諮商醫師
湯瑪斯．馬奎爾敬啟

湯瑪斯．馬奎爾醫生

他是我所經手的病人裡唯一失敗的案例。

海瑟．柯翰

他在紐約的那個星期，我和傑克搭著自己的船，在義大利，在離任何電話或通訊數哩之外的地方，我們有很長一段時間都不知道發生了什麼事。等我聽說之後，我難過了好幾天，我難過是因為我信任自己的判斷。我簡直不敢相信——是外婆，唯一僅存他所愛的人！

一九八〇年，安東尼・貝克蘭致一位身份不明友人艾瑞爾（Eryl）的信函，在警方羈押下所寫

親愛的艾瑞爾：

說來遺憾，我惹上麻煩了。那個一直在指引我的神明，已經「誤導」我有一段時日了——我希望，不是為了要造成如今已成過眼雲煙的悲傷，而是為了服事財神和失序與邪惡的力量。這些力量因為缺乏永恆與無限的洞察力，為我的人生帶來挫折痛苦，感謝神，或是某些痛苦。我被囚禁在這裡已有一段非常久的時間，當我被某些歡樂引誘而陷入捆綁與束縛時，以為我是在服事愛的大能，那些歡樂若有正確的指引，可以是具有創意與上進的，但卻帶給我很大的痛苦與悲傷，因為我相信那些把我困在這種存在處境的人。我並不認為，在暗中指引我的神明刻意給我帶來麻煩的，而是他是被他所服事的那些神明誤導的，依此類推。的確，我在這裡的整個家族都是陰間冥府的牛鬼蛇神之輩。所以，請你看顧我，這樣我才能出來。

提洛・馮・瓦茲多夫

在我試著打電話到東尼外婆家找他、而電話只是空響卻沒人接之後三個星期，我又試著撥打那個號碼，這一次有人接了。我說：「東尼・貝克蘭在嗎？」那個聲音說：「我是他外婆的護士，發生了很可怕的事情，東尼在萊克斯島監獄（Rikers Island），你要跟他外婆說話嗎？」我說不用，我不想——我的意思是，我從沒見過她。但是，她想跟我說話。她接過電話，把所發生的事告訴了我。她說：「是不是很可怕？我那麼愛東尼。」

第四部

萊克斯島監獄

一、一九八〇年七月二十七日到十月三十一日

紐約市大部份的囚犯都是安置在介於布朗克斯區（Bronx）和皇后區（Queen）之間、東河上一個名叫萊克斯島的地方，這個島最早是屬於一位名叫雅各．萊克（Jacob Ryker）的荷蘭移民所有，他在一八八五年把原來的九十英畝土地全部賣給紐約市。

一九〇〇年，一棟可容納一百名囚犯的木造結構建築完成；其後不久，又加蓋了可容近四百人的木造營房。到了一九一八年，島上已有八棟營房，還有一個馬廄、一個警衛室、一個食堂和幾棟員工宿舍的建築，囚犯在運煤的駁船、破冰船、垃圾場和設在營地上的養豬場工作。

最後，萊克斯島不再充當囚犯工廠，並於一九五五年正式定名為紐約市監獄。島上面積因垃圾填土工程增加至四百多英畝，到了一九八〇年代，已成為六個主要監獄設施的所在地——三個供成年男性囚犯，一個安置女囚犯，一個收容青少年，和一間醫院。島上現在還有一座發電廠、汽車維修場、消防站、印刷舖、修鞋店、裁縫店、洗衣店和麵包店。東尼．貝克蘭從英國回來後八天，就進入一個類似布洛德摩爾醫院的社區。

紐約市矯正觀護局財物封袋

財物列表：無

本人確認放棄上列財物

日期：一九八〇年七月二十八日

囚犯簽名：安東尼．貝克蘭

紐約市矯正觀護局樓層與牢房位置表

日期：一九八〇年七月二十九日

樓層：精神病觀察

牢房：下層六—八

一九八〇年七月三十日，安東尼·貝克蘭致雪莉·考克絲的信函

萊克斯島

親愛的雪莉：

更加的恐怖，也許你不知道是怎麼回事，我這就說給妳聽——到星期二，我已明白，沒有用的。我已好幾夜沒睡，在讀聖經，覺得非常緊張。我開始聽到妮妮的聲音，一清二楚的，從她房間傳來（感覺就像狼在咬我的內臟）。我過去問她，她在說些什麼時，她說她沒說什麼。我沒有一個可以說話的人——我試過用各種方式全心全意地對待妮妮，可是都沒用，就像你所愛的人就在隔壁房間，卻又遠在千里之外。有一次半夜裡，我有個非常清楚的意象或記憶（妮妮和我），很久很久以前在義大利我們的屋子裡，我們以前常去尋找漂亮的石頭、樹葉和其他東西，我們手牽著手的情景。我也記得，我家人為彼此流血（彼此的血）的情景。總之，我流著淚，站起來，悄悄地進了她的房間。她睡著了，我握著她的手，但她沒醒。

反正，我終於明白，我不能住在那裡，這對我倆都不好。星期天早上，我去她的房間，開始打電話預訂去英國的機票。請妳要了解，我當時的心境很絕望——在靈性方面，發生了許多很美又很恐怖的的事情，我有一個星期沒好好地睡了。妮妮不斷嘮叨我，我警告了她三次，她若再不閉嘴，我就拿電話扔她。總之，最後，我的神經崩潰了，我拿電話扔她。她跌了下來，開始呻吟，我明白自己闖禍了，她可能又跌斷了骨頭。

然後，我覺得，她過去所受的苦（臀部等等），都是因為我的緣故，我簡直就受不了。我知道，如果我給她最後致命的一擊，上帝就會接她回老家了，就不會再有痛苦了。我飛奔進廚房，找到一把刀，衝回來，想要殺她，但我不夠強壯，或者是不知該如何殺她。然後，我開始尖叫、祈禱、求上帝帶她回老家去。我試著打電話叫救護車，打了半個小時，卻不曉得電話壞了。可憐的外婆叫我把她腿弄直，我照做了。然後，麗娜來了，我叫她去叫一輛救護車。警察也來了，把我帶走了。

雪莉，你若不願再跟我說話或見我，我完全了解，但我要妳知道，我跟你一樣嚇壞了——請相信我。我確信，如果我不是那麼孤單，這事不會發生的，可是，說「如果」是沒有用的。

你若想幫我，請把我的聖經、莎士比亞和聖十字若望的《靈歌》拿來，都在客廳的茶几上。

你若想來探視，我想聽聽妮妮情況如何。務必事先打電話到這裡，因為那天我可能在法庭，我的電話是三四九－八〇－四二二八。你可以把可能是給我的信件寄來或帶來，好嗎？

這件事發生後，在警察局和這裡，我繼續聽到她的聲音，說：「惡有惡報。」和其他的事情。

我在這裡比在妮妮那裡要來得好，至少有伴（主要是黑人和波多黎各人）。

我現在是靠法律援助，但希望我的律師會讓我出錢請他們，我覺得不能接受政府援助，因為我有錢。

請你了解，我明白這對妳、對我和我們的朋友都是一件很可怕的事。

東尼（當然還有妮妮）敬上

海倫娜．懷斯醫生（Dr. Helene Weiss）

我於一九八〇年七月二十九日見到東尼．貝克蘭，起初，他大抵都很合作，但過了一陣子，他就開始代謝失調，但他並不是我認為的瘋狂。即使他是因謀殺未遂來這裡，基本上，他本身並不是犯罪型的人。他的行為比較是出於情緒，而非病態的犯罪心理。

一九八〇年七月二十九日，布魯克斯·貝克蘭致妮娜·達利的信函

布勞克島

親愛的妮妮：

我聽說了你最近經歷的事，心情很沉重。你那麼的勇敢與好心，竟然是以那樣的方式回報的！但我很高興，你已脫離險境了。你是怎麼能辦到保衛自己的，只有你和上帝知道，但無論怎樣，你做到了。

我必須告訴妳，我沒有料到會發生這樣的事。我當然知道，東尼基本上沒變，他的沒有理性（和自大）仍然令我對他印象很惡劣。可是，相較於他出於本性又做出那種暴力舉動，我更擔心他是否有能力了解這個世界的真相和他要如何才能在世上生存（或成功）。發生這種事，福萊德顯然並不訝異，但我是相當驚訝的。然而，我確曾警告馬奎爾，當東尼受到阻撓時會變得很危險。每當他認定我欠他或他該得的，而我卻沒順他的意時，我就會收到他寄來非常醜陋的信件——極為強人所難、謾罵，甚至淫穢不堪。我跟馬奎爾說明這些事情，但布洛德摩爾醫院只想把他甩掉——而老好人俱樂部也不停地在敲邊鼓。你很幸運能活下來，地獄之路……

可憐的東尼——他就這樣糟蹋了自己的聰明才智。一旦你明白他不該出院，你感覺到那危險日益嚴重，卻沒有提出警告或尋求協助，多麼遺憾啊！

我要去北部一陣子——計劃還非常地不確定。我昨天買了一輛二手車，只是要花一陣子的時間看看美國。我去國已有很長的一段時間了——十四年，如今回來已成了外國人。

哦，親愛的，快點好起來，如有任何需要，透過我在紐約的律師告訴我。總有一天，我會在某個地方安定下來，或是在一個地方長住下來，就可以收郵件了，那時我會打電話給他，叫他把任何給我的訊息都轉給我。

布魯克斯敬上

取自安東尼．貝克蘭檔案的摘記

東尼於七月三十日打電話給家庭律師，他很熱忱有理性。

蜜娃．斯文卡－齊林斯基

現在沒有律師對東尼的案子有一絲一毫的興趣了。我想，就算我可以去萊克斯島探視他，但是我也沒有權力去找他的律師探詢他的情況了。為什麼他不能以精神分裂症患者身份宣判無罪？他為什麼坐在關一般罪犯的監獄裡？

愛德華．賀許（Edward Hershey）

今天在我們體制裡的九千兩百名囚犯裡，百分之六十在七天後就會出獄。以那樣大的人數，矯正觀護署的任務非常具有挑戰性，但有些情況並不讓人非常滿意的。我是本署負責公共事務的助理署長，我們主要的任務是提供審判前的服務，將犯人提送法庭之類的事。我們沒有機會建立長久的關係，必須注意紅燈，紅燈一閃，我們就採取行動，因為時間不多。

珊卓．露易士．史密斯（Sandra Lewis Smith）

監獄裡每天例行的日程是這樣的：囚犯若要出庭，他們會在清早五點起來。即使不需出庭，牢房區十分嘈雜，會讓他們大抵在五點左右起來。手推車送來早餐——熱麥片粥、炒蛋、吐司麵包、有時新鮮水果——蘋果、柳橙——咖啡或熱水和沖咖啡的材料——或茶，然後要出庭的人就被帶到法庭，其餘的犯人就待在監獄。他們可能閱讀；可能會提出去法律圖書館的會談申請單，查閱跟他們案子有關的資料；可能去診所拿藥，或去看無論是什麼樣的病；可能就待在裡面，看電視、玩牌或下棋；可能被叫下去與律師會談。

馬丁・席格（Martin J. Siegel）

東尼・貝克蘭第一次接受傳訊時，法庭要我代表他。後來，他對我說：「我想以私人身份聘請你。」於是，我向海夫特法官（Judge Robert M. Haft）報告，法庭已指派我，但客戶現在要以私人身份聘請我，我可否受聘。海夫特法官問東尼是否有這筆錢，他說有，法官就說可以。

我跟東尼所有的互動裡，他都是令人很愉快的，但他是個非常煩惱不安的人。他有一回跟我談起跟一個他愛上的女孩在咖啡館裡，他父親坐在那女孩旁邊，開始向她示愛，他對這事非常忿忿不平。

我對他的印象是，他是那種非常容易被人操控影響的人。我認為，你知道的，他是個同性戀者。我覺得，他想要由一個扮演男性角色的人來支配他，任何他遇到的強者就能輕而易舉地控制他。

我們要提防的是他會精神錯亂，我希望把他安置在醫院那樣的環境裡，他在那種地方可以真正獲得幫助，而不是懲罰性的環境。

取自一九八〇年八月二十七日和九月二日，紐約刑事法庭諭令就安東尼・貝克蘭精神狀況檢查所做的報告

對指控的了解：

對你的指控是什麼？

「不是謀殺我外婆，就是謀殺外婆未遂。」

對法院審理程序的了解：

你提出申訴了嗎？你提出什麼樣的申訴？

「沒有，還沒有。」

被告律師的姓名為何？

「席格先生。」

被告律師作用何在？

「來幫助我。」

檢察官作用何在？

「代表該行政區，我跟他是處於對立立場。」

法官的作用何在？

「評估你是否該受懲罰，然後判刑。」

陪審團作用何在？

「由十二位先生和女士組成，決定你是否有罪。」

被認定有罪的後果為何？

「視嚴重程度而定，會被處以各種懲罰。」

精神狀態檢查結果摘要：

被告思想靈敏，樂意合作，口齒清晰。雖有結巴，但言詞條理清楚又切合題旨。沒有妄想和幻覺。在討論他的犯行和父親對此事的反應時，不時落淚。他表示，他覺得坐監的經驗使其獲得「淨化」。記性無礙。被告了解法院審理程序，被認為有能力協助辯護，宜於起訴。

取自一九八〇年九月十九日，紐約郡紐約州最高法院，紐約州人民起訴被告安東尼・貝克蘭的紀錄謄本

法院書記官：貝克蘭先生，你被紐約郡大陪審團起訴，罪名是二級謀殺未遂罪和一級人身攻擊罪。你對指控如何答辯，認罪還是不認罪？

被告：我不認罪。

席格先生：法官大人，我想讓此事休庭幾週，請求就保釋問題提出動議，我請求訂出保釋日期。

雪莉・考克絲致助理檢察官莎拉・海恩斯（Sarah Hines）的信函，未註明日期

紐約

親愛的海恩斯女士：

我身為妮娜・達利太太（受害者）親近友人多年，過去五年又是她的業務經理人，這封信是要殷切地要求，倘若東尼・貝克蘭獲釋出院，應給予達利太太二十四小時的警力保護。

我覺得，這對她的生命安全至為重要。

我希望，你會認真考慮並支持此一要求。

雪莉・考克絲（太太）敬啟

羅伯特・海夫特法官

並沒有人提出很認真的保釋申請，這樣做並不妥當。反正，東尼・貝克蘭也沒有地方可去。

他總是非常愉快，經常微笑，從未焦躁不安。他有一種不恰當的情緒反應，這跟他所經歷的事情有關。

取自一九八〇年十月二十二日，紐約郡紐約州最高法院，紐約州人民起訴被告安東尼．貝克蘭的紀錄謄本

法官：被告有接受你所指定的精神科醫生檢查嗎？

席格先生：有，他有。我正在等報告，已經做過檢查。

法官：休庭至十一月七日

取自與安東尼．貝克蘭的精神病診斷性會談，一九八〇年，紐約市

這次診斷目的在判定貝克蘭先生犯案時的精神狀態。當他被問及出生地點時，他答道：「我不知道，據稱我是在曼哈頓出生的，那是我媽告訴我的，可是，我沒有兄弟姐妹。事實上，就我所知，她告訴我，她的朋友是山姆之子，他也是我兄弟，因為他跟我同年。」當被問及誰撫養他時，他回答：「我想，我是我母親、父親和外婆撫養的，但這事完全讓人搞不清楚。我們家在精神上是無所不在的，因此，我母親的死並不會讓她難受。我們都住在一起——幾個人，但我們都是同一個人。我的一位密友是個功力非常高的巫師，他施了法術，讓我用他施法所用的同一把刀殺了我母親。」這時，病患開始談起毫不相關的父親的事，他說：「我不記得他曾非常地愛我，我不知道他究竟要我做什麼。他是個物理學家，寫了許多書。我們是非常有錢的人，是他的家族很有錢。他們賣股票和房地產，我有很多錢，這挺不錯的，但我從沒工作賺過錢。」

精神病學診斷：妄想型精神分裂症

莎拉．海恩斯

我們要證明，他應為他的罪行負責。我們要儘可能地掌控他，為了給百姓和他的家人安全。一旦用

精神失常來答辯，就沒什麼控制可言了——他可能已逍遙法外了。

雪莉．考克絲致助理檢察官莎拉．海恩斯的信函，未註明日期

紐約

親愛的海恩斯女士：

關於我們最近的電話談話，這封信將證實，安東尼．貝克蘭在遭逮捕時，留在他外婆紐約公寓裡的個人物品，已在地下室的儲藏室裡遭竊。那棟公寓大樓裡的四位房客放在箱子和行李內的多種個人物品也失竊了，其中一位的腳踏車被偷了。

你該記得，我很早就試過把貝克蘭先生的東西轉交到萊克斯島給他或他的律師（如果能敲定日後誰將持續擔任他的律師），但卻被告以，獄方無法接受那些行李箱和紙箱（裝了衣服、鞋子、錄音機、錄音帶、書籍等），應暫時存放在某處，直到法院裁決為止。關心達利太太福祉的人認為，在她離開李諾克斯山丘醫院前，應清理她的公寓，並清除這次造成其重大精神創傷事件的殘餘物品，此事至為重要。因此，在毫無選擇下，那些物品就放在地下室的儲藏間裡（儲藏間有上鎖），直到另行通知為止。竊盜的人是使用鑰匙進入的。

竊盜事件被發現後，第十九管區接獲通報，但儘管在三小時內打了三通電話報警，遭竊的房客在地下室等候，都無員警來偵查現場或就此案提出報告。

我只是希望將貝克蘭先生物品遭竊的事實，向與他現況有關的官方人士報告。我深信，官方若能提供協助，貝克蘭先生的物品可能不致遭竊。

雪莉．考克絲（太太）敬啟

二、一九八〇年十一月一日到十二月十六日

約翰．莫瑞（John Murray）

我是在牛棚結識東尼的，牛棚就是你上法庭前，他們拘留你的地方，我是因竊盜罪入獄的。正巧，他跟我在同一棟四方院裡——我的牢房跟他的牢房相隔了八間牢房，我們在一起約有六、七個月，我那時是他最親近的朋友。我肯定是，沒錯。他說，他一直住在外婆家，覺得挺好的。然後，突然間，他就聽到她說，他不可以出去見任何人，或者某人不能來他們家，類似這樣的話。她就在電話旁邊，他就打了她幾下。我告訴他，那是謊話。我說：「你為什麼不跟我說實話？」他說：「喔，對呀，哦，事情的真相是她差一點喪命。」

然後，他告訴我，他因精神有問題，殺了他母親，在英國倫敦待過一陣子。他對那件事感到很難過，因為他愛他母親。沒人知道為什麼有人做那種事，他們就是做了。之後，事情過了，完了，你得——在失去那個人的情況下——過一輩子。

東尼在精神狀態很好的日子，會待在原地做自己的事；在他焦躁不安和任性而行的日子裡，會說他殺母親的事。他會很小聲地說，像個十分悔恨的人。他會低聲細語，要不就是嘴唇在動，卻沒說出來，他是那樣來表達他有多麼後悔的。

他跟我說過一、兩次，他母親非常美麗，但從沒跟我仔細描述過或說過。他告訴我，他認識一位很美的女子，名叫金娣．蒙尼－庫次。他說，等我出獄後，如果我沒地方住，也許我可以跟她住在倫敦她那裡。

他告訴我，他家人很少，他年紀較輕時，父親就死了——或者之類的事情。我想他說死了，但也

許他告訴我，他父親只是不要再見到他。但大抵我們都是在談獄警在幹什麼——這個傢伙整天在磨磨蹭蹭，或那個傢伙有沒胡說八道。

有時候，他會畫畫——用腊筆隨意素描，還有一些彩色粉蠟筆畫——畫帆船、河流和碼頭。但是，有一天，他把所有的畫都撕掉了。

莎拉．達菲．徹馬耶夫

我開車出城去萊克斯島看他，我們就在一個房間裡坐在一張餐桌旁說話，他沒談刺殺母親的事，我們只是談往日時光。我的意思是，那就是我唯一能跟他談的。對我來說，他還是一向以來的老樣子——非常英俊。我一直認為，他就是個不得了的大帥哥。

你要知道，他從小我就認識他，我想我再也不會認識一個會殺人的人。我到那裡時，心中想著，我到底在幹什麼——我的意思是，我去看他，可能有某種好奇與虛榮的心理。事後，我覺得很慚愧，因為我覺得我利用了他。我記得我們道別時，彷彿還會再見面似的——就像我們在喜瑞夫特餐廳（Schrafft's）似的。

詹姆士．芮夫

布洛德摩爾醫院算是一個寧靜的閉難所，真的，不是嗎？他在那裡很安全。我的天，他在美國那個腐敗墮落的地方時，回想起布洛德摩爾醫院，一定覺得那是個天堂。

馬丁．席格

我在一九八〇年十一月被免去擔任東尼．貝克蘭律師的職務，我把他的整個檔案移交給他的新律師隆尼．艾瑞克（Ronnie Arrick，即隆納德．艾瑞克〔Ronald M. Arrick〕）。東尼聘請他的時候，我非常訝異，因為我跟東尼之間律師和委託人的關係非常好，真的沒有任何問題。但顯然，他在萊克斯島的一個朋友將他推荐給東尼。現在，我知道，艾瑞克是個非常好又有能力的律師——也是個非常好的人。誰能解釋為什麼人們要去這家咖啡館而不去那一家呢？

隆納德．艾瑞克

我是在十一月初次遇見東尼．貝克蘭，我想，那時席格被解雇了。反正，由我接手辯護。我的職責是在整個刑事訴訟案代表他，一路到完成審理，設法達成完全對他有利的結果。他外婆沒有撤銷對他的控訴，檢察官沒有撤銷控訴。我也在與英國某些機構進行長途交涉，因為他唯一的辯護是精神錯亂。

我希望把他安置在醫院——我想，那是他外婆把他弄回這裡時，認為他應該去的地方。我要讓他因為精神錯亂獲判無罪，我跟他討論過這是唯一能做的事。

他有可以動用的款項——我想，那是信託和可動用的現金合起來的，他會向他的信託公司美國信託提出書面要求，有些像支票影本的方式，他們就會發放資金。

約翰．莫瑞

因為東尼有錢，他會提防誰會因他的舉止而洞悉他的底細：他會流露出來嗎？別人會因此而利用他嗎？他們會動輒就想向他榨取錢財嗎？

就我所了解的，他非常討人喜歡。他生性沉靜，你知道，但非常粗魯。他有一種脾性，若是不順他的意，他大抵就拂袖而去，你知道——再見了。

海倫娜·懷斯醫生

他非常的反覆無常，我相信，過了一陣子，他就會跟其他囚犯起糾紛。我知道，他發生過一些偶發的事件。十二月十一日，他被轉到我們的心理衛生中心。

約翰·拉吉斯（John Rakis）

心理衛生中心有單人牢房，員警的編制比萊克斯島其餘單位都多。

娜塔莉·羅賓斯（Natalie Robins）

我要去看東尼的牢房，厄爾·突隆隊長（Captain Earl Tulon）是我的監獄嚮導，在萊克斯島靠皇后區那一邊的訪客停車場跟我會合，開著一輛很大的凱迪拉克汽車，載我駛過往萊克斯島唯一通路的窄橋。我們行駛的路線，正是東尼·貝克蘭搭乘的藍色監獄巴士所行駛的同樣路線，他一路上跟我指出各式各樣的建築。我對萊克斯島的第一印象是，一個蕭瑟荒涼但很整齊的校園，又是學校，因為我初次見到布洛德摩爾醫院時，也是有同樣的印象。不同的是，這裡似乎有綿延無數哩的帶刺鐵絲網，一旦你開始跟著它走，眼睛就無法離開了。

我們進了一棟叫做安娜·克羅斯中心（Anna M. Kross Center）的大樓，那裡的接待區有一股很強烈的消毒水氣味。我在這裡領了一個訪客的識別證，一名獄警徹底搜查了我的皮包和背包。然後，我得穿過一道金屬偵測器，於是正式抵達萊克斯島監獄。

我們沿著一條非常長的走廊前行，令人大為訝異的是，走廊的牆壁上飾以紅黃綠藍的彩虹，還有橙色和紫色的大三角形點綴其間。然後，我們進入建築內比較老舊的部份，那裡的牆壁空蕩蕩的，這個區域就是心理衛生中心的所在。

我們在這裡與中心的心理醫生傑．維克特．班森（J. Victor Benson）會晤——大家都叫他班森或維克，他陪我們進了下層監舍第三區（Lower Three Quad）。左邊的區域讓我想起一所破落小學裡的教室：疊起放在一旁的塑膠椅，兩、三張桌子四處散置著——其中一張在牆邊。「那就是我跟東尼坐著談話的桌子。」維克．班森跟我說。

然後，我被帶到牢房，一連串的單人小房間，門上開了四方形的小洞，上面有金屬的鐵條。東尼以前住的牢房在左邊走道的盡頭，大部份的牢房沒有窗戶，但他的牢房有一個窗口，上面有鐵絲網，牢牢地嵌入玻璃裡，望出去可以看到一片土地，上面有一兩畦馬唐草和雜草。

他們告訴我，目前住在裡面的囚犯人在法院。床上有一床灰色的厚羊毛毯，維克特．班森說，這張床的位置跟東尼住那裡時一模一樣。兩條內褲掛在金屬架上晾乾，地上有一雙髒襪子和鞋子。牆上有用紅墨水胡亂塗鴉的東西：某某愛某某之類的，我不記得寫的是什麼名字，但維克特．班森說，東尼住在這間牢房的時候，牆上並沒有這些塗鴉。

一九八〇年十二月十一日，紐約市衛生局，監獄衛生服務處，囚禁醫療資訊表

心理衛生

姓名：貝克蘭，安東尼

自殺傾向：並無證據

抑鬱：輕微

攻擊傾向：並無證據

暴力傾向：並無證據

服用藥物：氯丙秦（Thorazine）

我是心理衛生中心的心理醫生，我得以認識東尼，是因為他被拘禁在我的監舍，進而和他相熟。等我獲知他的家庭背景後，我做了一些研究。東尼自己對他的背景並不引以為傲，事實上，他談到自己的背景和財富時，都是十分漫不經心的。

他跟我說的事情，有一些聽起來像是妄想的東西，雖然並不是妄想。他跟我說到謀殺母親的事時，十分地淡然。他提到與父親的關係很緊張，因為他是同性戀者——他說，他母親對他的性傾向也很不滿。他說到父親時，唯一一件好的事情是，有一次兩人一起去楊克斯市他曾祖父的實驗室。那次去實驗室，是個很愉快的回憶。

傑・維克特・班森

雖然因為囚犯住在一起挨得很近，情緒很容易受到影響，東尼在這裡的時候，我們的監舍是比較安靜的。有些囚犯必須留心不讓他們心緒紛亂——隔離，你知道，這樣他們才不會吵架之類的事。我們也經常進行牢房調動，他們要去法律圖書館，接著要去理髮店——在這個監舍裡，是理髮店來我們這裡。

福利社可是件大事——就是供應囚犯所需的好東西。他們把錢存在福利社的帳戶裡，每週提出一份請購單。最受歡迎的項目是香菸和糖果餅乾——因為許多人有毒癮，他們喜愛甜食。如果你是這裡的一般犯人，就可以直接去福利社領取請購的東西，但若是像東尼這樣在精神病觀察單位，就由他們將福利品遞送給你。

東尼對許多囚犯都非常大方，他支應他們——哦，也不全然是支應，但在福利品方面，他是非常慷慨的。他是以那樣的方式維繫友誼的，那是他用來鞏固友誼的各種方法之一，他訂購大量的福利品。沒人能跟他比，因為他總是有錢。

你知道，在這個監舍裡，一整天裡，獄警都必須一再地進行安全檢查——檢查鑰匙、門鎖、鐵條、大門、淋浴室、窗戶、紗門、牆壁、娛樂休憩室、工具間、照明設備、牢房牆壁，因為牢房牆壁只是用磁磚做的，他們可以割穿。這些磁磚原本應該是堅不可破的，但事實不然——囚犯可以一點一點地把磁磚鑿下來，每次拿下幾片，直到鑿穿一個可以逃脫的洞。也要檢查通風口，因為犯人有把東西藏在那裡的習慣，就像監獄釀的酒，他們非常會製作這種發酵酒。檢查汙水盆，檢查抽水馬桶。

這是個非常嘈雜的地方，有時會吵到無法忍受的地步——電話鈴聲，犯人要打電話。他們不能接電話，但可以安排透過社會服務處打電話，可以延長談話時間，無論是本地電話或是長途電話。

取自安東尼・貝克蘭檔案的摘記

東尼・貝克蘭和他的一位獄中友人，一直一再地打電話謾罵妮娜・達利。我們無法不讓他打電話給他外婆，因為她似乎默許這作法，不願報警，但可以規勸他停止這種行為。

約翰・莫瑞

東尼打電話給他外婆時，我跟她談過。那些電話並不是搔擾她的，一定是別人，我不知道會是誰。我請她不要對東尼提出告訴，我也跟她談過，請她減輕控訴。她告訴我，她一定會的。

有一次，她生氣了，我說：「哇，慢點，說慢點，東尼的那些事，我都不知道，你可以說慢一點嗎？」她說：「我會慢慢說。」然後，她說，東尼是同性戀者，這個、那個的。我說：「那個我知道。」

三、一九八〇年十二月十七日到一九八一年一月十四日

約翰．莫瑞

東尼瘋狂地愛上了我，他問過我幾次，是否能在晚上到他的牢房，但我告訴他我不行。當然，我可以，我可以去任何我想去的牢房。我跟他這樣說的——我說：「哦，東尼，我有很多工作。」，因為工作是唯一我能拿來當藉口不去的理由，因為我不是同性戀者，你知道。我在工作——在接待室，我不是擦洗工或做那種工作的。

接待室就是你從法院或任何地方回來，或者只是從街上進來後要去的地方。他們讓你在檯子上，把你衣服脫光搜身，然後告訴你把衣服穿回去。我睡在下面，我在下面那裡練舉重，我在那裡有優先權。但我第一次去那裡的時候，他們對待我像對待他們的民智未開的奴隸一樣。你知道，大家在那裡幾乎都是奴隸。

東尼無論在那裡，都要我跟他一起，那是最重要的事。他要有人做他的朋友，大抵是幫他把事情擺平。我的著眼點則是他的錢，也是他的家庭背景。我們收到一封英國布洛德摩爾醫院的來信說，他必須多看幾個醫生，才能斷定他是否有能力接受審訊。

傑．維克特．班森

他們在接待室通常都管約翰．莫瑞叫「大約翰」，他負責管修屋幫或油漆幫的犯人，就是由被判刑的囚犯組成，在服刑期間被分派特殊工作任務的小組。他們稱這樣的刑期為「城市刑期」，通常是一年或不滿一年。

莫瑞和貝克蘭之間有一點曖昧的關係，雖然莫瑞並不是真正的同性戀者。但在坐監期間，有些犯人會什麼都做的。

約翰·拉吉斯

這些傢伙大多數是來自領取社會福利家庭的小孩，對於拿別人的錢，不會感到不安的，那只是他們天性裡的一部分。曾經有一架飛機墜毀在萊克斯島上，許多犯人來幫忙救援工作，因為他們的英勇表現，大多數最後都獲得減刑或獲准集體獲釋。但後來，我們發現，他們去報紙查閱，找出一些生還者的名字，寫信給他們，若能弄到電話號碼，就打電話給他們，企圖向他們勒索錢財。他們會說：「嘿，我救了你一命——你不覺得你欠我什麼嗎？」對他們來說，這只是生活裡的一種常態。

約翰·莫瑞

東尼給人錢是為了得到保護，也是為了表示友好，他這麼做是為這兩個因素。

隆納德·艾瑞克

他的確是拿錢送人，主要是給他在獄中認識的人的親戚，那些人待他像家人一樣，帶東西給他，像衣服、書籍。主要是囚犯們的母親，因為他自己的母親已不在了，他給的不是保護費。

約翰·莫瑞

除了有一次，他從未在我面前給人錢。他把一張支票給了某個小孩，金額大約是一千五百塊錢，我不記得那孩子的名字。他借錢給人做保釋金，買衣服，買藥，類似的東西。他還借錢給別的人，這樣他們才有錢用，他借給每個人大約三千塊錢。真的，他給人的錢大概有四萬兩千九百八十五元，我見過他的一張紙上寫了那個金額。

還有，你得記住，東尼跟男人廝混——我倆都知道的。無論是誰在身邊，他都跟人廝混。他不給他們現金，但給他們福利社的那些東西，要不就答應日後給他們現金，只要跟他維持關係。

他有錢的消息就在萊克斯島上傳開了，於是，你知道，總是有人來到他跟前，說：「我可以借錢嗎？」或是：「我可以拿點錢嗎？」換句話說，就是：「拜託，好嗎？」你知道，他們會獅子大開口地儘量弄錢。

我跟他說了許多次，不可以再做這種事了，但他依然故我。後來，真正讓我生氣的是，他想用錢收買我。要明白，因為我不要錢，我是他的朋友。

他怕有些人，其他的人，他只是要搞定能跟他們好來好往，因為他相當喜歡他們，你知道。但那些危險的人，就是帶著小刀的那種人，組幫派，吃定了他。沒人想要制止這種情況，我是唯一試著這麼做的人。有一次，有個傢伙要錢，東尼不願給他。我在接待室聽說了，就過去幫忙，叫那人少來纏東尼。等我到了那裡，幾個東尼曾給過錢的傢伙，跟那新來的傢伙槓上，跟他說：「老兄，閃到一邊去，滾開。」他們把他趕跑了。如果我得收拾他，戒護員可能會讓我跟他打一架——我會贏的。不管他有沒刀子，我都會把他毒打一頓的。

一九八一年一月十一日，紐約市矯正觀護署，犯人受傷報告

大約在中午十二點半，安東尼．貝克蘭跟荷西．培瑞茲（Jose Perez）打架，事發地點在上層三區的休息室。犯人貝克蘭由派克醫生（Dr. C. Park）在L4診所予以治療檢查，沒有明顯的傷處。

璜・馬丁尼茲（Juan Martinez）

有幾個人——我們以往都一起閒晃的，像個小團體一樣，你知道嗎？我被關了五年，我被捕的時候，上了一家大報的頭版。你知道，有張大照片，笑容可掬的。

東尼是我的好朋友，從他入獄後，我們就在一起——像兄弟一樣。他跟我說了他家裡的所有事情，類似那樣的事情。

他拼命地撒錢，你知道嗎？他給艾迪・克魯茲（Eddie Cruz）錢，他現在在外面了——他是因闖入人家裡行竊被關的。還有傑克・孟羅（Jackie Monroe），他現在在北邊服刑八年，東尼寄了許多錢給傑克的老婆。

約翰・莫瑞

他開了一張金額真的很大的支票給那個留了鬍鬚和粗濃長髮的傢伙，這人看起來頗為年輕，是個白人，西班牙人。他住在四方院的監舍，他剛到那裡，跟東尼借了一雙鞋。還有另外一個人，東尼也幫他的忙——叫麥可什麼的。我記得，他出獄到外面的時候，他給了他一張金額很大的支票，那傢伙要把那筆錢用在他母親的房子上。

約翰・拉吉斯

如果犯人有張支票，把支票給他的親戚，跟親戚說，你可以把支票存起來，再動用這筆錢，獄方人員就無從追查這一類的勒索行為。

霍華·納伯（Howard Nabor）

東尼·貝克蘭在安娜·克羅斯中心那裡時，我是那裡的典獄官。我認為，他在那裡分送錢財，主要是為了收買人心。我的意思是，你不會為了獲得保護而給人支票——囚犯若是幹敲詐保護費的勾當，他們會把那人所有的福利品都搜刮乾淨，或者叫他的母親或老婆或別人把現款存進他們的戶頭裡。任何人都可以把現款寄給犯人——只要放在信封裡郵寄到他的名字就成了，但支票會讓人無法遁形的。你只要去跟檢察官或矯正觀護署說：「我被人強逼付保護費。」他們會說：「你能證明嗎？」，然後出示支票。那些犯人沒那麼笨。

因此，在我們通常檢查的東西裡，其中一樣是福利品。我們的出納員會進行嚴密監督，如果他們發現一名犯人從同樣的兩、三個人那裡得到巨額的金錢——我說的不是他母親、女友、瑪麗阿姨什麼的——那麼，我們就知道，他幹的不出那兩種事。他在幹勒索保護費的勾當，仗勢欺人，對吧？否則就是在賣什麼東西，他在販毒或出賣自己——可能是同性戀者在出賣自己的身體。如果某個犯人要詐騙東尼·貝克蘭，他不會要支票的，因為他不會想要任何人知道的。

約翰·莫瑞

有時候，東尼會試著賄賂警衛，但他們不會收的。我不知道他們跟他說什麼，因為他們會叫大家先走開。

布魯克斯·貝克蘭

東尼寫信給我，描述那所監獄裡的罪惡、暴力和貪腐。他誘惑同性的人甚至還涉及警衛，凡能滿足他情緒或慾望的人，他都承諾給予巨額的金錢——全都在那些信件裡。

一九八一年一月十三日，湯瑪斯．馬奎爾醫生致西西莉亞．布雷納的信函

布洛德摩爾醫院

親愛的布雷納太太：

非常謝謝你最近寫來關於東尼的信，妳似乎是唯一知悉事情真相的人——當然是唯一讓我了解最新發展的人。事實上，我曾得悉的狀況是，達利太太因為傷勢之故，已經死了，東尼將因謀殺罪受審！

得知她還健在，能夠考慮到去探視東尼，我非常高興。她覺得無法對他提出訴訟，的確是令人憂心，因為長遠地來說，這是對他（和別人）都是好的。然而，知道她深愛東尼，她的態度是可以理解的。

容我獻上遲來的新年祝福。

再次表示我最誠摯的謝意。

刑事精神病諮商醫師
湯瑪斯．馬奎爾敬啟

一九八一年一月十四日，東尼．貝克蘭致妮娜．達利的信函

萊克斯島

親愛的妮妮：

我正在等候聆聽我是否會准予保釋。我真的不認為，無論是基於精神錯亂或犯罪，我就因此要被關起來，因為所發生的事（一）並不是精神錯亂的行徑，而是情緒引發的錯綜複雜的行為，（二）並非犯罪，因為我刺殺你，並無法獲得任何世俗的利益，事實上，卻會喪失一切，而我只是想要讓妳擺脫痛苦。要我在電

話上跟你談，是非常困難的，因為每當談到重要的事情時，我們都會推託敷衍。我希望能有個辦法，讓我們能解決這個問題。我了解，自從你屁股跌斷後，我的一部份也跟你一起受苦，甚至為你的毛病和不適責怪我自己。

我的大問題是錢，我似乎沒法跟任何人談錢的事而不會懊惱和焦慮的。由於我的洞察力現在正在恢復之中，我不認為有任何正當的理由不讓我插手管自己的事。

我來這裡的時候，我有八萬三千元可以自由運用的錢——也就是說，我可以隨自己高興花費的錢。約翰·莫瑞一直以來都幫了我非常大的忙(跟你講電話的那個朋友)，他要替你把我給別人的錢拿回來。我星期五或星期六晚上會打電話給妳，願上帝保佑妳，賜給妳平安與健康。

愛你的東尼

西西莉亞·布雷納

我帶妮妮到萊克斯島去看他，他們不讓我們過橋——他們說不允許坐輪椅的老太太探監，於是，我們就回來了。我們一到家，電話就響了，是東尼，他開始對妮妮尖聲大叫——跟錢有關的事。她跟我說：「妳跟他說好嗎，西莉亞？」我說：「東尼，別再把錢胡亂給人了。」他說：「放下電話，我不要跟妳說話。」唉，快別提我收到的他那些滿有愛心的信了！「我要跟我外婆說話，」他說：「叫她來聽！」

四、一九八一年一月十五日到三月十九日

約翰．莫瑞

我就像是東尼的良心，我會告訴他：「你得要掌控事情，把所有借出去的錢都要回來，得留一些錢給自己，不能把錢全都給人了，因為別人會不斷地向你要，直到幾乎把你逼死為止。」

我答應去試試看，運用我在接待室的影響力，去把他的錢要回來。我可以弄到犯人的卡片——他們人在哪裡，出獄後去哪裡——我打算用他律師寄給他的一張單子，上面有別人欠他的金額。

我和東尼真地擬定了一起環遊世界的計劃，我們打算先去泰國——去看和尚和諸如此類的事情。你在那裡可以很暖和，若想要的話，還可以到山上去避暑。東尼告訴我，他去過那裡。然後，我們也許考慮去印尼、土耳其和英國，你知道，我們還討論過要去，或許是俄羅斯，或類似那樣的地方。東尼以為，他很快就會出獄。我跟他保證，如果他告訴法官，他心中已經沒有那些邪門歪道的念頭了，他已經明白自己判斷的錯誤了，他會出獄的，你知道嗎？

傑．維克特．班森

東尼的確計劃環遊世界，可能是跟約翰．莫瑞，但也可能跟列在訪客單上面的那些人裡的其中一人。

約翰．拉吉斯

囚犯每週可以見客三次，每次一小時，我們有數以千計的訪客。在一九八三會計年度裡，整個系統平均每個月有兩萬八千人。因此，我們無法徹底查核每位訪客的證件來歷。

傑．維克特．班森

主要的規定是，他們必須是犯人的親屬或親近友人，必須出示某種宣誓書——出生證明、結婚證書等等。訪客進來時要接受搜身，但他們是否是犯人的堂表兄弟姐妹——一等、二等、三等或遠房的——就沒有多加查核了。

萊克斯島，獲准探視的訪客紀錄表

姓名：貝克蘭，安東尼，三四九—八〇—四二二八

獲准探視訪客

姓名：安納斯塔士，瓊安（Anastase, Joanne）

地址：紐約布魯克林

與犯人關係：朋友

姓名：斐倫茲，文斯（Firenzi, Vince）

地址：紐約福樂星（Flushing）

與犯人關係：堂表兄弟

約翰．莫瑞

我想，文斯．斐倫茲是因持槍抵著母親的頭被關進來的。他是個矮小的傢伙，不能算是那些真正很

危險的囚犯，但有幾分是。他關在另一個監舍，在詐騙東尼。他回來，因為他可能要更多的錢。他會推擠東尼，在他臉頰上親一下，或是做那樣的動作時，說：「我需要更多錢。」

瓊安．安納斯塔士是個骨瘦如柴的可憐傢伙，以前待過萊克斯島。他穿著女人的衣服，我記得，他動過手術，看起來有點像女人，又有點像男人——男不女的。他可能回來過並跟東尼說：「我需要錢給我男朋友」，或：「我需要錢買去狄斯可的衣服」，或是：「我需要錢吸毒。」你知道——若不是這個，就是那個的。他要什麼，東尼就給，他不敢拒絕，因為他怕瓊安會找人向他追討。可是，後來，他不再給瓊安錢了，他說：「我不再給人錢了。」不過，後來，他又開了一張一千五百塊錢的支票給別人；又開了一張，我不確定，我想是兩千塊錢的支票給另外一個人；也開了一張兩千塊錢的支票給我。我們曾討論過，等我出獄時，我可能要借一百塊錢之類的事，我把支票交給班森先生存在我帳戶裡，但我有種感覺，我永遠都不會拿到那兩千塊錢了。

傑．維克特．班森

莫瑞要我把支票拿給出納員，我的確親自拿給出納員了，大抵是因為把像那樣的一張支票從監舍拿出去，我感到挺有意思的。他們給了我一張收據，我把收據拿給莫瑞看，但沒人願意把那張支票存入他在福利社的帳戶裡——連當時輪值的組長都不肯處理，因為金額那麼大。他們認為，那張支票有點奇怪。

約翰．拉吉斯

那張支票沒兌現，被獄方人員退回給東尼．貝克蘭的銀行了。

約翰．莫瑞

東尼開給我的支票沒法兌現，我的假釋也沒獲准，就是失敗了，失敗了，我在二月十三日離開萊克斯島，去了北部的奧本（Auburn）州立監獄。

璜．馬丁尼茲

約翰．莫瑞離開後，我想要替東尼經手他的事情，可是，他連點喘息的時間都不給我。我告訴他：「等等，老兄，給我一些時間，你知道，我會找出個你能出去的辦法。」要知道，為了我自己的案子，我每天都要去法律圖書館。

傑．維克特．班森

璜幾乎可以算是監獄裡的律師了，他可不是個笨蛋，他對所有訴訟程序和所有以前的判例都知之甚詳。他是因謀殺入獄的，但正提出辯護，想以精神失常為由能獲判無罪。

璜．馬丁尼茲檔案摘記

出生日期：一九五四年二月二十七日；一九七八年於第七十五管區被捕；以前曾被控重大竊盜罪；被控謀殺少年，受害人頭被割下，雞姦，屍體附近發現有毒品，璜被發現在受害人汽車內，衣服上有血跡。他有可能說過這樣的話：「你自己看吧，這台車是被我殺了的那傢伙的。」

傑．維克特．班森

璜跟貝克蘭也有那種特殊關係。

璜・馬丁尼茲

我們二月時一起在法庭，我告訴他：「給我多一些時間」，你知道嗎？

取自一九八一年二月十九日，紐約郡紐約州最高法院，紐約州人民起訴被告安東尼・貝克蘭的紀錄謄本

被告：我可以問你個問題嗎？我知道我外婆已撤銷她的指控。

法官：她沒有撤銷告訴，是否撤銷告訴，是由不得證人作主的。

被告：她不是證人，她是受害者。

法官：也由不得受害人作主，是由紐約州檢察官決定的。

被告：喔，我明白了。

法官：三月五日。

取自一九八一年三月五日，紐約郡紐約州最高法院，紐約州人民起訴被告安東尼・貝克蘭的紀錄謄本

法官：醫療紀錄取得了嗎，律師？

被告律師：我們今天早上跟英國方面談過，他們今天下午會郵寄出來。

法官：這跟上三個休庭期的訊息一樣。

被告律師：好吧，另一份醫療報告已經寄出來了。

法官：三月二十日。

被告律師：由於被告被拘押，不得保釋，我想現在提出申請。顯然，原告——不想繼續此案，不知是否可予

保釋？
法官：不行，律師，繼續還押。三月二十日，可以嗎？
（沒有回應）
法庭：三月二十日。

五、一九八一年三月二十日中午十二點到下午四點三十九分

一九八一年三月二十日，萊克斯島，早餐菜單

麵包和人造奶油
燉無花果
爆米花
還原乳
咖啡和茶

取自一九八一年三月二十日，紐約郡紐約州最高法院，紐約州人民起訴被告安東尼．貝克蘭的紀錄謄本

法庭書記官：十五號，安東尼．貝克蘭

（於是，兩位律師——助理地方檢察官莎拉．海恩斯〔代表人民〕與隆納德．艾瑞克〔代表被告〕——到法官面前進行不做紀錄的討論。）

法官：四月十六日進行審訊。

被告律師：庭上，容我再進一言。貝克蘭先生的外婆現在法庭內，她已高齡八十八歲了，坐在輪椅裡。她曾嘗試去萊克斯島探望犯人，但被告以監獄內沒有可供輪椅行動的設施。她要求我向法庭提出申請，准予在法庭內探視外孫。

法官：由於她是本案原告證人，由於您與您的事務所曾提出她不希望繼續告訴的聲明，由於本案案情重大以

及所有其他特殊事件，因此本庭不予批准在法庭探視。四月十六日審訊。

助理地方檢察官：法官，請您裁決大陪審團的審判紀錄？

法官：我已看過大陪審團的審判紀錄，認為紀錄足可作為起訴書。

助理地方檢察官：我收到辯護律師寄來的某些醫療紀錄，英國方面寄來的。我尚未收到我所指望的全部的醫療紀錄。

法官：四月十六日。

西西莉亞．布雷納

妮妮問我是否願意陪她去法庭，我去了，東尼的模樣很糟糕。我把他從倫敦帶回來的時候，他穿著倫敦西服名店街薩維爾街訂製的西裝，看起來非常優雅，現在他衣衫襤褸，頭髮綁在後面。他望著法庭另一頭，對妮妮說：「我愛妳，我愛妳，對不起。」

隆納德．艾瑞克

我知道他那天上午在法庭上的心情，他的心情相當好，他跟他外婆說話——他們兩人在法庭兩頭沒出聲地只動嘴唇說話。他被帶出門口時，看到他外婆，她跟一位護士或者某個人一起，坐在靠後面的地方，他說：「我愛妳。」我跟法官進行庭前會談，看他能否准東尼和外婆在法庭會面。我不要他們一起單獨在一個房間裡，我所要求的就是，東尼在圍欄的一邊，有警衛，外婆在另一邊——彼此接觸不到的距離，但隔著三到五呎的距離，彼此仍可低聲交談，不會干擾法庭，甚或在休庭的時候。但那位女地方檢察官堅決反對，她不要東尼跟外婆有任何接觸。我唯一能揣想的主要原因之一是，那可能會影響到她獲得判決——他們接觸越多，外婆就越不可能提出不利於東尼的證明。

我看不出來，他坐在那裡、兩手銬在椅子上，想走到距他人五呎遠的距離、在周遭還有兩名法警的狀況下，會危及老太太的性命。若真是那樣，我也不會提出要求的。

東尼被拒絕探視後，他接受了，很認命地接受了。我不會給任何人不切實際的希望的，這是無法保證的。

羅伯特．海夫特法官

基於人道理由，我會允許在法庭探視的——媽媽要看她的孩子，或者爸爸要看他的新生兒，或者有人懷孕了，或者類似的情況。但東尼的情況，我就是看不出有正當的理由。要讓他看原告證人是不妥的。

取自紐約市矯正觀護局文件原稿

貝克蘭從法庭回來，帶了一個上面有紅色和藍色字體的白色塑膠袋。他在大約下午三點半的時候，回到下層三區監舍，要求關在牢房裡。

約翰．拉吉斯

他可以去走廊或娛樂休息室的——犯人有權利白天可以有十四小時的時間在牢房外面，若是想要的話，也可以把自己關在牢房裡，是有選擇的。有些人要在牢房裡閱讀和寫東西，或者想要躺下來，或者只是不想被別人打擾。

取自紐約市矯正觀護局文件原稿

三四六－八〇－二三六〇號犯人約翰．路易士（John Lewis），是下午三點到十一點值班的該區自殺防範助手。

約翰．拉吉斯

自殺防範助手是獄警的另外一雙眼睛和耳朵，獄警可能正忙著登錄日誌，或監督分發食物，或者做類似的事情。助手每小時所得從三十五分錢到五十分錢不等——那是犯人幫忙所得的最高工資，我們會考查他們，確定他們知所當行，訓練後頒發證書，並定期檢驗與評估他們的工作。

取自紐約市矯正觀護局文件原稿

犯人路易士說，貝克蘭從法院回來時，他還跟他說過話。據報導，貝克蘭說，在法庭上事情並不太順利，因為他一直希望能獲准保釋，也有一些說法，說他會被送到一家政府的醫院，但是，他卻被還押回矯正觀護署。

約翰．拉吉斯

東尼曾告訴過好幾個囚犯，他期望能保釋出去。他竟然指望獲得保釋，實在是缺乏判斷力。

取自紐約市矯正觀護局文件原稿

二八五一號戒護員派屈克．雷夫特利（Patrick Raftery）指稱，他被指派擔任下層三B區下午三點二十七分到十一點五十八分派送郵件的郵務士。他在三點五十分左右到達崗位，那時他清點了人數。他指出，犯人貝克蘭當時坐在床上。

戒護員雷夫特利在下午四點半又去巡視了，他報告說，一切似乎都很正常。貝克蘭躺在床上，蓋著一張毯子：兩腳和一隻手露出來。四點三十九分時，護士茉莉塔·林克（Mauretta Link）進入監舍發藥，在戒護員雷夫特利陪同下巡視該區。她將藥發給兩名犯人後，跟戒護員雷夫特利走向貝克蘭的牢房。

六、一九八一年三月二十日下午四點四十分到晚上十一點五十九分

取自紐約市矯正觀護局文件原稿

叫到貝克蘭名字時，他沒有回應。戒護員雷夫特利連續敲了幾下牢房的門，然後將門打開，用鑰匙敲床架，然後用鑰匙戳貝克蘭的腳。他還是沒有反應，戒護員雷夫特利將毯子從犯人身上拉開，發現他的頭上套著一個紅白色的塑膠袋。

約翰・拉吉斯

那是有拉繩的那種塑膠袋，繩子是拉緊的。

傑・維克特・班森

我聽說是綁起來的。

約翰・拉吉斯

沒有綁起來，只是拉得很緊。

取自紐約市矯正觀護局文件原稿

戒護員雷夫特利過去將塑膠袋從貝克蘭頭上取下，護士林克打電話給A區一二三五號戒護員喬治・富比士（George Forbes），請他送來一個手動式甦醒球。護士林克說，這時貝克蘭已無脈博或呼吸。B區郵務士

三〇七六號戒護員保羅・傑佛遜（Paul Jefferson）拿了甦醒球來，護士林克立刻開始急救。戒護員富比士通知下層四區的診所，有緊急狀況，需要醫生。執業護理師葛蘿莉亞・霍華─麥洛（Gloria Howard-Mello）立刻趕來，叫戒護員雷夫特利和傑佛遜將犯人從床上移到下層三區走廊的地上，以便有更多的空間施行急救。護士林克繼續使用甦醒球急救，葛蘿莉亞・霍華─麥洛則施行體外的心臟按摩。道爾醫生（Dr. Doyle）和加瓦利醫生（Dr. Jhaveri）在下午四點四十三分左右趕到，發現犯人已無脈博與呼吸，瞳孔已無反應且放大。道爾醫生於下午四點四十五分宣布貝克蘭死亡，然後離開該區。下午四點五十二分左右，蒙特斐奧醫院（Montefiore Hospital）人員（尼克森醫生〔Dr. Nickerson〕、醫師助理伍麗姬〔Ulrich〕、護士強森〔Johnson〕與護士米諾特〔Minort〕），抵達下層三區，他們還不知道道爾醫生業已宣布貝克蘭死亡，建議做心肺復甦術。在做心肺復甦術時，犯人的鼻口噴血。蒙特斐奧醫院人員停止企圖救活貝克蘭的行動後，他又被放回床上。

戒護員約翰・賀南德茲（John Hernandez）

貝克蘭自殺的時候，我正擔任副典獄官一職，調查與安全有關的所有事務。就在自殺事件被發現後，監舍的犯人都被關了起來。我隨即進入牢房拍攝貝克蘭的照片和牢房的內容物。我記得有一些信件、一些寫東西用的拍紙簿、一盒麗滋餅乾，別的就沒什麼了。我們將牢房保留原樣以利作證，好排除他殺嫌疑，這一點已經——幾乎是立刻——排除了。

紐約市矯正觀護局犯人移交紀錄

姓名：貝克蘭，安東尼，三四九─八〇─四二二八號
日期：一九八一年三月二十日
移交至：市立殯儀館，送達時已死亡

約翰・拉吉斯

自殺事件後，我跟工作人員和其他犯人談過，犯人的反應不一。有些人的反應是彷彿什麼事都沒發生似的，有些則表示關切──「是啊，太可惜了，他原指望能保釋出去的。」沒有人哭，沒有人因此而情緒紛亂。大致的態度是，又一個人走了。

東尼沒有留下字條，我們的自殺案例裡，只有很小比例有留下字條──也許是十分之一。有時候，他們會將聖經的某一部份畫線標示，這就像是字條一樣。

取自安東尼・貝克蘭的驗屍報告

個案號碼：Bx 81-1146

外觀描述：屍體抵達時，穿著下列衣物：兩件汗衫，外面一件為綠色，拉鍊拉到頸部，前襟上有嘔吐物和少量血跡；裡面一件是灰色短袖（綠襯衫為長袖）襯衫，有黑白紅和灰色的滾邊；一條灰長褲，一條短內褲；隨死者移交過來的，還有一條看起來是監獄用的被單，上面有少量血跡，塑膠袋並未隨屍體一同送來。

璜・馬丁尼茲

他家族的某個人發明了製造那個塑膠袋用的塑膠──我想，那是他那樣自殺的原因。

取自一九三八年六月二十一日里奧・韓卓克・貝克蘭發表的演講「科學與工業」

塑膠幾乎在任何領域、任何工業的分支，都派得上用場的，它總是以某種形式，成功地發揮其用途……現代文明的整個脈絡，與應用化學永無止盡的衍生產物，日益地緊密交織起來。無知的人錯估了化學這種科學的價值，譴責化學是應用於戰爭與其他邪惡的途徑上。讓我們提醒這些人，刀是至今所發明最有用的工具之一，若落在不對的人手裡，可能會用來做壞事，但也可能用在最好的目的上。

愛德華・賀許

這件事最不尋常的，當然是自殺的方式。我們以前從未有人用塑膠袋讓自己窒息而死的。

布魯克斯・貝克蘭

我不相信東尼自殺，他是希望、壯舉、挑戰以及自我贖罪與絕望的王子，我們一直到最後都經常以書信連繫。凡是真正了解他的人都會同意，他絕不會不做鄭重宣布就走了——那不是像他那樣極為能言善道、戲劇化的男子的作風，他沒有留一句話給我或給任何人就死了。

我認為他是被獄卒謀殺的，要謀殺是很容易的。他在給我的一封信裡承認，他跟有一名獄警有性關係，也許他揚言要揭發或撤銷給錢的承諾？這兩件事都會惹來殺機：夜路走多了，早晚會遇到鬼……不過，算了吧。自殺還是謀殺：有關係嗎？有的。可是，為什麼有關係？有多大的關係？他和他母親兩人都是活在暴力之中，因此也勢必死於暴力。我早就知道，這是我必須離開他們的原因之一。

愛德華・賀許

每有自殺事件，總有人會說，你知道，其實不是自殺，這幾乎是司空見慣的。對大多數案例的家屬來說，那人被謀殺的可接受度，都比是自殺的要來得大許多。這是多麼偏差的一種罪疚轉移心理。

傑・維克特・班森

我聽到東尼的事，震驚不已，因為我無法相信他的本質裡有那種暴力——就是，對他自己。他從沒表示過有自殺的念頭，而且，那不是一時衝動的行為——那是做得非常周密的。

約翰．莫瑞

我認為，不可能有人殺死東尼。他告訴過我，他要自殺，因為我不愛他。他是那麼跟我說的，除非他這麼說，只是要讓我有罪惡感。我相信，有時候，有人因為某個人不愛他而自殺，所以，我會認為，就某方面來說，他確是有點為我而自殺的。他是個非常善感的人，這是合乎情理的——任何一個給人那麼多錢的人，一定是多愁善感的。我非常想念他，非常想念他。

隆尼．艾瑞克

我在新聞裡聽到這個消息，花了四、五個小時用電話與萊克斯島連絡，想要證實這個消息——得到的是那邊討人厭的閃閃躲躲的託詞——想要打聽一些細節，直到我找到獄警，他親口跟我說了。

我對東尼最有興趣的是，究竟在萊克斯島發生了什麼事，他要自殺——假如他是自殺。我的印象是他不是自殺，就是說不通，用塑膠袋把自己憋死自殺。吞藥或割腕或開槍，當然相當容易，你知道——設想你要自殺——端看你想自殺的意願有多強，那是萬劫不復的。但像這樣的自殺法，是可以隨時停止的，正常的反應——我是指，甚至是無意識的反應——會是就此打住的。

伊莉莎白．亞契爾．貝克蘭

當我聽到東尼把塑膠袋套在頭上自殺時，我跟一位醫生朋友說，我認為他有這種勇氣，真是離奇——我的意思是，這是東尼一生做過最崇高的事情——這位醫生說，並不困難。他說，你只要吸入自己的一氧化碳，就會有一種快樂幸福的感覺。因此，我後來就想，我要試試看。我拿了一個塑膠袋，我找不到任何繩子，就拿了電話線，纏繞在塑膠袋外面，我簡直不敢相信，才不過——那種情形下，是無法計算時間的，但是，非常快，我真的覺得很興奮，心情很好，於是，我想，喔—喔，我最好把塑膠袋拿下來——我找不到電話線的頭！哦，我最後找到了，把它扯斷——我是說，當然了。

隆尼．艾瑞克

我們往回推想一下，他當時是受到預防自殺的監控，那麼，他怎麼會有塑膠袋的？他從哪裡拿到塑膠袋的？

我在開庭審訊前見過他，在審訊期間見到他，審訊後我走進去，我們討論了該如何繼續進行的事，他似乎心情非常好。我是說，你聽我說，或許他知道自己要自殺，那是他心情很好的原因之一，我們永遠不會知道的。

取自紐約市矯正觀護局文件原稿

並無證據顯示，貝克蘭的死不是自殺，因為他從法庭回來後，立刻就關在牢房裡了。那個區域的所有其他犯人，從清點人數的時候（下午四點），一直到發現自殺這段時間，除了預防自殺監控的助手約翰．路易士這名犯人外，也都是關起來的。

取自安東尼．貝克蘭的財務紀錄

給約翰．路易士——兩千元

約翰．拉吉斯

如果東尼有給約翰．路易士錢，約翰．路易士卻要傷害他或要他死，這似乎不大可能。此外，凡是預防自殺的助手無法對別的囚犯做的，任何其他的犯人也不能。

還有，囚犯無法掌控鑰匙的。矯正觀護局最大的憂慮之一就是鑰匙的管理——他們在學校花在教導鑰匙管理的時間，可能比預防自殺還多。鑰匙是非常謹慎地要交代責任的，鑰匙弄丟就跟少了一個囚犯是一樣的。連讓犯人碰鑰匙，都是違反規定的。

門是鎖上的，戒護員雷夫特利必須用鑰匙開門，當場有好幾位目擊證人。

每次我們看到一樁自殺事件，腦子裡最先想到的總是他殺的念頭，進行調查時心中也是這麼想的。在東尼．貝克蘭的這樁自殺事件裡，並無任何跡象顯示有任何不法犯罪嫌疑。

璜．馬丁尼茲

這件事並不意外，不完全是，因為他告訴我，他要自殺。我看見的，我目睹一切，全都看見的。我沒幫忙，別提了，算了吧。我是唯一知道真相的人，戒護員也都知道我是唯一知道真相的人。牽涉到太多事情了，天哪。很危險的，你知道嗎？你明白我在說什麼嗎？我跟你說的事，你懂嗎？我就在那裡。我知道是怎麼回事，有個人說：「動手啊，東尼，否則……！」

霍華．納伯

是自殺，毫無疑問的。我手下的一位戒護員為這事非常難過，你知道，他這麼難過，是很不尋常的。他覺得，你知道，東尼是個非常敏感的孩子，只是看到有人那樣死的，真的讓他很難過。我記得，那事之後，他甚至辭掉了工作——如果我沒記錯的話。

自殺的方式的確很不尋常。我覺得，以那種方式自殺的人，是真的想死。有些人自殺，若是用上吊的方式，有時候是要做給人看的，然後一不小心就真的死了。但是，肯定沒錯——毫無疑問——東尼．貝克蘭想死。

愛德華．賀許

我記得，消息傳來時，是星期五晚上。我們要確定在通知新聞媒體前，先通知他的近親。在這個案例裡，顯然這位近親正是那位外婆。我感覺，如果我們的牧師和被指派的戒護員走到她面前，說：「妳的外孫剛剛自殺身亡。」而她那天才在法庭見到他，那悲劇會更形複雜。於是，我設法去連絡助理地方檢察官，找到了她——我不知道是怎麼找到她的，但是找到了。那是星期五夜晚，她在澤西（Jersey）訪友，我說：「我們怎麼辦？」她認識這位外婆，她很擔心，我們找到一位住在外婆那棟大樓的房客，這樣，當外婆得知這個消息時，有人陪著。

麗娜．理查斯

我星期六上午來妮妮的住處，平日照顧她的護士說：「你聽說了嗎？」我說：「什麼？」她說：「他自殺了。」我嚇了一跳，走進去到妮妮那裡，她說：「喔，麗娜，喔，東尼自殺了。」她沒哭，她說：「我給這個家族帶來這麼大的罪疚，我倒不如坦白把一切都告訴妳。」她說，她丈夫法蘭克跟小法蘭克在車庫清理汽車，小法蘭克離開去做一件事，等他回來，車庫門關上了，馬達是開著的。我擔心，她永遠不會忘掉東尼自殺的事。

妮娜·達利

這是件讓人傷心的事，是最令人傷心的事，實在可怕。不過，你看，我是不會念念不忘的。我沒法。我想到我多麼愛他，他對我有多大的意義。我仍然希望他在這裡。

布魯克斯·貝克蘭

這是個美麗的結局——也是以塑膠收場的。

可怕的是，在他私心裡，總以為最後我能救他。像他母親一樣，他是無所畏懼的——爹地會來的，總有辦法，從某個地方冒出來，像超人那樣。他們兩個都相信是那樣的。你知道，一旦有了孩子，就沒有像離婚那樣的事，那是一個措辭上的矛盾。一直到他們生命的最後一刻——對他們兩個都是——我都應該破門而入來救他們。但他們所面對的困境，大到連超人都沒法及時趕到。

他們兩人都有勇氣，但都到了愚蠢的地步。他們是大為浪漫的人，我不能嘲笑他們，比方說，誰能嘲笑翟兒妲·費茲傑羅（Zelda fitzgerald）呢？我哀痛，是因為我辜負了他們，我辜負了他們不切實際的好夢。但是，對真正的浪漫主義者來說，「不切實際」是個含糊的詞句，他們賦予那些其實真的絕對不可能的事物最大的價值。芭芭拉瘋狂的大無畏精神，總是讓我感到汗顏——正如翟兒妲讓史考特·費茲傑羅感到汗顏一樣。難怪她的兒子在瘋狂下，把她視為女神。他也給了自己一個神祇的位階，但那是吸毒後的幻想。我並不懷疑——他的耳朵貼在監獄冷冷的地面，彷彿聽到有蹄聲在追趕他，要把他逼到另一個世界——他的某個部份真的相信，她在上面，在那上面，等他。那兒只有莫扎特、巴哈、香檳和「上流社會」，會在古斯塔夫·多雷（Gustave Doré）巨幅油畫的明暗對比中翩飛，現在也在永恆的樂聲中等他，因為下面的這個世界已經變得委實太庸俗了。亨利·奧德里奇（Henry Aldrich）以前在那些了無新意的廣播劇和電視劇裡，只要說：「媽，來了！」，總是會令人發笑。

如果我嚇著了你，那麼讓我提醒你，只有笑能令視野清晰。沒有笑，就看不見真相。悲劇不容有笑聲，是憐憫令人發笑。在我短暫、虛度、熱切的生命裡，我從未見過悲劇——只有憐憫，我在我的周遭到處都看到，在我自己手上的掌紋裡，那就是我所見到的。

七、總結報告

一九八一年三月二十一日，《紐約時報》標題

萊克斯監獄囚犯在牢房自殺

一九八一年三月二十一日，紐約《每日新聞》標題

塑膠大王後裔弒母，顯然在監獄牢房自殺

一九八一年三月二十三日，倫敦《每日電訊報》標題

塑膠大王後裔死於獄中

芙蘭欣．杜．普萊西．葛瑞

東尼把塑膠袋套在頭上自殺後，伊瑟．克羅塞打電話給我——當時她在紐約——她說：「妳沒看出來這跟那年夏天他在義大利偷嬰兒食品的關係嗎？」我說，沒有。她說：「哦，他選擇以嬰兒的方式自殺，不是嗎？窒息而死。」

伊瑟．伍德沃德．德．克羅塞

他就在那個小塑膠袋裡睡著了，我認為，也許這是他想回到子宮裡去。

愛莉娜．華德

當我聽到他自殺了，我想，對他是多麼大的解脫啊，多麼大的福氣——終於脫離痛苦了。

詹姆士．芮夫

最近，有這麼多的朋友似乎都是在很特殊的情況下，以不同的方式死了。總之，是我的朋友。我的一位好朋友——投緣的人實屬難能可貴——我的意思是，我可以凡事都跟她說，她對我也是如此——反正，她在希臘有棟房子，她開車回法國，突然間，毫無來由地心臟病發作，就死了，就那樣，非常令人震驚，死的離奇——有點像動物的防衛機制還是什麼的——我不肯面對這事，只是不去想就是了。我沒有真的坐下來，思索她已死了，只是把她想成離開了。我應該坐下來，正視這件事，面對事實。

當我聽到東尼死了，我嚇壞了。但我隨後也不去想它，從那時起，我都還沒真正地思考過這事。

葛蘿麗亞．瓊斯

我記得，是約翰．薩金特告訴我東尼怎麼自殺的。我想，這是整個可怕事件的結束了。但你絕對不會那樣寫的——太平淡無奇了，我在奇怪，他是怎麼弄到那個塑膠袋的？

蘿絲．史戴隆

這是很諷刺的完美結局。

山謬爾．帕克曼．蕭

對我來說，這似乎是他的生涯中非常正常的結局，是個好的解決之道，算是聰明的作法，需要一些決心——頭如何套進袋子裡，套在裡面，直到窒息，這是個不錯的作法。

約翰．拉吉斯

由於東尼．貝克蘭的自殺，囚犯不准持有塑膠袋；此外，戒護員現在也接獲指示，看到囚犯靜靜躺著，毯子蓋在頭上時，應該要去檢查是否有呼吸跡象。許多囚犯為了擋住噪音，或為了不讓燈光照到眼睛，都會這樣。當然，東尼把毯子蓋在頭上，是為了掩飾他的自殺意圖。

取自一九八一年十二月二十二日，紐約州矯正觀護醫療審查局委員會，就萊克斯島的安娜．克羅斯中心安東尼．貝克蘭死亡事件所提出的總結報告

醫療審查局建議紐約市衛生署監獄衛生服務處，知會安娜．克羅斯中心的心理衛生醫療人員，對接受心理治療的囚犯，當發生重大的生活事件或狀況改變時，應給予特別注意，心理衛生醫療人員通常都知道這些事件。醫療審查局建議紐約市衛生署監獄衛生服務處研擬政策與規範，以便在囚犯拘留期間，接受長期心理治療時，可以取得以前在醫院接受精神病治療的紀錄。

蜜娃．斯文卡－齊林斯基

東尼從未談過要自戕，在那些年裡一次都沒談過。他的生命，是一種浪費。我浪費了多少時間在那孩子身上！我一直相信，他可以治癒的。他的病灶是芭芭拉。

一九八一年六月八日，布魯克斯．貝克蘭致妮娜．達利的信函

史東寧頓（Stonington），緬因州

親愛的妮妮——

我也為東尼感到悲痛——隨著時間流逝，每當我想起他兒時的情景，就愈發地哀慟——因為雖然似乎知道與了解，他若繼續依然故我，他的命運就注定會如此，他卻總是這樣的依然故我，災難一個接一個的，彷彿被他自己的毀滅迷惑住了。眼見，心知，沉醉。

那是——那種心知肚明——是東尼鮮少有人知道的一面，我知道，因為我和東尼之間，總是有一種很奇怪的「我知道你知道我知道……」的心照不宣，幾乎是永無止盡地。例如，我們倆對他母親、我跟她的關係和他跟她的關係，都有不說自明的理解與了悟；對於他跟我的關係以及我跟他的關係，也是如此！

我們之間的這些異乎尋常、多重直覺式的了解，會產生很多的結果，其中之一就是當我們在一起時，無話可說。我們倆都知道，知道我們都知道。沉默。

就是這個——平心而論——讓我們疏離，正如在道德上，我們是死對頭一樣。我討厭他的不道德——記住，我不是說性方面的事，而是道德倫理的事——但他自己是又愛又恨，不由自主地會犯罪——又是一樣，我指的不是犯法，而是卑鄙的自我犧牲——猶如飛蛾撲火。事實上，他是典型的男同性戀。他是美國的惹內[1]，只不過沒有想要成名的強烈慾望和工作能力。

他是同樣的才華洋溢——比父母都遠為有才華，若果不然，那麼就是他那些可怕的弱點，讓他的才華在周遭一片黑暗裡綻放光芒，綻放出天使般的光芒。

我想起拜倫書信中的一句話：他是個「被星辰絆倒的跛足天使」，還是「跛腳的惡魔」？

布魯克斯敬啟

1 Jean Genet，法國劇作家與小說家，同性戀。

附記：我這裡有個小房間，還有個陽台，架在樁子上，立於水上，位在一個漁村的港口。我一個人獨居，每週三次，我會在清晨七點搭一艘船（四十分鐘）到一個島上，然後走兩個到兩個半小時的路到島的另一端。我在那裡，在一個朋友的地方工作三小時（砍樹，把它們丟進海裡），然後走回小鎮的登船地方，搭船回史東寧頓。這裡非常美麗，這個海岸的浪漫是一大附加價值，有些人——全是老一代的，都是在社會主義摧毀美國家庭與良好教養前塑造的——非常好。

伊莉莎白．布羅

當我聽到東尼的事，我不停地在思索著貝克蘭這家人，已經到了著魔的地步。有一件事我很確信的是，儘管芭芭拉的行為令人難以接受，布魯克斯拈花惹草，他們——布魯克斯和芭芭拉——一直是彼此相愛的。

布魯克斯．貝克蘭

絲兒薇最終離開我去尋找她的自由，大抵是因為我對芭芭拉有一種永遠無法磨滅的擔憂、關切和責任感。絲兒薇過去的嫉妒心很強烈，現在依然如此。她很欽慕芭芭拉！比我有智慧的男人可能就會挽救所有那些性命，又仍然留住絲兒薇。沒有了絲兒薇，沒有我們的兒子，我不想活了。我時時刻刻都拿哈姆雷特的那個問題來問自己：要不要活下去？

絲兒薇．貝克蘭．斯基拉

我離開布魯克斯後，他就覺得我很重要了——如果你能說重要的話，就這樣。我從不認為自己是他的妻子，我一直都很痛苦，因為我不存在，那就是我的痛苦。

有一次他生日，我送他一個非常漂亮的銀相框。後來，我上樓到他的書房，銀相框裡裝的竟然是芭芭拉的照片！我真的崩潰了。我還滿腔的濃情蜜意，正懷著他的孩子。他跟我說：「天啊，你的教養真差！你怎麼會嫉妒一個死去的人？」他的皮夾裡總是揣著一張芭芭拉的照片，現在他也帶著一張我的照片了。現在，是啊，喔，沒錯，現在我已走了，是啊。

即便現在，我一談到這事，我就好累。我什麼都不是，它們太沉重了！所以，我離開了。我不是因為要跟人搞婚外情才離開，我離開，是因為我想，哦，下一個就是我——我也會死的。

東尼死的時候，我已離開布魯克斯了。我想，他那時在格瑞納丁群島（Grenadines）。我知道，他決定不去紐約，這是我能說我唯一不認同的部份，他應該去紐約的。

布魯克斯．貝克蘭

現在我可以——而我的確是——用手拎著一個小背包，到世界各地去旅行和生活。當然，如果必須穿半正式禮服才能赴宴，我就拒絕參加。但是，我已不再跟那些人交往了。

我真的沒有剩下任何財產了，現在這很輕鬆，沒老婆了。是女人，她們是需要窩巢的人，喜愛裝潢的人，要競逐社會地位象徵的人，是她們把裸身的男人從叢林裡拉出來，「教化」我們。每一個單身漢，如果他不是個神仙，很快就會恢復野蠻狀態。而事實上，我從來就不曾為「金錢可以買得到的東西」所吸引。如眾所周知，最好的東西都是免費的，或幾乎是免費的。梭羅（H. D. Thoreau）說過：「一個人的財富與他所不需要的東西成正比。」這個規則唯一的例外，當然是女人，她們讓我們大家都破產。

山姆·格林

東尼把他的信託基金，一半留給在美麗華照顧房子的那家傭人——畢竟，他曾在他們的壁爐前渡過好幾個寒冬，另一半留給妮妮。

一九八一年七月十九日，布魯克斯·貝克蘭致妮娜·達利的信函

史東寧頓，緬因州

親愛的妮妮——

附寄的是還給妳的照片——謝謝你將它們寄給我，這些照片是我三十四年前拍攝的。看這些照片很有趣，但是，我沒有妳的心情。我會在日內寄給妳一張我和我小兒子的照片——是在我參加馬術三日賽的那些年裡拍攝的。妳對東尼的感情，就是我對我小兒子的感情。那時我太年輕——可能太專注於自己（我的事業、我的學業等等），後來，東尼除了讓我尷尬外，一事無成。（不過，我從來都不像你那樣寬懷大量，有誰是呢？）

我但願妳現在也跟我一起在這裡，天氣涼爽愉快，我已成了隱士。

永遠愛妳的布魯克斯

布魯克斯·貝克蘭

我的生活現在幾乎完全是獨居無伴的，我知道，我最後會像我祖父一樣——一片吹落在城市街道上的枯葉——自言自語，自說自話，有位和善的——貪贓舞弊的——警察最後帶他回家，他是這個警察感興趣的目標。最後，穿上束縛瘋子的緊身衣，然後進入束得更緊的緊身衣裡，就是進了墳墓。

留下了什麼呢？死亡是無止盡的，喔，沒有止盡，從來沒有，這就是為什麼我現在在跟你談話。沒有止盡，現在沒有，過去沒有，以後也永遠不會有。

伊瑟・伍德沃德・德・克羅塞

芭芭拉死後，我更堅定了絕不再見布魯克斯的想法，他不該讓她和東尼陷在那樣的困境裡。那之後，我的確見過他一次，在巴黎。我們有一位共同的朋友，在他孩子的婚禮上見到的。他走過來，坐在薇姬妮亞・詹柏斯旁邊，她眼睛瞎了，因此當然看不見他。但是，當她明白是他後，不肯跟他說話。於是，他想要吸引我注意——不斷地在走道走來走去，我當然是不理睬他。

邁可・艾德華茲

我在麗池酒店的一個婚宴上看到布魯克斯和他的新老婆，她背著他們的新生兒——沒搞錯，在麗池酒店！像個印第安人的嬰兒一樣。他向我走過來說，如果他能再租下我在波旁堤道四十五號的公寓，該有多好。我想這可真意想不到，我只說房子已租出去了。

芭芭拉・寇帝斯

芭芭拉一死，布魯克斯就迫不及待地，要跟絲兒薇去住他跟芭芭拉曾經住過的每一個地方。有一年夏天，他甚至回到卡達克斯。蜜西・杭登寫信給我說：「我很希望能在這裡散步時碰到他，這樣我可以給他來個不理不睬。」

布魯克斯．貝克蘭

別人對我的看法，我是完全不關心的。我並不想故作傲慢，但只要不是個無足輕重的人，就會對敵人的憎恨欣然以對，一如對愛他的人的盛情美意欣然以對一樣，我試著一切行事都以愛為出發點——為少數我所愛的人。芭芭拉和我之間的那份情是長存的，會永遠長存的。

取自布魯克斯．貝克蘭所著但未出版的《冬林漫步》

他無法擺脫那種她還存在的奇怪感覺，在某個地方，也許現在就和他在這裡，看不見，但還生氣蓬勃地活著。他可以想像，有一天遇見她的情景，她在轉角處向他走來，踩著那堅決快速的步履，一頭黃褐色的髮，意態倨傲。他還記得她滿面淚痕、張著一雙認真的大眼問他：

「可是，親愛的，等你老了，誰來照顧你呢？」

布魯克斯．貝克蘭

我們是無法分割的——事實上，我們三個人，東尼、芭芭拉和我，是無法分割的——到死為止。當然，我是指一直到死。

激情的錯誤、高智商、吸毒謀殺、自殺——這些不是該在雞尾酒會上自以為聰明地拿來抬高身價的單純事情，也不是該在全巴黎竊竊私語好讓那些沒事可做的富太太們的午餐會增添趣味的事情。

這些人我全都知道，我對他們和他們那股熱勁兒壓根兒就不屑——如果他們熱切地——想要人引述他們的話，想要人傾聽他們，等等，而那些事情他們只是從「一個被鄙視的女人」那裡得知的——雖然事實上，我從未鄙視那個難纏但在許多方面又很可愛與令人欽佩的女人。他們消息的另一個來源——那個兒子，肯定是父親所不贊同的，不過，倒是愛他的，在他短暫的一生裡，父親是愛他的，因為到最終，沒能持久下去的不是愛。

絲兒薇．貝克蘭．斯基拉

布魯克斯跟我們的小兒子說他哥哥的故事，那時他七歲，就要離家去唸倫敦的寄宿學校。我跟他說：「這是個非常傷感的故事，你可以跟我談這事，但一定不可以跟其他小孩子說，因為他們不是不相信你，要不就會取笑你。」有好一陣子的沉寂，然後，兩個月後，他放假回來，一天下午，他說：「你知道，我跟他們說了，他們相信我。」

人物介紹

大衛・米德（David Mead）：作曲家兼音樂總監，住在紐約市。

大衛・柯翰（David Cohen）：著有《心理學家談心理學》（*Psychologists on Psychology*）、《全在腦子裡》（*All in the Head*）與《布洛德摩爾醫院》（*Broadmoor*），也曾替英國電視製作過電影《我住過布洛德摩爾醫院》（*I was in Broadmoor*）。

山姆・格林（Sam Green）：費城當代藝術館前館長，美術館與私人收藏家的藝術顧問，目前住在紐約市，在哥倫比亞的卡塔赫納（Cartagena, Colombia）擁有一棟大宅，並在紐約州火島擁有一個小村莊。

山謬爾・帕克曼・蕭（Samuel Parkman Shaw）：紐約市執業律師，業已退休，現任康乃迪克州某公司顧問。

山謬爾・泰勒（Samuel Taylor）：作家，著有《莎賓娜・非爾》（*Sabrina Fair*）、《願長伴我君》（*The Pleasure of His Company*，與柯妮莉亞・歐提斯・史基納〔Cornelia Otis Skinner〕合寫）、《乾淨俐落》（*No Strings*，與理查・羅傑斯〔Richard Rodgers〕合寫）、《比克曼街》（*Beekman Place*）、《阿凡提》（*Avanti!*）、《春之悸》（*A Touch of Spring*）、《傳奇》（*Legend*）、《優雅生活》（*Gracious Living*）等劇作，與妻子蘇珊住在緬因州東藍山（East Blue Hill）。

巴特・葛林（Bart Gorin）：在紐約市擔任山姆・格林助理，也是雜誌的照片研究人員。

史坦立・波特瑙醫生（Dr. Stanley L. Portnow）：在紐約市自行開業的精神科醫生。

尼爾・哈特利（Neil Hartley）：是導演東尼・理查森的伍佛電影公司資深製片人，他最近的電影是《新罕布夏旅館》（*The Hotel New Hampshire*），住在洛杉磯。

布魯克斯・貝克蘭（Brooks Baekeland）：現在大部份的時間待在西班牙讀書寫作。

布蘭登・基爾（Brendan Gill）：是《紐約客》雜誌的百老匯劇評家，《科爾》（*Cole*）、《塔露拉》（*Tallulah*）、《紐約客今昔》（*Here at The New Yorker*）與《林白單影》（*Lindbergh Alone*）的作者，正在撰寫紐約知名建築師史丹佛・懷特（Standford White）的傳記。

皮可・杭登（Pico Harnden）：攝影師，住在紐約市。

伊莉莎白・布羅（Elizabeth Blow）：住在紐約北部，與人合夥經營手工藝品店。

伊莉莎白・亞契爾・貝克蘭（Elizabeth Archer Baekeland）：原為新聞工作者，在美國與英國兩地居住。

伊莉莎白・威克・方德拉斯（Elizabeth Weicker Fondaras）：住在紐約市、東漢普敦和巴黎。

伊瑟・伍德沃德・德・克羅塞（Ethel Woodward de Croisset）：美國慈善家，住在巴黎、紐約市和西班牙的馬拉加。

多明尼克・唐恩（Dominick Dunne）：製作過《順其自然》（*Play It As It Lays*）、《樂團男孩》（*Boys in the Band*）、《毒海鴛鴦》（*The Panic in Needle Park*）、《聖灰日》（*Ash Wednesday*）和《使用者》（*The Users*）等電影，著有兩本小說：《贏家》（*The Winners*）和最近出版的《兩位葛林維爾夫人》（*The Two Mrs. Greenvilles*），擔任《浮華世界》特約編輯，住在紐約市。

安布羅斯・戈登（Ambrose Gordon）：在杭特學院、耶魯和莎拉・勞倫斯學院教英文，自一九五八年起，在德州大學奧斯汀分校擔任英文教授，著有《隱形帳篷：福特・麥道克斯・福特的戰爭小說》（*The Invisible Tent: The War Novels of Ford Madox Ford*）。

安迪・沃荷（Andy Warhol）：藝術家、電影製片人、作家和雜誌發行人。

安納托・卜若雅（Anatole Broyard）：《紐約時報書評》編輯，也在紐約市社會研究新學院大學教授文學創作課程，他的小說刊登在《紐約客》上。

托比・羅斯（Toby Ross）：攝影師，現居紐約市。

米西卡・杭登（Mishka Harnden）：在洛杉磯電影業工作。

艾兒莎・莫塔（Elsa Mottar）：在紐約市工作與居住。

艾思沛・威基（Elspeth Wilkie）：美國駐倫敦領事館官員。

艾玲・芬萊特（Eileen Finletter）：在巴黎居住多年，翻譯書籍，目前住在紐約市。

艾倫・海林登（Alan Harrington）：作家，著有《莫迪斯托博士揭密》（*The Revelations of Dr. Modesto*）、《水晶宮歲月》（*Life in the Crystal Palace*）、《祕密浪蕩子》（*The Secret Swinger*）、《靈魂不朽的人：人類神性工程初探》（*The Immortalist: An Approach to the Engineering of Man's Divinity*）和《精神病患者》（*Psychopaths*），住在亞利桑納州的塔克森（Tucson）。

艾勒斯特爾・瑞德（Alastair Reid）：《紐約客》特約撰稿人，多年來，定期寫詩、書評、評論、翻譯、小說與報導文學並投稿給該雜誌；曾翻譯許多拉丁美洲作品，特別是智利詩人聶魯達（Pablo Neruda）與阿根廷作家波赫士；著有二十多本書籍，目前住在紐約市與馬約卡島。

西西莉亞・布雷納（Cecelia Brebner）：退休護士，也曾在很多家航空公司工作過，並在聯合國做義工。

西瑟・畢敦爵士（Sir Cecil Beaton）：藝術家、作家、設計師和攝影師，一九八〇年去世。他擔任英國皇室御用攝影師多年，為許多芭蕾舞劇、歌劇和舞台劇設計舞台佈景與服裝，包括《窈窕淑女》（*My Fair Lady*），熱愛旅行、園藝、寫日記、收藏藝術，也是品味鑑賞家，著有《流風寶鏡》（*The Glass of Fashion*）與《世界面貌》（*The Face of the World*）。

佛蘭西絲卡・德瑞柏・林克（Francesca Draper Linke）：住在洛杉磯，夫婿為演員，育有兩名幼童。

克里夫・葛瑞（Cleve Gray）：畫家，曾在紐約、加拿大、法國和義大利舉辦個人作品展，作品在惠特尼美國藝術博物館（Whitney Museum of American Art）、大都會博物館和古根漢美術館（Guggenheim Museum）永久收藏展出，是《大衛・史密斯談大衛・史密斯》（*David Smith by*

David Smith）、《約翰・馬林談約翰・馬林》（*John Marin by John Marin*）和《漢斯・芮徹談漢斯・芮徹》（*Hans Richter by Hans Richter*）的編輯。

克里斯多福・巴克（Christopher Barker）：攝影師，住在倫敦與諾佛克。

克萊門特・畢德・伍德（Clement Biddle Wood）：作家，著有小說《同病相憐》（*Welcome to the Club*），與妻子潔西在巴黎居住多年，目前夫婦在長島的瓦特密爾與希臘的斯佩采島（Spetsai）兩地居住。

克拉森・凱爾（F. Clason Kyle）：美國維多利亞協會董事會成員，目前正在編纂喬治亞州哥倫布市的圖像史，他在當地的《稽核報》（*Ledger*）與《詢問者報》（*Enquirer*）服務。

希琳・羅爾・卡拉克（Celine Roll Karraker）：西琳與里奧・韓卓克・貝克蘭的孫女，目前住在康乃迪克州。

戒護員約翰・賀南德茲（Correction Officer John Hernandez）：在萊克斯島上的安娜・克羅斯中心副典獄長辦公室工作。

亞歷山大・柯翰（Alexander Cohane）：紐約市藝術自營經銷商。

奈姬・麥洛納斯・黑爾（Nike Mylonas Hale）：在紐約市教美術，與夫婿羅伯特・比佛利・黑爾住在麻塞諸塞州紐柏立波特（Newburyport）。

妮娜・福瑞瑟・達利（Nina Fraser Daly）：一九八四年秋在紐約市去世，享年九十一歲。

尚・達克斯醫生（Dr. Jean Dax）：現居巴黎，在巴黎行醫。

彼得・金柏（Peter Gimbel）：撰寫、執導並（與演員妻子愛嘉・安德森〔Elga Anderson〕）共同製作《安德歷亞・多里亞號：完結篇》（*Andrea Doria: The Final Chapter*），還負責該片水底攝影工作。他拍攝製作的電影還包括《看哪，鯨魚！》（*Whale Ho*）、《鯊魚世界》（*In the World of Sharks*）和《藍色深海，大白鯊之死》（*Blue Water, White Death*），住在紐約市。

彼得・雷克（Peter Lake）：作家，住在加州的維尼斯。

彼得・蓋保（Peter Gable）：在康乃迪克州的史坦佛從事投資業，住在紐約市。

東尼・凡恩・盧恩（Tony Van Roon）：前布洛德摩爾醫院護士，目前在科芬特里（Coventry）的瓦爾斯格雷夫醫院（Walsgrave Hospital）服務。

波登・布洛德瓦特（Bowden Broadwater）：原紐約市聖伯納德中學註冊主任，已退休。

芙蘭欣・杜・普萊西・葛瑞（Francine du Plessix Gray）：著有《宗教違抗：側寫天主教激進主義》（*Divine Disobedience: Profiles in Catholic Radicalism*）、《夏威夷：粉飾太平的堡壘》（*Hawaii: The Sugar-Coated Fortress*）、《情人與暴君》（*Lovers and Tyrants*）和《天地無涯》（*World Without End*），自一九六八年起即為《紐約客》撰寫文章。

芭芭拉・寇帝斯（Barbara Curteis）：曾有幾年在西班牙的卡達克斯終年長住，現居紐約市。

芭芭拉・黑爾（Barbara Hale）：住在東漢普敦，教兒童與青少年有關自然的課程。

保羅・格林伍德（Paul Greenwood）：已自東漢普敦市警界退休。

保羅・勒費（Paule Lafeuille）：在巴黎教法文，學生含括好幾世代的美國人。

保羅・詹金斯（Paul Jenkins）：畫家，作品在紐約現代藝術博物館、惠特尼美國藝術博物館、倫敦泰德畫廊（Tate Gallery）和巴黎現代藝術博物館（Musée d'Art Moderne）永久收藏展出，製作過電影《象牙刀：保羅・詹金斯工作實錄》（*The Ivory Knife: Paul Jenkins at Work*），寫過劇本《狙擊美洲豹》（*Strike the Puma*），是兩本傳記的主題人物，目前住在紐約市。

南斯拉夫的伊莉莎白王妃殿下（H.R.H. Princess Elizabeth of Yugoslavia）：「關心國際間的精神進化事務」，尤其是塞多納運動（Sedona movement）。她是查理王子的堂表姐妹，女演員凱瑟琳・奧森伯（Catherine Oxenberg，《朝代》〔*Dynasty*〕中的亞曼達）的母親。

威利·毛瑞斯（Willie Morris）：《哈潑》雜誌前總編輯，著有自傳《北望家園》（*North Toward Home*）、小說《最後的南方佳麗》（*The Last of the Sourthern Girls*）和回憶錄《詹姆士·瓊斯：友誼常存》（*James Jones, A Friendship*）等書，目前住在密西西比州。

威利·德瑞珀（Willie Draper）：目前住在亞特蘭大，販賣水晶與瓷器。

威廉·史戴隆（William Styron）：作家，著有《在黑暗中躺下》（*Lie Down in Darkness*）、《長征》（*The Long March*）、《放火燒了這屋子》（*Set This House on Fire*）、一九六八年獲得普立茲獎的《奈特·透納的告白》（*The Confessions of Nat Turner*）和一九八〇年贏得美國圖書獎的《蘇菲的抉擇》（*Sophie's Choice*）。

柯姆·拜恩（Colm Byrne）：曾在布洛德摩爾特別醫院擔任護佐，現在利物浦緩刑服務處工作。

柏納德·符霖（Bernard Pfriem）：畫家，曾在美國與歐洲舉行個人作品展，並曾在莎拉勞倫斯學院教授藝術，目前是法國拉科斯特藝術學院（Lacoste School of the Arts）院長。

派翠西亞·尼爾（Patricia Neal）：女演員，最近從英國移居紐約市。

派翠西亞·葛林（Patricia Greene）：住在紐約州北部，她的夫婿賈斯汀·葛林一九八四年去世，生前是紐約市聖路加·羅斯福醫院中心的兒童心理科主任，並自行開業擔任神經精神病醫生逾四十年。

珊卓·露易士·史密斯（Sandra Lewis Smith）：前紐約市矯正戒護署公共事務副主任，現為該署特殊事件主任。

約瑟夫·齊尼亞警官（Sergeant Joseph Chinea）：曾任紐約市第十九管區巡邏員警，目前擔任第三十四管區防治犯罪小組組長。

約翰·拉吉斯（John Rakis）：紐約市矯正戒護署前自殺防治部門協調人兼衛生處主任，目前是紐約市矯正戒護局副執行長。

約翰・飛利浦・柯翰（John Philip Cohane）：SSC&B廣告公司創始夥伴，四十八歲時退休到愛爾蘭寫作，出版了四本非小說類書籍，包括《堅不可摧的愛爾蘭人與弔詭：人類的外星源起》（*The Indestructible Irish and Paradox: The Extraterrestrial Origin of Man*），一九六六年以一部電視推理小說獲得愛德格獎（Edgar Award）。

約翰・莫提摩（John Mortimer）：英國劇作家、小說家兼律師，因創造法庭的朗波爾（Rumpole of the Bailey）此一角色而知名，著有自傳《老朽殘生》（*Clinging to the Wreckage*）。

約翰・莫瑞（John Murray）：在紐約市工作與居住。

約翰・麥加比（John McCabe）：已自紐約市警界退休。

約翰・薩金特：（John Sargent）雙日出版公司董事會主席，紐約動物學協會、紐約公共圖書館與羅馬美國學院董事，現居紐約市與長島的瓦特密爾（Water Mill）。

美伊・薩頓（May Sarton）：作家，著有十七部小說、十四冊詩集和幾本非小說類書籍，是知名科學歷史學家喬治・薩頓（George Sarton）和畫家美寶・愛維絲・薩頓（Mabel Elwes Sarton）的女兒，薩頓夫婦是西琳和里奧・韓卓克・貝克蘭的友人。「老貝克蘭先生是天才，他被稱為貝克蘭博士，」她最近撰文指出：「了不起的是〔他的妻子〕『糖果』。」她住在緬因州的約克。

若內・尚・泰亞（René Jean Teillard）：紐約市古董商。

英格・曼（Inge Mahn）：紐約市「李奇蒙愛群利民會」資深諮商主任。

修・拉吉醫生（Dr. E. Hugh Luckey）：在紐約醫院擔任主任醫師十年，其後擔任該院醫療中心主任十一年，目前是紐約市自行開業的內科醫生。

泰倫斯・麥林斯基（Terence McLinskey）：現為紐約市蘇富比公司安全主任兼副總裁。

海倫・米蘭達・威爾森（Helen Miranda Wilson）：畫家，住在紐約市。

海倫・羅洛（Helen Rolo）：前《時代雜誌》研究員與《哈潑時尚》雜誌時尚編輯，目前住在紐約市。

海瑟・柯翰（Heather Cohane）：在紐約市替室內裝飾業者卡爾登・瓦尼（Carlton Varney）工作。

珮蒂・金柏・魯麥特（Peidi Gimbel Lumet）：彼得・金柏前妻，現為電影導演希德尼・魯麥特（Sidney Lumet）妻子，住在紐約市與東漢普敦。

茱兒・韓茲（Drue Heinz）：《安提爾斯》（*Antaeus*）雜誌發行人，大都會藝術博物館董事會成員，大西洋兩岸知名女主人。

馬丁・席格（Martin J. Siegel）：紐約市執業律師。

偵探督察長坎尼斯・布萊特（Detective superintendent Kenneth Brett）：已從蘇格蘭警場退休，現在皇家軍事學院服務。

強尼・范克克（Johnny Van Kirk）：現居麻塞諸塞州，演奏民俗音樂，特約顧問。

強納森・富蘭克（Jonathan Frank）：住在加州，急救員兼救護車駕駛員。

理查・赫爾（Richard Hare）：裝潢業者，住在紐約市與東漢普敦。

莎拉・海恩斯（Sarah Hines）：曼哈頓區助理地方檢察官。

莎拉・達菲・徹馬耶夫（Sara Duffy Chermayeff）：曾發表小說在雜誌上，現住紐約市。

雪莉・考克斯（Shirley Cox）：在紐約市化療基金會服務。

麥可・尼格羅彭特（Michel Negroponte）：製片人，住在紐約市。

麥可・亞歷山大（Michael Alexander）：作家，餐館老闆，住在倫敦。

傑・維克特・班森（J. Victor Benso）：退休路德派神職人員，曾在紐約大學攻讀臨床心理學，在紐約市矯正戒護署工作多年。

凱倫・拉德凱（Karen Radkai）：自一九四八年起即在美國與歐洲擔任攝影師，一九五三年後，主要為

《時尚》與《家居與園藝》雜誌工作，目前住在紐約市與伯克郡。

凱瑟琳・金尼斯（Catherine Guinness）：與父親強納森・金尼斯（Jonathan Guinness）合著《米佛之家》（*The House of Mitford*），嫁給貴族尼德派斯（Lord Neidpath），因此成為英國格洛斯特郡（Gloucestershire）古蹟史坦威莊園（Stanway House）的女主人。

凱瑟琳・嘉德納・柯曼（Katharine Gardner Coleman）：住在巴黎、紐約市和緬因州的黑港。

喬治・史丁夫利（George Staempfli）：在紐約市經營史丁夫利畫廊，是該畫廊老闆。

喬治・柏尼爾（George Bernier）：法國美術雜誌《單眼》（*L'Oeil*）的創始編輯，巴黎單眼畫廊老闆，現於國際藝術公司維登斯坦（Wildenstein）服務，住在倫敦與巴黎。

提洛・馮・瓦茲多夫（Thilo von Watzdorf）：倫敦蘇富比公司當代藝術部門主管，紐約蘇富比公司十九世紀歐洲繪畫部主管，目前是藝術自營經銷商。

湯姆・狄羅（Tom Dillow）：音樂統籌自由業者，為服裝表演、餐廳、商店和派對策劃音樂，目前住在紐約市。

湯瑪斯・馬奎爾醫生（Dr. Thomas Maguire）：布羅德摩爾特別醫院刑事精神病諮商醫師，也在附近的沃金罕（Wokingham）自行開業。

絲兒薇・貝克蘭・斯基拉（Sylvie Baekeland Skira）：住在緬因州，經營一家畫廊，現任丈夫為造船工程師。

絲兒薇亞・羅亨（Sylvia Lochan）：曾在紐約市國家設計學院的國家美術學院擔任註冊主任，目前住在麻塞諸塞州的伍斯特（Worcester）。

絲黛芬妮・葛若夫（Stephane Groueff）：《巴黎競賽週刊》（*Paris Match*）前紐約辦事處主任，阿曼大使館前新聞處主任，著有《曼哈頓計劃》，目前正在撰寫保加利亞沙皇鮑里斯（King Boris）的傳記，住在紐約市和南漢普敦。

菲莉絲・海瑞曼・梅森（Phyllis Harriman Mason）：畫家，住在紐約市和緬因州的斯莫爾波恩特（Small Point）。

逸芳・湯馬斯（Yvonne Thomas）：畫家，在法國出生，現居紐約市。

隆納德・艾瑞克（Ronald Arrick）：律師，在紐約市執業。

愛倫・史旺（Ellen Schwamm）：作家，寫過兩本小說《貼近的生命》（*Adjacent Lives*）和《他怎麼救了她》（*How He Saved Her*），與夫婿作家哈若德・布洛基（Harold Brodkey）住在紐約市。

愛莉娜・華德（Eleanor Ward）：馬廄畫廊創辦人，給予安迪・沃荷、托姆布雷（Cy Twombly）和羅伯特・印帝安納（Robert Indiana）第一次個展機會，還幫助馬瑞索（Marisol）、路意絲・布爾喬亞（Louise Bourgeois）、約瑟夫・柯內爾（Joseph Cornell）、瓊恩・米契爾（Joan Mitchell）和羅伯特・羅森伯（Robert Rauschenberg）拓展事業。

愛蒂・赫德（Addie Herder）：畫家，住在巴黎多年，目前住在紐約市，她最近的拼貼藝術建構展以結構體的外觀與內部表淺為展出特色。

愛德華・賀許（Edward Hershey）：紐約市矯正戒護署公共事務助理處長。

溫蒂・凡德比爾特・雷曼（Wendy Vanderbilt Lehman）：畫家，住在紐約市和紐約州的達奇斯郡（Dutchess County）。

葛蘿麗亞・瓊斯（Gloria Jones）：小說家詹姆士・瓊斯的遺孀，目前是雙日出版公司顧問編輯，住在紐約市與布瑞吉漢普敦（Bridgehampton）。

詹姆士・金士蘭（James Kingsland）：紐約市一家大建築公司的合夥人。

詹姆士・芮夫（James Reeve）：英國畫家，住在英國鄉下村莊。

詹姆士・哈伯爾（James M. Hubball）：自紐約市巴克利中學校長任內退休，目前住在康乃迪克州和佛羅里達州。

詹姆士・瓊斯（James Jones）：一九七七年去世，著有《亂世忠魂》（*From Here to Eternity*）、《魂斷情天》（*Some Came Running*）、《手槍》（*The Pistol*）、《紅色警戒》（*The Thin Red Line*）、《玩命》（*Go to the Widow-maker*）、《冰淇淋頭痛與其他故事》（*The Ice-Cream Headache and Other Stories*）、《春花日日紅》（*The Merry Month of May*）、《危險接觸》（*A Touch of Danger*）、《越南日誌》（*Viet Journal*）、《二次世界大戰》（*World War II*）和《口哨》（*Whistle*）。

賈斯柏・強斯（Jasper Johns）：在世界各地美術館和畫廊舉辦過個人作品展。

路易絲・鄧肯（Louise Duncan）：招聘主管與雜誌作家，目前住在紐約市。

道迪・凱普提瓦（Dodie Captiva）：曾任教師，現在住在麻塞諸塞州的劍橋。

爾文・賽柏（Irving Sabo）：在康乃迪克州工作與居住。

瑪潔莉・福瑞瑟・史諾（Marjorie Fraser Snow）：住在俄亥俄州。

福萊德瑞克・貝克蘭醫生（Dr. Frederick Baekeland）：精神科醫生，藝術史學者，發表過〈藝術收藏心理面面觀〉（Psychological Aspects of Art Collecting）、〈大專院校運動員的運動與睡眠模式〉（Exercise and Sleep Patterns in College Athletes）、〈居家夢境回憶的關聯性〉（Correlates of Home Dream Recall）與〈中斷治療評論〉（Dropping Out of Treatment），住在紐約市。

福萊德瑞克・柯姆斯（Frederick Combs）：演員，住在洛杉磯。

蜜娃・斯文卡－齊林斯基（Miwa Svinka-Zielinski）：翻譯波蘭和俄國心靈學文章，也撰寫十九世紀俄國與其祖國波蘭的催眠科學史，住在加拿大、紐約市和長島的阿馬根塞特（Amagansett）。

歐迪妮・柯翰（Ondine Cohane）：紐約市博萊利高中（Brearley School）學生。

潘蜜樂・透納（Pamela Turner）：倫敦凱德根廣場八十一號以前負責管理工作的房客，與夫婿已遷居至布萊頓（Brighton）。

鄧肯・朗寇普（Duncan Longcope）：住在波士頓與伯克郡（Berkshires），正在撰寫一部小說。

霍華・納伯（Howard Nabor）：萊克斯島安娜・克羅斯中心前任副典獄長，目前在民營單位工作。

邁可・艾德華茲（Michael Edwards）：國際航運主管，住在倫敦、巴黎和普羅旺斯。

黛西・海爾曼・派洛迪斯（Daisy Hellman Paradis）：西塔琴演奏家，加州聖拉菲爾（San Rafael）的阿里・阿克巴印度音樂學院（Ali Akbar College of Indian Music）董事會主席。

黛芙妮・海爾曼（Daphne Hellman）：《紐約客》形容她是「沙龍主持人，紐約知名美女，飛禽飼養家，傑出豎琴家，創立獨一無二的三人組合海爾曼天使樂團——豎琴、吉他、低音貝司——在全美各地與全世界許多地方表演。」她住在紐約市、長島聖詹姆士與鱈魚岬。

羅伯特・比佛利・黑爾（Robert Beverly Hale）：籌組並擔任大都會藝術博物館美國藝術部主任，也在紐約藝術學生聯盟擔任繪畫與解剖學講師，作品在惠特尼美國藝術博物館與大都會藝術博物館永久收藏展出。

羅伯特・海夫特（The Honorable Robert M. Haft）：紐約市最高法院法官。

羅伯特・歐倫斯坦（Robert Orenstein）：「李奇蒙愛群利民會」前副主任，目前在紐約市執業做社會工作者。

麗娜・理查斯（Lena Richards）：執業護士，住在紐約市。

蘇・金尼斯（Sue Guinness）：在英國經營進出口生意，在倫敦與卡達克斯兩地居住。

蘇・瑞利（Sue Railey）：出生於紐約州羅契斯特市，在巴黎居住三十三年，目前住在紐約市，主管蘇富比拍賣公司紐約分公司的公關事務。

蘇珊・泰勒（Suzanne Taylor）：在緬因州藍山教烹飪，還在當地開了一家美食店，著有《年輕胃口大》（*Young and Hungry*）一書，描寫童年在挪威鄉間故居生活的食譜回憶錄。

露芭·海林登（Luba Harrington）：在耶魯教授語言學，住在紐約市與長島的塞格港（Sag Harbor）。

蘿絲·史戴隆（Rose Styron）：詩人，國際特赦組織長期董事會成員，與夫婿威廉·史戴隆住在康乃迪克州。

蘿絲瑪莉·羅德·鮑德溫（Rosemary Rodd Baldwin）：旅遊作家，經常投稿英國的《時尚》雜誌，也組旅遊團到土耳其和哥倫比亞，住在女兒金娣·蒙尼－庫次在威爾斯的小木屋。

有少數人因為個人或工作因素要求匿名，因此以下列化名替代：

瓊安·安納斯塔士（Joanne Anastase）、傑克·庫柏（Jake Cooper）、艾迪·克魯茲（Eddie Cruz）、威爾·戴維斯（Will Davis）、海倫·狄蘭尼（Helen Delaney）、文斯·斐倫茲（Vince Firenzi）、林賽·傑克布斯醫生（Dr. W. Lindsay Jacobs）、蘇珊·藍儂（Susan Lannan）、璜·馬丁尼茲（Juan Martinez）、傑克·孟羅（Jackie Monroe）、傑弗瑞·帕森斯（Geoffrey Parsons）、荷西·培瑞茲（Jose Perez）、亨利·柏金斯（Henry H. Perkins）、邁克·柏金斯（Mike Perkins）、吉姆·勞伯森（Jim Robertsen）、愛麗卡·史凡森（Erika Svenssen）、威廉·塞爾（William Thayer）、南西·柏金斯·華利斯（Nancy Perkins Wallace）和海倫娜·懷斯醫生（Dr. Helene Weiss）。

致謝

我們要謝謝在這裡提到的許多人，感謝他們撥冗協助我們。

我們也要感謝下列人士對本書的貢獻：

Charles Addams、Al Anderson、John Jay Angevin、Hetta Asencio, Jr.、Tony Banwell、Marvin Barrett、Mary Ellin Barrett、Dr. Milton Bastos、Alexander Beard、Patricia Beard、Eleanor Bender、Detective Chief Inspector Roger Bendle of Scotland Yard、Jay Benedict、Rehlein Benedict、Glynne Betts、Zerina Bhika、Dorothea Biddle、June Bingham、David Blasband、Denise Bouché、Heather Bradley、Laurel Buckley、Maureen Bune、Hazel Burke、Captain Jerry Caputo of the New York City House of Detention on Rikers Island、Joel Carmichael、Isobel Cartagena、Blair Clark、Lady Mary Clayton、Michael Cleary、Mike Cobb、David Cohen、Elaine Cohen、Patrick Cook、Jane Cooke、Matthew Cowles、Shelly Dattner、Robert Darling、Elizabeth de Cuevas、Ormonde de Kay、Frances Ann Dougherty、Maggie Draper、Barbara Dunkel、Brooke Edgecomb、Jonathan Fast、Irene Fine、Sarah Fischer、Joseph M. Fox、Captain Harry Foy of the New York City Department of Correction、Leda Fremont-Smith、Fred Friendly、Lou Ganim、Jacqueline Gatz、Ann Geiffert、Abigail Gerdts、Nancy Giagnocova、Virginia Taylor Gimbel、Judy Greif、Letty Grierson、Lew Grimes、the Hon. Desmond Guinness、Sabrina Guinness、Beth Gutcheon、Pat Hackett、Lucile Hamlin、Jones Harris、Robert Harrison、Ann Harvey、Shirley Hazzard、Lillian Hellman、Cathy Henderson、Paul Hoeffel、Sally Iselin、Jill Isles、Ted Johnson、Katrina Hall Jordan、

Carl Kaufmann、Anita Herrick Kearns、Judy Kicinski、Tony Kiser、Carol Kitman、Marvin Kitman、Carol Klemm、Hans Koning、Kate Koning、Marcella Korff、Carol Kotwick、Helen Laws、Inge Lehmann-Haupt、Sandy Lehmann-Haupt、Karen Lerner、Ellen Levine、Dr. Richard U. Levine、Olga Lewis、Gael Love、Catherine MacDonald、Gerald MacDonald、Sukie Marlowe、Frances Matthews、Lester Migdal、Hon. E. Leo Milonas、George Mittendorf、Jinty Money-Ccutts、Barbara Mortimer、Victor Navasky、Lynn Nesbit、Sue Nestor、Hugh Nissenson、Marilyn Nissenson、Charles Pate、Peter Pennoyer、Robert M. Pennoyer、Victoria L. Pennoyer、Paula Peterson、Emily Read、Piers Paul Read、Hon. Martin Rettinger、K. G. Rimmington、James Rossbach、Sue Rossbach、Digger St. John、May Sarton、Ronnie Scharfman、Denise Scheinberg、Dr. I. Herbert Scheinberg、Barry Schwabsky、Ann M. Seeger、Marvin Siegel、Babs Simpson、Mark Slifer、Betty Ann Solinger、Margaret Sone、Paul Spike、Dr. Robert J. Stoller、Diana Stuart、Douglas Stumpf、David Taylor、Shoe Taylor、Trevor Tester、Gwen Thomas、Lionel Tiger、Virginia Tiger、Captain Earl Tulon of the New York City Department of Correction、Richard Turley、Marian Underhill、Ernst von Wedel、Alison Wakehan、Shelley Wanger、Julius Wasserstein、Jeannette Watson、Jacqueline Weld、A. Matthew Weld、Merida Welles、Lloyd Wells、Tom White、Hilma Wolitzer、Jessie Bruce Wood、Dr. Joseph Youngerman、Frances Rogers Zilkha。

我們要感謝下列各單位的合作：

華府史密森博物館美國國家歷史博物館檔案中心提供的《里奧・韓卓克・貝克蘭選集》、倫敦貝克萊博物館協會、《波士頓環球報》圖書館、波士頓公共圖書館、約翰・飛利浦・柯翰宅第、德州大學奧斯汀分校哈利蘭森人文科學研究中心《詹姆士·瓊斯選集》、倫敦氣象中心、倫敦國家心理衛生協會、紐約市矯正戒護署、紐約公共圖書館、紐約州矯正戒護部、《紐約時報》倫敦分處、《紐約時報》太平間、莎拉勞倫斯學院圖書館、蘇格蘭警場和聯合碳化物公司研究圖書館。

浮華陷阱 ／ 娜塔莉・羅賓斯（Natalie Robins）、
史蒂芬・M・L・艾倫森（Steven M. L. Aronson）
著； 丘淑芳譯. -- 初版. -- 臺北市 ：
臺灣商務, 2010. 12
面 ； 公分. --（Voice ； 25）
譯自：Savage Grace: the true story of fatal
relations in a rich and famous american family
ISBN 978-957-05-2550-2（平裝）

548.6952 99019768

Voice